迈向
新时代全球金融中心
——上海国际金融中心建设前瞻研究

Shanghai
Advancing Towards A Global Financial Centre

上海国际金融中心建设前瞻研究课题组◎著

中国金融出版社

责任编辑：张智慧　　王雪珂
责任校对：刘　　明
责任印制：陈晓川

图书在版编目(CIP)数据

迈向新时代全球金融中心：上海国际金融中心建设前瞻研究 / 上海国际金融中心建设前瞻研究课题组著. — 北京：中国金融出版社，2021.1

ISBN 978-7-5220-0125-8

Ⅰ.①迈… Ⅱ.①上… Ⅲ.①国际金融中心 — 建设 — 研究 — 上海 Ⅳ.①F832.751

中国版本图书馆CIP数据核字 (2021) 第032372号

迈向新时代全球金融中心——上海国际金融中心建设前瞻研究
MAIXIANG XINSHIDAI QUANQIU JINRONG ZHONGXIN：SHANGHAI GUOJI JINRONG ZHONGXIN JIANSHE QIANZHAN YANJIU

出版
发行　　中国金融出版社

社址　　北京市丰台区益泽路2号
市场开发部　　(010) 66024766，63805472，63439533 (传真)
网 上 书 店　　www.cfph.cn
　　　　　　　(010) 66024766，63372837 (传真)
读者服务部　　(010) 66070833，62568380
邮编　　100071
经销　　新华书店
印刷　　保利达印务有限公司
尺寸　　169毫米×239毫米
印张　　27.75
字数　　370千
版次　　2022年1月第1版
印次　　2022年1月第1次印刷
定价　　86.00元
ISBN 978-7-5220-0125-8
如出现印装错误本社负责调换　联系电话 (010) 63263947

2019年，时逢《国务院关于推进上海加快发展现代服务业和先进制造业建设国际金融中心和国际航运中心的意见》（国发〔2009〕19号文）颁布十周年之际，中国银行有幸承担了上海市发展和改革委员会委托有关"十四五"上海金融中心建设的前瞻研究课题。中国银行高度重视上海金融中心建设课题研究，精心组织安排：一是成立课题领导小组，刘连舸董事长担任总负责人，汪小亚董事担任主牵头人；二是成立课题支持小组，总行各相关部门、上海总部、上海分行和主要海外分行等共同参与，原总行深改办魏晗光常务副主任总协调；三是成立课题工作小组，主要承担课题研究和协调联络。

课题组主要成员为：汪小亚、魏晗光、王卫东、张晨、段小茜、牛光军、马龙、胡音、梁伟、瞿亢、王春新、吴婷婷、薛广义、李晓玮、张智楠、王家强、王耀君、邢平、靳红举、傅筱忱。

课题报告各章节负责人分别为：

回顾：第一章（王家强等）、第二章（张晨、张智楠等）、第三章（王家强等）、第四章（张智楠等）。

展望：第五章（王家强等）、第六章（张晨、张智楠等）、第七章（马龙、薛广义等）、第八章（李晓玮等）、第九章（王卫东等）、第十章（牛光军、段小茜等）、第十一章（瞿亢等）。

专题：专题1（梁伟）、专题2（瞿亢）、专题3（吴婷婷）、专题4（温颖坤）、专题5（王哲）、专题6（吴婷婷）。

附录（课题组，Z/YEN）。

参与统稿和排版的人员主要为：王家强、王卫东、王耀君、张智楠、瞿亢、王春新、梁伟等。

课题研究和报告的总设计、总统稿和校稿人为汪小亚。

郑重声明：本书只代表课题组的研究观点，不代表所在机构的观点。

致 谢

特别感谢上海市发展和改革委员会阮青副主任、规划处吴新华处长，上海市发展改革研究院魏陆副院长等给予的信任与帮助。

感谢中国银行总行刘连舸董事长、吴富林副行长（时任）、林景臻副行长、孙煜副行长（时任）等领导给予指导；感谢中国银行多个部门和机构参与课题讨论和提供相关材料；感谢多位同仁给予支持，包括赵蓉、黄雪军、张欣园、陈卫东、钟红、梅非奇、余珂、颜冰、李凡、黄朔、陈静、张更豪、杨淑军、沈洋、何平、李梦梅、夏雨薇、赵雪情、姜迎宇、丁正君、范书宁、黄子安等。

感谢中央汇金投资有限责任公司的支持。

感谢中国金融出版社张智慧主任和王雪珂责任编辑。

目　录

前　言 1

回　顾

第一章　上海国际金融中心建设的综合成效 2

　第一节　上海经济金融实力稳步增长 2

　第二节　上海金融机构数量和类型不断增加 4

　第三节　上海金融市场体系逐步完备 7

　第四节　上海金融基础设施日益提升 10

　第五节　上海金融改革开放力度处于全国领先地位 12

　第六节　上海金融发展环境不断优化 14

第二章　上海金融市场快速发展 17

　第一节　货币市场成倍增长 17

　第二节　债券市场快速发展 20

　第三节　外汇市场稳健运行 22

　第四节　场外衍生品市场品种不断丰富 24

　第五节　股票市场发挥重要作用 27

第六节　贵金属市场蓬勃发展 29
第七节　期货市场举足轻重 30
第八节　保险市场初具规模 33

第三章　对照国际标准的评估 37
第一节　国际标准下上海排名的变化 37
第二节　国际评估体系下上海金融中心的优势与差距 39
第三节　关于改进国际评估体系的建议 44
附：国际金融中心国际评估标准 47

第四章　2009年既定目标的实现情况评估 49
第一节　2009年既定目标的落地情况 49
第二节　以"与中国经济实力相适应"的维度评估 52
第三节　以"与人民币国际地位相适应"的维度评估 55
附：上海国际金融中心建设相关重大国家政策 59

展　望

第五章　"十四五"期间及未来上海金融中心的目标定位 64
第一节　上海全球金融中心的目标定位及战略意义 64
第二节　上海全球金融中心建设面临的重大机遇与挑战 80
第三节　推进新目标定位的战略部署和六大关键点 91

第六章　以人民币为核心，形成全球金融市场的"上海中心" 99
第一节　发达的金融市场是上海建成全球金融中心的"底座" 100
第二节　打造特色金融市场与创新金融平台 109

第三节　人民币是上海成为全球金融中心的"底色" 118
第四节　打造人民币"五大中心" 120

第七章　以金融科技为亮点，打造具有全球竞争力的金融基础设施 142
第一节　将上海创建成世界级金融科技的三大中心 143
第二节　将上海建成具有全球竞争力的金融基础设施枢纽 156
第三节　依托科技，加快金融基础设施的升级换代 167

第八章　以高品质的专业服务为亮点，构建新的金融生态环境 170
第一节　高品质专业服务是上海走向全球金融中心的必备要素 171
第二节　依托高品质专业服务，构建金融服务的全产业链 182
第三节　把握长三角一体化机遇，打造金融全生态圈 189
第四节　对标对表持续推进改革，构建良好金融营商环境 192

第九章　以金融开放为着力点，加强境内外市场的连接 197
第一节　进一步扩大开放情景下的上海金融中心建设 198
第二节　建设高质量的在岸金融和离岸金融市场体系 214
附：纽约在岸型离岸金融中心对上海的启示 227
第三节　全面对外开放情景下的上海金融中心建设 234
附：日本全面金融开放的特点及启示 247

第十章　以参照国际规则为着力点，完善法律环境和提升监管水平 250
第一节　参照国际金融规则，完善金融法律环境 251
第二节　发挥上海金融法院职能，提升金融司法和执法水平 255
第三节　深化市场取向监管体制，创新有效监管方式 260

第十一章　以参与国际事务为着力点，构建世界金融新秩序 275
第一节　当前全球金融治理存在重大缺陷 276

第二节 新兴经济体在全球金融治理中的作用提升 278

第三节 中国应更积极参与国际金融事务 281

第四节 发挥国际平台优势，提升上海参与全球金融治理的能力 286

专 题

专题1：纽约国际金融中心发展的启示和借鉴 292

专题2：伦敦国际金融中心发展的启示和借鉴 306

专题3：新加坡国际金融中心发展的启示和借鉴 323

专题4：法兰克福国际金融中心发展的启示和借鉴 351

专题5：东京国际金融中心发展的启示和借鉴 364

专题6：新加坡沙箱监管模式的启示与借鉴 376

附 录

关于国际金融中心评估的研讨会观点概要 390

后记 407

参考文献 409

前　言

从"国际金融中心"迈向"全球金融中心"
——"十四五"上海国际金融中心建设的前瞻研究

2020年是实现"两个一百年"奋斗目标的历史交汇之年，也是上海"基本建成与我国经济实力及人民币国际地位相适应的国际金融中心"的决胜之年，在关键节点意外遭遇新冠肺炎疫情全球蔓延，百年未有之大变局加速演变。后疫情时代，全球经济持续放缓，国际秩序深度调整，潜在风险不可忽视。站在新的历史方位，面对复杂而动荡的局面，上海国际金融中心建设将如何推进？是亟待思考的大问题，这不仅决定上海的命运，还影响中国的国际地位，更关乎全球发展大局。

过去十年，上海国际金融中心完成了1.0版本，建立了较成熟的金融市场框架体系，形成了一定的国际影响力，在全球金融中心总排名从2009年的第35位升至2019年的第5位。同时也应看到，上海作为国际金融中心与中国经济在全球的地位尚不适应，人民币在全球的影响力与上海金融中心的国际地位仍需提升。与国际顶级金融中心相比，上海还"大而不强"：硬件、硬实力发展较好，软件、软环境还有一定差距；传统金融市场发展较好，新兴高附加值领域相对滞后；金融市场具有规模优势，发展质量存在差距；服务国内经济具有优势，服务国际市场存在差距。

"十四五"期间，要着力打造上海国际金融中心的升级版。在未来5~15年乃至30年内，上海建设国际金融中心的总目标是从"国际金融中心"迈向"全球金融中心",形成纽约、伦敦、上海"三足鼎立"的新局面。这意味着,上海金融中心不仅要为实体经济提供高质量的金融服务,而且要为高科技引领下全球经济发展提供创新型金融服务。上海不仅是国际金融的重要参与者,还将为全球金融格局走向多元化发展提供更好的选择。

本书分为回顾、展望、专题三大部分。回顾共四章,从综合成效、市场发展、指标评价、文件落地等方面总结上海国际金融中心建设的十年成就。展望共七章,提出未来上海国际金融中心发展的新目标定位,以金融市场建设、金融科技、金融服务、金融对外开放、法律与监管、参与国际金融事务六个方面详述上海国际金融中心未来的发展方向、路径和策略。专题汇集了纽约、伦敦、新加坡等金融中心发展启示等专题研究。

一、十年来,上海国际金融中心建设的评估

(一)已取得的突出成效

第一,金融业增加值持续较快增长,对上海经济社会和中国金融业的贡献显著提升。上海金融产值和就业水平已超越香港和新加坡,与伦敦不相上下,与纽约差距逐步缩小。

第二,多元化金融机构体系进一步健全,经营管理实力和国内竞争力明显提升。各类金融机构法人数量和经营网点大幅增加,一批国际型、功能型、总部型机构组织入沪,新兴业态不断涌现。

第三,搭建了多层次的金融市场体系,覆盖度、完整性和开放度领跑全国,局部市场全球领先。各类全国性金融要素市场集聚上海。2019年上海金融市场成交额为1934.3万亿元,是2009年的7.7倍;上海外资银行资产占比8.8%,跨境人民币结算占全国的40.5%,境外投资者持有人民币资产比例超过2%,股票市值与交易量、债券余额与交易量、黄金交易量等局部指标居于世界前列。

第四,金融基础设施逐渐完善,软硬件支持条件不断夯实。支付清

算、要素交易平台、登记托管等设施不断完善，服务能级提升。CIPS已成为跨境人民币清算主渠道，业务覆盖全球160多个国家和地区。债券通、沪港通、沪伦通等互联互通金融基础设施搭建。

第五，金融发展环境持续优化，对机构和人才吸引力提升。上海金融法院、金融审判庭、金融检察处、金融仲裁院、金融纠纷调解中心成立，金融法制环境不断完善，也推动中国营商环境的全球排名大幅提升。

第六，支持全国经济发展，与"一带一路"、自贸区与人民币国际化等改革开放战略需要基本相适应。上海证券市场为全国提供了85%的直接融资；上海通过人民币跨境支付系统、中国银联、各要素交易平台等基础设施，吸引了63个"一带一路"沿线国家参与银联卡、熊猫债、证券投资和外汇交易等活动。

（二）发展中存在的不足

第一，金融机构和企业总部聚集程度不够，国际竞争力不足。外资银行资产在伦敦银行业资产的比重近50%，在纽约接近20%，但在上海尚不足10%。

第二，金融市场存在短板，市场化程度、对外开放水平不足。一是外汇、保险、衍生品等市场规模较小，外汇交易在全球占比不足2%，远低于伦敦（43%）和纽约（17%）。二是市场化不够。货币市场未建立统一基准曲线，大宗商品缺乏国际定价权。三是开放度不高。境外企业在上海发行股票、债券筹资仍受政策限制。

第三，金融配套中介数量不多，高质量专业服务不足。高端专业服务机构聚集不足，上海仅有31家国际专业律师事务所和国际知名管理咨询机构，远低于纽约（148家）和伦敦（126家）；服务对象及便利化程度有待提升，国际机构在沪开展业务仍受执业资格、合作机制等限制；缺乏国际性的中资服务品牌。

第四，国家战略规划与改革开放的政策指标完成有待提升，金融监管尚不能完全适应全面金融开放的需要。对照2009年"19号文"对上海国际金融中心提出的35条具体举措，已基本完成，有些部分还需要进一步提升。

（三）"两个维度"的评估

一是以"与中国经济实力相适应"的维度评估。中国GDP总量稳居世界第二位，连续13年成为世界经济增长第一引擎，而上海国际金融中心的全球排名刚进入前三。从发展速度来看，上海国际金融中心取得长足进步，这与中国经济快速增长和发展质量持续提升的大环境基本匹配，但与中国经济在全球的地位仍不相适应。

二是以"与人民币国际地位相适应"的维度评估。人民币已成为我国第二大跨境支付货币和全球第五大支付货币，成功加入SDR货币篮子，计价货币功能实现突破，国际化基础设施不断完善。但人民币成为国际货币还有很长的路要走，其跨境支付便利性、全球资产配置和储备中占比等指标都有待提高。综上所述，上海国际金融中心建设速度与人民币国际化的整体进程基本匹配，但人民币的国际地位和上海金融中心的全球影响力都需进一步提升。

二、未来上海国际金融中心建设的新目标定位

未来上海建设国际金融中心的总目标应与中国经济实力和人民币地位相适应，打造金融中心升级版，即从"国际金融中心"迈向"全球金融中心"，形成纽约、伦敦、上海"三足鼎立"的新局面。实现新目标可分三个阶段：到2025年，夯基础、聚人气，全面扩展金融市场国际化要素，特别是加快科技金融创新，形成全球金融的上海中心；到2035年，全面完善全球金融中心框架，软硬件设施、运行环境效率以及全球影响力位居前三；到2050年，在中华人民共和国成立100周年之际，中国经济总量接近美国的两倍，人民币成为与美元并驾齐驱的国际货币，上海建成比肩纽约、伦敦的全球金融中心。

（一）新目标有新内涵

"全球金融中心"是"国际金融中心"的高级阶段。国际金融中心强调开放状态或程度，即基于地区而言，既由内向外走，参与本国以外经济金融活动，又依赖或吸引别国资金、人力等资源参与国内经济建设。全球金融中心强调融合度和影响力，是基于全球整体而言的，不仅是国际之间的双向流动，而且是全球经济金融的关键节点、融合点、引领者；金融服务覆盖全球，功能种类齐全；拥有强大的国际金融资源配置能力、国际金融规则的话语权、金融产品与服务的定价权。

（二）新目标有三大特征

一是依托本国（地区）经济和面向全球市场相结合。中国的大国地位和强国战略，决定了金融要以服务实体经济为纲。上海应提升金融服务实体经济的效率；创新金融服务实体经济的模式；处理好实体经济与虚拟经济的关系；紧紧围绕长三角、国际航运中心、全国经济中心、世界贸易中心建设等国家重点战略，提供良好的金融服务；提升服务实体经济的国际化水平。

二是突出人民币国际地位，兼顾国际主要货币。突出人民币国际地位，是上海金融中心的基础底色。上海要建成全球最重要的人民币定价中心、投融资及资产管理中心、清算中心、交易中心和风险管理中心，以支持人民币国际化地位的持续提升，并在服务人民币国际化的进程中提升核心竞争力。上海也要发展其他国际货币的市场，发挥其聚集全球金融资源的功能。

三是强化上海与香港的协同互动。发挥"一国两制"的体制优势，上海与香港的金融功能应强化错位竞争和优势互补；在不完全开放的条件下，突破金融发展的"不可能三角"，更好地服务中国经济的平稳运行。

（三）新目标有重大战略意义

一是助推中华民族伟大复兴。大国经济需要大国金融，中华民族伟大复兴的历史进程中，高质量的金融服务，能有效利用国内、国际两种资源，打造具有全球影响力的金融中心，为经济金融安全保驾护航。

二是践行五大新发展理念。通过发展金融科技、科技金融、绿色金融、普惠金融、国际金融等业务，上海践行"创新、协调、绿色、开放、共享"的五大发展理念，促进中国经济高质量发展，建设具有时代特色的全球金融中心。

三是建设人类命运共同体。世界正面临着全球化倒退、公共产品供应不足的"金德尔伯格陷阱"以及大国竞争的"修昔底德陷阱"等风险。我国提出建设"人类命运共同体"伟大构想，是抵御风险的有力武器。建设上海全球金融中心将有助于推动全球化与和平发展，提升我国在国际金融事务中的话语权，形成公正合理、合作共赢、共建共享的国际经济新秩序。

四是引领全球经济金融复苏。在后疫情时代，全球化格局可能发生重大变化，上海需要发挥国际金融枢纽作用，引领全球经济复苏，打通全球产业链、供应链、价值链与资金链。

（四）新目标面临重大机遇与挑战

世界处于百年未有之大变局。发达经济体普遍步入低利率（甚至负利率）、量化宽松时代，而人民币汇率维持稳定，中国市场对全球资本的吸引力增强。以5G、大数据、云计算、区块链、人工智能等为代表的数字化技术，将改变未来金融格局，上海在金融科技领域具备全球领先优势，可以实现弯道超车。中华民族伟大复兴、也是上海金融中心最重要的经济依托和发展机遇。

诸多挑战不容忽视。中美关系正面临严峻考验，受新冠肺炎疫情冲击，"逆全球化"趋势上升，上海金融开放进程面临挑战；全球产业分工格局调整与重构，上海面临业务流失风险；疫情加剧全球经济衰退,增大全球金融危机风险,上海金融中心建设将面临诸多压力。

三、上海全球金融中心建设的六大关键点

为实现新目标,上海在战术上要把握六个关键点:建成一个核心(以人民币为中心),打造两个亮点(以领先的金融科技和高质量的金融服务为亮点),推进三个重点(以加快对外开放、完善法律及监管、参与国际事务为着力点)。

(一)以人民币为核心,形成全球金融市场的上海中心

1. 以金融市场为基础+以人民币为特色,形成双轮驱动

上海要建成全球金融中心,一方面,需发挥金融市场作用,成为国际意义上货币或资金大量聚集并发挥金融活动中枢作用的地方;另一方面,需推动人民币的国际地位,确立国际金融中心的主导地位,从而形成以金融市场为基础和以人民币为特色的双轮驱动。

人民币国际化是上海成为全球金融中心的"特色"。推动人民币国际化进程,将为上海金融市场聚集更多的国际投资者,促进上海构建主体多元、结构多样的全球化金融市场,从而为上海金融中心建设提供强大的发展动力。如何做强特色?首先应大力实现人民币的"四化",即产品多元化、资产优质化、交易国际化、汇率利率市场化;其次着力形成人民币的"五大中心",即人民币的交易、投融资及资产配置、定价、清算和风险管理的中心。

发达的金融市场是上海建成全球金融中心的"底座"。上海金融市场的发展深度存在较大提升空间。如何做实底座?就要大力推动"三化",即交易产品国际化、参与主体国际化、市场规则国际化,将上海金融市场打造成为全球最具吸引力和创新力、专业服务能力最强的金融市场,成为全球金融市场的一个重要节点——"上海中心"。

2. 以人民币为核心,构建人民币"五大中心"

构建与人民币国际地位相匹配的人民币"五大中心",以此完善人

民币作为国际货币的功能。其中，清算中心是其他功能有效发挥的基石，交易中心是金融要素交易的平台，投融资及资产配置中心是资源配置的工具，定价中心是国际地位和话语权的体现，风险管理中心是防护罩。

（1）打造全球人民币交易中心。促进金融市场产品多元化，围绕"资产配置"和"风险管理"补足短板，填补产品空白；深化利率汇率市场化，活跃人民币交易；促进参与主体国际化，对内外资开放和放宽市场准入；推进市场规则国际化，完善金融法律制度，补足投资者保护和净额结算等重要支柱；推进定价国际化，推动人民币资产编制或加入国际指数；推进基础设施国际化，对接国际标准，做好监管配套；强化金融科技引领，为市场参与者提供更高效、更安全的全球交易平台。

（2）构建全球人民币资产定价中心。以新能源技术优势为引领，布局推广"新能源—人民币"定价体系；以巨大石油需求为切入点，在传统能源结算领域获得更大定价权；依托巨大的现货需求，力争成为非能源类大宗商品区域性乃至全球性定价中心；提升上海金价格的国际影响力；借助汇率利率市场化改革，完善定价体系。

（3）打造全球人民币投融资及资产配置中心。构建多层次市场体系、多元化投融资主体和多样化投资品种；开辟多层次证券交易市场；推动形成资本市场双向开放新格局；建成"一带一路"投融资中心；依托航运中心建设，促进融资租赁业务发展；拓展票据业务的内涵外延，推动票据市场跨境开放；为全球投资者提供一站式托管服务，将托管服务嵌入人民币投融资及资产配置的全链条之中；营造良好金融生态圈，促进上海成为境内外资产管理中心；积极与在沪多边金融组织合作。

（4）建成全球人民币清算中心。完善CIPS功能，建设安全高效的支付清算基础设施；推动采用符合国际惯例的标准体系，全球推广使用；完善清算法律体系与监管，保障清算体系稳健运行；推进金融基础设施互联互通,将债券、外汇、拆借和黄金等金融市场纳入人民币全球清算体系;推动人民币加入持续连接清算系统(CLS)结算机制;发挥商业银行作用,通过代理行拓展全球人民币清算网络。

(5)形成人民币风险管理中心。一是管理金融风险,健全跨境资本流动管理,防范利率和汇率冲击;强化金融风险动态监测,构建早期预警指标体系;建立突发金融风险应急处置机制,完善应对策略。二是提供风险管理服务,努力成为"一带一路"沿线国家金融风险管理中心。三是建立保险和风险缓释机制,降低风险损失。大力发展保险业,吸引有国际竞争力的财产保险、海运保险、金融担保与再保险企业入驻。

3. 兼顾国际主要外币,打造亚洲外币中心

抓住世界经济中心东移但亚洲尚无统一外币中心的历史机遇,加快发展亚洲外币市场。一是建设亚洲最重要的外币交易市场。支持跨国企业、"一带一路"沿线国家政府等在沪发行外币债券;完善外币线上拆借、外币回购等产品,建设亚洲外币货币市场中心;强化外币汇率类交易影响力,推出更多外汇交易。二是迭代整合,建成亚洲外币离岸清算中心。完善央行境内外币支付系统,打造多币种综合清算平台,重点发展亚洲美元、亚洲欧元、亚洲英镑等主要货币离岸清算中心;发展外币清算代理行,吸引更多境外银行进行离岸外币清算。

(二)以金融科技为亮点,引领全球金融基础设施水平

随着全球经济重心东升西降,新一轮科技革命和产业变革兴起,人工智能、区块链等金融科技发展,全球金融中心建设的途径、方式和重点也将改变。金融科技作为未来全球金融发展的先进生产力、竞争制高点和核心竞争力,必将成为上海全球金融中心建成的关键支撑,也是上海赶超其他金融中心的重要武器。

1. 依托数字化技术,打造以金融科技为亮点的上海金融中心

长期看,金融科技有必要也有能力成为上海全球金融中心的亮点。

谁拥有金融科技领先地位，谁就可以引领未来。在"举国体制"和"科技新基建"的双重驱动下，我国金融科技基础理论体系和配套设施建设必将大幅跃升，金融科技从应用到原创迎来重大契机。上海金融科技中心建设必将加快培育世界级金融科技企业，推出一系列原生技术创新，提高我国在金融科技领域的话语权，增强国家金融竞争力。

"十四五"期间，建议从宏观和中观层面入手，打造世界级的"三大支柱"。一是强化科技赋能，打造世界级数字金融产业高地。推动产业融合，打造从应用到原生的特色金融科技创新之路，助力各行各业数字化转型；以点带面，引导全球金融科技资源流动，打造长三角金融科技增长极；鼓励核心技术攻关，强化金融科技数据治理，构建数字产业实施框架和技术标准。二是升级基础设施，打造世界级金融科技平台。建设智能化的金融基础设施体系；提升金融服务一体化基础支撑能力，强化金融信息服务"领军之城"；加大金融科技相关配套服务支持力度。三是构建开放生态，打造世界级创新金融中心。以大型银行为龙头，加快构建国家级、战略级金融科技孵化器及创业加速器集群；以应用场景为驱动，全面推动金融科技研发；持续构建以金融科技为支撑的开放型生态体系。

2. 依托科技，建成具有全球竞争力的金融基础设施

"十四五"期间，上海应依托科技加快金融基础设施升级换代。一是加大战略规划和政策指引力度，加强支付清算基础设施建设。加强顶层设计，制定金融基础设施战略规划，形成以 CIPS 为核心，立足上海、辐射全球、与人民币国际化地位相适应的全球清算体系。二是促进境内外基础设施互联互通。推进证券托管结算机构间互联互通，积极推动各金融要素市场的后台服务体系互联互通和一体化发展；推进支付清算系统与其他金融要素市场连通，实现外汇、债券、黄金、商品等金融产品的交易交割与人民币资金清算同步；参照香港 CHATS 系统对外开放经验，加快支付清算设施对外开放。三是拓展支付清算主体。鼓励和吸引新型支付机构和清算机构落户上海，包括境外银行卡组织、第三方支付机构以及提供支付清算服务新技术的其他机构，促进我国支付清算基础设施与国际市场的融合和接轨，推动支付清算服务的功能和主体更加多元化。

（三）以高品质的专业服务为亮点，构建新的金融生态环境

着力构建开放合作、创新发展、市场主导、绿色友善、安全高效的金融生态，对上海全球金融中心建设意义重大。

1. 充分发挥金融要素市场齐备优势，形成金融专业服务全产业链

"十四五"期间，上海应着力打造金融服务全产业链。打造围绕金融市场的第三方服务机构聚集区；充分发挥临港新片区建设特殊经济功能区和开放型经济新高地的制度和政策优势，大力发展总部经济、平台经济；鼓励上海已有金融服务机构提升服务能级，加强与全球领先专业化机构的沟通协作；强化金融配套服务，打造"金融信息港"，提升金融信息服务效率。

2. 构建良好营商环境，营造创新开放、安全高效的金融生态

"十四五"期间，上海应注重营造法治化、国际化、便利化的营商环境。突出上海特色，对标领先同业持续推进营商环境改革，鼓励各部门、各地区大胆创新突破，坚持完善"一网通办""证照分离"、行政审批告知承诺等特色做法；制定金融人才集聚、培养和引进等规划的加强版；引入高水准养老金融服务机构。

3. 把握长三角一体化发展机遇，推动长三角城市群金融合作

"十四五"期间，上海应紧密围绕长三角一体化战略，发挥长三角金融协同效应。推动金融机构跨区域协作，上海出台的金融业开放和创新政策要积极向其他城市推广；推动上海金融市场辐射联动长三角，各类全国性金融要素市场向江苏、浙江、安徽的优秀企业和金融机构开放；推动长三角金融基础设施连通，支持各类交易所建设区域内服务基地；完善长三角金融发展环境，强化长三角区域监管协同、法治完善、人才服务等合作；建立以上海为主导，有层级、有特色、

合理分工的长三角金融合作布局。

（四）以金融开放为着力点，加强两个市场的对接

情形一：扩大对外开放

"十四五"期间，上海扩大对外开放应重点围绕五个方面：（1）依托上海自贸区，打造"金融自由港"。临港新片区不是简单的自贸区扩区和政策平移，而是全方位、多层次、根本性的制度变革。应对标最高标准，提升新片区价值，围绕"五个自由"，全面推进金融改革创新。（2）服务"一带一路"倡议，构建对外金融合作新格局。推动人民币在"一带一路"走出去和流回来，提供便利的跨境人民币结算、清算和循环渠道，服务跨境投资与贸易，推动形成以美元、欧元和人民币为主导的多元化的国际货币格局。（3）建设高标准、国际化的在岸金融和离岸金融市场体系。加快建立国际化的在岸市场，加大跨境互联互通设施建设，进一步完善和推广现有的互联互通模式，推动从"管道式"开放转向"平台式"开放；建立"有限渗透型离岸金融模式"，通过"一地两市"实现离岸和在岸人民币交易联动，打造本外币离岸交易中心；远期内可考虑配合人民币资本项目开放，探索建立"一体型离岸在岸金融体系"。（4）以高水平开放推进现代金融机构体系建设。先试先行，扩大银行、证券、保险三业对外开放；推动简政放权改革，提高入市便利，推动境外机构进入债券、股票、外汇三大市场。（5）与其他亚洲金融中心协同发展。借助香港平台连接境外市场，进行开放试验；与新加坡加强多币种及多层次金融合作；与东京加强投资合作和金融科技合作；与中国香港、新加坡、东京探索建立亚洲货币跨境支付结算系统。

情形二：全面对外开放

在金融全面对外开放的情景下，国际资本大进大出将对境内市场形成潜在冲击，上海的应对措施：一是发挥缓冲和减震作用，利用上海"桥头堡"和自贸区"试验田"优势，使开放进程更为可控。二是发挥区域联

动效应,加强境内外联动、本外币联动、离在岸联动、不同金融中心间联动,以联动来减震,以联动促发展。三是利用改革开放红利,发展成世界级金融市场。

"十四五"期间,围绕减震、联动和红利发挥,上海采取的具体措施包括:(1)统筹推进利率市场化、汇率市场化和资本账户开放。做好通盘规划,把握开放节奏;借鉴日本的教训,在利率和汇率市场化的基础上,推进资本账户完全开放。(2)建立人民币离岸和在岸市场的联动机制。发挥"阀门"调节作用,建立良性的人民币流出安排及回流机制,打好离岸人民币产品定价基础,加强自贸区与其他人民币离岸市场互动。(3)发挥本币与外币账户的减震作用,推进本外币一体化账户改革。加强顶层设计,在2~3年内稳步推进本外币一体化账户改革,成熟一项落地一项。在临港新片区先行先试本外币一体化账户体系。(4)建立沪港深等地区间联动机制。深化沪港深三地开放经验、金融资源、产业发展和金融创新共享。(5)提高在沪金融机构公司治理能力。推动上海金融机构进一步完善职权分配,强化压力测试及内部危机处置机制建设,完善投资者适合度管理及消费者权益保护。

(五)以参照国际规则为着力点,完善法律环境和提升监管水平

"十四五"期间,上海应建立与我国国情和金融中心建设相适应的法律环境与监管体制。

1. 对比国际规则,完善金融法律环境

有观点认为,普通法比大陆法更有利于国际金融中心建设。事实上,普通法与大陆法一直在互相融合,欧美国家对我国法律制度体系的认知和接受程度尚待提高。

"十四五"期间,中国应进一步完善金融法律,为上海提供制度保障。(1)完善金融法律体系,提高金融领域立法时效性。及时修订与金融相关的基础性法律和法规,对各要素市场管理和交易规则进行立改废。(2)根据自贸区先例,加强地方立法。合理给予上海法律先行先试权,制定顺应金融开放和国际化发展的政策法规。(3)加强统筹协调,探索建立长三角地区跨省立法协同机制。以协同立法促进长三角金融配置效率与秩序的一体化。(4)加强国际司法交流,提升我国司法制度和司法实践的国际认可度。

2.发挥上海金融法院职能,提升金融司法和执法水平

"十四五"期间,上海应借鉴英国、新加坡等国的国际商事法庭经验,提升司法和执法水平。(1)发挥好上海金融法院的标志性和创新作用。扩大管辖范围,建立法律专家咨询制度,加强司法审判实务总结。(2)集合上海仲裁机构资源打造亚太(金融)仲裁中心。借鉴国际先进仲裁实践,完善我国仲裁法律,改进仲裁规则。(3)完善诉调、诉仲对接机制。尊重当事人对纠纷解决方式的选择权,构建调解、仲裁、诉讼有机衔接的"一站式"纠纷解决平台。(4)加快建设智慧法院,完善国际商事诉讼便民机制。借助信息科技技术,进一步加强信息化、智能化建设。(5)加强国际司法交流与合作,提升对上海司法和执法的国际认可度。在金融案件中正确适用国际条约、公约和多边协定,推动建立与国际通行规则相衔接的制度体系。

3.深化市场取向监管体制,创新有效监管方式

"十四五"期间,上海应勇于创新,建立与我国国情相适应的金融监管体制,保持政府有为和市场有效平衡、金融稳定和金融创新平衡、金融业运行效率和风险合规平衡、金融业充分竞争和消费者权益保护平衡。可以从两方面入手:(1)深化市场取向监管体制,优化金融监管效能。更新监管理念,推进市场取向的监管体制变革;构建立体监管网,突出国际化导向,完善跨境市场资本流动监管;丰富监管手段,运用监管科技促进金融创新与风险监管动态平衡;完善区域监管体系,有效防范和化解系统性金融风险。(2)创新有效监管方式,加强统筹协调,提高金融监管水平。创新监管工具,鼓励创新试错,推行"监管沙盒"试点;优化监管模式,聚焦金融发展,推动机构监管与功能监管、行为监管有效融合的综合监管试点;完善监管协调方式,加

强中央和地方金融监管协同，赋予地方更大话语权；拓宽国际合作，加强与外国监管机构跨境协调。

（六）以参与国际事务为着力点，推进全球治理变革以构建世界金融新秩序

1. 国家层面应积极参与国际金融事务

"十四五"期间，中国应积极参与和推动全球金融治理体系变革，增强新兴国家在国际金融体系治理中的影响力及话语权，贡献中国智慧和中国方案。这包括增加新兴市场国家在全球金融治理中的代表权；参与构建基于经济增长与宏观稳定的跨国货币政策协调机制；参与构建基于全球经济稳定与危机应对的国际协调机制；以"一带一路"为突破口，输出互惠共享的跨国合作规则；依托中资企业国际化，提高国际话语权；把握后疫情时代全球经济变化趋势，引领区域金融治理参与全球金融治理。

2. 发挥国际平台优势，提升上海参与全球金融治理的能力

"十四五"期间，上海应充分发挥国际平台优势，辅佐国家参与全球金融治理，面向国际、代表中国参与对外国际金融事务；结合业务、产品、市场经验及自身发展空间，成为相关战略部署于微观层面执行的落脚点。这包括：为新型国际金融治理机构提供支持，积极吸引国际规则制定机构在沪设立分支机构；制定金融科技风险治理标准，引领现代金融监管国际标准；创新发展绿色金融，建立绿色金融标准；发挥新型国际平台的治理作用，打造陆家嘴金融论坛等"亮点"平台；建立海外运营推广体系，加强与现有国际金融治理机构合作；推动上海合作组织金融合作；助力培养高质量国际金融治理人才。

Shanghai
Advancing Towards A Global Financial Centre

迈向
新时代全球金融中心

回顾

第一章
上海国际金融中心建设的综合成效

十年来,上海国际金融中心建设取得了长足进展,上海市经济金融实力稳步增长,金融机构数量和类型不断增加,金融市场体系逐步完备,金融基础设施日益完善,金融改革力度和对外开放程度进一步提高,金融发展环境持续优化。

第一节　上海经济金融实力稳步增长

一、金融业对上海经济贡献度持续提升

金融业增加值快速增长,对上海经济及全国金融业发展的贡献度不断提升。金融业产值与就业水平是金融中心建设成效的核心体现。2009年到2019年,上海生产总值从1.5万亿元增长到3.8万亿元,年均增长7.4%。其中,金融业增加值从1804.3亿元增长到6600.6亿元,年均增速达11.8%,十年来累计扩大3.66倍;上海金融业增加值占全市生产总值的比重从11.99%上升到17.30%,在全国仅次于北京(2019年为18.5%);上海金融业增加值占全国金融业增加值的比重从8.0%上升到

8.6%，居于全国各城市之首。

二、金融业就业与工资稳定增长

金融从业人员数量不断增加，平均工资水平持续增长。2009年到2018年，上海金融业就业人员数量从22.11万增长到35.32万，十年来增长了40.66%；金融业就业人员平均工资从13.45万元/年增长到25.77万元/年，十年来翻了近一倍，工资水平居于各行业之首（见表1-1）。

表1-1 2009—2019年上海金融业产值与就业发展情况

单位：亿元，万人，%

年份	上海GDP	金融业增加值	金融业就业人数	上海GDP增长率	金融业增加值增长率	金融业增加值占GDP百分比
2009	15046.5	1804.3	22.11	8.3	24.9	12.0
2010	17166.0	1951.0	24.11	10.3	5.1	11.4
2011	19195.7	2277.4	28.41	8.2	8.2	11.9
2012	20181.7	2450.4	30.05	7.5	12.6	12.1
2013	21818.2	2823.8	32.89	7.7	13.7	12.9
2014	23567.7	3400.4	34.42	7.0	14.0	14.4
2015	25123.5	4162.7	35.07	6.9	22.9	16.6
2016	28178.7	4765.8	36.42	6.9	12.8	16.9
2017	30633.0	5330.5	35.54	6.9	11.8	17.4
2018	36011.8	5781.6	35.32	6.8	5.7	16.1
2019	38155.3	6600.6	43.72	6.0	11.6	17.3

资料来源：Wind，上海市统计局。

三、上海金融产值与就业水平追赶国际同业

横向比较，上海金融业产值和就业水平已与伦敦不相上下，与纽约的差距缩小。2018年，上海金融业增加值达5781.6亿元人民币（约合873.7亿美元），占全市生产总值的16.1%；就业人员达35.32万人。与全球主要金融中心相比，2018年上海金融业增加值规模仅次于纽约和伦

敦，高于香港和新加坡；金融业增加值在GDP中的占比低于纽约和香港，高于伦敦和新加坡；金融业就业人员数量仅次于纽约和伦敦，高于香港和新加坡（见表1-2）。

表1-2 2018年主要国际金融中心金融业增加值及从业情况

单位：亿美元，%，万人

城市	2018年GDP	金融业增加值	金融业增加值占比	就业人数
纽约	7119.7	2224.5	31.2	77.0
伦敦	5621.6	898.2	16.0	37.7
上海	4938.5	873.7	16.1	35.3
香港	3626.8	679.7	19.7	26.3
新加坡	3640.8	446.4	12.3	23.2

资料来源：Wind，相关统计部门，本课题组。

第二节 上海金融机构数量和类型不断增加

十年来，上海金融机构数量逐年扩大，金融机构类型明显增加，银行、证券、保险等子行业金融机构不断汇聚发展，各类法人金融机构数量从2009年的171家增长到2019年的386家，营业机构数量从2009年的3230家增长到2019年的4507家，构成金融中心建设和发展的主体力量。

一、银行业金融机构数量和类型增多

2009年到2019年，上海银行业金融机构的法人机构数量从63家增长到211家，营业机构数量从3060家增长到4224家，从业人数从7.52万人增长到12.49万人，资产总额从6.20万亿元增长到16.51万亿元（见表

1-3）。其中，法人机构数量增长最多的是新型农村金融机构，包括村镇银行、贷款公司和农村资金互助社，从32家增长到139家；金融租赁公司、汽车金融公司、货币经纪公司、消费金融公司等新型金融机构从无到有，2019年年末数量达21家。

表1-3　2009—2019年上海市银行业金融机构变化情况

单位：家，人，亿元

机构类型	数量与资产	2009年	2019年
大型商业银行与股份制商业银行	法人机构数量	2	2
	营业机构数量	1994	2477
	从业人数	58567	74474
	资产总额	42884	92347
城市商业银行	法人机构数量	1	1
	营业机构数量	237	465
	从业人数	7872	14786
	资产总额	5234	24642
外资银行	法人机构数量	18	18
	营业机构数量	—	211
	从业人数	—	12549
	资产总额	7293	14478
其他银行业金融机构	法人机构数量	60	190
	营业机构数量	829	1071
	从业人数	1472	23077
	资产总额	13829	33643
合计	法人机构数量	63	211
	营业机构数量	3060	4224
	从业人数	75204	124886
	资产总额	62007	165110

注：其他银行业金融机构包括国家开发银行、政策性银行、财务公司、信托公司、邮政储蓄银行、农村商业银行、农村合作银行、农村信用社、村镇银行、贷款公司、农村资金互助社、金融租赁公司、汽车金融公司、货币经纪公司、消费金融公司等。

资料来源：人民银行区域金融运行报告。

二、证券业各类市场主体大幅增加

2009年到2019年,上海上市公司数量从165家增加到308家,总部设在上海的证券、基金、期货公司数量从70家增长到118家(见表1-4)。特别地,科创板上市公司从无到有,2019年年末达到13家,占全国的18.58%;证券、期货、基金各类分支机构1107家,外资代表处39家,各类机构数量均居全国首位。

表1-4 2009—2019年上海市证券业市场主体变化情况

单位:家

数量与资产	2009年	2019年
总部设在上海的证券公司数量	14	27
总部设在上海的基金公司数量	30	57
总部设在上海的期货公司数量	26	34
年末上市公司数量	165	308

资料来源:人民银行区域金融运行报告。

三、保险业金融机构平稳增长

截至2019年年末,上海共有57家法人保险机构,较2009年增加了19家(见表1-5)。其中,财产险公司20家,人身险公司22家;上海共有保险公司的分支机构108家,较2009年增加了46家。其中,寿险公司分支机构32家,财产险公司分支机构53家。

表1-5 2009—2019年上海市保险机构数量变化情况　单位:家

机构类型	2009年	2019年
总部设在上海的保险机构	38	57
——财产险机构	16	20
——寿险机构	22	22
保险公司分支机构	62	108
——财产险公司分支机构	32	53
——寿险公司分支机构	30	52

资料来源:人民银行区域金融运行报告。另外,近十年来发展保险机构类型更加丰富,除财险和寿险外,还有再保险、保险经纪、保险资管等机构。

四、外资金融机构占比高

近十年来，上海外资金融机构数量稳步提升，目前各类外资金融机构超过510家，成为外资金融机构在华主要聚集地。总部设在上海的外资法人银行占内地总数的一半以上；上海合资基金管理公司、外资保险公司约占内地总数一半。

五、国际级功能型金融机构数量增多，新型金融机构快速发展

各类国际型、功能型、总部型金融机构陆续落户上海，新开发银行、全球清算对手方协会、人民币跨境支付系统、中国互联网金融协会等一批重要金融机构或组织落户上海。新兴金融业态不断涌现，陆家嘴金融城、沿黄浦江金融集聚区规划建设成效明显。

第三节 上海金融市场体系逐步完备

近十年来，上海形成了要素齐全、功能完备的金融市场体系，货币、信贷、股票、债券、外汇、票据、期货、黄金、保险等各类全国性金融要素市场集聚上海，为满足上海、全国乃至其他国家实体经济的投融资、金融交易、资产管理及风险管理等需求发挥了重要作用。

一、社会融资总规模持续扩大，融资结构不断优化

自我国2011年开始统计社会融资规模以来，上海当地的社会融资规模增量波动增长，从2013年的7964亿元增长到2019年的8640.1亿元；上海通过股票、债券市场，为全国提供的直接融资总规模约占全国直接融资规模的85%。2019年，上海表内融资占全市社会融资规模的比重为62.2%，本外币贷款融资新增规模为5609.8亿元（见表1-6），直接融资

为4246.3亿元，其中企业债券融资增加2743.7亿元，非金融企业境内股票融资403.1亿元。上海证券交易所股票筹资5851.4亿元，发行公司债27667.5亿元；上交所股票期权市场运行平稳，规模稳步增长，经济功能日益凸显。

表1-6　2009年与2019年上海市融资情况的比较　　单位：亿元

机构类型	2009年	2019年
上海市社会融资规模	—	8640.1
上海市本外币贷款新增规模	5371.6	5609.8
上交所股票筹资额	3343.2	5851.4
——上海股票（A股）筹资	662.0	391.0
上海发行H股筹资	214.0	9.0
上交所公司债筹资额	—	27667.5
——上海发行国内债券筹资	1056.0	2726.0
——其中短期融资券筹资	371.0	233.0

资料来源：人民银行区域金融运行报告。

二、金融市场交易日趋活跃，全球地位持续提升

2009年到2019年，上海金融市场交易额大幅增长。其中，上海证券交易所股票和基金成交额从34.7万亿元增长到61.3万亿元，债券交易额从19.5万亿元增长到221.0万亿元；上海期货交易所成交金额从73.8万亿元增长到96.9万亿元；中国外汇交易市场的外汇交易量从2015年的110.9万亿元增长到2019年的200.6万亿元。总体上看，2019年上海金融市场的成交总额达到1934.3万亿元，较上年增长16.6%，是2009年251万亿元的7.7倍。目前，上海金融市场在股票市值、股票交易量、债券余额、债券交易量、大宗商品交易量等众多交易指标上处于全球较为领先的位置（见表1-7），中国金融市场与国际金融市场的相互影响越来越深。

表1-7　十年来上海金融市场发展情况及成交额全球排名

单位：万亿元，万吨，位

交易场所	交易类型	2009年		2019年	
		金额	全球排名	金额	全球排名
上海证券交易所	股票基金成交额	34.7	7	61.3	5
	债券成交额	19.5	6	221.0	4
上海黄金交易所	成交量			6.86	
	成交金额	1.5	6	21.5	2
中国金融期货交易所	总成交额	—		69.6	
	股指期货成交额	—		57.8	
上海期货交易所	总成交额	73.8		96.9	10
	铜成交额	33.2		17.5	

资料来源：Wind，本课题组。

三、市场参与者类型逐渐丰富，市场双向开放渠道不断扩大

随着人民币国际化的推进和金融市场的对外开放，上海金融市场的主要参与者从境内个人、投资基金、商业银行等不断扩展和丰富至境外央行、主权基金、对冲基金、私募基金等各类机构，通过直接参与、沪港通、债券通等渠道进入中国金融市场。截至2019年年末，境外机构和个人投资者持有境内人民币存款、人民币贷款、人民币股票、人民币债券四类资产的规模合计达到6.4万亿元，是2013年年末的2.22倍，其中上海是股票和债券的主要投资场所。

四、金融产品与工具创新不断增多，投资选择更加多元

上海金融市场产品创新层出不穷，以满足投融资主体的多元化需求和多样性选择。在货币信贷市场，有结构性存款、大额存单、借贷便利、融资租赁贷款、信托贷款等各种工具；在债券市场，有短期融资券、中期票据、熊猫债、可转债、永续债等各种创新工具；在股票、金融与商品期货市场，有股指期货、国债期货、交易所交易基金、国

际黄金等创新产品。上海金融市场过去十年的产品创新速度和交易规模超过历史上任何时期，基本涵盖了领先国际金融中心所拥有的产品种类。

第四节 上海金融基础设施日益提升

十年来，包括支付清算、要素交易平台、登记托管等在内的上海金融基础设施日益完善，服务能级不断提升。

一、人民币支付清算基础设施：清算效率大幅提升

支付清算系统是各种金融交易的核心基础设施。除了中国银联及商业银行传统的支票、银行卡、支付清算账户等各种小额、大额支付清算系统之外，上海支付清算基础设施也得到迅速发展：一是第三方支付清算工具空前发展，包括微信、支付宝等从无到有，在小额支付市场占有较大市场份额；二是人民币跨境支付系统（CIPS）建成，已成为跨境人民币清算的主渠道。2015年，CIPS正式上线，为境内外金融机构人民币跨境和离岸业务提供资金清算、结算服务。2018年，CIPS二期全面投产，在制度安排、结算模式、运行时间、参与者管理、流动性机制等方面进一步优化。截至2019年年末，CIPS共有32家直接参与者和875家间接参与者，实际业务覆盖全球160多个国家和地区，已累计处理人民币跨境支付业务超过530万笔、金额近80万亿元。

二、要素市场交易平台：互联互通进一步增强

上海金融市场的各种要素交易平台建设持续完善（见表1–8），为支持国家金融开放和上海金融中心建设提供扎实的平台基础。2012—

2016年，上海股权托管交易中心、上海保险交易所、上海票据交易所、上海国际能源交易中心等新的市场平台陆续成立；2017年，"债券通"项目推出，实现与现有债券市场兼容并行的管道式开放，为国际投资者提供进入中国债市的便捷通道。在股票市场方面，实现沪港通、沪伦通等基础设施互联互通，持续吸引海外参与方。

表1-8　2009—2019年上海市要素交易平台建设情况

交易平台	成立日期	2009—2019年的重要建设成就
中国外汇交易中心	1994.4	开通一系列货币对交易，开通银行间贷款转让交易系统，推出外汇衍生品交易，与境外交易平台开展合作
上海黄金交易所	2002.10	2014年启动黄金国际板，2016年发布"上海金"，2018年挂牌中国熊猫金币
上海证券交易所	1990.11	2012年推出RQFII，2018年A股纳入MSCI指数，2019年推出科创板
上海期货交易所	1990.11	2013年设立上海国际能源交易中心，2018年原油期货挂牌交易，2019年黄金期权挂牌交易
中国金融期货交易所	2006.9	2013年上市国债期货，2015年上市上证50、中证500股指期货
上海票据交易所	2016.12	2018年12月发布票付通，投产贴现通，推出票据收益率曲线
上海保险交易所	2016.6	2016年首批产品顺利上线，2018年上线国际再保险平台
上海股权托管交易中心	2012.2	推出股份转让系统（E板）、科技创新板（N板）等服务

资料来源：各交易平台官网。

三、资产登记托管结算平台：功能进一步优化

上海资产登记托管结算平台机构建设进一步完善，功能进一步优化，各类平台为促进金融支持服务实体经济、助力上海国际金融中心建设作出突出贡献。

2009年11月，上海清算所成立，以提高金融市场交易效率、降低交

易成本、防范交易对手方风险为宗旨，近年来，上海清算所中央对手清算业务功能不断优化，服务规模不断扩大。2019年清算业务总量达363万亿元，其中中央对手清算量123.8万亿元，发行债券25.2万亿元，期末托管债券余额22.3万亿元，整体保持平稳增长。

2017年，中央国债登记结算公司设立上海总部，集聚跨境发行、跨境结算、担保品、金融股指和上海数据中心五大功能平台，提升了上海金融市场的流动性管理与风险控制的枢纽功能，增强了上海国际金融中心在全球的定价权、影响力和资源配置能力。目前，中债登上海总部大力支持各发行主体在沪发行债券，其管理的担保品余额超过13.9万亿元，保持全球最大债券担保品管理平台的领先地位。

中国证券登记结算公司上海分公司围绕支持实体经济，支持科创板优化配套登记结算服务，并试点注册制。截至2018年年末，该公司存管各类证券14011只，存管证券总市值约35.82万亿元（股票26.97万亿元、债券8.38万亿元、基金0.47万亿元）。

第五节　上海金融改革开放力度处于全国领先地位

十年来，中国金融体系经历了2008年国际金融危机、欧债危机、2015年汇改等一系列重要事件的考验，但金融改革开放始终持续推进。上海作为全国金融改革开放的桥头堡，不断探索前行，改革开放不断取得新的成果。

一、自贸区先行先试，金融改革不断深入

自2013年9月上海自贸区正式挂牌以来，自贸区及自贸区新片区已成为全国改革创新的"排头兵"和"新高地"，一大批金融政策相继出

台，金融创新硕果累累。金改"40条"持续推进落地，自由贸易账户主体范围进一步拓展至全市有条件、有需求的企业，并向海南、天津等其他自贸区推广。2020年5月，人民银行上海总部发布临港新片区金融开放与创新发展的"50条措施"，进一步从落实对外开放、强化制度创新、培育金融体系、服务实体经济、加强服务保障等方面推出新的创新举措，为自贸区金融开放创新增添新动能。目前，上海自贸区新片区新设企业4025家，签约落地重点产业项目168个，总投资821.9亿元。

二、金融开放不断扩大，国际化程度稳步提高

2009年，伴随着人民币国际化的启程，中国金融开放进入了新的时期。十年来，上海金融业和金融市场的对外开放通道持续扩大，在外汇市场、货币信贷市场、证券市场、贸易金融、大宗商品市场等领域都得到了充分体现。特别是2018年以来，我国掀起了新一轮的金融开放浪潮，全面放开对国际金融机构准入、投资入股比例和金融业务范围的限制。上海有序扩大金融业开放，在银行、证券、保险、征信、评级等领域相继推出一系列开放措施，一批具有标志性意义的项目已在全国率先落地。例如，全国首家外资独资保险公司安联保险获批开业；全国首批新设外资控股证券公司野村东方国际证券、摩根大通证券获批开业。沪港通、债券通、沪伦通等一系列政策举措，推动上海成为中国跨境资金流动的主要集散地。截至2019年年末，上海外资银行资产在上海银行业占比为8.8%，远高于全国不到3%的平均水平，上海是中国外资银行集聚程度最高的地区。2019年，由于资本项目下结算业务的推动，上海实现跨境人民币结算7.97万亿元，占全国跨境人民币结算量的40.5%。

三、金融服务"一带一路"建设取得进展

自2013年"一带一路"倡议发布以来，全国金融机构通过提供项目贷款、贸易金融、证券发行、外汇交易等金融服务支持"一带一路"建

设，取得了一系列成果。上海凭借完善的金融市场体系和金融基础设施，吸引了63个"一带一路"沿线国家和地区参与。越来越多"一带一路"沿线国家的政府与企业到上海发行熊猫债券，个人和机构投资者参与上海资本市场的投资活动；上海黄金交易所、期货交易所等一系列要素交易平台陆续与俄罗斯、印度、阿联酋、土耳其、马来西亚、泰国、缅甸等"一带一路"沿线国家和地区开展金融市场合作洽谈。以中国银联为例，目前已经在"一带一路"沿线60多个国家和地区实现银联卡受理，累计发行银联卡超过3500万张。

四、积极参与国际金融规则制定

上海作为全球重要的金融中心之一，通过自身金融活动对国际金融市场产生影响，同时在具有领先优势的领域进一步参与国际金融规则的制定，例如绿色金融、科技金融、自贸区金融等方面。2017年7月，上海发布全国首张自贸区金融服务业对外开放负面清单指引，为我国金融业进一步对外开放进行了有益探索。2017年11月，全球中央对手方协会（CCP12）在上海发布首个中央对手清算行业国际标准，标志着我国对国际金融监管规则参与度、引领度提升。

第六节 上海金融发展环境不断优化

十年来，上海市金融法制环境、监管环境、营商环境不断优化，对金融机构、金融人才的吸引力不断提升。

一、金融法制环境不断完善

近年来，上海金融法院、金融审判庭、金融检察处、金融仲裁院、金融纠纷调解中心陆续成立。上海金融法院作为全国首家金融法院，为上海国际金融中心建设提供了有力的法治保障。2019年2月，上海金融法院制定出台《上海金融法院五年发展规划纲要（2019—2023年）》，提出到2023年，要力争建设成为战略地位突出、司法公正高效、审判水平卓越、精英人才辈出、司法科技领先的专业化、国际化、智能化世界一流金融法院。上海金融仲裁机制不断完善，致力于打造亚太仲裁中心。2013年至2015年，上海国际仲裁中心先后设立了中国（上海）自由贸易试验区仲裁院、上海国际航空仲裁院、金砖国家争议解决上海中心及中非联合仲裁上海中心。2019年1月，上海通过《关于完善仲裁管理机制，提高仲裁公信力，加快打造面向全球的亚太仲裁中心的实施意见》，加快推进仲裁工作改革发展，加快建设亚太仲裁中心。

二、监管架构不断优化

上海的金融监管体系紧跟时代步伐，构建了以"一行两局"为主导、以各交易平台为枢纽、以行业协会自律监管为补充的中国特色的金融监管体系。一是以上海的"一行两局"为主导，并加强中央与地方协调监管。人民银行上海总部以及上海银保监局、上海证监局共同构成上海金融业的监管机构；同时，金融委办公室地方协调机制在上海市落地，中央与地方的金融协作进一步加强。此外，2020年4月，《上海市地方金融监督管理条例》正式下发，地方金融监管进一步加强。二是金融交易平台履行监督管理职责。各要素市场交易平台及交易所既是金融市场交易的场所，也同时履行金融市场的监督管理职能。近年来，各要素市场不断完善风险管控，履行风险防范的第一道防线职能，在确保市场规范有序运作、监测市场异常交易等方面发挥了重要作用。三是行业协会等自律组织发挥积极作用。上海拥有齐备的金融业同业公会，包括上海市银行同业公会、上海市保险同业公会、上海市证券同业公会、上海市期货同业公会、上海市互联网金融行业协会等,在维护行业秩序、促进上海国际金融中心建设方面发挥了积极作用。

三、营商环境持续完善

根据世界银行发布的《2020年营商环境报告》,中国排名再次大幅上升15位,位列第31位。上海以参与世界银行全球营商环境评估为契机,敢于啃改革的"硬骨头"、敢于蹚改革的"深水区",在办理建筑许可、获得电力、跨境贸易、开办企业、登记财产等领域进行了一系列大刀阔斧的改革,为全国的"放管服"改革、优化营商环境树立了标杆。具体来看:执行合同、获得电力指标排名分别位居全球第5位、第12位,位居全球前沿;办理建筑许可指标排名实现了弯道超车,排名由第121位跃居至第33位;保护中小投资者指标排名大幅上升36位至第28位;跨境贸易、办理破产、纳税、开办企业等指标排名也实现了不同幅度的提升。上海营商环境的竞争力已经进入国际先进行列,整体面貌也得到了系统性提升。

第二章
上海金融市场快速发展

金融市场发展是国际金融中心建设的基础和核心。近十年来，上海金融市场规模不断发展壮大，市场体系更加完善。金融市场成交总额不断增加。股票、债券、期货、黄金等金融市场国际排名显著上升，多个品种交易量位居全球前列。

第一节　货币市场成倍增长

一、我国货币市场发展取得的成就

（一）本币货币市场发展迅速

交易品种不断丰富。交易品种主要包括质押式回购、买断式回购、同业拆借。2013年央行推出的同业存单已成为货币市场重要的交易与投资品种。2018年线上同业存款试点推出，进一步丰富了货币市场产品。

主要产品交易量快速增长。债券回购是目前国内银行间市场交易量最大的品种，债券回购交易规模呈现爆发式增长，其中质押式回购交易量近十年增长十倍左右。2013年以来，同业存单市场同样发展迅速，一级市场实际发行量从2014年的8985.60亿元增长到2019年的17.90万亿元；二级市场交易量从2014年的2207.36亿元增长到2019年的49.87

万亿元。

对外开放程度不断深化，参与主体不断丰富。目前，交易成员不仅包括国内金融机构，还包括境外人民币业务清算行、境外人民币业务参加行、境外央行、国际金融组织、主权财富基金等境外机构。

利率市场化改革进程加速推进，上海银行间同业拆放利率（SHIBOR）报价形成机制进一步完善。2007年1月，SHIBOR正式发布，已成为我国重要的基准参考利率之一，扩大了上海作为全球人民币定价中心的影响力。

债券回购违约快速处置机制建立，市场机制进一步完善。2019年中国人民银行出台《中国人民银行金融市场司关于依法做好债券回购违约处置有关工作的通知》明确了质押式回购市场违约处置的规定，建立了违约快速处置机制，进一步提升回购违约处置效率。

（二）外币货币市场起步较晚但取得快速发展

市场规模持续增长。2015年4月，外汇交易中心在其交易平台上推出了外币拆借平台。自此之后，境内银行间外币市场的交易量出现了快速增长。尤其是2018—2019年，境内银行间外币市场交易量同比增长率分别达到36.54%和15.34%。

交易品种日趋丰富。2018年7月，以外币债券为抵押的外币拆借业务（CFCL）成功推出，打破了此前境内外币市场上以拆借作为单一产品的格局。从推出至2018年底，市场规模共计57亿美元，2019年达到944亿美元。

交易主体范围扩大，对外开放步伐加快。随着境内外币市场的发展，交易主体不断扩大，2016年引入符合条件的境外机构。截至2020年1月底，外币拆借会员已达570家。

二、国际比较

国际先进货币市场的领先特征为：（1）利率市场化程度高，利率传导机制顺畅。（2）具有利率定价权，货币市场基准利率具有广泛的国际影响力。（3）货币市场交易量大，交易产品丰富，融资效率高。

纽约和伦敦在货币市场上具有领先地位。（1）美国货币市场交易量全球最大，美国债券回购日均交易量近5万亿美元。（2）美国联邦基金利率和国债利率具有广泛的国际影响力。美联储通过公开联邦基金利率目标引导市场预期，美国直接融资占比超过70%，货币政策直接通过利率渠道传导效果较好。（3）美国三方回购成交量占50%，融资效率高。（4）过去30年里伦敦银行间同业拆放利率（LIBOR）被称为"世界上最重要的数字"，挂钩LIBOR的存贷款及衍生品占比大。为应对LIBOR定价权丧失对美国金融市场的冲击，美国已开启从LIBOR向担保隔夜融资利率（SOFR）改革的进程。（5）伦敦的外币拆借市场发达。

三、我国货币市场发展存在的不足

1. 人民币利率走廊初具形态，货币市场的传导效率仍有待提高。目前存在SHIBOR、FR007（全市场7天回购利率）、LPR（贷款市场报价利率）等多种定价指标，人民币基准利率曲线尚待培育。为应对利率完全市场化，金融监管等配套措施需同步完善。

2. 银行间债券回购市场融资效率有待提高。我国债券回购日均交易量仅3万亿元，仍是传统的双边回购，可以借鉴国际主流市场经验，加快推进银行间市场三方回购机制，以提高市场流动性和抵押品使用效率。

3. 银行间回购交易产品需进一步完善。从交易品种来看，基于FR007的产品成交较为活跃，基于隔夜SHIBOR的利率互换品种交易活跃度仍较低，以SHIBOR作为定价基准的产品仍需进一步培育与拓展。此外，目前境内外币货币市场从产品构成上仍然以拆借为主，回购、同业存单等基础产品不足。

4. 境内外币市场尚未建立统一的市场基准曲线。境内外币市场成交更多集中于中短期限，尚未建立一条统一的市场基准曲线。随着全球基准利率改革风起云涌，境内外币市场应顺应国际基准利率改革趋势，推动建立统一的市场基准曲线。

第二节　债券市场快速发展

一、我国债券市场发展取得的成就

（一）中国债市已成为全球第二大债券市场

债券市场规模迅速增大。2009年到2019年，我国债券市场余额从18.07万亿元增至97.11万亿元，成为仅次于美国的全球第二大债券市场；债券发行量从8.65万亿元增至20.72万亿元；2019年现券交易量212.65万亿元，是2009年的3.61倍。

债券市场交易品种日趋丰富。2009年以来，债券市场新增了短期融资券、同业存单、非公开定向债务融资工具、交易商协会（ABN）、中小企业集合票据、项目收益票据、标准化票据、绿色债务融资工具等交易品种，不断满足发行人和投资者的投融资需求和风险偏好选择。

债券市场成为我国开放程度最高的要素市场。截至2019年年末，共有2608家境外机构投资者进入银行间债券市场，境外机构共计持有中国债券2.18万亿元。2019年，境外机构投资者共达成现券交易5.3万亿元，占同期现券总成交量的2.6%。

（二）上海在债券市场的地位不断提升

2009年11月，银行间市场清算所在上海成立，是中国人民银行认定的合格中央对手方和我国公司信用债券登记托管结算中心，获得美国商品期货交易委员会许可，可以向美国清算会员自营交易提供清算服务。截至2019年年末，上清所托管债券余额达22.35万亿元，全年回购和现券清算量分别为183.07万亿元和71.17万亿元。

二、国际比较

国际先进债券市场的领先特征为：（1）直接融资占比高，债券发行规模大。（2）境外投资者占比高，是各国外汇储备和投资者资产配置的主要构成部分。（3）市场流动性好，投资者结构多样化、券种丰富、做市商机制完善。（4）法律及监管体制、评级机制、违约处置机制等较完善。

国际先进债券市场的典型代表之一为纽约：（1）美国债券市场的体量全球第一。债券规模超40万亿美元，为中国的3倍，美国债券占GDP比重为中国的2倍。（2）产品种类最齐全，高收益债市场发达。包括国债、市政债、公司债、政府机构债、资产支持债券、抵押贷款债券等。（3）境外参与者占比高。境外投资者占比在30%以上，境外发行人占比10%。（4）基础设施领先。债券发行效率高；清算及托管体系统一高效；做市商体系分层；法律体系健全，违约处置市场化等。

三、我国债券市场亟待完善

1. 国际化程度较低。目前境外投资者占比仅2%，低于美国的35%，也低于印度、韩国、泰国等新兴市场（10%~30%）；境外发行主体占比较低，熊猫债占比仅0.3%。

2. 市场流动性较差。我国债券市场换手率为0.6，低于美国的4.8。主因是我国投资者以商业银行为主，以持有而非交易为目的。此外，我国做市商制度有待优化。

3. 品种结构不平衡。我国债券集中于国债、地方债、政金债，企业债仅占17%，并且资产证券化、高收益债规模小。

4. 投资者结构单一。我国债券的持有主体是商业银行，持仓占比57%，券商、基金等其他投资者占比较低。

5. 基础设施待完善。债券相关法规较分散、法律层级低；存在多头监管，不同市场监管要求存在较大差异；交易体系、清算体系、托管体系呈现分割状态；信用评级机制亟待提升，目前评级区分度低（AA级以上占98%）、评级调整滞后。

第三节　外汇市场稳健运行

根据国际清算银行（BIS）2019年调查，人民币已成为外汇交易第8大货币，交易占比约2%，但2016年以来交易增速明显放缓。

一、中国外汇市场在成交效率和开放方面取得进展

2019年上半年，银行间人民币外汇市场累计成交13.3万亿美元，其中即期4万亿美元。当前银行间市场已挂牌交易27个货币对。截至2019年11月底，银行间外汇交易市场共有707家会员。

成交效率不断提升。2012年，银行间外汇市场增加了人民币外汇货币掉期无本金交割形式，提高了货币掉期交易的便利程度。2015年至2016年，银行间人民币外汇市场先后推出标准化人民币外汇掉期（C-SWAP）和远期（C-FORWARD）等产品，采用匿名撮合的方式，大大提升了成交效率。

参与主体日趋丰富、开放取得一定成效。截至2019年11月底，境内银行间人民币外汇市场共有境外会员105家，包括境外清算行22家，境外央行类机构42家，境外人民币购售业务参加行38家。

二、国际比较

国际先进外汇市场的领先特征是：（1）本国货币具有全球储备货币地位，各国外汇均以该国货币标价；或重视本币交易，但同时积极发

展外币交易。(2)外汇管制相对宽松,吸引全球金融机构开办外汇交易,促进交易量提升。

外汇市场的典型代表是伦敦。英镑在全球交易量不到10%,而全球40%的外汇交易发生在伦敦。根据BIS(国际清算银行)统计,2019年4月,每日发生在英国的外汇交易量高达3.58万亿美元,是发生在美国的2.61倍。伦敦金融中心的美元交易量超过纽约,欧元交易量超过法兰克福。虽然美元具有全球储备货币地位,各国外汇均以美元标价,但纽约金融中心在全球外汇交易量排名第二,居于伦敦之后(见图2-1,图2-2)。

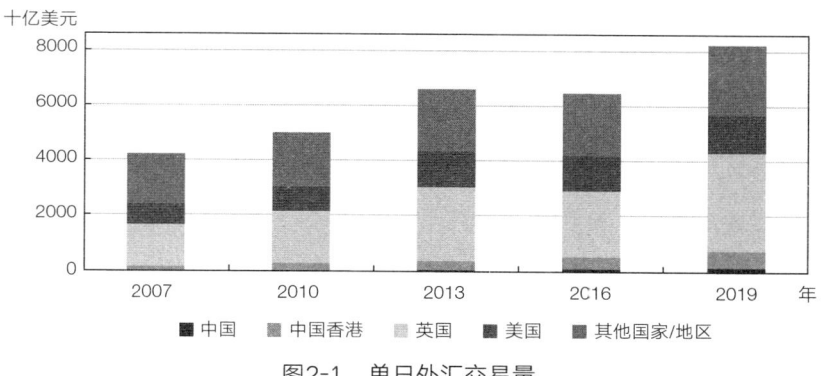

图2-1 单日外汇交易量

[资料来源:BIS(国际清算银行)]

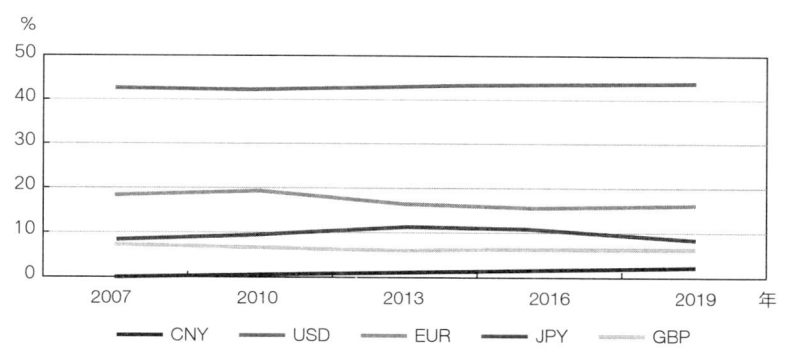

图2-2 全球各币种外汇交易量占比

(资料来源:BIS)

三、我国外汇市场存在的不足

1. 银行间市场外币交易活跃度不够。我国外汇市场交易以人民币为主,上海外汇交易金融中心地位严重依赖于全球人民币交易排名。相比之下,全球40%的外汇交易量发生在伦敦(英镑在全球交易占比不到10%)。

2. 离岸市场相对有限,境内外市场尚未打通。一定程度上影响人民币作为汇率交易币种的使用。

3. 参与主体的多元化和国际化程度不足。银行间外汇交易市场境内银行类机构占比超过70%,参与主体不够多元化、国际化。

第四节 场外衍生品市场品种不断丰富

一、衍生品市场从单一走向多元

(一)汇率衍生品:差额交割和资本项下保值的发展

2018年,银行间人民币外汇掉期交易累计成交金额16.4万亿美元,是2009年交易量的20倍;银行间人民币外汇远期交易额875亿美元,是2009年交易量的9倍;期权自2015年以来获得较快增长,年平均增长率达28.41%。

代客远期结售汇交割方式更加灵活。2018年2月,《国家外汇管理局关于完善远期结售汇业务有关问题的通知》明确了银行为客户办理远期结售汇业务,到期交割方式可以选择差额结算。

证券投资项下人民币外汇衍生品需求不断增大。随着境外主体人民币资产的积累和投资配置,由此产生的人民币外汇敞口存在汇率衍生品的需求,监管政策已允许通过多种方式来进行对冲。

（二）利率场外衍生品：利率对冲标的不断发展

2018年，银行间利率衍生品市场成交21.6万亿元，以普通利率互换为主。从参考利率看，以FR007为浮动端参考利率的交易占比79.4%，以SHIBOR为浮动端参考利率的交易占比19.1%。2019年，挂钩LPR的衍生品市场随着LPR改革出现快速增长。

（三）信用场外衍生品：从无到有、逐步发展

2010年10月，交易商协会试点信用风险缓释工具（CRM）。2016年，交易商协会推出信用风险缓释合约、信用风险缓释凭证（CRMW）、信用违约互换（CDS）、信用连结票据四种产品指引。2018年10月，国务院常务会议决定设立民营企业债券融资支持工具。在此背景下CRMW再次启动发行，自2018年9月至2019年11月15日已有133只CRMW成功发行。

二、国际比较

国际先进衍生品市场的领先特征是：（1）基础资产交易活跃，套期保值需求旺盛。（2）产品创新活跃。（3）配套基础设施完善，包括法律环境、适度监管、ISDA等法律协议的认可和广泛签署。

衍生品市场的典型代表是伦敦和纽约。（1）伦敦是世界最大的利率、汇率衍生品交易中心，国际化程度位列世界之首。（2）美国（包括纽约、芝加哥等城市）衍生品交易的国际化程度不如伦敦，但因基础资产交易活跃，在场内衍生品方面强于伦敦（见图2-3和图2-4）。

三、衍生品市场存在的不足

一是基础制度方面，净额结算的法律效力等仍待完善。作为衍生品重要基石的终止净额结算有效性需进一步明确，否则衍生品交易成本无法降低。

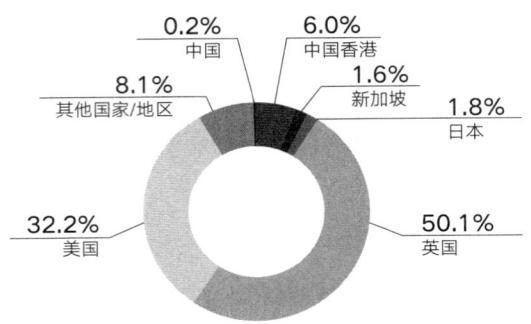

图2-3 场外利率衍生交易量分布

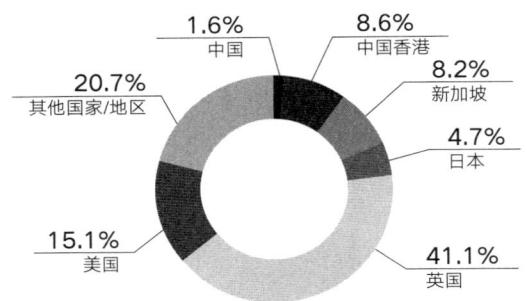

图2-4 场外汇率衍生交易量分布

（资料来源：BIS）

二是总量方面，我国场外衍生品市场规模远低于英国、美国。主要受限于利率、汇率市场化程度等因素，套期保值需求有限。此外，我国强调"实需原则"，对企业衍生品交易的管理较严格。

三是结构方面，利率衍生品市场规模相对较小。全球场外衍生品以利率、汇率类衍生品为主。由于我国利率市场化仍在进程中，利率衍生品市场规模相对较小，未来仍有较大提升空间。

四是产品方面，金融期货市场发展相对滞后。金融期货品种稀缺，交易量很小。主要因我国衍生品市场发展以服务实体经济为主，而其他部分国际金融中心选择实体金融与虚拟金融共同发展。

五是主体方面，企业风险中性意识不足，套期保值会计和管理机制仍有待发展。

第五节 股票市场发挥重要作用

截至2019年11月底,中国股票市场已是具有3700多家上市公司,总市值超过60万亿元人民币,主板、中小板、创业板、科创板并存的全球重要市场。

一、中国股票市场的发展现状

1. 上交所股票市场总市值已超伦交所,位列世界第四。前三名分别为纽约证券交易所、纳斯达克(美国)、日本交易所集团,上交所与纽交所市值目前相差6倍。(见图2-5)

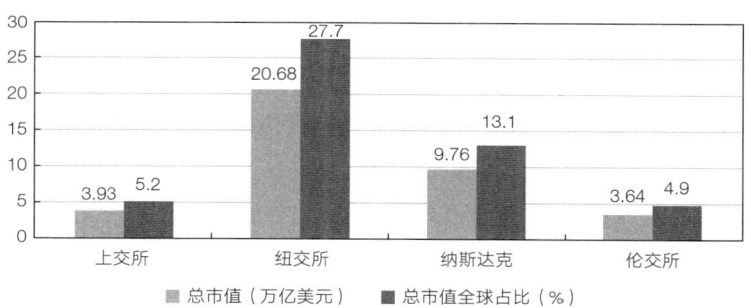

图2-5 2018年股票市场总市值及全球占比

(资料来源:世界交易所联盟)

2. 上交所IPO融资额排名世界第四。前三名分别为香港交易所、纽约证券交易所、纳斯达克(美国),上交所与港交所相差3倍。

3. 对外开放取得进展,主要通过间接开放方式。我国在选择证券开放模式时,既坚持开放的原则,同时又充分考虑本国国情,所以采取的是间接开放模式(不以资本账户开放为前提)为主的方式。

二、国际比较

以美国为例，国际先进股票市场的特征主要为：(1)机构投资者多。美国股市的机构投资者占比达56.5%，美国共同基金和私人养老金是美国机构投资者的两大支撑。(2)国际化程度高。美国股市是一个典型的开放式国际市场。2018年，纽交所上市的外国企业达510家，占比为22.32%；纳斯达克为436家，占比为14.26%。

三、我国股票市场存在的主要问题

1. 直接融资占比低，融资结构有待优化

中国直接融资的比例始终较低，存量法计算的中国直接融资比例为44%左右，而股票市场总市值占GDP的比例仅为47%左右，与其他国际金融中心相比仍有较大差距（美国、英国和日本企业70%以上通过证券市场进行融资）。

2. 从境外投资者和发行人角度看，对外开放程度与先进金融中心相比仍有很大差距

截至2019年9月底，境外机构和个人持有股票人民币资产的规模为1.77万亿元，占股票市场总规模比例不到3%。迄今为止外国（境外）公司还不能到中国A股上市。

3. 投资者结构有待优化

目前我国股票市场的投资者仍以个人投资者为主，机构投资者占比过低。截至2019年第三季度末，国内股票市场的机构投资者持仓市值占全部A股流通市值的17%，而美国机构投资者占比达56.5%，为我国机构投资者占比的三倍有余。

4. 投融资环境有待改善

信息披露制度、退市制度仍有待完善；内幕交易、操纵市场等案件时有发生；市场化发行机制不足，核准制有待进一步发展为注册制。

第六节　贵金属市场蓬勃发展

一、贵金属市场规模居世界首位、开通国际板

一是市场规模持续扩大。上海黄金交易所交易量连续12年居全球场内黄金现货市场首位。2019年上海黄金交易所黄金交易量达6.86万吨，白银交易量达178万吨，近5年复合增长率分别为29.98%和28.91%。2019年上海期货交易所黄金期货交易量达4.62万吨，白银期货交易量达到214.24万吨，近3年复合增长率分别为9.96%和18.19%。

二是贵金属产品线日益丰富。上海黄金交易所已发展竞价、询价、定价、租赁、拆借和黄金ETF等60多个合约。2016年正式挂牌"上海金"合约，为全球投资者提供了一个公允的、可交易的人民币黄金基准价格。上海期货交易所已上市黄金、白银、黄金期货期权和白银仓单合约。

三是市场参与者不断扩大。截至2019年年底，上海黄金交易所已有会员270家，企业客户超过1万户，个人投资者超过1000万户；上海期货交易所已有会员198家。

四是国际化程度逐步提升。上海黄金交易所2014年10月启动面向境外投资者的"国际板"。2018年，上海黄金交易所国际中心共成交贵金属2.83万吨；截至2018年年底，已发展国际会员及客户151家，参与市场交易的国际会员共43家。

五是不断与成熟的国际贵金属市场深入合作。2015年，上海黄金交易所推出"黄金沪港通"业务，实现了上海黄金交易所和香港金银业贸易市场的连通。2019年上海黄金交易所与芝加哥商业交易所集团（CME Group）积极探索合作。

二、国际比较

以纽约、伦敦为例,国际先进贵金属市场的特征主要为:国际化程度较高、基础设施较完善、贵金属价格具有较强的国际影响力(见表2-1)。

表2-1 上海、伦敦和纽约黄金市场对比

交易类型	上海	伦敦	纽约
交易场所	上海黄金交易所(SGE)上海期货交易所(SHFE)	伦敦金银市场协会(LBMA)	纽约商品交易所(COMEX)
交易品种	现货、期货	现货	期货
标准化	标准化	灵活定制	标准化
场内/场外	场内	场外	场外
计价货币	人民币	美元	美元
交易时间	当地交易所时间	全天	当地交易所时间

资料来源:本课题组整理。

三、存在的问题

1. 我国黄金市场以国内市场和国内投资者为主,国际化程度不足。随着我国综合国力与国际影响力进一步提高,"一带一路"和人民币国际化战略有序实施,将吸引更多境外投资者参与我国的黄金市场。

2. 针对贵金属市场的法律和制度建设有待加强。我国目前尚无专门针对贵金属市场的法律法规,现有的贵金属交易场所根据《证券法》等自行制定规则。上海贵金属市场的发展有赖于制度和法律层面的顶层设计。

第七节 期货市场举足轻重

全国有5大期货交易所,分别是中国金融期货交易所、上海期货交易所、上海国际能源交易中心、大连商品交易所和郑州商品交易所。

其中前3家均在上海。上海期货成交量和成交额在国内期货市场占有举足轻重的地位。

一、商品期货快速发展，金融期货处于起步阶段

商品期货交易量逐年提升，位居世界前列。从2008年到2018年，我国期货市场成交量从3.8亿手增加到30.3亿手，增幅345%，年均增速34%；成交额从30.6万亿元增加到210.8万亿元，增幅590%，年均增速58.9%。

商品期货品种不断丰富。2009—2019年末，我国已上市期货品种从19个增加到75个（含期权），品种系列与衍生品工具不断丰富，基本覆盖了农产品、黑色和有色金属工业品、贵金属、能源化工、股指、国债等国民经济主要领域。

金融期货尚处于起步阶段。2010年，股指期货成功上市，弥补了中国金融期货市场发展的空白。国债期货平稳发展，促进了国债在交易所和银行间市场的双向流通。

国际化进程走向深入，部分品种初具国际影响力。成立上海国际能源中心、上金所国际板，开放部分期货品种国际化，允许境外机构和个人参与境内大宗商品市场交易。

二、上海在我国期货市场地位不断提升

根据期货业协会的期货交易所成交金额统计数据，截至2019年11月末，国内市场份额占比方面，中国金融期货交易所成交金额占比23.87%、上海期货交易所占比33.36%、上海国际能源交易中心占比5.58%，上海地区三家交易所成交金额累计全国占比62.81%（未计算上海黄金交易所），上海地区期货交易所集中的优势十分明显。

从期货公司数量来看，截至2018年年底，全国注册期货公司149家，其中注册地在上海的33家，占比22.14%。期货业协会对全国30个辖区在资本实力、综合经营能力、风险管理能力和盈利能力等方面进行综合评分对比看，上海地区连续10年排名第一。

三、国际比较

（一）商品期货市场

国际先进商品期货市场的领先特征包括：（1）大型商品交易所具有全球影响力，已经形成交易所集团，控制着重要商品的定价权。（2）现货贸易发达、集聚效应大；金融专业服务机构深度参与，市场角色包括生产商、贸易商、物流商、消费者、保险、银行、基金、期货、经纪商等。

商品期货市场的典型代表之一为伦敦。伦敦的衍生品交易所中，交易规模最大的是伦敦国际金融期货交易所（NYSE Liffe），也是欧洲最大的软商品交易所。第二是伦敦金属交易所（LME），提供铝、铜、镍、锡、锌、铅期货和期权合约。第三是欧洲洲际交易所（ICE），为欧洲最大、全球第二大的受监管能源期货交易所，提供全球超过50%的原油和精炼油期货的交易，以及布伦特原油（Brent Oil）基准合约的交易。

（二）金融期货市场

从国际市场看，以股指、期权、国债、利率、汇率为主的金融期货品种占期货市场成交量的80%。其中，利率期货是核心产品，国债期货是主要金融期货衍生品。

四、存在的不足

一是我国现货商品需求量和贸易量均居世界前列，但商品期货市场成交量与国际主要交易所同类商品相比仍有一定的差距。中国钢材消费量约占全球的45%，铁矿石消费量占比超过60%，进口量全球最大。中国主要大宗有色金属如铜、铝、铅、锌、镍等，其现货需求量约占全球的50%。中国是全球农产品的主要进口国和消费国，年进口大豆约1亿吨，占全球总产量的30%。中国原油消费量占全球约13%，能源需求量较大。

二是我国金融期货市场规模有限,尚处于起步阶段。我国金融期货占比仅23.87%,金融期货交易所在全球交易所成交排名第31位,指数期货和利率期货成交量排名均未进入全球单品种前40名。

三是市场开放程度需进一步提高。迄今为止,我国仅有原油期货、铁矿石期货真正实现对外开放,且仅有QFII等少数境外主体可以参与国内股指期货交易,期货市场缺乏国际定价影响力。

四是期货行业分散、商业银行未获批参与,市场规模和国际影响力有待进一步提升。各商品交易所市场分割,尚未完全形成合力和规模效应。商业银行直到2020年初才有少数银行获得进入国债期货市场的试点,尚未放开进入股指期货等市场。

第八节　保险市场初具规模

2018年中国年度总保费收入达人民币3.8万亿元,折合4167亿欧元,总保费收入是英国的近2倍,已超过日本,连续三年成为全球仅次于美国的第二大保险市场,保险机构数量达235家。

表2-2　2009—2017年我国保险业保费收入、保险密度和保险深度及排名情况

指标	2009年	2010年	2011年	2012年	2013年	2014年	2015年	2016年	2017年
保费收入(亿元)(世界排名)	11137(7)	14528(6)	14339(6)	15488(4)	17222(4)	20235(4)	24281(3)	30959(3)	36581(2)
保险密度(元/人)(世界排名)	835(64)	1083(61)	1064(61)	1144(61)	1266(60)	1479(57)	1766(53)	2241(51)	2594(46)
保险深度(%)(世界排名)	3.22(44)	3.55(39)	2.96(45)	2.90(46)	2.93(49)	3.18(44)	3.59(40)	4.16(38)	4.57(36)

资料来源:瑞士再保险世界保费收入数据库。

一、直保市场现状

（一）中国直保市场现状

2018年人身险公司实现原保险保费收入26260.87亿元，总资产达到146087.48亿元；财产险公司实现原保费收入11755.69亿元，总资产达到23484.85亿元。

随着一系列措施和文件出台，近年来保险业对外开放进程加快。2019年银保监会修订发布《中华人民共和国外资保险公司管理条例实施细则》，进一步落实保险业最新开放举措要求，将外资人身险公司外方股比放宽至51%；不再对"经营年限30年""代表机构"等相关事项做出规定。

（二）上海直保市场现状

十年来，上海保险市场保持平稳发展态势，保险机构不断聚集，保险保障能力不断加强。2018年实现原保费收入1405.79亿元，其中：财产险公司原保费收入582.10亿元，人身险公司原保费收入823.69亿元。

第一，保险市场体系发达完善，保险中心城市地位基本确立。上海已经成为全国唯一具有完备保险机构体系和保险要素市场的中心城市。2018年，上海共有53家法人保险机构，其中保险集团1家，财产险公司20家，人身险公司22家，再保险公司3家，资产管理公司7家。同时，上海一直是大多数外资保险公司入华投资的首站，外资保险法人公司数量位居全国第一，占市场份额接近20%。

第二，保障能力不断提升，保费规模逐年增长。财产险表现得尤为明显，原保费收入从2009年的158.90亿元，增长为2018年的581.56亿元，其中外资机构原保费收入从13.63亿元增长为76.07亿元。

第三，上海国际保险中心核心功能建设取得长足进展。上海保险交易所以及上海健康保险交易中心设立，是全国唯一具有保险要素的交易市场，为完善上海国际金融中心建设填补了要素空缺；中保投资公司成为保险行业资金集中运用的枢纽平台。

第四，上海在保险产品创新上"先行先试"，促进经济社会发展。助力互联网经济，创新退货运费险、物流破损险等保险产品；首创电影完片保险，支持上海文化产业发展；率先建立机动车辆联合信息平台；率先试行建筑工程质量潜在缺陷保险；创新开展多样化生态保险。

二、再保险市场现状

欧洲、北美和亚洲三大再保险市场几乎集中了世界90%的再保险业务。亚洲再保险市场主要由新加坡、日本、中国香港再保险市场组成。

（一）中国再保险市场现状

目前国内只有11家专业再保险公司，其中中资公司5家（中国再保险、中国人寿再保险、太平再保险、人保再保险、前海再保险），外资公司6家（慕尼黑再保险北京分公司、瑞士再保险北京分公司、法国再保险北京分公司、德国通用再保险上海分公司、汉诺威再保险上海分公司、RGA美国再保险上海分公司）。

（二）上海再保险平台

上海保险交易所国际再保险平台上线。它的建立可缩减交易周期，提高标准化、规范化、国际化水平，是补齐国内保险要素市场短板的重要举措。

三、国际比较

国际先进保险市场的特征主要体现在保险深度和保险密度较高。我国总保费收入与美国相比仍有较大差距，美国保费收入是我国的2.68倍，我国保险密度和美国仍差10倍有余（见图2-6）。

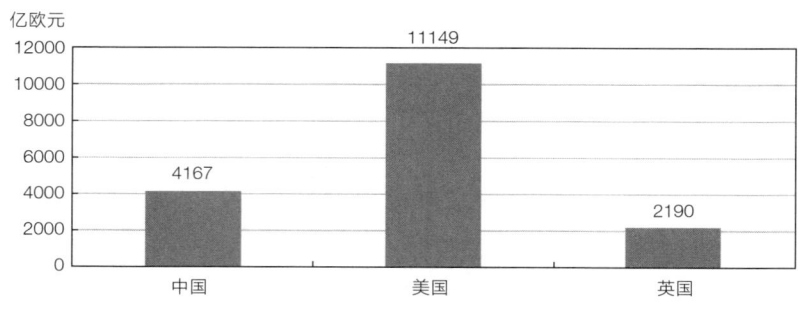

图2-6 2018年中国、美国和英国保费收入

(资料来源：瑞士再保险)

四、存在的问题

一是保险密度和保险深度仍有较大增长空间，需警惕"大而不强"的问题。从保险密度（人均保费）来看，剔除健康险后，上海的保险密度约4921元，落后于深圳、北京、广州。从保险深度（保费占GDP百分比）来看，剔除健康险后，我国的保险深度约3.6%，尚低于世界平均水平5.4%。

二是部分保险品种发展滞后。保险产品创新能力有待提升，风险管理和资产价格发现功能较差；目前部分保险公司都存在保险产品脱离实际保障需要的情况，盲目追求过高过快的保费规模和保费增速，淡化了风险保障的功能。

三是中高端保险人才资源匮乏。尤其缺乏熟悉保险运营、同时具有长期投资和国际投资方面的复合型人才。

四是上海保险机构构成有待优化。总部设在上海的内资保险机构偏少，外资保险机构在沪发展尚处于起步阶段。

第三章
对照国际标准的评估

第一节 国际标准下上海排名的变化

伦敦金融城Z/Yen咨询公司发布的国际金融中心指数（GFCI），和中经社联合道琼斯指数公司推出的新华—道琼斯国际金融中心发展指数（IFCD），是目前两个较为权威的评估体系。

一、根据GFCI排名，上海从2007年的第35名升为2020年的第4名

根据GFCI指标，上海在历史排名上波动较大，但近年来稳定在前十名之内。从2007年到2019年，上海排名最低时为第35名，最高为第5名。2020年3月，上海排名第4位（见图3-1，表3-1）。

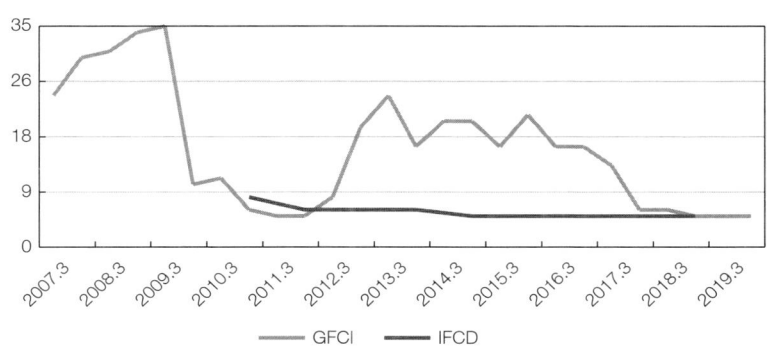

图3-1 上海在金融中心指数中的排名变化

（资料来源：新华网、Z/Yen）

表3-1 2020年3月GFCI一级指标排名前10位情况

排名	营商环境	人力资本	基础设施	金融业发展水平	声誉及综合
1	纽约	纽约	纽约	纽约	纽约
2	伦敦	伦敦	伦敦	伦敦	伦敦
3	香港	香港	新加坡	新加坡	新加坡
4	新加坡	卢森堡	东京	苏黎世	香港
5	法兰克福	新加坡	香港	法兰克福	奥斯陆
6	苏黎世	上海	日内瓦	香港	东京
7	芝加哥	北京	苏黎世	日内瓦	巴黎
8	日内瓦	巴黎	斯德哥尔摩	阿姆斯特丹	都柏林
9	多伦多	芝加哥	上海	上海	上海
10	蒙特利尔	迪拜	旧金山	东京	北京

资料来源：Z/Yen。

二、根据IFCD排名，上海从2010年的第8位升到2018年的第5位

根据IFCD指标，上海国际金融中心历年排名从2010年的第8位上升到2018年的第5位，表现稳中有升。分一级维度看，2018年上海的金融市场发展排名第5位，成长发展指数排名第1位，产业支撑指数排名第4位，服务水平指数排名第8位，国家环境指数排名第8位（见表3-2）。

表3-2 上海在2018年IFCD一级指标排名情况

排名	金融市场发展	成长发展指数	产业支撑指数	服务水平指数	国家环境指数
1	纽约	上海	纽约	伦敦	伦敦
2	伦敦	香港	伦敦	香港	纽约
3	东京	伦敦	东京	东京	新加坡
4	香港	纽约	上海	纽约	东京
5	上海	北京	香港	巴黎	香港
6	新加坡	新加坡	芝加哥	新加坡	巴黎
7	巴黎	东京	新加坡	法兰克福	法兰克福
8	北京	巴黎	巴黎	上海	上海
9	法兰克福	深圳	法兰克福	苏黎世	苏黎世
10	苏黎世	法兰克福	北京	芝加哥	悉尼

资料来源：中经社。

第二节 国际评估体系下上海金融中心的优势与差距

在两个评估体系下,与其他国际金融中心相比,上海建设国际金融中心有优势也有差距,具体表现在五个方面:硬件、硬实力发展较好,软件、软环境仍有差距;传统金融市场发展较好,新兴、高附加值领域相对滞后;金融市场具有规模优势,但发展质量存在差距;服务国内经济具有优势,服务国际市场存在差距;从业队伍规模相对可观,但高端人才结构有待优化。

一、硬件、硬实力发展较好,软件、软环境仍有差距

所谓硬件、硬实力,主要指基础设施、金融市场发展、产业支撑水平、成长发展指数等容易度量、反映经济实力、货币实力的评估指标,上海的表现均居全球前五位以内。但是在营商环境、人力资本、声誉、服务水平、国家环境等软件、软环境方面,上海的排名相对较低,与中国的经济实力所代表的全球地位尚不相称。

通过选取与金融中心排名相关度最高的部分客观指标进行对比,可以看出:(1)上海在股票市值、黄金交易额等方面已经实现全球地位大幅提升,分别居全球第4位和第2位,但从绝对规模看,与纽约的差距还很大;(2)上海在营商环境、法治水平、生活成本、政府效率等方面,与纽约和伦敦的差距依然较大,在国际金融市场的集聚度和全球500强的参与度等方面还不够(见表3-3)。

二、传统金融市场发展较好,新兴、高附加值领域相对滞后

从各金融市场及相关配套服务的发展情况看,上海在传统的商业

银行、保险市场、股票市场、债券市场、大宗商品市场等方面发展规模较大,市场深度较高,但是在新兴的资产管理业务、资产证券化业务、复杂的投资银行业务、衍生品交易业务等方面发展相对滞后,反映我国金融发展创新能力、监管水平还存在一定差距。

表3-3 上海与纽约、伦敦的软硬实力差异比较(2018年年末)

类别	指标	上海	纽约	伦敦
软实力软环境	全球连通指数排名	74	20	6
	政府效率排名	64	17	26
	营商环境排名	57	13	17
	法治排名	109	23	18
	生活成本排名	6	9	23
硬实力硬指标	家庭总财富(万亿美元)	64	106	14
	股票市值(万亿美元)	3.92	30.44	3.64
	债券交易额(亿美元)	2948	—	2970
	国内银行信贷占GDP(%)	204.8	150.2	164.4

资料来源:本课题组整理。

表3-4是GFCI 27个行业分类次级指数。在五大行业中指数排名前15位的金融中心中,上海在银行业、投资管理方面排名第2位,实力尚可;但在保险业排名第10位,在专业服务和政府监管方面排名第6位,与纽约、伦敦还存在相当的差距。

表3-4 GFCI 27个行业分类指数排名前15位的金融中心

排名	银行业	投资管理	保险业	专业服务	政府监管
1	纽约	纽约	卢森堡	纽约	纽约
2	上海	上海	纽约	伦敦	伦敦
3	伦敦	新加坡	伦敦	香港	卢森堡
4	香港	伦敦	新加坡	迪拜	香港
5	东京	香港	苏黎世	新加坡	新加坡

续表

排名	银行业	投资管理	保险业	专业服务	政府监管
6	新加坡	北京	日内瓦	上海	上海
7	北京	法兰克福	法兰克福	多伦多	东京
8	旧金山	多伦多	香港	日内瓦	苏黎世
9	日内瓦	旧金山	阿布扎比	法兰克福	法兰克福
10	深圳	波士顿	上海	北京	洛杉矶
11	悉尼	迪拜	洛杉矶	苏黎世	特拉维夫
12	墨尔本	东京	多伦多	东京	北京
13	法兰克福	卢森堡	芝加哥	特拉维夫	旧金山
14	巴黎	深圳	北京	悉尼	维尔纽斯
15	广州	苏黎世	迪拜	旧金山	日内瓦

资料来源：Z/Yen GFCI 27。

我国的金融市场在许多领域还未完全发育成熟。例如，上海外汇市场相较于伦敦和纽约的差距巨大。外汇市场特别是衍生品市场，具有复杂性、高杠杆性、虚拟性、高风险性等特点，在我国衍生品交易中，绝大部分为大宗商品衍生品，金融衍生品成交量较少。上海在金融衍生品上具有很大上升空间，亟待增强金融市场的广度和深度，提升服务投资者风险管理需求的能力。

三、金融市场具有规模优势，发展质量存在差距

与伦敦和纽约相比，上海在股票交易量、债券交易量、银行业总资产等方面差距并不大，但是在市场稳定性、金融机构服务水平、金融市场国际影响力、国际定价权和话语权等方面还存在较大差距。这反映在监管有效性、市场规范性、创业投资环境、风险管理能力和人才激励约束等方面。

以股票市场波动性为例，图3-2展示了过去十年来三大国际金融中心股票指数：上海证券交易所综合股价指数和伦敦金融时报100指数、

纽约标准普尔500指数波动情况对比。在庞大的美国经济体系中，财富的稳定积累和金融市场体量使得流入纽约金融中心的资金流动更为稳定；伦敦则在离岸交易和跨境借贷方面拥有市场优势，银行业、保险业、金融市场、资产管理市场和其他金融专业服务都非常发达，英国成熟的仲裁和司法体系、优良的营商环境，以及宏观经济金融政策的稳定性也支持其拥有较高的全球竞争力评级。对于上海而言，机构投资者占比低、监管体系和金融市场风险防范机制有待完善，使市场容易大起大落。

图3-2　纽约、伦敦和上海股票市场波动性比较

（资料来源：Wind）

四、服务国内经济具有优势，服务国际市场存在差距

与顶级国际金融中心相比，上海金融中心服务对象依然局限于国内企业、跨国企业，对境外客户、投资者的服务水平仍然较为薄弱。特别是境外企业在上海股票市场的上市数量、债券发行数量，外币在外汇市场的交易量等严重不足，这反映了上海金融市场的开放度依然不高，吸引国外投融资客户的力度有待强化。

上海是中国银行业开放度最高的地区，但是相比纽约和伦敦等金融中心，上海银行业的国际业务占比较小，跨国银行占比相对较小。在英国银行业资产中，有一半来自外资银行。美国外资银行的资产占比也大约有20%。上海外资银行占比大约为11.2%，为全国最高水平，但与纽约和伦敦有很大差距。纽约和伦敦的证券交易所拥有世界上近半数的股票市场份额，外国上市公司数量居于世界前列。纽约和伦敦的证券市场不仅服务于本国，还服务于世界。但是，上海证交所的上市公司基本都是中国内地的（见图3-3）。

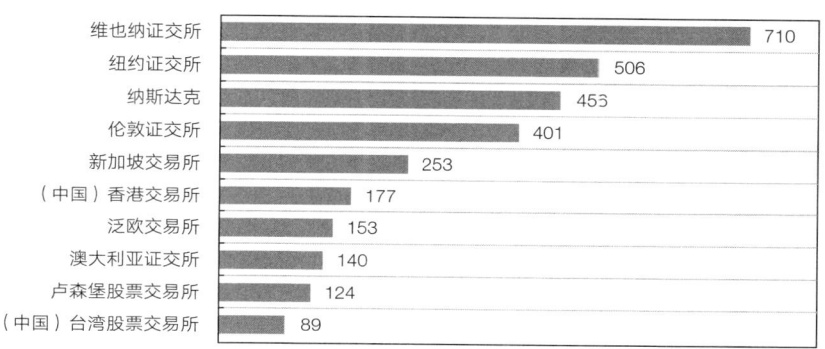

图3-3　部分金融中心证券交易所境外上市公司数量比较（2019年年末）

（资料来源：世界交易所联盟）

五、从业队伍规模相对可观，高端人才结构有待优化

在GFCI关于人力资本的维度中共有24个外部指标，主要从劳动技能、教育发展、劳动市场和生活质量等方面衡量各金融中心的竞争力。从表3-5的比较可以看到，在全球技能指数方面，中国的排名虽然低于美国和日本，但领先于中国香港、新加坡，与英国不相上下，因此上海在中端技能方面与纽约和伦敦差距并不大。但是在全球人才指数方面，中国的得分则远远低于其他国家。由此可见，中国在高端人才上相对不足。提高劳动力质量，改善生活环境，加强政策激励，吸引高端人才，是上海迈向一流金融中心需要努力的方向（见表3-5）。

表3-5 关于人力资本的比较指标：上海VS纽约、伦敦

类别	指标	上海	纽约	伦敦
国家/地区指标	高等教育入学率	26.7	94.2	61.9
	签证限制指数	45	174	174
	人力发展指数	0.719	0.914	0.892
	全球人才指数	41.1	74.2	58.2
	全球技能指数	5.0	6.3	5.2
城市指标	年均降雨天数	160	165	242
	空间调整宜居指数	66.8	81.3	83.5
	人力资本	63.7	76.5	75.6
	医疗保健	62.5	91.7	87.5
	犯罪指数	1.0	4.7	1.0

资料来源：本课题组整理。

第三节 关于改进国际评估体系的建议

2020年3月公布的"全球金融中心指数"（GFCI 27）排名，全球十大金融中心排名顺序发生较大改变，香港排名首次降至全球第六位，"纽伦港"三大金融中心格局被打破，新加坡也降至全球第五位。东京和上海分别上升三位和一位，位列全球第三位和第四位。本期指数共有108个金融中心进入榜单，受英国脱欧、全球金融不稳定、外围扰动等不确定性因素影响，全球前十大金融中心排名依次为：纽约、伦敦、东京、上海、新加坡、中国香港、北京、旧金山、日内瓦、洛杉矶。本期十大金融中心中，除日内瓦的评分有所上升外，其他中心的评分均出现不同程度的下降。特别地，东京的分项排名没有一项进入前三，但总排名却在第三位；上海的营商环境大幅后退，上一期排在第7位，这一期

没进前15位。

一、衡量全球金融中心应包括的关键指标

课题组提出衡量全球金融中心的关键指标，应包括：（1）金融总量与结构；（2）金融制度与监管；（3）金融对外开放程度；（4）国际金融影响力；（5）荟萃优秀人才；（6）金融创新能力；（7）金融基础设施与金融科技；（8）宏观经济稳定性与良好公司治理。其中，金融对外开放度应包括以下五个小指标：（1）资本项目对外开放程度；（2）外资参与度；（3）人民币国际化程度；（4）监管和法律的国际认可和使用程度；（5）国际化人才迁移和定居便利程度。

其他关注指标还有：（1）与全球的互联互通（双边多边贸易协定，避免双重征税等）；（2）自身产业基础和外资企业的聚集；（3）地理和时区因素，包括可辐射的经济腹地；（4）税务政策等营商环境；（5）金融系统保护机制；（6）交易支付和清算系统等基础设施；（7）专业活跃的金融中介机构等。

二、建议金融中心的"基因"应包括多个要素

无论采用哪个指标体系来评估，建成金融中心的深层次原因或内在基因是最根本的决定因素。这些"基因"应包括五个要素：国家经济实力、国际贸易、金融市场、国际货币、顶层设计。

（一）国家经济实力

经济基础决定上层建筑，国家/地区经济实力的增强，会推动营商环境、基础设施的改善和人力资源的积累。例证一：19—20世纪初，英国是全球经济实力最强的国家，伦敦也随之成为全球最重要的金融中心。例证二：美国在"一战"后成为世界超级强国，欧洲在战后实力大为削弱，纽约成为第一大国际金融中心。例证三：日本在20世纪60年代至80年代经济快速发展，东京成为世界三大金融中心之一；"泡

沫经济"破裂后，东京作为国际金融中心的地位在逐渐降低。

（二）国际贸易

金融服务于实体经济，才能获得长远发展，一座城市在国际贸易中具有重要地位，能够促进大宗商品市场的发展、促进投融资市场发展、积聚人才和资本、与世界沟通更顺畅。传统金融中心，如伦敦、纽约、香港、新加坡、东京等均为深度参与国际贸易的重要城市。

（三）金融市场

金融中心是金融市场集群，并进行各种金融活动与交易的城市。金融市场是各金融机构开展金融活动的场所和平台，是聚集金融机构的基础要素。金融中心若要发挥在资金筹集、分配、流动方面的枢纽作用，必然需要依托金融市场。金融要素市场的聚集才能吸引金融机构的聚集，从而形成金融产业集聚效应。各金融中心金融市场的发展也有其自身特色。例如，纽约证券市场起源较早，是全世界最大的股票发行和交易中心；伦敦外汇市场是当地金融市场的核心，是全球最大的外汇中心。

（四）国际货币

金融中心无疑是国际货币中心，而成为国际货币中心的方式有两种：一种是本币成为强势的国际货币。一国货币成为绝对优势货币，促使以该国货币定价金融产品的广泛发行和大量交易，支撑金融中心的国际地位。例如，美元在第二次世界大战后成为全球储备货币，纽约的国际中心地位也得到巩固。另一种是成为强势货币的交易中心。本国/地区货币，在国际上有影响力但没有绝对优势，本币不是强势货币，但可以借助发展其他强势货币，成为强势货币的金融市场，从而获得金融中心地位。如20世纪60年代，"欧洲美元"相关金融产品的兴起，使得伦敦的金融中心地位再次提升；又如，新加坡抓住了美国在越南战争中后勤补给和跨国公司在东南亚投资的需要，成为亚洲美元中心；再如，东京金融市场对于日元依赖较大，日元在全球的使用量、交易量下降后，东京的金融中心地位也逐渐降低。

（五）顶层设计

任何一个金融中心都离不开顶层设计，体现金融中心"竞争力"的关键要素，如营商环境、人力资本、基础设施等，均依赖国家的顶层设计。例证一：20世纪80年代，英国出台《金融服务法》，推动"金融大爆炸"。例证二：美联储将公开市场、黄金储备及清算系统的运作均集中于纽约，而非美联储所在地华盛顿。又如，尽管美国拥有的头部金融机构最多，但由于美国监管严苛，实际上美国的银行将很多重点业务都放在伦敦。例证三：香港在20世纪70年代取消外汇管制、黄金管制以及放宽银行管制；20世纪80年代实行联汇制，21世纪以来大量吸引内地企业上市，打造人民币离岸中心，推出沪港通、深港通和债券通等，都是政府为发展金融中心而采取的重大行动。例证四：新加坡政府主导打造"转口金融"平台，开设亚洲美元市场，采取吸引跨国公司的政策，改善投资环境，在国际金融中心建设中起到重要作用。

附：

国际金融中心国际评估标准

全球金融中心指数（Global Financial Centre Index，GFCI）是全球金融中心城市竞争力的评价指数，该指数自2007年起，由英国智库机构Z/Yen发布，每年3月及9月各更新一次。该指数受到全球金融界的广泛关注，并被作为衡量全球各金融中心发展的权威指标。GFCI的评价体系由营商环境、人力资本、基础设施、金融业发展水平及声誉五大类指标构成。

2010年,中经社联合道琼斯指数公司推出新华——道琼斯国际金融中心发展指数（IFCD）。GFCI与IFCD是目前两个较为权威的评估体系。它们的客观评估指标体系比较如表3-6所示。

表3-6　GFCI和IFCD的客观评估指标比较

评估指数	一级指标	二级指标	三级指标
GFCI客观评估指标体系（2019年9月）	营商环境	政治稳定性及法律法规、制度与监管环境、宏观经济环境、税收与成本竞争力4类指标	商业环境排名、营商环境指数、实际利率等34个指标
	人力资本	专业人才的可获得程度、劳动力市场的灵活度、教育与发展、生活质量4类指标	护照指数、人类发展指数、自杀率等24个指标
	基础设施	建筑设施、信息通信设施、交通设施、可持续性4类指标	办公室占用成本、道路质量、空气质量等32个指标
	金融业发展水平	产业集群的广度和深度、资本可获得性、市场流动性、经济产出4类指标	股票市值、股票交易量、债券交易量等22个指标
	声誉	城市品牌与吸引力、创新程度、城市吸引力与文化多样性、与其他金融中心的比较定位4类指标	世界竞争力评分、全球竞争指数、FDI流入等23个指标
IFCD客观评估指标体系	成长发展	市场成长、经济成长、创新成长3个指标	新上市债券、上市公司数量等9个指标
	金融市场	资本市场、外汇市场、银保市场3个指标	股票交易额、汇率波动等9个指标
	产业支撑	产业关联、产业人才、产业景气3个指标	外贸进出口额、跨国公司直属等9个指标
	服务水平	基础设施、社会管理、工作生活3个指标	机场客运量、生活成本等10个指标
	国别环境	经济环境、政治环境、社会环境3个指标	营商便利指数、廉洁指数等8个指标

资料来源：Z/Yen，中经社。

第四章
2009年既定目标的实现情况评估

2009年4月,《国务院关于推进上海加快发展现代服务业和先进制造业建设国际金融中心和国际航运中心的意见》(以下简称"19号文"或2009年既定目标)发布,提出上海"国际金融中心"建设的总体目标:到2020年,基本建成与我国经济实力及人民币国际地位相适应的国际金融中心。可以说,"19号文"开启了上海国际金融中心发展的新征程。

第一节 2009年既定目标的落地情况

"19号文"主要从加强金融市场体系建设、加强金融机构和业务体系建设、提升金融服务水平、改善金融发展环境四个方面,对上海国际金融中心建设提出了35条具体举措。

一、"19号文"任务基本完成

经初步评估,我们认为上海国际金融中心建设现状与"19号文"的35条措施相比,截至2019年年底,已经落实15条,基本落实14条,尚在推进6条,合计完成度约80%。其中,加强金融机构和业务体系建设方面,全部完成。

表4-1 "19号文"落实情况评估　　　　　　　　　　　　单位：条

"19号文"政策措施	具体措施	落实情况		
		已落实	基本落实	持续推进
加强金融市场体系建设	15	9	5	1
加强金融机构和业务体系建设	8	3	5	—
提升金融服务水平	7	3	2	2
改善金融发展环境	5	—	2	3
总计	35	15	14	6

二、"19号文"中仍待完成的主要政策

"19号文"中仍在推进的政策有6个方面：金融市场建设方面，股票市场尚待对外开放；金融服务方面，中介服务水平和金融创新机制尚待完善；金融发展环境方面，法制环境和监管水平及监管协作尚待完善。

（一）金融市场建设方面，股票市场有待加强对外开放水平

"19号文"提出"适时启动符合条件的境外企业发行人民币股票"，但由于中国法律的限制和人民币资本项下并未完全开放的约束，迄今为止境外公司还不能到中国A股上市。相比之下，早在2008年，纽约证券交易所国际上市公司占比就超过了20%，伦敦证券交易所于2009年也达到了此水平。2020年3月1日，修订后的《证券法》正式施行，标志着我国资本市场在市场化、法治化的道路上迈出重要一步。新《证券法》明确全面实行注册制、完善投资者保护、强化信息披露、落实"放管服"要求取消一系列行政许可等，预计新《证券法》的出台将有助于加速我国股票市场对外开放进程。

（二）金融服务方面，中介服务水平及金融创新机制尚待完善

一是上海各类中介公司数量和资质有待提高。"19号文"提出"规范发展中介服务，加快发展信用评级、资产评估、融资担保、投资咨

询、会计审计、法律服务等中介服务机构，加强监管，增强行业自律，规范执业行为"。目前，上海专业服务机构的数量和质量还不及北京，与纽约和伦敦相比差距更大，尚未形成高端的本土化品牌。

二是以市场为导向的金融创新机制有待进一步建立。"19号文"提出"制定并完善促进金融创新的政策，形成以市场需求为导向、金融市场和金融企业为主体的金融创新机制"。目前，我国金融监管仍较严格，政策性导向占主导地位，金融创新的市场需求导向相对较弱。与纽约、伦敦等国际金融中心相比较，我国由金融机构主导的市场化程度较高的金融创新业务和金融衍生品还相对欠缺。

（三）金融发展环境方面，法制环境和监管水平尚待完善

一是既切合我国实际又符合国际惯例的金融税收和法律制度尚未建立。"19号文"提出"加强金融法制建设，加快制定既切合我国实际又符合国际惯例的金融税收和法律制度"。目前，符合国际惯例的金融税收制度尚未建立。一方面，我国金融企业所得税较其他国际金融中心仍处于较高水平。目前上海为25%，伦敦为20%，新加坡为17%，香港为16.5%，纽约在特朗普政府减税后为21%。另一方面，我国金融业从业人员的个人所得税水平较高。我国个人所得税实行超额累进税率，最高边际税率为45%。相比之下，新加坡政府为推动金融中心建设，分别于1997年、2002年、2016年进行个人所得税改革，目前最高边际税率仅为22%。此外，我国为类似大陆法系的社会主义法律体系，与英美法系存在较大差异，如何营造既切合我国实际又符合国际惯例的法律环境是上海金融中心建设的一大难题。

二是以市场为导向的金融监管体系尚待完善。"19号文"提出"适应上海金融改革和创新的需要，不断完善金融监管体系，改进监管方式，建立贴近市场、促进创新、信息共享、风险可控的金融监管平台和制度"。近年来，我国完善金融监管体系的一些政策相继出台，我国监管体制从"一行三会"改为"一行两会"，但实行的仍旧是机构监管，

而非功能监管。

三是跨行业、跨市场的监管协作仍有待加强。"19号文"提出"加强跨行业、跨市场监管协作,加强地方政府与金融管理部门的协调,维护金融稳定和安全"。尽管上海很重视加强跨行业、跨市场监管协作,但由于金融机构的经营逐步由分业转为混业,而目前的监管模式仍然是分业监管,导致仍存在监管标准不统一等问题。此外,伴随着金融科技的迅速发展,许多金融科技公司的业务在金融与非金融之间跨界经营,目前监管体系尚待完善。

第二节 以"与中国经济实力相适应"的维度评估

"经济实力"既包括经济总量的全球位次、世界影响力,也包括经济发展质量、结构上的升级优化及其对全球经济增长的拉动示范效应,还包括对全球经贸规则制定的参与程度和主导能力。与"经济实力"相适应的国际金融中心,就是要在能力上满足与实体经济相对应的金融需求,提供相适应的金融服务,同时在衡量国际金融中心地位的关键指标上确立相应的国际地位,如金融治理能力、金融配套设施建设、金融发展水平等。

一、中国经济对全球经济增长起关键性作用

从规模看,2019年中国GDP总量为14.14万亿美元(名义GDP以年均市场汇率折美元),稳居世界第二位,占全球GDP总量的16.33%;是同期美国GDP的65.95%,是排在第三位的日本GDP的2.74倍。从增速看,2019年中国实际GDP增长率为6.1%,在全球193个经济体中排名第

21位，在全球前40大经济体（占全球GDP的90.92%）中排名第一位；中国经济对全球经济增长的贡献率近30%，连续多年居于世界第一位（见图4-1）。

图4-1 中国经济增长情况及对全球经济的贡献

（资料来源：Wind，IMF）

二、上海金融是世界金融的重要组成部分

根据评估机构Z/Yen发布的报告，上海国际金融中心在全球金融中心指数的总体排名，从2009年的全球第35位上升到2019年9月的全球第5位，评分为761分，上海的排名仅次于纽约（790）、伦敦（773）、香港（771）和新加坡（762）。2020年3月上海国际金融中心地位超过新加坡和香港成为全球第三大金融中心。自2007年全球金融中心指数报告首次发布以来，上海国际金融中心得分和世界排名不断上升，且与纽约、伦敦等国际重要金融中心的得分差距不断缩小，显示出上海金融已成为世界金融的重要组成部分（见图4-2）。

从经济实力维度评价，我们的基本结论是：

1. 从发展速度来比较，上海国际金融中心取得长足进步，这与中国经济快速增长和发展质量持续提升的大环境基本匹配。中国经济快速增长与中国金融在全球地位的提升相互促进。

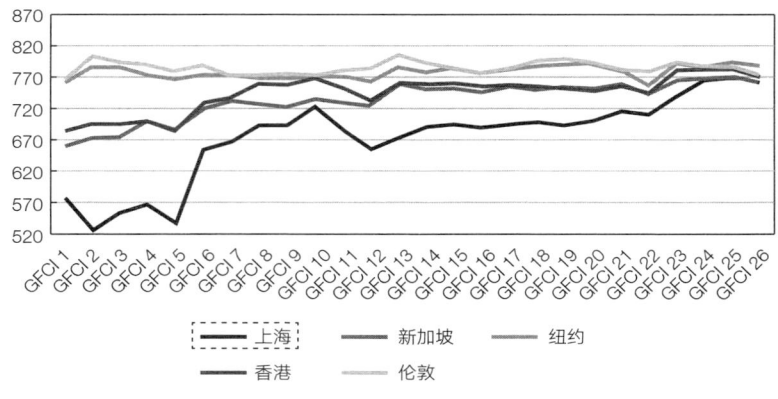

图4-2 上海国际金融中心建设世界排名

（资料来源：Z/Yen集团）

2. 从全球影响来看，上海作为国际金融中心与中国经济在全球的地位尚不适应。从2010年至今，中国GDP总量持续10年排名全球第二位，中国已连续13年成为世界经济增长的第一引擎。而上海国际金融中心的全球排名和国际影响力，仍然落后于中国经济在全球中的地位。

3. 从分项指标看，上海国际金融中心与中国经济实力相匹配，有亮点也有弱项。中国的银行业发展规模和金融科技进步在世界上具有领先地位；而营商环境、保险业、金融专业服务和金融监管等指标，与其他前四大金融中心的差距较大（见表4-2）。

表4-2 2019年9月国际金融中心发展指标全球排名比较

指标	上海	纽约	伦敦	香港	新加坡
金融中心所在国GDP排名	2	1	6	2	36
金融中心总指数全球排名	5	1	2	3	4
其中：营商环境	7	1	2	3	4
人力资本	5	1	3	2	4
基础设施	5	1	3	2	4
城市声誉	5	1	3	2	4
金融发展水平	7	1	2	3	4
银行业	3	1	4	2	6

续表

指标	上海	纽约	伦敦	香港	新加坡
投资管理	4	2	3	1	5
保险业	5	1	2	4	3
专业服务	5	1	3	2	4
监管与治理	7	1	2	3	5
金融科技	2	3	6	7	8

资料来源：Z/Yen集团，IMF，本课题组。

第三节 以"与人民币国际地位相适应"的维度评估

2009年7月，跨境贸易人民币结算试点在上海启动，开启了人民币国际化的进程。十年来，人民币已成为全球第五大支付货币、第三大贸易融资货币、第八大外汇交易货币、第五大储备货币。近年来，人民币跨境使用高速增长，人民币投融资功能持续强化，人民币国际交易日趋活跃，人民币国际储备职能逐步显现，离岸人民币市场稳步发展，人民币定价影响力不断提升，人民币基础设施建设初具规模，人民币国际化成效显著。

一、十年来，人民币国际化稳步发展

回顾过去的十年，中国经济运行稳中向好，经济结构不断优化，对外开放不断推进，人民币币值保持稳定。人民币国际化稳步发展主要呈现如下特点：

一是人民币成为我国第二大跨境支付货币和全球第五大支付货币。

2019年，人民币跨境实际收付金额合计19.7万亿元，同比增长23%，人民币已连续九年为我国第二大国际收付货币。同时，人民币在国际支付货币中的份额由2011年的0.29%上升至2019年的1.94%，成为全球第五大支付货币。

二是跨境贸易人民币结算保持平稳增长。我国主动扩大开放，通过举办首届国际进口博览会等多项有力措施，为国际贸易稳健发展提供了强劲支撑。2019年我国货物和服务进出口规模均创历史新高，其中货物贸易第一大国地位更加巩固，服务贸易连续六年位列世界第二。2019年经常项目人民币结算业务累计6万亿元，同比增长18%。

三是证券投资带动资本项下人民币跨境结算规模较快增长。2019年，资本项目人民币跨境收付金额合计13.6万亿元，同比增长26%。其中，证券投资收付金额对资本项目增速贡献最大，主要得益于境内金融市场双向开放的不断扩大。

四是境外主体在境内金融市场参与度显著提高。近年来，我国陆续通过沪港通、深港通、债券通、QFII、RQFII、QDII、RQDII、熊猫债等措施，实现境内外金融市场互联互通。十年来，境外投资者配置人民币资产需求显著增加。截至2019年年末，共计2608家境外机构进入银行间债券市场。其中，通过结算代理模式入市1130家，通过"债券通"入市1601家，双渠道入市123家；境外主体在境内债券市场债券托管余额合计2.26万亿元，约占市场的2.3%。截至2019年年末，境外主体投资境内股票市值合计2.10万亿元，约占股票总市值的3.5%。

五是人民币国际储备货币功能逐渐显现。随着人民币加入SDR货币篮子，人民币国际地位持续提升。据不完全统计，已有60多个境外央行或货币当局将人民币纳入外汇储备。根据国际货币基金组织（IMF）统计，截至2019年年末，官方外汇储备币种构成（COFER）报送国持有的人民币储备规模为2176.7亿美元，占比1.96%，在主要储备币种中排名第5位。

六是人民币计价货币功能实现突破。2016年,以人民币定价的"上海金"在上海黄金交易所推出,有助于增强中国在国际黄金定价中的话语权;2018年,以人民币计价结算的原油期货在上海期货交易所挂牌交易,有助于推动人民币成为大宗商品计价结算货币,促进人民币在全球贸易中的使用。

七是人民币国际化基础设施不断完善。十年来,人民币跨境支付系统建设不断推进,人民币清算效率不断提高。截至2019年年末,人民币跨境支付系统(CIPS)共有33家直接参与者、903家间接参与者,实际业务覆盖全球6大洲94个国家和地区。

二、人民币成为国际货币还有很长的路要走

一是在国际支付货币中,人民币占比较低。人民币作为跨境贸易与投资的结算货币功能发挥较为充分,但在全球金融市场交易中,人民币计价的金融工具较为缺乏,在国际计价结算体系中尚未完全摆脱"美元影子"。美元仍在全球货币中占据主导地位。根据SWIFT组织统计,2020年4月,人民币在国际支付货币中排名较2019年末下滑至第六位,占比仅为1.66%,远低于美元(43.37%)、欧元(31.46%)、英镑(6.57%)及日元(3.79%),与我国经济规模严重不匹配。

二是人民币跨境支付便利性有待提高。目前,跨境人民币支付清算生态圈建设仍在推进过程中,与主流国际货币相比还存在不足。在全球范围内尤其是离岸市场,人民币支付清算的规则和服务标准等还需进一步协调统一,参与者范围、支持的业务品种、清算体系的开放程度等有待进一步拓展。人民币跨境支付对离岸市场建设的全方位支持仍有待强化,不仅需要持续优化清算基础设施的功能,而且还需要市场参与者的共同协调推广。

三是经常项下跨境人民币业务量占比偏低。近年来,资本项下跨境人民币业务量在人民币跨境业务总量中的占比较高,增长较快;而经常项下的跨境人民币业务量占比偏低,海外市场对人民币的真实需求还有

待培育。这与中国企业在国际市场中的谈判地位、综合实力密切相关。从周边国家对人民币使用的现状来看，人民币在海外市场的可获得性仍然较低，境外各类主体对人民币使用的经验较为缺乏，对相关政策了解程度仍比较低，部分国家和境外企业对人民币使用的意愿仍有待提升。

四是全球人民币流动性有待增强。人民币的在岸与离岸市场无法有效连通，离岸市场人民币流动性始终有限、金融产品的种类和规模较小，都进一步约束了人民币的全球使用。

五是境外投资者持有和运用人民币资产的数量和占比仍然偏低。其深层次原因是，国内会计、审计政策与国际标准有异；评级公信力缺乏；市场参与者准入备案，一级托管、集中交易的模式与国际市场不同；债券可投资的外汇和衍生品数量少等。

从货币维度评论，我们的基本结论是：

1. 上海国际金融中心建设速度与人民币国际化的整体进程基本匹配。从人民币国际化的政策演进来看，人民币国际化起始于服务实体经济需求、成熟于金融市场对外开放、深化于全球储备货币体系改革，人民币国际化的整体进程与上海国际金融中心建设的内在需求基本匹配。十年来，上海国际金融中心的建设与人民币国际化之间互推互进，人民币国际化助推我国金融业深度参与国际金融市场；同时，通过上海国际金融中心建设提供的市场和平台，人民币的支付、投资、储备和计价等功能都得到全面提升。

2. 人民币在全球的影响力与上海金融中心的国际地位相比仍需进一步提升。从人民币发展现状来看，人民币在国际支付货币中占比不到2%，使用人民币进行交易和投融资的数量仍然较低，人民币计价货币功能尚未充分发挥，人民币在全球储备货币中的占比尚不足2%。而上海国际金融中心在全球范围的地位稳步上升，在黄金交易等方面处于世界前列。

附：
上海国际金融中心建设相关重大国家政策

1991年，邓小平同志在上海发表讲话时明确提出："上海过去是金融中心，是货币自由兑换的地方，今后也要这样搞。中国在金融方面取得国际地位，首先要靠上海。"邓小平同志还进一步指出："金融很重要，是现代经济的核心，把金融搞活了，一着棋活，全盘皆赢。"自此，上海金融中心这一提法揭开面纱，并逐渐深入人心。

1992年，首次提出国际经济、金融、贸易三大中心。党的十四大报告中明确提出"尽快把上海建成国际经济、金融、贸易中心之一，带动长江三角洲和整个长江流域地区的新飞跃"。上海建设国际金融中心的目标第一次正式由中央提出。

2001年，第二次提出国际经济、金融、贸易、航运四大中心。2001年5月，国务院正式批复并原则同意《上海市城市总体规划（1999—2020年）》，明确提出"要把上海建设成为现代化国际大都市和国际经济、金融、贸易、航运中心之一"。

2009年，第三次提出国际金融、国际航运两大中心。《国务院关于推进上海加快发展现代服务业和先进制造业建设国际金融中心和国际航运中心的意见》提出到2020年基本建成国际金融中心和国际航运中心。

2017年，第四次提出国际经济、金融、贸易、航运、科技创新五大中心。2017年12月，《上海市城市总体规划（2017—2035年）》获国务院批复原则同意。规划明确：上海的定位在原来的国际经济、金融、贸易、航运四大中心的基础上，加上国际科技创新中心。

2018年，习近平总书记在首届中国国际进口博览会开幕式上，对上海提出三项新的重大任务。一是增设上海自由贸易试验区新片区；二是在上海证券交易所设立科创板并试点注册制；三是支持长三角区域一体化发展并上升为国家战略。"三大任务"赋予上海新的责任担当，表明上海将在中国对外开放新格局中发挥更重要的作用。

2019年初，中国人民银行等八部门联合印发《上海国际金融中心建设行动计划（2018—2020年）》。该行动计划指出：到2020年，上海基本确立以人民币产品为主导、具有较强金融资源配置能力和辐射能力的全球性金融市场地位，基本形成公平法治、创新高效、透明开放的金融服务体系，基本建成与我国经济实力以及人民币国际地位相适应的国际金融中心，迈入全球金融中心前列。

2020年2月，中国人民银行、银保监会、证监会、外汇局和上海市人民政府联合发布《关于进一步加快推进上海国际金融中心建设和金融支持长三角一体化发展的意见》。该意见指出：积极推进临港新片区金融先行先试、在更高水平上加快上海金融业对外开放、金融支持长三角一体化发展等。

2020年11月，习近平总书记在浦东开发开放30周年庆祝大会上，对浦东新区改革开放提出新的要求：一是全力做强创新引擎，打造自主创新新高地；二是加强改革系统集成，激活高质量发展新动力；三是深入推进高水平制度型开放，增创国际合作和竞争新优势；四是增强全球资源配置能力，服务构建新发展格局；五是提高城市治理现代化水平，开创人民城市建设新局面。

2021年1月，《上海市"十四五"规划和2035年远景目标纲要》正式发布。该纲要指出：到2025年，上海国际经济、金融、贸易、航运和科技创新中心核心功能迈上新台阶，人民城市建设迈出新步伐。到2035年，国际经济、金融、贸易、航运、科技创新中心和文化大都市功能全面升级。

2021年8月24日，上海市人民政府印发《上海国际金融中心建设

"十四五"规划》。该规划提出,到2025年,上海国际金融中心能级显著提升,服务全国经济高质量发展作用进一步凸显,人民币金融资产配置和风险管理中心地位更加巩固,全球资源配置功能明显增强,为到2035年建成具有全球重要影响力的国际金融中心奠定坚实基础。

Shanghai
Advancing Towards A Global Financial Centre

迈向新时代全球金融中心

展望

在过去300年中，仅有三个金融中心相继站在了国际金融体系之巅：17世纪中期到18世纪晚期的荷兰阿姆斯特丹；19世纪和20世纪初的英国伦敦以及1945年之后的美国纽约。

——尤瑟夫·凯西斯《资本之都》

没有人能在1992年料到中国和其他新兴国家的经济增长速度和规模。尤其是在中国，许多人已经脱离了贫困。

——保罗·沃尔克《时运变迁》（中文版序）

第五章

"十四五"期间及未来上海金融中心的目标定位

第一节　上海全球金融中心的目标定位及战略意义

2020年是我国全面建成小康社会的收官之年，也是上海实现"基本建成与我国经济实力及人民币国际地位相适应的国际金融中心"这一目标的决胜之年。习近平总书记高瞻远瞩，亲自推动和部署了一系列战略举措，长三角一体化、建立科创板、加速自贸区（新片区）建设等，都是重要的战略先手棋。站在新的历史起点，下一步上海国际金融中心建设将如何推进，还需要哪些战略安排和重点突破？这不仅仅是金融的问题，也不仅仅是上海的事情，它关乎中国经济由大变强和中华民族伟大复兴之梦能否实现，关乎在复杂而动荡不定的国际局势中，如何提高发展中国家在国际金融事务中的话语权，关乎推动国际新秩序和人类命运共同体建设。可以说，上海国际金融中心建设是应对世界百年未有之大变局的关键一招和制胜法宝，一着棋活，全盘皆赢。

一、上海国际金融中心建设新的目标定位

提升上海国际金融中心建设的总目标已刻不容缓。未来上海建设国际金融中心的总目标应从"国际金融中心"迈向"全球金融中心"，上海将以人民币为核心，以金融科技和高品质金融服务为亮点，与纽约、伦敦形成"三足鼎立"的全球金融中心。

实现这一新目标可以分三个阶段：（1）到2025年（"十四五"期间），对标纽约和伦敦，夯基础、聚人气，全面推动上海金融市场国际化要素扩展，特别是加快科技金融创新，形成全球金融的上海中心；（2）到2035年全面建成完善全球金融中心框架，软硬设施和运行环境效率以及全球影响力各项指标位居三甲；（3）到2050年，在新中国成立百年之际，中国经济总量将占全球GDP总量的三分之一左右，按支出法计的经济总量超越美国，成为全球第一大经济体；人民币有望成为与美元并驾齐驱的国际货币，中国金融市场有望在绝大部分领域领先美国。届时，上海将建成比肩美国纽约，更加充满活力，运行规模和质量居于主导、领先地位的全球金融中心。上海将与纽约、伦敦形成"三足鼎立"的全球金融中心。这一新目标的确立有着丰富的内涵，这将意味着上海不仅仅是国际金融的重要参与者而且正逐步成为全球金融的领

导者，中国也不仅仅是国际经济秩序建设的跟随者而且正逐步成为主导者。

我们以2025年、2035年、2050年为重要时间节点，对中国和美国、人民币与美元、上海和纽约的全球金融中心地位相关的几个重要衡量指标做如下基本预测，以此作为上海建设全球金融中心取得重要成就的关键标志（见表5-1）。

表5-1　2019年上海和纽约金融中心地位比较及2025—2050年预测

年份	指标	上海	纽约
2019	金融中心指数排名	5	1
	本国GDP规模（万亿美元）	14.2	21.4
	本币国际支付排名	5	1
	本国银行业总资产（万亿美元）	41.7	18.6
	股票市值（万亿美元）	4.68	23.24
	本国债券余额（万亿美元）	14.2	40.8
	外汇市场日均交易量（亿美元）	1346.4	8108.9
2025	金融中心指数排名	3	1
	本国GDP规模（万亿美元）	20.1	24.1
	本币国际支付排名	3	1
	本国银行业总资产（万亿美元）	60.0	25.0
	股票市值（万亿美元）	8.0	25.0
	本国债券余额（万亿美元）	30.0	50.0
	外汇市场日均交易量（亿美元）	3000	10000
2035	金融中心指数排名	2	1
	本国GDP规模（万亿美元）	34.3	28.8
	本币国际支付排名	3	1
	本国银行业总资产（万亿美元）	120.0	50.0
	股票市值（万亿美元）	20.0	30.0
	本国债券余额（万亿美元）	50.0	60.0
	外汇市场日均交易量（亿美元）	10000	15000

续表

年份	指标	上海	纽约
2050	金融中心指数排名	1	2
	本国GDP规模（万亿美元）	71.3	36
	本币国际支付排名	2	1
	本国银行业总资产（万亿美元）	300.0	80.0
	股票市值（万亿美元）	60	50.0
	本国债券余额（万亿美元）	150.0	100.0
	外汇市场日均交易量（亿美元）	20000	20000

资料来源：Wind，本课题组。

二、上海定位从"国际金融中心"提升为"全球金融中心"的根本区别

金融中心，一般指在一定地理区域内发挥金融活动中心枢纽作用的金融城市。按照金融产品服务能力和覆盖地域广度来区分，一般将金融中心划分为全球金融中心、国际金融中心、国内金融中心三大类。其中，国际金融中心可区分为区域性的国际金融中心和某些功能全球领先的国际金融中心两种；国内金融中心可区分为全国性金融中心和地区性国内金融中心两类。

国内外学术界虽然区别了金融中心的类型，却没有明确阐述"国际金融中心"和"全球金融中心"两者的差别，本书是第一次做出明确区分。

"全球"金融中心为"国际"金融中心的高级阶段。国际金融中心（International Financial Center）强调的是开放状态或程度，即基于国内或地区而言，既由内向外走，参与本国以外经济金融活动；又依赖或吸引别国的资金、人力等资源来参与国内经济建设。而全球金融中心（Global Financial Center）强调的是融合度和领导力，是基于国际整体而言，不仅是国内与国际之间（单边或多边）形成由内向外走和由外向内走，而且是整个国际经济金融的关键节点，是经济金融的融合点，更

是经济金融的引领者。目前公认的全球金融中心只有纽约和伦敦,是超大型的、全球化的、服务齐全的世界级国际金融中心(见表5-2)。

表5-2 国际金融中心与全球金融中心的区别

国际金融中心	全球金融中心
基于国内而言,主要是由内向外走	基于国际整体而言,是由内向外和由外向内,双向流动
关注国际对国内市场影响大	更关注国内市场影响国际
侧重我国依赖别国	侧重别国依赖我国
全球重要参与者	全球主导者和共建者

资料来源:本课题组。

与普通的国际金融中心相比,全球金融中心具有如下三大特点:

第一,强大的国际金融资源配置能力。全球金融中心是最高层次的金融中心,拥有世界先进的结算和支付系统,资金的来源和去向全球化、多元化,各类型国际金融机构与全球化企业客户深度参与,每日承担大量的跨境金融交易,对全球跨境资本流动具有强大影响力。以金融市场为例,2019年4月伦敦和纽约日均外汇交易量分别占全球的43.1%和16.5%,2019年末纽约的股票市值和外国上市公司数量分别占全球的25.5%和9.4%,伦敦的跨境银行贷款和国际债券规模分别占全球的16.2%和12.8%,这些指标均遥遥领先于其他金融中心。

第二,金融服务范围覆盖全球,功能种类齐全。全球金融中心汇聚了全球领先的跨国金融机构,具有强大的金融创新、服务能力和风险管理水平,可向全球客户提供全方位、多层次、多功能、广覆盖的金融服务。以伦敦为例,目前所能提供的金融产品服务包括银行借贷、资产管理、股票交易、外汇及衍生品、保险产品、大宗商品、伊斯兰金融、金融科技、绿色金融、金融配套法律与会计服务等,基本覆盖了所有的金融种类,而且市场深度大,在全球均具有一定的影响力。这种金融供给侧上的能力,吸引了全球客户的机构、人员和资金汇集伦敦,供求双方的金融安排都方便快捷地得到满足。

第三，拥有国际金融规则的话语权、金融产品与服务的定价权。基于金融市场的广度、深度及服务质量，全球金融中心在全球金融交易市场的影响力巨大，从而在国际金融交易规则、全球金融产品服务定价、服务质量标准等各方面都拥有较强的话语权，成为全球市场的领导者、规则制定者和纠纷裁量者。例如，伦敦在全球汇率、货币市场利率、大宗商品价格等方面都具有关键影响力；纽约的评级公司、财经媒体、金融数据公司掌控着覆盖全球的金融舆论和市场数据，对于其他国家金融活动的反洗钱、反恐怖融资等都有主导性的合规标准，也成为美国实施长臂管辖金融霸权的一个重要支撑。

从这些角度来讲，目前香港、新加坡、上海、东京等国际金融中心都难以与伦敦、纽约的全球金融中心地位相提并论，只能归类为服务于区域金融需求的一般性国际金融中心，较少有规则的制定权和话语权，只是国际事务的参与者而非领导者。各类型金融中心的分类与特征简要比较见表5-3。

表5-3　金融中心的分类及特征比较

金融中心分类		主要特征	典型城市	全球总数
全球金融中心	全球性国际金融中心	强大的国际资源配置能力；服务覆盖全球、全门类；拥有金融规则制定权、话语权和领导权	纽约、伦敦	2个
国际金融中心	区域性国际金融中心	具有较强国际金融资源配置能力；服务覆盖区域，有大量跨境交易；国际金融市场的跟随者	香港、新加坡、上海、东京、法兰克福、巴黎	十多个
	特殊功能国际金融中心	在某些业务领域具有全球性竞争优势	卢森堡、开曼群岛、芝加哥、苏黎世	数十个
国内金融中心	全国性金融中心	服务覆盖全国的金融中心	北京、深圳、孟买、首尔、芝加哥	上百个
	地区性金融中心	服务覆盖国内局部区域、领域的金融中心	天津、杭州、重庆、爱丁堡、休斯敦	数百个

资料来源：IMF、本课题组。

三、上海确定新的目标定位，基于三大宏观视角

（一）中华民族伟大复兴的历史进程

尽管前进道路上会遇到各种风险挑战，但中华民族伟大复兴的历史进程不会改变。以当前为起点，结合潜在增长率基准测算，到2035年，我国GDP总量将超过美国，成为全球第一经济大国；到2050年，我国GDP总量将占全球经济总量的三分之一，重返世界经济史上巅峰时期的占比水平。届时，我国将基本建成社会主义现代化强国。建设上海国际金融中心，要为这一伟大的历史进程全面提供高质量的金融服务，充分发挥金融优势，推动中国有效利用好国内国际两种金融资源，助推中华民族的伟大复兴。在国内，就要构建好金融体系（机构维度），设计好金融产品、金融服务，将宝贵的国内储蓄资源充分有效动员利用，投入国民经济建设中；在国际上，就要扮演国内外资金融通的桥梁，大力吸引全球资金，参与中国经济建设，同时为"中国制造、中国资本"走向境外，在全球范围内配置资源提供最优金融服务。

（二）推动建设人类命运共同体的世界大局

当前，世界的发展面临前所未有的大变局。其中，一个重要趋向是，传统的守成大国承担国际责任的意愿下降，民粹主义兴起，竖起保护主义的屏障，力图以资金、技术、人员的封锁打压竞争对手，守住既得利益，导致全球化发展呈现倒退的风险。为了避免世界格局变迁中公共产品的供应不足，防止世界陷入"金德尔伯格陷阱"，在习近平总书记亲自倡导下，中国着眼于全球化、多边主义的发展大局，提出了建设"人类命运共同体"的伟大构想，这一创举将由众多发展战略共同协调推进，包括"一带一路"建设、人民币国际化、自贸区自贸港建设等。因此，建设上海全球金融中心不仅有助于金融要素在全球的充分流动，提高金融资源配置效率，更有利于提高发展中国家在国际

金融事务中的话语权，推动国际经济秩序朝着平等公正、合作共赢、共建共享的方向发展，与全球未来发展趋势相符。上海需要从金融层面大胆探索，积极开拓，为全球经济与社会的发展提供必要的公共金融产品和基础设施，包括金融机构多元化、规模化，投融资服务全球化，金融规则完善，金融科技支撑，金融监管创新，金融文化和人才培育成熟等，责任在肩、使命重大。

（三）新时代中国力倡的五大新发展理念

全球经济与社会向前发展，面临来自气候变化、自然环境、自然资源承受能力不足的约束，面临来自技术创新不足、发展质量不高、利益分配不均等众多挑战。为此，党的十八大审时度势，提出了"创新、协调、绿色、开放、共享"的五大新发展理念。上海国际金融中心建设，必须充分遵循五大新发展理念，成为贯彻落实五大发展理念的排头兵，为促进全球经济、中国经济的高质量发展作出贡献。以上海先进雄厚的产业和实体经济为依托，上海的金融服务要大力创新，推动金融科技和科技金融服务的发展，推动我国创新能力和科技发展水平的提高，提升科技对经济社会发展的支撑能力、对经济增长的贡献率；上海的金融服务要更加多元和包容发展，促进解决发展不平衡问题，包括区域、城乡、经济和社会、物质文明和精神文明、经济建设和国防建设等关系的不平衡；上海要大力发展绿色金融，创新和引领全球绿色发展最佳实践，助力解决经济发展中资源约束趋紧、环境污染严重、生态系统退化等问题；上海的金融发展要解决发展内外联动问题，切实提高对外开放的质量，用好国际国内两个市场、两种资源，应对国际经贸摩擦、争取国际经济话语权，提升制定和运用国际经贸规则的本领；上海的金融发展要促进解决社会公平正义问题，缩小收入差距、区域差距，促进世界各国共享改革发展成果，为构建人类命运共同体作出贡献并率先垂范。

四、上海新的目标定位具有三大特征

(一) 依托本国（地区）经济和服务全球市场相结合

服务实体经济是金融的魂和本，是金融的天职和宗旨，上海金融中心的建设目标仍应坚持与我国经济实力相匹配。一是服务实体经济与金融中心建设相互促进。所在国或者地区强大的经济实力，能够为金融中心提供大量的资金支持，保证金融中心发展的可持续性。同时，经济发展会不断增加金融产品和服务需求，进而促进金融中心发展。金融资本必须以实体经济的发展为载体，没有实体经济的发展作为基础，金融中心势必成为无源之水、无本之木，无法得到长远的发展。二是处理好实体经济与虚拟经济的关系。虚拟经济是市场经济高度发达的产物，以服务于实体经济为最终目的。虚拟经济具有高度流动性、不稳定性、高风险性和高投机性，虚拟经济的过度发展会助长泡沫经济。2008年国际金融危机就是金融脱离实体经济的惨重代价，20世纪80年代日本经济空心化的教训也是深刻的。我国发展虚拟经济应坚持以实体经济发展为基础的渐进式发展原则。三是中国的大国地位和强国战略，决定了要以服务国内实体经济为纲。从历史来看，伦敦背靠着欧盟经济体、纽约背倚着美国，这两个金融中心都有强大的经济腹地作为后盾。中国经济的崛起将是上海国际金融中心得以跻身全球前列的关键，上海国际金融中心的核心功能也应主要服务于中国经济的改革与发展。四是我国服务实体经济的范围应不仅限于本土，而应立足全球市场。上海服务实体经济要突出国际化特色，也须面向全球市场，为相关国家和地区的企业、个人提供投融资服务。

上海金融中心建设在服务实体经济方面，应关注以下重点：一是提升金融服务实体经济的效率。我国金融供给以商业银行为主导，与创新主体的多元化、个性化需求间存在不协调。上海应建立多层次金融产业体系，通过业务、产品、运营模式创新，拓宽资本对接新兴产品、创业创新等领域的通道，解决好金融供给与需求的错配。同时，控制房地产市场泡沫。例如，上海可大力发展中小企业高收益债券市场、票据市场、金融租赁市场等。二是创新金融服务实体经济的模式。例如，利用金融科技，构建完善的供应链金融机制，精准有效地为民营企业提供低成本、可持续的金融服务；积极发展普惠金融，降低实体经济的融资难度和融资成本；积极践行绿色金融，形成绿色金融的"上海模式"，实现经济发展与生态效益共赢；引领产业转型升级，推动产融结合。三是稳步发展衍生品市场，防范金融风险。推动期货市场和场外衍生品市场发展，引入境外投资者，丰富产品类型，更好地服务国际大宗商品交易、产业升级调整和实体企业风险管理，控制利用衍生工具大肆炒买炒卖。四是服务国家重点战略。上海金融中心建设应服务长三角、国际航运中心、全国经济中心和世界贸易中心建设等国家重点战略，而不能成为"产业空洞"建设。上海要把握好长江入海口的良好区位优势，不断扩大上海的经济腹地。五是提升服务实体经济的国际化水平。例如，上海可以充分发展面向全球的股票市场、债券市场、大宗商品市场，打造东亚各国以及"一带一路"投融资中心，做大做强作为全球金融中心的功能。总体来看，目前上海国际金融中心的特色与纽约最为相近（见表5-4）。

表5-4 各金融中心对本国/地区经济和全球市场依赖度比较

金融中心	依托本国（地区）经济	面向全球市场
纽约	大	大
伦敦	小	大
新加坡	小	大
香港	小	大
上海	大	大

资料来源：本课题组。

（二）突出人民币国际地位，兼顾国际主要货币

伦敦和纽约的崛起与英镑和美元货币的国际化进程密切相关。金融

中心所在国货币国际化程度的提高，能增加该货币的需求，促进金融市场的国际化，增加国际金融业务。国际资本向金融中心的聚集，进一步促进国际金融中心的成长。从2019年10月伦敦的外汇市场交易币种结构可以看到，前五大币种分别是美元（50%）、欧元（18%）、英镑（10%）、日元（7%）和瑞士法郎（3%）；在纽约的外汇交易市场币种结构中，前五大币种分别是美元（45%）、欧元（15%）、英镑（9%）、日元（8%）和加拿大元（6%）。纽约金融市场展现了突出本币、兼顾外币的特点，伦敦金融市场中本外币均有突出地位。

国际金融市场动荡剧烈，汇率波动风险日益加大，逐步推进人民币国际化可以帮助我国金融机构规避汇率变化的风险，提供新的业务拓展空间，有利于上海建设人民币的结算和清算中心，同时也有助于降低全球过度依赖美元化带来的经济风险。因此，突出人民币国际地位，是上海金融中心的基础底色。上海要建成全球最重要的人民币定价中心、人民币资产管理中心、人民币国际清算中心、人民币外汇交易中心和人民币风险管理中心，以支持人民币国际化地位的持续提升。建设上海全球金融中心，需要逐步放开人民币的自由兑换，扩大人民币国际贸易结算，提高人民币的国际地位，在服务人民币国际化的进程中，形成与人民币国际地位相匹配的国际金融中心。

上海要进一步创造条件，在既有的"沪港通""沪伦通"等通道的基础上，加大力度进一步开放外汇市场、跨境信贷市场、资本市场等，吸引更多的外币资金和境外投资者进入，兼顾美元、欧元、日元、英镑等主要国际货币在上海的交易、融资和储备功能的发展，实现多币种、全市场的跨境交易，从而突出上海金融中心的国际化特色。纵观主要国际金融中心的发展特征，上海"突出本币、兼顾外币"的特点，与纽约的发展特征最为接近，因此纽约应成为上海国际金融中心建设的主要对标（见表5-5）。

表5-5 各主要国际金融中心对本币与外币侧重度对比

金融中心	本币	外币	备注
纽约	突出美元	兼顾	
伦敦	不突出英镑	突出	人民币离岸
新加坡	不突出新加坡元	突出	人民币离岸
香港	不突出港元	突出	人民币离岸
上海	突出人民币	兼顾	

资料来源：本课题组。

（三）强化上海与香港的协同互动

借助"一国两制"体制优势，上海和香港可以有效协同发展，上海与香港的金融功能可以强化错位竞争和优势互补。

1. 上海和香港各有千秋

第一，中国总体上处于发展中国家的阶段，上海属于成长中的金融中心，香港已属于较成熟的国际金融中心，两者的差异可以较好地形成有区别的定位。第二，在币种上，上海以人民币为主，外币为辅；香港以外币为主，港元为辅。两者可以形成互补效应，完善货币结构上的金融产品体系。第三，在法律体系上，上海属于大陆法系，香港属于普通法系。第四，在服务对象上，上海以中资企业为主，外资企业为辅；香港则中资企业和外资企业并重。第五，在金融开放度上，上海遵循渐进开放的模式，可以较好地管控开放中的风险；香港属于高度开放、营商环境完善的金融中心，可以较好地开展跨境金融服务创新。上海与香港融合互补发展人民币业务，可以在不完全开放的条件下，更好地服务中国经济的平稳运行（见表5-6）。

表5-6 上海和香港金融中心的主要特点比较

类别	上海	香港
发展阶段	成长中的金融中心	较成熟的金融中心
币种	人民币、外币	港元、外币、人民币离岸

续表

类别	上海	香港
法律体系	大陆法系	普通法系
服务对象	中资为主，外资为辅	中资和外资并重
基础设施	营商环境待完善	营商环境更优
侧重服务地区	长三角经济区	粤港澳大湾区

资料来源：本课题组。

2. 短期内上海与香港可以实现有序的错位竞争

上海主要以全球金融中心建设为目标，负责全球性的金融业务，包括中国境内的本外币业务和对外金融业务，加快发展资本市场、资产管理、大宗商品市场和银行信贷等业务；香港主要负责境外业务，包括境外的人民币业务和两地互联互通的业务，加大拓展外汇、保险、衍生品等领域。对于交叉性业务，可以使客户对象定位更加精确。一是IPO业务（首次公开募股）。香港可以进一步面向"一带一路"地区（特别是东盟）开拓新业务；上海可以面向全球，弥补欧美金融市场存在的空间。二是外汇交易业务。上海和香港可以发挥各自客户基础优势错位开拓。三是我国居民对外投资和财富管理。上海和香港均可以作为通道，存在一定程度的竞争关系，有利于提升服务效率。四是跨国金融机构设立地区总部和运营基地的竞争。在我国金融管制未完全放开期间，跨国金融机构大多会选择上海作为运营基地进入内地市场；随着中国金融政策逐渐开放，资金可以跨境自由流动，跨国金融机构开展长三角地区业务选择上海将会比较方便，对于珠三角地区业务，则可以选择香港。

3. 长期来看，上海与香港可以融合发展，协同互动、互相成就

两地金融中心建立密切关系，协同发展十分重要。一是继续深化人民币金融市场互联互通。沪港应尽快建立银行、证券、保险、外汇等各类金融市场的全面合作伙伴关系，争取让更多的金融产品可以在

两个市场同时进行交易。下一步可增加上海人民币主板市场与香港离岸市场互联互通的产品种类，推动"债券通"南下投资、资金通、保险通、期货通。二是加强跨境人民币业务合作。对香港而言，上海市场有助于拓宽人民币的使用渠道，这将促进人民币在境外形成自我循环，有利于香港离岸人民币业务健康发展；对上海而言，可视香港为其市场的延伸，充分利用香港现有的人民币交易平台及资源。三是推动两地金融基础设施建设全面对接。香港可以协助上海建设资金清算支付系统，扩大两地银行、证券、保险和外汇等金融产品的资金结算，使两地金融基础设施全面对接。两地交易所应互设办事处，并探讨股权合作的可能性。争取让更多的金融产品可以在两个市场同时进行交易，特别是要争取更多企业采用A股、H股同步上市的方式，这不仅有助于加强两地资本市场的联动，还可以提升上海A股市场的定价能力，加快沪市与国际资本市场接轨的步伐。特别地，两地金融科技发展都具有一定的先发优势，可以进一步合作推进新型金融基础设施的建设。四是推动两地互设金融机构。沪港应在CEPA（内地与香港关于建立更紧密经贸关系的安排）框架下，放宽互设金融机构的准入限制。上海可考虑允许香港证券公司、保险公司和基金管理公司等金融机构在上海设立由港方控股的下属公司，并扩大香港在沪金融机构的业务品种和经营范围；香港应鼓励上海金融机构在港设立分支机构，并通过香港走出去。五是推动完善人民币风险管理业务发展。香港人民币市场有深度，人民币衍生品丰富，风险对冲技术较先进。境外投资者持有的人民币资产主要来自上海，有必要在岸解除市场流动性管理、汇率及利率风险。两地可携手探讨在岸及离岸人民币风险管理，以促进人民币市场发育成熟。六是加强交流，建立多层次的金融合作机制。通过高层定期互访、设立沪港金融联席会、召开沪港金融合作论坛和专题研讨会等，就两地如何共建全球金融中心，进行系统商讨、设计和付诸实施。香港可以协助上海进行金融培训，包括银行监管、金融稳定与市场分析、会计管理、金融基础设施建设、风险防范以及反洗钱等，帮助上海完善金融监管框架。

五、上海建成全球金融中心具有重大战略意义

上海全球金融中心的发展需与我国经济实力和人民币国际地位相匹配，为支持经济高质量发展、助推人民币国际化、参与国际金融治理贡献力量。

（一）大国经济需要有大国金融相匹配

金融是现代经济的一大制高点。大规模金融动荡可导致经济体崩溃、造成社会动荡，给一个国家造成的损失不亚于一场战争。自冷战结束以来，随着全球经济一体化进程的加快，各经济体的相互依存程度大大提升，加上中、美、俄等核武器国家的核平衡，大国间爆发大规模热战的概率大幅降低，金融战已成为大国之间博弈的最高形式之一。从历史经验来看，由于美国拥有发达的金融基础设施、中介机构、强大的美元国际货币地位，美国一旦发起金融战，目标国及企业在短期内难以采取有效手段应对，大多会代价惨重。例如，利用SWIFT（环球同业银行金融电讯协会）、CHIPS（纽约清算所银行同业支付系统）和Fedwire（联邦储备通信电子资金转账系统）等发达的金融基础设施，美国对目标国金融机构、实体企业和个人发起金融制裁，切断清算、结算与支付渠道，冻结其在美资产，迫使缴纳巨额罚款。

（二）中国只有金融强大，才能保障经济安全

建设全球金融中心具有重要战略意义，关系到我国综合国力提高和社会主义现代化建设全局。中国已发展成为世界第二大经济体、货物贸易第一大国，迫切需要有与自身经济实力和人民币国际地位相适应的国际金融中心。上海建设全球金融中心，助推中国经济崛起的重要任务，包括以下几个方面：一是推动我国有效利用国内国际两种金融资源。国内，就是要设计好金融产品与服务，将宝贵的储蓄资源充分

动员起来；国际，就是要搭建资金融通的桥梁，大力吸引全球资金，参与我国经济建设。二是助推人民币国际化，突出人民币的国际地位。纵览主要经济大国的发展历史不难发现，币值稳定、国际化接受程度高的本币，是维护本国经济利益的重要工具。三是在国家遭遇外部竞争、重大风险时，上海要充分利用自身的金融功能，为国家夺取金融主导权，管理重大风险，发挥金融缓冲垫等关键作用。总之，上海建成全球金融中心，是国家金融能力及金融实力的体现，同时有利于提高金融资源配置效率，促进经济转型升级；有利于深入参与全球金融治理，进一步增强我国金融业的国际话语权和国际竞争力；有利于主动提升我国金融风险防范水平，维护国家金融安全，为实现中华民族伟大复兴的中国梦保驾护航。

（三）弥补全球公共产品的不足

全球公共产品是指具有很强的跨国界正外部性的商品、资源、服务和规则，通常经济、金融、军事等实力强大的世界大国是全球公共产品的主要提供者。近年来，随着传统守成大国实力相对下降，承担国际责任的能力和意愿也随之下降，全球公共产品供给已出现巨大失衡。在我国综合国力快速崛起的背景下，国际格局面临重构。为避免世界格局变迁中公共产品供应不足而陷入"金德尔伯格陷阱"，我国着眼于全球化、多边主义发展大局，提出建设"人类命运共同体"伟大构想，协调推进众多发展战略。因此，建设全球金融中心不仅是上海乃至中国的事，更是全世界的大事。在全球公共产品建设的新框架中，上海要勇担重任，为全球提供必要的公共金融产品，包括新型的资金供给结构、新型的金融规则、新型的金融基础设施等，为弥补全球公共产品的不足作出积极贡献。

第二节　上海全球金融中心建设面临的重大机遇与挑战

一、发展机遇与有利环境

（一）世界巨变：低利率和数字化时代，重塑未来金融格局

2008年国际金融危机爆发后，发达经济体普遍步入持续低利率（甚至负利率）、量化宽松的时代，长达十年，至今依然难以扭转。即便是在次贷危机后经济复苏较快的美国，美联储最近两年实施升息政策欲实现货币政策正常化，但由于实体经济难以承受融资成本上升，在2020年全球新冠肺炎疫情暴发的冲击下，美联储重新大幅放松货币政策，基准利率重返至零水平。预计在未来较长一段时间内，全球经济增速仍将较为低迷，发达经济体将深陷负利率困境。相比之下，中国经济仍具增长动力，发展质量更上新台阶，这给人民币维持正利率水平、对主要国际货币维持正利差创造了有利条件。在金融市场以"利差为王"的背景下，人民币汇率有望维持稳定态势，中国市场对全球资本流动将具备更强的吸引力。上海作为国际金融中心，将成为服务于跨境资本流动和境外投资者的重要场所，迎来新的发展机遇期。

科技进步一直是推动金融创新、金融发展的重要力量。过去几十年来，科技主要通过扩展金融服务渠道、服务工具，提供自动交易、高频交易手段，增强风险识别和防控能力等，为金融业的发展带来新变化，技术创新正在积累能量和爆发力，改变未来金融生态。一是以5G为代表的高速移动互联网，将使金融服务无处不在、无时不在，并实现万物互联、即时响应，极大地改变了人们的生活方式，金融服务正在向场景化、虚拟化、边界模糊化转变,业务拓展模式、客户营销方式加速变革。二是以大数据、云计算、区块链、人工智能等为代表的新工具,正在重新定义货币形态、客户数据价值、金融产品服务、风险控制手段等,给金融产品创新、金融市场形态、业务模式带来革命性变化。金融科技(FinTech)是将金融和科技相结合的一种手段。在全球金融中心指数(GFCI)报告中,金融科技已作为独立的指数排名。其中,作为27期排名中领先的金融科技中心,北京和上海居世界前三位,上海在金融科技领域处于全球领先的优势。上海应抓住这一重大发展机遇和先发优势,不断完善金融科技市场,加强金融风险监测和管理的同时,可以运用丰富的科技手段对现有的金融市场和监管体系进行创新,实现弯道超车。

(二)中国思变:"两个一百年"奋斗目标,建成社会主义现代化强国

中华民族伟大复兴、中国经济重返世界巅峰,是"百年未有之大变局"中的一个重大事件,是上海建设国际金融中心最重要的经济依托和发展机遇所在。回顾历史,中国在鸦片战争前曾是世界第一经济大国,历经多次战争洗礼和内部社会动荡的影响后,中国经济一路颠簸下行,1980年降至世界经济总量的2.7%。改革开放后,经过持续40多年平均9%以上的高速增长,2019年GDP总量增长至14.1万亿美元,占全球GDP的比重达到16.3%,成为人类历史上经济复兴的奇迹。结合潜在增长率测算,到2035年前后,我国GDP总量将跃居世界第一;到2050年将是美国的两倍,约占全球的三分之一,重新回到世界经济史上的巅峰水平,我国将基本建成社会主义现代化强国(见表5-7)。

表5-7　历史上中国、美国、英国三国经济占全球经济比重及未来预测

年份	中国	美国	英国
1700	22.3%	0.1%	2.9%
1820	33.0%	1.8%	5.2%

续表

年份	中国	美国	英国
1870	17.1%	8.9%	9.0%
1913	8.8%	18.9%	8.2%
1950	4.6%	27.3%	6.5%
1980	2.7%	25.6%	5.4%
2008	7.2%	23.1%	4.6%
2019	16.3%	24.8%	3.2%
2025	19.3%	22.7%	2.8%
2035	23.5%	18.0%	2.5%
2050	28.0%	14.0%	2.0%

注：1950年及以前数据按照麦迪森《世界经济千年史》的国际美元数据衡量；1980年及以后按照国际货币基金组织的美元现价汇率标准计算。

资料来源：麦迪森、国际货币基金组织、本课题组。

实体经济是金融发展的基石，中国金融业肩负的一个重大历史使命，就是要为中华民族伟大复兴的历史进程提供高质量的金融服务，将我国建设成为真正的金融强国，从而使经济崛起得到更充分、更稳定的金融支持。特别地，"长三角一体化发展"上升为国家战略，将进一步推动区域经济的基础设施建设、科技与产业深度融合，进一步推动对外开放、推升贸易功能和集聚金融资源，推动公用服务更加便利化。上海依托于中国经济实力上升、人民币国际地位持续提高、金融市场快速发展、对外开放不断提速的重大机遇，上海在建设国际金融中心方面将迎来巨大的时代发展红利。

（三）上海改变：依托长三角一体化，不断做大做强金融要素市场

一是有强大的实体经济支撑。2019年，上海地区GDP达3.8万亿元，人均GDP超过15万元，达到中上等发达国家水平。同时，上海依托长三角经济腹地，长三角地区占国土面积虽然不足4%，但是多年以来经济总量始终保持在全国20%左右，上海作为长三角地区的龙头，已具

备国际金融中心必需的经济基础。

二是我国金融改革开放的排头兵和试验田。上海坚定支持贸易自由化和经济全球化,在金融开放方面先行先试,主动向世界开放国内市场,以竞争倒逼自身不断改革完善。(1)在金融市场上,上海有全球最完整的金融要素市场体系,形成了包括股票、债券、期货、货币、外汇、黄金、保险、信托等各类市场集聚的金融中心城市。(2)在金融机构上,除银行、证券、保险、信托等金融机构不断汇聚外,各类总部型金融机构接连落户上海。截至2018年年末,上海持牌金融机构已有1605家。(3)在金融开放方面,上海已经成为中国金融对外开放的最前沿,成功启动了沪港通、黄金国际板、债券通、自由贸易账户等重要的金融创新业务和产品。(4)在金融改革创新与发展方面,共建"一带一路"倡议、自贸区等一系列改革试点率先在上海实行。(5)在金融法制建设上,建立上海金融法院,实现"专案专审",成立金融审判庭、金融仲裁院、人民银行金融消费权益保护局等一系列组织。

三是政府主导与市场驱动形成合力。依托贸易的快速发展,上海早在20世纪30年代就成为远东国际金融中心,上海的成长具有不可或缺的市场自发力量;同时,在政府主导下,上海国际金融中心建设上升为国家战略。"自上而下"与"自下而上"两种动力相结合,为上海提供了巨大优势。

四是时区优势。上海地处太平洋西岸,与东京、香港、新加坡相邻或处于同一个时区,可与伦敦、纽约构建连续24小时的接力营业交易。

二、面临前所未有的挑战

(一)国际环境:中美关系面临严峻考验

历史上,伦敦和巴黎之间、纽约和伦敦之间的金融中心竞争,始终伴随着大国竞争。随着中国经济持续增长,美国的警惕性日益上升,不断鼓吹"修昔底德陷阱"。为了遏制中国的发展,美国各主要党派形成一致意见,视中国为战略竞争对手,从政治、经济、文化、军事、贸易、金融、科技、舆论等各个层面百般刁难。中美竞争将是长期持续、较难调和的过程,最后只能以综合国力见输赢。不排除某些时点、某些领域、某些市场对上海金融中心建设进程产生较大的负面影响。

其中,在经济与贸易层面,特朗普主政以来掀起中美贸易摩擦,以国家安全、平衡中美贸易为借口,大幅提升对华贸易壁垒,加征对华商品进口关税,限制对华高科技产品出口,在国际舆论场合抹黑中国的5G技术、人民币国际化与"一带一路"倡议,组建"印太战略"对冲中国的区域经济合作等。中美经贸竞争可能会影响上海作为航运中心的地位,并进一步延伸到金融层面,例如,不排除美国会限制甚至切断中国金融机构接入美元清算系统,通过严苛的监管合规规则实施长臂管辖,组织金融市场力量打压人民币的国际化使用,提高准入门槛限制中国金融机构进入美国市场等。这些潜在的挑战可能会导致上海面临一定的金融业务萎缩、金融市场剧烈波动、投资者信心不足、跨境资金流动异常变化等风险。

(二)疫情冲击:国际经济金融关系将发生诸多改变

疫情作为一个重大的负面冲击事件,会对上海金融中心发展带来不利影响。后疫情时代,国际经济金融关系也将发生诸多改变,体现在如下方面:

一是"逆全球化"趋势上升。上海金融开放进程面临挑战。全球化向前推进,不仅需要中国的力量推动,还需要其他国家推动合作的意愿。在疫情的影响下,不少欧美国家对中国的信任度有所下降,难免会为中外政治关系蒙上阴影,多双边经济金融合作将会面临更多不确定性。在此背景下,上海金融开放必然受到影响。从"走出去"方向看,一些国家对来自上海通道流出的投资资金会更为谨慎,可能出台更多限制性和审查措施；从"引进来"方向看，外资金融机构对上海的投资也可能受到抑制，在华发展金融业务的动力下降。

二是产业链和供应链的调整和重构。疫情加速全球产业分工格局的调整与重构，将在一定程度上冲击中国在全球产业链的核心地位，上海面临业务流失风险。目前，上海在服务我国制造业投融资、跨境贸易金融交易等方面处于核心地位，这些融资活动高度依赖我国制造业的发展和对外经贸活动。在疫情的冲击下，美国在加快推动制造业回流、日本意欲推动在中国的制造业投资向东南亚和南亚国家转移。这意味着，上海的银行业信贷、企业上市融资、贸易融资和人民币跨境支付都可能受到业务流失的影响。但危与机并存，受疫情影响，全球要素流动降到低点，即使想迁回本国的外企，也一时难以实施，何况中国复工复产的速度加快，自我修复能力强的中国经济将成为国际资本聚集地的重要选择。

三是疫情增加全球金融危机风险。上海面临系统性金融风险冲击的压力。目前，全球金融市场流动性得到各国央行降息、注资的支持，暂时得到稳定和复苏，金融市场动荡有所平缓。但是，疫情对实体经济的影响渠道，正在向金融市场积累压力。一旦疫情扩散的时期进一步延长，全球经济大幅衰退的周期也将延长，企业和居民客户收入下降将推升金融机构不良资产，加剧金融市场压力，可能再次引发全球金融危机。上海面临的外部系统性金融风险不容忽视，应做好充分的预案准备，坚持底线思维，防控风险。

四是疫情加剧大国博弈，全球经济运行的不确定性上升。上海全球金融中心建设面临的挑战将更加多元、更加复杂。美国自从将中国列为战略竞争对手之后，打压抹黑手段持续不断。在疫情不分国界蔓延全球的情况下，本应是两国合作抗疫，领导全球共渡危机，但美国依然不停制造事端，令中美两国对抗加深。同样的情形也在澳大利亚、加拿大、英国、德国、法国等国家上演。这意味着，未来大国博弈会因疫情更为深化，加剧全球经济运行的不确定性，现有世界秩序正在逐渐瓦解。上海建设全球金融中心，将会同时面对来自政治、经济、社会、文化等各个层面的外部冲击，形势更加复杂多元，需要多管齐下加以化解。

五是疫情加大了中国内部经济下行压力。一方面，疫情短期冲击中国经济，上海以消费、服务业为主导的经济结构面对疫情更趋脆弱。目前上海的产业结构以服务业为主导，需求结构以消费为主导。2019年，服务业占上海GDP的72.7%，消费需求占上海GDP的60%左右。而疫情暴发，受冲击最为显著的产业就是与人群聚集密切相关的服务业，受冲击最大的就是居民消费需求。另一方面，疫情防控措施或将常态化，为上海营商环境改善带来不利影响。因此，各国都应做好常态化应对疫情的准备。对于上海建设国际金融中心而言，一方面需要保持人员、资金、货物的自由流动，以推动金融中心的建设；另一方面防疫措施常态化将不得不长期实行人员流动管控、防止人群聚集、严格开展检验检疫和对公共场所有限封闭等举措，这将不利于加快改善上海营商环境。

三、自身存在许多制约因素

（一）市场不深：中国金融市场发展还有诸多薄弱环节

金融深度一般以金融市场规模占GDP的比例来衡量。与美国和英国两个金融大国相比，中国在银行业市场、股票交易、大宗商品交易等市场的深度具有一定优势，但在金融开放程度（如跨境借贷、国际债券、外资银行信贷与GDP之比）、证券化率（如上市公司密度）、衍生品市场深度（如日均利率衍生品交易量/GDP）、外汇市场深度（日均外汇交易量/GDP）、保险市场深度等领域的差距依然巨大。可见，中国金融业发展规模在全球已经居于前列，但金融市场发展深度依然存在较大的提升空间（见表5-8）。各要素市场存在的不足详见上篇第二章。

表5-8 2018年中国、美国、英国三国金融发展深度指标比较

单位：%

比较指标	中国	美国	英国
银行业资产/GDP	222.2	81.6	378.2
跨境借贷/GDP	8.3	13.4	174.1
寿险收入/GDP	2.3	2.9	8.3
非寿险收入/GDP	2.0	4.3	3.6
股票市值/GDP	47.3	147.9	128.6
股票交易量/GDP	102.3	175.6	90.0
上市公司密度（每1亿人上市公司数）（家）	257	1634	3700
债券余额/GDP	96.6	191.7	203.5
资产管理规模/GDP	133.0	263.8	241.3
国际债券余额/GDP	7.2	18.7	98.8
外资银行信贷/GDP	7.4	18.7	99.0
日均外汇交易量/GDP（2019.4）	1.0	6.7	126.4
日均利率衍生品交易量/GDP（2019.4）	0.1	11.4	129.7

资料来源：世界交易所联盟、国际清算银行、本课题组。

（二）监管不足：中国金融监管能力尚不适应全面金融开放要求

当前，中国金融监管正在持续优化之中，但要认识到，中国要实现全面的金融开放还有很长的路要走。从基础层面讲，真正的全球金融中心需要充分的资本账户开放、货币可自由兑换、利率汇率的市场化等给予配套支持，以吸引全球的投资者参与，便利市场主体开展投融资与交易活动。在中国特有的国情之下，金融开放不会一蹴而就、一步到位，在特殊时期也可能出现反复，给上海国际金融中心的建设带来不确定性。从伦敦、新加坡、香港等国际金融中心的经验看，金融监管导向普遍以提升竞争力为目标，在守住金融风险底线的前提下，采取尽可能灵活的监管政策与实践、采取简化低税率的税制，为全球投融资客户提供优质的配套服务。从我国实际情况看，金融开放大方向虽然已定，但监管政策取向总体谨慎，特别是当国际金融市场

动荡加剧期间，相关管制措施较为严格，对金融机构和业务的发展需求支持力度不够。未来，应视上海建设国际金融中心的需求，进一步完善监管体制、丰富监管工具、夯实监管能力，打造与国际接轨的金融监管环境。

（三）软硬件薄弱：营商环境、基础设施等建设不充分

上海与纽约和伦敦金融中心相比较，在软硬件环境指标上存在较大差距（见表5-9），需要进一步在政策上多措并举，加快各项监管改革、税收优惠、投融资便利化等相关配套建设，提升自身的吸引力，形成一个有利于集聚全球金融机构、顶尖国际金融人才入驻的金融环境和金融文化。

表5-9 上海与纽约、伦敦各项软硬件细化指标的比较
（阴影项目为上海差距较大的指标）

类别	中国上海		美国纽约		英国伦敦	
	排名	指标值	排名	指标值	排名	指标值
一、营商环境维度指标						
商业便利度指数	31	31.0	6	6.0	8	8.0
全球服务设施	2	6.49	6	5.83	8	5.79
腐败渗透指数	87	39	22	71	11	80
工资比较指数	58	19.3	7	100	24	68.5
公司税率	104	70.1	25	86.8	27	86.2
税收占GDP比例	14	9.20	26	10.90	150	25.15
经济自由度	113	6.42	5	8.19	7	8.09
全球和平指数	110	2.217	128	2.401	45	1.801
金融安全指数	28	—	2	—	23	—
政府效率	64	—	17	—	26	—
政务公开指数	96	0.42	13	0.77	10	0.80
监管执行	78	0.48	19	0.73	11	0.82
出版自由指数	117	78.92	48	25.69	33	22.23

续表

类别	中国上海		美国纽约		英国伦敦	
	排名	指标值	排名	指标值	排名	指标值
法律法规	109	—	17	—	15	—
政治稳定与恐怖主义	134	36.67	81	61.90	110	48.10
监管质量	109	—	17	—	9	—
最佳商业国家	49	—	17	—	1	—
二、人力资本维度指标						
人力发展指数	85	0.758	15	0.920	15	0.920
居民购买力	61	32.4	10	100	23	83.4
城市生活质量排名	103	—	44	—	41	—
健康护理指数	178	61.52	153	65.05	116	68.52
语言多样性	7	305	5	335	—	—
世界人才排名	39	58.60	12	79.22	23	72.63
城市生活成本排名	6	—	9	—	23	—
生命质量指数	212	82.55	128	141.93	163	119.54
犯罪指数	242	36.31	164	44.44	107	52.48
人力自由度指数	126	6.17	15	8.46	14	8.47
三、基础设施维度指标						
办公占用成本	7	118.94	5	157.14	3	181.23
国际居住指数	71	0.10	82	-2.50	91	-4.40
JLL房地产透明度指数	33	2.7	3	1.4	1	1.2
ICT发展指数	80	5.6	16	8.18	5	8.65
道路质量	39	4.8	13	5.6	27	5.1
单位地面道路数量	3	4106387	1	6586610	18	394428
单位地面铁路数量	2	124000	1	293564	16	16837
网络完备指数	59	4.2	5	5.8	8	5.7
能源可持续性指数	72	63.7	15	77.5	4	81.5
地铁网络长度	1	632.1	5	380.2	3	402
公开气象数据	71	19.64	4	81.62	1	100
全球可持续竞争力指数	37	48.5	34	49.1	17	52.8

续表

类别	中国上海 排名	中国上海 指标值	美国纽约 排名	美国纽约 指标值	英国伦敦 排名	英国伦敦 指标值
后勤表现指数	26	3.61	14	3.89	9	3.99
网络社区指数	31	—	7	—	2	—
交通拥堵指数	66	33	42	36	40	37
可持续移动网络指数	27	54.9	23	56.7	7	63.6
森林面积	164	22.35	110	33.93	187	13.07
四、城市声誉维度指标						
全球竞争力指数	14	—	3	—	23	—
FDI信心指数	7	1.72	1	2.10	4	1.85
全球创新指数	14	54.82	3	61.73	5	61.30
价格水平	47	65.1	5	100	8	92.9
巨无霸指数	36	−44.9	3	基准货币	12	−22.2
良好国家指数	61	—	40	—	15	—
遗产繁荣指数	57	—	18	—	11	—
IESE城市指数	59	—	2	—	1	—
FDI流入占GDP比例	5	1627719	1	7464678	3	1890384
可持续城市指数	76	—	14	—	1	—
全球城市指数	19	—	1	—	2	—
国籍质量指数	56	—	25	—	8	—
最佳城市排名	15	—	7	—	6	—
全球最强城市排名	30	—	2	—	1	—

资料来源：Z/Yen，各细化指标发布机构，本课题组。

第三节　推进新目标定位的战略部署和六大关键点

一、战略层面：攻坚克难敢碰硬

上海要建成世界一流的全球性金融中心，要得到全世界参与者的认可，这不是确立自我定位就能实现的，而是要进一步改革开放。当前我国面临一系列内外部条件的约束，需要认真梳理，攻坚克难，补足差距。客观评估而言，上海只是"基本建成"了与我国经济实力和人民币国际地位相适应的国际金融中心，与纽约、伦敦这两个世界级金融中心相比，差距依然相当明显，可以三个维度为例。一是金融机构总部聚集程度。机构总部是汇聚全球资金、开展批发交易的重要载体。2019年世界500强中的金融机构，总部位于上海的仅有2家，而总部位于纽约的有11家。二是国际化程度。人员、资金、机构的国际化，是国际金融中心的重要标志之一。以股票市场上市公司为例：2019年末，在纽约证券交易所上市的外国公司有505家，在伦敦上市的外国公司有384家，而上海几乎没有。另外，外资银行资产占英国银行业资产的比重高达50%，在美国，这一比重为13%，而在中国不足2%。三是市场发展深度。以外汇交易为例，2019年10月，伦敦、纽约、新加坡的日均外汇交易量分别为2.82万亿美元、8893亿美元和5476亿美元，而上海仅为1000多亿美元。

从宏观战略层面看，有五个比较大的方面需要厘清共识，攻坚克难，从更高层面进行顶层设计，协调各方加以解决。

（一）应举全国之力，将上海打造为全球金融中心

全球金融中心地位的形成，需要很强的集聚效应，持之以恒地推动

发展。从历史比较看，很多国家都是聚焦于发展一个具备全功能、高容量的金融中心。不论是美国纽约、英国伦敦、日本东京、德国法兰克福还是法国巴黎等，在本国金融中心里面都拥有独一无二的地位，其他国内金融中心起到一定的补充辅助功能。但是在我国，不仅有北京、香港、深圳等与上海实力相当的金融中心，而且全国一些省会城市也都在争相发展金融中心，这可能会在相当程度上分散资源，导致过度竞争与重复建设，不利于形成聚集效应。因此，我国需要从发展改革层面，进一步精准定位、统筹协调，明确上海与北京、深圳、香港等金融中心的目标分工与功能定位，更加突出上海全球金融中心的定位。

（二）应积极扩大金融开放，匹配金融中心国际化发展的需求

人才、资金、信息、技术和货物等要素的跨境自由流动，是国际金融中心发展的本质要求。从我国目前的情况看，资本账户的开放程度、人民币国际化发展阶段，与中国所处的发展阶段、所具备的国情特征有很大的关系，是全国一盘棋的重大考量。但是，相对有限的金融开放度与全球金融中心建设的长远需求是不兼容的。党中央已经明确，我国开放的大门只会越开越大，最近两年紧锣密鼓地推动金融开放和对上海提供特殊的政策便利。未来，要充分给予上海在自贸区、国际金融中心建设、长三角一体化等方面的特殊政策，进一步加大金融业市场开放力度，不断优化软、硬件环境，营造良好的国际化发展氛围。要进一步参与国际事务，以金融开放为重点，加强境内、境外两个市场的连接，服务于中国经济社会全方位开放的大局，为国际社会提供金融服务公共产品。通过参与国际规则制定和国际金融事务，参与新的国际金融治理体系的构建，促进上海金融市场规则国际化。

（三）监管部门进一步完善监管体制机制，允许试错

营商环境、基础设施、监管政策等重要支持条件，对全球金融中心建设至关重要。从伦敦、新加坡、香港等国际金融中心的发展经验看，金融政策导向都是以提升竞争力为目标，在守住金融风险底线的前提下，实施尽可能灵活的监管政策与实践、简化低税率的税制，为全球投融资客户提供优质的配套服务，以鼓励金融机构进驻和开展业务。从我国目前的实际落实情况看，金融开放的大方向虽然已定，但鉴于前期金融乱象严重，目前监管政策取向总体依然谨慎，特别是当国际金融市场动荡加剧期间，相关的管制措施较为严格，对金融机构和业务的发展需求支持力度尚待加强。未来，建议监管部门视上海建设国际金融中心的需求，更多借鉴美、欧金融发展经验教训，进一步完善监管体制、丰富监管工具，最大限度采用灵活而有差别的监管制度；特别地，可通过"监管沙箱"等创新手段，勇于试错，打造与国际接轨的、相对宽松的金融监管环境，推动上海金融改革发展的步伐走得更快。

（四）上海当地勇于创新，开拓进取，扩展金融中心发展空间

要将上海打造成为顶级的国际金融中心，首先要将上海打造成为顶级的国际大都市，就要打造优质、多元、包容、国际化的就业与生活环境，从而能够吸引顶级的国际金融人才与国际金融资本落户上海。中央政策的支持只是推进发展改革的一个层面，从地方政府和企业的角度看，如何积极进取，最大限度地利用好政策红利、落地实施便利举措、开拓发展空间也极为重要。上海有这方面的政策灵活度和人才、设施等发展基础，更有超过百年的金融文化积淀，应当充分发挥出来。推进长三角一体化的战略实施又给予上海新的发展平台。未来，上海的相关政府职能部门可结合建设国际金融中心的需求，在政策上多措并举，加快各项监管改革、税收优惠、投融资便利化等相关配套建设，提升自身的吸引力，支持各中外资金融机构在上海设立总部，形成一个有利于集聚全球金融机构入驻的金融环境和金融文化。

（五）应推动境内外各类型金融机构，特别是大型金融机构，布局或落户上海

基于历史传承和其他原因，目前我国金融机构总部位于上海的数量不多，即便国外金融机构来华，也有相当部分选择在北京、香港等地设立大中华区的总部。这种选择对上海建设全球金融中心来说是不利的。当然，是否重视上海市场、支持上海建设全球金融中心，是各个金融机构战略布局的自主选择，但是如果加大政府层面的政策支持力度和导向，必将有助于提高金融资源在上海的集中度。比如，中央政府可以考虑总体协调，鼓励金融机构做大上海总部或加大在上海布局；相关大型金融机构应着眼于国家金融发展和开放的大局，抓住重要的发展机遇，从总部管理、机构布局、资金与人员配置等各个层面对上海建设全球金融中心加大支持力度。比如，中国银行1912年成立于上海，自2012年成立上海人民币交易业务总部以来，在保持专营机构定位基础上，牵头长三角业务协同，增强长三角地区一级分行、综合经营公司、直属机构的整体合力，与中国银联和各大金融要素市场主要机构合作，助力上海国际金融中心建设、上海自贸区新片区发展和长三角一体化发展。

二、战术层面：实事求是真抓实干

未来五年，上海可从以下三大维度抓好市场和开拓业务。

（一）突出人民币特色，兼顾国际主要货币

大国金融中心建设，必然要依托本国经济和本币业务。突出人民币特色和助力提升人民币国际地位，是上海国际金融中心建设的基础底色。因此，上海要致力于建成全球最重要的人民币定价中心、人民币资产管理中心、人民币国际清算中心和人民币风险管理中心，以支持人民币国际化地位的持续提升，并在服务人民币国际化的进程中强化这四大中心的功能，形成与人民币国际地位相匹配的国际金融中心。

更具体地看，上海要在CIPS落户本地的基础上，实现银行支付清算系统与金融交易结算支付系统、国内外支付清算系统之间的互联互通，形成人民币国际清算中心；上海要在发展壮大股票、债券、外汇、大宗商品等市场的基础上，实现与主要国际金融中心要素市场的互联互通，形成全球性的人民币资产管理中心；上海要在助力中央政府充分完善利率、汇率市场化形成机制的基础上，实现SHIBOR、LPR、黄金价格、原油价格等各市场资产人民币定价基准，形成全球最重要的人民币定价中心；上海要全面建设信用评级、资信评估、金融法律、保险再保险等相关机构，大力发展人民币利率、外汇衍生品市场，优化风险管理体系和架构，大力提升人民币相关业务的风险管理能力，建设全球人民币风险管理中心。与此同时，上海要进一步开放外汇市场、跨境信贷市场，兼顾美元、欧元、日元、英镑等主要国际货币在上海的发展，实现多币种、全市场的跨境交易，从而突出上海金融中心的全球化特色，使得主要金融机构选择上海作为其全球管理总部或者某些产品与业务条线的全球总部成为一种必然。

（二）要以金融科技为支撑，建设新型基础设施，提供高质量的金融服务

金融科技在中国的运用，具有产业集聚、实务操作等方面的优势。2018年科创板落户上海，是推动上海建成具有全球影响力的科技创新中心和国际金融中心的重要结合点。根据全球金融中心指数（GFCI）第27期的排名，纽约、北京、上海的金融科技排名分别居于全球各金融中心的前三甲。2019年，中国银行的金融科技子公司正式落地上海。2020年1月，上海宣布，力争用5年时间将上海建设成为具有全球竞争力的金融科技中心；全球最大金融科技大会——"外滩大会"永久落地上海。未来，上海要以金融科技为亮点，引领全球金融基础设施建设，建设智能化的金融基础设施体系，形成领先的科技金融、活跃的创研中心；要充分依托科技，例如新一代高速通信（5G）、物联网

（IOT）、人工智能（AI）等技术，丰富支付、产融结合等各领域场景建设，创新开发中国特色的金融科技产品，实现弯道超车。通过金融科技支撑，建设完善的新型金融基础设施，推动上海提供高质量的金融服务，构建新的金融生态环境，完善金融服务的全产业链，打造良好的金融营商环境，带动长三角城市群金融合作与发展，从而大力提升上海在全世界金融服务领域的核心竞争力。

（三）要结合自身的比较优势，明确重点主攻的业务方向

上海应强化对自身优势和不足的深入分析，在不同的发展阶段，要进一步明确高质量金融服务的重点主攻方向和业务领域。例如，当前全球的外汇交易业务以伦敦市场最大，股票市场业务以纽约为最大，上海金融业务的发展目标，近期内要在这些方向超越纽约和伦敦并不现实。因此，上海要找到自身的比较优势，顺应中国庞大的市场需求，一方面要补齐市场发展短板，另一方面要从更高的视角，大力拓展重点优势业务。特别要瞄准中国的市场需求和对外开放的大势，寻找新的竞争优势。其中，以下四个重点领域应当给予重视：一是牢牢把握西方成熟市场银行盈利空间不断被压缩，新兴市场，特别是亚洲新兴市场蓬勃发展，全球金融机构谋求业务转型、区域转型、人员转型的机会，吸引全球龙头金融机构增加在上海的资源投入。二是基于我国人口体量庞大、老龄化日趋严重的国情特征，上海应争取大力发展保险、养老产品，开发相关证券产品、财富管理等业务领域，形成亚洲区域的"银发金融"服务的原创中心。三是上海要充分运用中央政府给予的自由贸易区金融政策优惠，大力推进临港新片区的金融创新业务，特别是科创金融服务、金融资产投资业务、跨境金融业务、航运金融服务等，积极参与长三角经济调整、中国产业优化升级和协调发展相关的企业重组、股权投资、直接投资等投资银行业务。四是上海应充分融入"一带一路"建设的对外开放大局，大力推动银团贷款、基础设施融资、产业园区融资、贸易融资方面的创新发展，力争建设

"一带一路"投融资中心和风险管理中心。

三、实现新目标的六大关键点

上海要建成全球金融中心需要关注的六大关键点：建成一个核心，打造两个亮点，运用三个重点。

（一）建成一个核心，即以人民币为核心，形成全球金融市场的"上海中心"

中国本土需求巨大，应结合人民币国际化，以人民币为核心大力发展在岸市场。首先，中国大规模经济活动和定价的本币需要。目前我国社会融资整体规模超过250万亿元人民币，大规模生产活动带来了本币定价的需要，应该也必须大力发展功能强大的本币市场满足本土巨大商业和金融服务需求。同时，上海发展以人民币为特色的在岸金融市场具有良好基础和条件，上海已形成以资本、货币、外汇、商品期货、金融期货、黄金、产权交易、保险市场等组成的现代金融市场体系。此外，人民币国际化与上海国际金融中心建设相互促进、相得益彰。目前，人民币跨境使用逐步扩大，在国际市场的定价功能进一步提升，不断向国际贸易、跨境投资、国际信贷、储备货币等方向拓展。上海在我国人民币跨境收付中的占比已经接近50%，提升了上海作为国际金融中心的地位。

（二）打造两个亮点，即发展金融科技和高品质金融服务

第一，要以发展金融科技为亮点，打造具有全球竞争力的金融基础设施。上海要以金融科技为亮点，引领全球金融基础设施建设，建设智能化的金融基础设施体系，形成领先的金融科技、活跃的创研中心；要充分依托科技，丰富支付、产业等各领域场景建设，创新开发中国特色的金融科技产品，实现弯道超车。

第二，以高品质的金融服务为亮点，构建新的金融生态环境。上海要围绕金融供给侧结构性改革的总体要求，不断推动金融行业提供

高质量的金融服务,构建新的金融生态环境,完善金融服务的全产业链,打造良好的金融营商环境,带动长三角城市群金融合作与发展,从而大力提升上海在全球金融服务领域的核心竞争力;完善公司治理架构,提升国际竞争力。"一核两翼"的综合体概念,即上海将以国际金融中心建设为核心,以"长三角一体化"和"自贸区"为两翼,对内以长三角一体化为关键节点,辐射境内市场;对外以自贸区为窗口,对接海外市场,实现两翼齐飞。

(三)提升三个重点:推进金融开放、对标国际规则、参与国际事务

第一个重点:推进金融开放,加强两个市场的对接。从我国目前情况看,资本账户的开放程度、人民币国际化发展阶段,与中国所处的发展阶段、所具备的国情特征有很大的关系,是全国一盘棋的重大考量。未来,要充分给予上海自贸区、上海国际金融中心、长三角一体化等特殊的区域政策,进一步扩大金融业市场开放力度,不断优化法制软、硬件环境,营造良好的国际化发展环境。要加强境内、境外两个市场的对接,服务于中国经济社会全方位开放的大局。

第二个重点:对标国际规则,对内要进一步完善法律环境和提升监管水平,大力改进营商环境。上海应当成为引领我国金融业持续完善规则的核心一线市场,体现作为全球金融中心应有的规范性、前瞻性和完整性。应当注意的是,金融规则并非一成不变,上海应当有足够的学习吸收能力和鉴别能力、创新能力,将国际规则与我国国情相结合,打造具有中国特色的全球金融中心。

第三个重点:参与国际事务,对外要在完善国际规则和全球治理体系方面具有领导力和话语权。上海建设全球金融中心,应充分吸收借鉴纽约和伦敦的发展经验,对外要积极参与国际事务,一方面为国际社会提供金融服务公共品,另一方面要通过参与国际规则制定和国际金融事务,参与新的国际金融治理体系的构建,促进上海金融市场规则国际化,为共筑人类命运共同体提供配套的服务。

一种货币要发挥国际货币的作用，必须以一个接受它的自由、高效的广阔市场为前提。……美国和中国之间的角力不会很快结束。我们要面对历史性文明冲突，这一风险确实存在。

——保罗·沃尔克的《时运变迁》

"二战"结束75年后，美元的霸主地位丝毫没有减弱。美元的持久霸主地位有点不可思议，尤其是考虑到新兴市场的崛起和美国经济的相对衰落（从1960年占世界GDP的近40%下降到今天的25%）。美元能够长期保持这样的地位是一个历史性的反常现象，特别是在中国崛起的背景下。

——亨利·保尔森《美元的未来》（2020年5月19日发表于美国《外交事务》杂志）

第六章

以人民币为核心，形成全球金融市场的"上海中心"

上海要建成全球金融中心，至少需要两步完成。第一步，发挥金融市场作用，成为国际上主要交易货币或资金大量聚集并发挥金融活动中枢作用的地方。比如新加坡，是亚洲第一大外汇交易中心，全球第二大人民币离岸市场。第二步，运用金融机制，巩固本币的国际地位，从而确立国际金融中心的领导地位。比如美国，美元成为绝对优势货币，促使以美元定价金融产品的广泛发行和大量交易，支撑了纽约全球金融中心的地位。

与其他国际金融中心相比，上海金融中心的优势是以人民币为核心，只有将提升人民币国际地位与建成上海全球金融中心相结合，相互促进，共同发展，才能保障中国经济长期稳定发展的基业，才能抵御其他全球金融中心的激烈竞争。

也就是说，上海要以金融市场为基础，并以人民币为特色，形成"双轮驱动"，两者是互相促进的关系，具有协同发展效应。一方面，建立国际化的金融市场，有助于提升人民币影响力和扩大人民币使用，有助于海外机构人民币融资、交易和投资，进而便利境外机构持有人民币及人民币计价资产。另一方面，注重以人民币为核心，有助于差异化竞争，借助人民币资产吸引力，加速金融市场国际化。这两个目标的实现需要共同的配套设施，包括监管环境、基础设施、金融科技、人才保障等。另外，上海全球金融中心建设也将为人民币国际化提供坚实有力的市场支撑。人民币要成为国际市场上广为接受的国际货币，离不开一个发达的、具有国际影响力的在岸金融市场。推进上海全球金融中心建设，也是我国持续扩大对外开放、发挥金融集聚效应、整合全球金融资源、推动人民币国际化不断向更高水平、更广领域拓展的必然诉求和必备条件。

第一节　发达的金融市场是上海建成全球金融中心的"底座"

一、"双驱动"：本币的国际地位和金融市场的国际化程度

从国际经验来看，本币的国际地位和金融市场的国际化程度（成熟程度）是建成国际金融中心的"双驱动"因素。

（一）纽约经验：强势货币和发达金融市场是最重要的推动力

纽约成为全球金融中心与美国的国力、美元的国际地位密不可分。美国在"二战"后成为世界超级强国，经济实力全球第一，而同时欧洲在"二战"后实力大为削弱，美国的相对国力迅速上升，加上美国以英语为母语，更容易在国际事务中发挥领导作用。"二战"后布雷顿森林体系"双挂钩"的安排，使美元逐渐成为全球最重要的贸易和结算货币。实体经济的需要催生了金融市场的发展，美元成为绝对优势货币，促使以美元定价金融产品的广泛发行和大量交易，支撑了纽约全球金融中心的地位。纽约依托美国本土强大的商业和金融需求，快速的金融创新，并借助了美国巨大的全球影响力，实现以美国、美元为主，以面向全球的资本市场为特色的金融中心。

此外，纽约的金融市场基础设施完善，产品类别齐全，华尔街独特的文化促使金融创新盛行。依托美元，但在美元之外，金融市场各个方面均没有显著的短板，这使得纽约全球金融中心地位得到了巩固。

（二）伦敦经验：依靠金融市场国际化和外币业务

相比于美元，英镑虽是国际主要货币之一，但并不具有美元的强势地位。以外汇交易为例，根据BIS的统计，2007年至2019年，英镑的外汇交易量始终未能超过10%。假设伦敦仅仅依托英镑的国际地位，很难成为全球最重要的金融中心和金融市场之一。

实际上，尽管英国在国际上的地位有所衰落，英镑也未成为全球霸权货币，但伦敦仍然作为全球金融中心活跃着。伦敦是几乎所有外资银行国际化发展的起点和重要落脚点，超过三分之二的全球系统重要性银行将集团或者欧洲总部设在伦敦，采取以伦敦为中心，辐射全球的经营管理模式。伦敦拥有发展成熟的股市及债市，2018年共有418家外国公司在伦敦证券交易所（LSE）上市，占全球外国公司总上市股票的11.5%，英国国际债券余额是3.1万亿美元（约2.3万亿英镑），相当于全球总量的12.8%。伦敦是全球最大的外汇及衍生品市场，全球40%的外汇交易量发生在伦敦（英镑在全球交易量不到10%）；根据国际清算银行（BIS）统计，2019年4月，每日发生在英国的外汇交易量高达3.58万亿美元，是发生在美国的2.61倍；伦敦的美元交易量大过纽约，欧元交易量大过法兰克福；离岸人民币市场交易规模超过香港。伦敦是全球黄金场外交易市场的中心，交易量占到全球名义交易量的70%。

伦敦胜在金融市场规模大、产品种类全、国际化程度高，广泛吸纳英镑以外货币（包括美元）业务，这使其不依托本币地位也能稳居全球最重要的金融中心之一。

（三）法兰克福经验：受惠于欧元和金融市场的开放

法兰克福从国内金融中心升级成为国际金融中心，受惠于欧元作为区域单一货币及国际性货币的优势，也受惠于法兰克福金融市场的开放属性。欧元国际化水平高、使用范围广、使用场景丰富；欧元相关产品在流动性、丰富性、自由度等方面均处于世界领先地位。此外，法兰克福跨国金融机构总部林立，有利于发挥战略协同作用，帮助推动业务拓展、影响力传播和服务水平提升。各金融机构立足法兰克福，积极研究、宣传欧元产品，使市场及时、深入理解欧元市场变化，强化了投资者对欧元的信心，助力法兰克福国际金融市场的繁荣。

（四）新加坡经验：依靠金融市场国际化和亚洲美元

新加坡作为国际金融中心及东南亚资金集中地，金融市场非常发达。新加坡稳坐亚洲第一大外汇交易中心，并成为全球主要的离岸银行中心，如亚洲最大的离岸美元市场之一，全球第三大人民币离岸市场。

新加坡金融中心的政府规划痕迹浓厚，自20世纪60年代开始，就在政府主导下打造"转口金融"平台、创设"亚洲货币单位"。亚洲货币单位催生了亚洲美元市场的发展，而亚洲美元市场的发展和外汇交易的增长带动了银行业的快速增长，吸引众多外资银行来新加坡开展离岸业务，推动新加坡成为全球主要的离岸银行中心。

由此可见，新加坡在经济体量有限、国内资金有限、本币国际使用比例也有限的环境下，通过建设国际标准的金融市场和大力发展外币（主要是美元），仍然能够使其在全球金融中心的行列中拥有一席之地。

二、我国金融市场发展存在较大的提升空间

与美国和英国两个金融大国相比，中国在银行业市场、股票交易、大宗商品交易等市场具有一定的规模优势，但在金融开放程度（如跨境借贷、国际债券、外资银行信贷与GDP之比）、证券化率（如上市公司密度）、衍生品市场深度（如日均利率衍生品交易量/GDP）、金融衍生产品的种类、外汇市场深度（日均外汇交易量/GDP）、保险市场深度等领域的差距依然巨大。可见，中国金融业发展规模在全球已经居于前列，但金融市场发展深度依然存在较大的提升空间。

（一）我国货币市场差距明显

中国货币市场差距明显，特别是利率市场化改革有待推进。人民币利率走廊初具形态，尚需完善；货币市场的传导效率仍有待提高，实体经济仍然存在融资难、融资贵的问题；债券回购融资的效率有待进一步提升；外币融通还处于起步阶段，参与者仍以国有大行和政策性银行为主。

（二）我国债券市场国际化程度不够，结构有待优化

我国债券规模已达全球第二，债券市场托管余额已超过90万亿元，仅次于美国。但与全球金融中心的要求相比，还存在较大差距。包括国际化程度较低、二级市场流动性较差、债券品种结构不平衡、投资者结构单一等。此外，基础设施和法律及监管机制均有待完善，交易结构扁平化，做市商未分层；结算及托管体系分割，不利于跨市场交易及转托管；信用评级机制有待提升，评级区分度低且调整滞后；多

头监管，法规较分散、法律层级低。

（三）外汇市场规模小，在岸离岸未打通

中国在外汇市场上的差距在于：银行间市场外币交易活跃度不够，活跃交易的币种单一，上海的外汇交易金融中心地位主要依赖于全球人民币交易排名；离岸市场相对有限，境内外市场尚未打通；银行间外汇交易市场境内银行类机构占比超过70%。

（四）大宗商品市场发展分散，国际影响力有待提升

我国在商品（期货）市场国际竞争中的差距在于：各商品交易所市场分割，尚未完全形成合力和规模效应；交易主体中小散户偏多、期权、场外掉期市场和创新产品发展不足；期货行业分散，商业银行未获批参与，市场规模和国际影响力有待进一步提升。

（五）衍生品市场发展较为滞后

与纽约和伦敦相比，中国衍生品市场发展滞后：一是总量问题。场外衍生品市场规模远低于老牌交易中心；金融期货市场发展滞后，品种稀缺，交易量很小。二是结构问题。场外利率衍生品市场规模相对较小。三是多头监管，尚未建立完善的衍生产品监管体系。四是投资者教育不够，企业风险中性意识不足，套期保值仍有待发展。

（六）金融市场基础设施有待完善

一是终止净额结算的有效性需进一步明确。作为衍生业务的重要基石，对净额结算有效性及其引发风险敞口扩大的担忧，影响了境外机构参与境内金融市场的积极性。二是目前我国暂未认定境外合格中央交易对手名单，导致金融机构风险管理、资本计量的标准和口径难以统一。三是银行间市场的双边押品调拨机制尚未建立。四是信用评级机制亟待提升，高收益债市场有待发展。目前评级区分度低（AA以上占98%）、评级调整滞后；高收益债市场刚刚起步，尚未有效发挥融资功能。

三、做强底座，打造涵盖本外币业务的上海国际化金融市场

做强底座，全面提升上海金融市场，是上海建成全球金融中心的又一重要任务。在上海金融市场上，发展人民币交易业务与建设涵盖外币的国际化金融市场是互相促进的关系，具有协同发展效应，同时需要共通的配套设施。一方面，围绕"发展人民币交易业务"，要实现"四化"，即人民币产品多元化、人民币资产优质化、人民币交易国际化、人民币汇率利率市场化。另一方面，围绕"建设涵盖外币的国际化金融市场"，要推动"三化"，交易产品的国际化、参与主体的国际化、市场规则的国际化。总之，上海金融市场要在发展定位、市场机制、产品创新、基础设施等方面补齐短板，长足发展，对接国际先进水平，将上海金融市场打造成为全球金融市场中最具吸引力和创新力、专业服务能力的金融市场，成为全球金融市场的一个重要节点——"上海中心"。

（一）交易产品国际化

突出人民币特色是上海国际金融中心建设的基础底色。但同时，人民币国际化可能是一个相对长期的进程，在短期来看，"上海中心"要充分提升国际竞争力，在加强基础建设的同时，需要市场和交易来进行承载，外币业务是最为合适的选择。上海应抓住世界经济中心东移但亚洲区域尚无统一的货币中心的机遇，加快发展亚洲外币市场，兼顾美元、欧元、日元、英镑等主要国际货币在上海的发展，支持多币种跨境交易，突出上海金融中心的全球化特色，力争成为国际化要素市场的重要组成部分，从而促进更多金融机构落户上海。上海在进一步丰富人民币产品的同时，可参考新加坡发展亚洲美元的经验，推出更多国际化交易产品，例如推动跨国企业、"一带一路"沿线国家和地区政府等在沪发行外币债券、发展国际化的交易所等。

（二）参与主体国际化

依托上海国际机构聚集优势，加速金融对外开放"新十一条"在上海地区落地，便利境外机构特别是资产管理类买方机构来沪设立机构，鼓励银行、资产管理公司等将区域总部落地上海。在税制、财政扶持、贸易便利化、机构准入等方面建立个性化支持体系，重点培育和发展机构投资者，积极引进世界级资产管理机构。

金融市场进一步对内外资开放，包括股票市场、债券市场、外汇市场等，大幅提升境外投资者，特别是资产管理类投资者比例。统筹规划、整合境外机构进入中国市场的渠道，搭建统一协调的框架，提高入市便利性；完善境外机构入市类别认定标准；金融市场相关法律法规增加英文版本，扫除投资者障碍。

（三）市场规则国际化

1. 参与国际治理，促进市场规则的国际化

积极参与国际监管协作和市场机构自律治理，熟悉国际通行规则并增强我国的话语权，包括外汇领域积极参与GFXC（全球外汇市场委员会，Global Foreign Exchange Committee）、固定收益领域参与SIFMA（美国证券业和金融市场协会，Securities Industry and Financial Markets Association）/ICMA（国际资本市场协会，International Capital Market Association），衍生品领域参与BIS（国际清算银行，Bank for International Settlements）/ISDA（国际掉期与衍生交易协会，International Swaps and Derivatives Association），股票领域参与IOSCO（国际证监会组织，International Organization of Securities Commissions）、商品贵金属领域参与IBA（洲际交易所基准管理机构）等，必要时借鉴CCP12（全球中央对手方协会）成功经验，研究邀请相关机构在沪设立分支机构。

2. 对接国际标准，夯实金融市场基础设施

一是完善衍生品基础设施建设。加快明确终止净额结算法律效力，

短期可通过发布监管政策等方式,长期以法律修订的方式,最终彻底明确终止净额结算有效性;加快完成中央对手方清算相关立法,同时积极推动我国监管机构与其他境外监管机构实行合格中央对手方机构监管互认,融入全球中央对手方体系;依托NAFMII等协议框架,探索我国银行间市场的双边押品调拨机制。

二是尝试解决市场分割的设计安排。包括解决市场割裂、资源分散、多头对外问题,鼓励期货交易所合并及对外收购做大做强,以及进一步推动境内外金融机构进入人民币国债期货、商品期货等市场。

以商品期货交易所为例,从表6-1世界主要交易所集团的收购与定价影响力比较可以看出,适度整合有助于提升交易所全球客户服务能力及定价影响力;而如资源分散则无法形成合力,在CME、ICE等已形成交易所集团情况下参与对外竞争存在较大难度。

表6-1 世界主要交易所集团定价影响力比较

	CME集团	ICE集团	HKEX集团	国内期货交易所
已合并/收购	芝加哥期货交易所(CBOT)、纽约商品交易所(NYMEX)等	伦敦国际石油交易所(IPE)、纽约期货交易所(NYBOT)、加拿大期货交易所等	伦敦金属交易所(LME);正在谋求与伦敦交易所合并	无。上海商品期货、上海金融期货、大商所、郑商所均独立运营,产品独立分散
商品定价权	WTI原油、COMEX黄金期货	伦敦金、Brent原油	伦敦基本金属	产品影响力分散、未充分发挥

另以国债期货为例,由于国内金融市场的分业监管格局,目前中金所的国债期货仅允许证监会旗下的券商和基金等参加,银行和保险机构尚未全面进入(仅部分银行进入),同时也不在境外机构的可投资范围内。截至2020年年末,境外投资者持仓的60%均为中国国债,但尚不能参与最能有效对冲利率风险的国债期货交易。境外投资者迫切希望监管能增加国债期货作为投资品种,以便管理账户波动风险。

三是完善信用评级体系。国内一直存在信用评级虚高、违约机制不规范的情况。建议监管当局从以下方面继续完善相关信用体系：（1）加快境内外评级标准的接轨。2017年7月债券通开通之际，央行宣布放开了境外评级机构进入银行间债市开展业务。近期，标准普尔和惠誉评级相继公布了在中国境内独立运营的计划。今后，可探索试行境内外评级机构对企业的"双评级"。（2）构建真实可信的信用评级体系，完善企业信息披露制度，强化市场纪律约束，鼓励企业通过市场化的方式处理债务问题。（3）明确债市发行主体信息披露的相关规则，以及违约处理的规范方式，完善对投资人的保护机制。

四是完善做市商机制，提高市场流动性。市场流动性不足影响了市场价格发现机制的发挥。建议继续完善做市商准入机制和评价准则，例如加大随买随卖、债券置换等做市支持力度。推动投资者队伍扩容，向更多元化的投资者开放市场，优化投资者结构，降低市场投资行为趋同性。

五是金融市场与科技融合发展"量化金融"。（1）发挥CFETS（外汇交易中心、同业拆借及债券交易中心）、金交所等全市场集中统一平台的优势，利用最先进的交易底层技术和交易模式继续改进，完善"匿名自动撮合""合约智能替代""主经纪自动接入"等核心功能，降低市场门槛，提高平台性能，为更多市场参与者提供更高效、更安全的全球交易平台，吸引全球金融机构和科技企业参与。（2）相关金融市场通过API、FIX协议等量化接口对金融机构和科技企业开放赋能，鼓励发展效率更高的量化交易、量化投资。

第二节　打造特色金融市场与创新金融平台

一、建成亚洲最为重要的外币交易市场

相比人民币市场，上海外币市场发展滞后于全球金融中心的要求，而中国官方和民间的外汇储备、投资、贸易规模又使上海具备成为亚洲外币中心的条件，因此，上海要加大力度补足短板，建成一个亚洲最为重要的外币交易市场。

（一）在货币市场上，上海可以成为亚洲区域外币货币市场中心

借鉴伦敦发展欧洲美元、新加坡发展亚洲美元市场经验，上海可以发展亚洲美元和亚洲欧元市场。在产品上，已上线本币的产品均可研究推出外币产品；同时完善外币线上拆借、外币回购、本币质押外币融资、外币金融机构发行CD等产品，实现线下向线上转移，境外向境内转移，争取在上海建成亚洲区域的外币货币市场中心。

（二）在债券市场上，上海可以推动成为外币债券市场

上海金融市场可以推动外币发行和国际化主体发行，包括跨国企业发行外币债券、"一带一路"沿线国家和地区政府等在沪发行外币债券，同时给各国特别是我国美元外汇储备以良好投资出路。

（三）在外汇市场上，上海可以发展外汇交易市场

上海应着力强化外币交易影响力，推出更多外币对即期、远期、掉期交易。鼓励更多机构，包括金融机构、大型企业客户和科技公司进入外汇市场直接交易，借助量化交易等先进金融科技，提供点差窄、连续报价的流式报价交易及相应交易工具，加速提高上海在外汇市场

的影响力。

（四）在商品贵金属市场上，上海可以发展以外币计价产品

上海应进一步完善黄金交易所国际板产品，扩大大宗商品特别交易单位或外币计价产品。必要时借鉴黄金交易所与迪拜、芝加哥交易所合约互挂机制，增加不同市场产品间的合作，增加对本时区客户的留存和吸引力。

（五）在衍生品市场上，上海应拓展外币衍生产品市场

上海可以背靠外币基础产品的发展，鼓励更多外币衍生产品在沪交易，并支持上海清算所对外币衍生产品清算支持。

二、迭代整合，建成亚洲外币离岸清算中心

（一）完善央行境内外币支付系统，打造多币种综合清算平台

上海应充分利用现有境内外币支付系统等，完善外币清算流动性支持措施和净额清算机制，参照CIPS系统（人民币跨境支付系统），利用上海时区优势，重点争取发展成为亚洲美元、亚洲欧元、亚洲英镑等主要货币离岸清算中心。此外，参照香港金融基础设施建设规划，推动境内外币支付系统与其他要素市场金融基础设施互联互通，打造一体化的清算平台，支持债券交易DVP结算（货银两讫结算）及外汇交易PVP结算（同步交收结算），为贸易结算和金融市场外币交易中心提供支持保障。

（二）发展外币清算代理行，吸引更多境外银行通过我国中央支付系统和代理行进行离岸外币清算

代理行清算模式是指一国中央银行只对境内银行开立清算账户，负责境内银行之间最后的资金清算，并发挥银行监督和最后贷款人作用，维护本国银行体系的稳定。在此模式下，货币仅所有权与支配权转移到境外，基础货币和头寸并未实际流出；同时，货币流动性可

控，信用创造能力受境内法律约束，有利于在货币国际化进程中维护金融稳定。

上海应利用自贸区改革先机，大力推进代理行清算模式，这将有助于吸引更多境外银行通过中央支付系统进行非美元货币离岸清算，有助于将上海打造成全球人民币清算中心及非美元货币离岸清算中心。

（三）在自贸区等地区试点离岸在岸一体化账户体系

本外币一体化账户管理将有利于改善开户主体的金融服务体验度。离岸在岸一体化账户体系，便利于境内外机构资金池管理及多币种结算，有助于提升对金融机构离岸业务吸引力。

从内容来看，本外币一体化账户管理包括但不限于基于本外币账户的开变销（开户、变更、销户）管理一体化、账户使用管理一体化（共同兼顾差异）、信息收集报送要求和流程一体化，以及基于信息报送的宏观审慎及微观监管的一体化。

从实施阶段来看，包括本外币一体化和离在岸一体化两个阶段。

1. 第一阶段，推进本外币一体化

初期阶段，人民币账户和外汇账户逐步统一开户、变更、销户管理，仍各自作为账户主体存在，在使用中分别遵循境内和跨境业务的管理规则。后续逐步推进本外币账户在使用及交易管理和信息报送管理方面的改革，直至实现完全的本外币一体化账户管理。可见，从实现路径来看，本外币一体化账户管理可以从物理整合到逻辑整合，从多系统数据后台集中到单系统报送方式有序推进。

借助上海自贸区新片区的设立，先行先试本外币一体化账户体系，为后续改革累积经验。如可以在新片区遵循本币优先原则的基础上，允许银行在履行三反的前提下，通过负面清单优化跨境资金管理。企业在经常项下、资本项下（短期证券交易除外）等各类业务，在提供满足报送采集要求的信息前提下即可通过商业银行办理可兑换相关业务。或者可以考虑在电子围网的前提下，进一步优化本外币账户的使用管理，实施高水平的贸易投资自由化。

2. 第二阶段，建立离岸在岸一体化账户体系

在本外币一体化基础上可进一步试点离在岸一体化账户体系，进一步便利金融机构和企业在试点地区开办相关账户并开展面向亚洲乃至世界的资金管理。

三、顺应人口老龄化趋势，建设养老金融服务市场

基于我国人口体量庞大、老龄化日趋严重的国情特征，上海应争取大力发展保险、养老产品，开发相关证券产品、财富管理等业务领域，形成亚洲区域的"银发金融"服务的原创中心。

在基金托管、投资推荐、融资渠道等全流程中不断优化服务细节，利用阶段性优势对整个长三角甚至全国发挥虹吸作用，将上海建设成为国内领先的长者友好型城市。

围绕"居家为基础、社区为依托、机构为补充、医养相结合的养老服务体系"以及老年客群医、食、住、行、娱、情等全方位需求，通过全面进入、重点突破的方式开展养老场景建设，提供配套金融和非金融服务，以更好地满足老年客群养老服务需求，打造亚洲领先的一体化养老综合管理服务中心。

四、加大创新产业与创新金融的深度融合

创新金融是为创新产业和企业服务的金融形态，包括创业资本、风险投资以及中小企业板、创业板和科创板等，相当于美国旧金山金融市场+纳斯达克交易所。创新金融强调的是金融业务模式和产品服务模式的创新。

（一）创新驱动是第一发展动力

从过去三次工业革命历程看，每次技术变革都带来生产力革命，进而引发整个社会大变革，尤其是以互联网等为代表的第三次工业革命

发端于美国，信息技术带动及引领新经济革命浪潮，使美国长期执世界经济之牛耳，综合实力在全球遥遥领先，为纽约成为全球首要金融中心提供了重要条件。

当前第四次工业革命正在兴起，5G、物联网、人工智能、区块链、量子科技等蓬勃发展，互联网、社交媒体进一步成为推动国际变局的加速器。今后5~10年是全球产业变革的关键时间节点，以新一代信息、生物科技、新能源等新兴产业为代表的新生产力发展格局将逐渐形成，新兴产业将成为国际经济、贸易和投资的主导力量。麦肯锡公司预测，到2025年仅移动互联网、物联网、云计算、先进机器人以及新一代基因等12项重大技术的突破，每年就将产生14万~33万亿美元的直接经济价值。

对中国来说，科技改变国运面临关键阶段。第四次工业革命带来的不仅是新产业，还有新模式、新业态，即所谓的"三新"经济。国家统计局的数据显示，2018年全国"三新"经济增加值为14.54万亿元，占GDP的比重为16.1%，比上年提高0.3个百分点；按现价计算的增速为12.2%，比同期GDP现价增速高2.5个百分点，是中国经济发展的重要动力，也是建设现代化强国的希望所在。

应当看到，随着新科技革命与产业变革向纵深发展，创新驱动具有很强的向中心城市和城市群集中的特征，新技术将在这里率先被开发应用，新产业、新模式、新业态在这里率先孕育和形成发展，进而带动全国发展，并辐射全球。从全球看，谁拥有未来新兴产业策源地的世界级科技创新城市和城市群，谁就能够引领未来发展并塑造未来格局。由此可见，上海这一未来全球城市和长三角这一世界级城市群，对中国未来发展至关重要，上海和长三角地区一向是全国创新发展的先行者，未来在创新驱动上应继续走在全国前列。而要做到这一点，除了支持创新的政策外，首先需要创新金融的支持。

（二）各地创新金融发展的经验和启示

创新经济的发展以研发创新为基础，但研发成果的商业化，除了政府提供的资金支持外，还需要大量市场资金的投入。风险投资能够加快科研成果商业化，天使投资和私募股权等资金投资人在为处于各个阶段的创新企业提供资金的同时，还通过提供专业知识、提升管理能力等途径，大幅度增加创新企业成功的机会。

旧金山湾区是美国乃至全球最发达的风险投资市场，区内高科技产业的成功，离不开创新金融体系的支撑。其模式是以风险投资为中心、以商业银行信贷支持为补充，有力地促进了旧金山产业集群，尤其是硅谷高科技产业的技术创新。目前旧金山拥有1000多家风险投资公司和2000多家中介服务机构，资金来源渠道十分广泛，八成以上的风险投资资金来自私人独立基金，包括个人资本、机构投资者资金、大公司资本、私募证券基金和共同基金等。2018年获得603.8亿美元风投资金，占同期全美风投市场的52.6%，旧金山也因此成为全球十大金融中心之一。

旧金山大多数风险投资关注创新企业的初期和成长期，极力满足处于此阶段的中小型企业融资需求。与此同时，美国以纳斯达克等市场为中心的创新型资本市场，通过IPO或协议转让的方式，为风险投资资金退出提供了管道。目前已有200多家由风险投资支持的硅谷公司在纳斯达克上市，顺利实现了资本退出。2021年3月纳斯达克交易所总市值高达11.2万亿美元，相当于上海、香港和深圳等中国三大股市市值的总和；即使是1896年成立的道琼斯工业指数，其中也有不少成分股如苹果、思科、英特尔、IBM、微软等，皆为美国知名的创新企业，创新金融成为引领美国资本市场的主导力量。

欧洲主要以公私合营模式发展创新金融，并以此推动创新型企业发展。以风险投资为例，早在1997年欧洲投资银行和欧洲投资基金就合作建立"欧洲技术便捷启动基金"，以占有25%股本的方式，支持风险资本基金投资于有研发成果的研究中心和科学园区的中小企业。欧盟各成员国也纷纷建立了各种风险投资基金，如德国政府于2005年启动高科技创业基金（HTGF），以公私合营模式和股权投资方式解决高科技企业创建初期资金不足问题，重点资助信息技术、生命科学、自动化与电子技术等七大重点领域。又如英国政府的创业投资基金也不直接投资中小企业，而是通过参股投资方式支持各地区设立商业性创业投资子基金，增强对中小企业的投资。权威机构提供的数据显示，英国2018年获得的风险投资资金达79亿美元，是国际科技投资者在欧洲的主要投资目的地，德国和法国仅次于英国，分别获得了46亿美元和44亿美元的风险投资。

五、推动上海创新金融发展的建议

上海虽然是中国内地最重要的金融中心，但在创新金融领域与美国纽约和旧金山相比仍有很大距离，与深圳相比也有所差距；设立科创板开了一个好头，但仍需快马加鞭推动发展。

（一）进一步加快发展风险投资

发展风险投资是打造创新金融平台的重要一环。近年来，募资难、退出难是风投行业面临的两大问题，在金融去杠杆的背景下，创投机构募资规模出现断崖式下降，而股市不景气、IPO放缓等也极大阻碍了风投资金的退出。针对这一情况，2019年7月上海市政府出台了关于促进上海创业投资持续健康高质量发展的若干意见，要求进一步加快上海创业投资发展，逐步形成具有世界竞争力的创业投资集聚发展新高地，并对私募股权投资行业募、投、退各个环节都给予了大力支持，从而为上海创新金融发展提供了条件。

目前上海在中基协备案的私募基金管理人有4000多家，总体数量已不算小。在这些业内人士看来，目前上海创投政策框架虽有不小突破，但关键是执行，能否在创投企业的注册、备案、税收等难点问题上落地实施细则至关重要，这就需要吸收发达经济体，尤其是美国旧金山的成功经验，不断完善相关政策措施。如旧金山湾区风险投资的组织形式较为多样化，小企业投资公司可从政府的小企业管理局获得低息贷款，然后投资给小企业，合作制的风投公司可以参与小企业管理局制订的投资计划，集团内部风险投资公司可以使用本公司的发展基金进行投资等。除了政府政策外，创投行业更加看重与其他各类金融机构的合作，如果上海在这方面能有大的突破，相信会对整个创投行业的发展发挥引领作用。

（二）把科创板打造成为中国的纳斯达克

如果说政府促进创业投资的政策重点是为了解决创业投资的资金来源问题的话，那么设立科创板就是为了完善创业投资退出机制。2019年6月13日，上海科创板正式开板。它与沪深主板、中小企业板、创业板、新三板、区域性股权市场以及私募股权市场一道，构成了中国多层次股权融资市场体系，翻开了创新金融发展的新篇章。值得高兴的是，科创板自开板以来发展迅速，2019年全年受理205家企业上市申请，70家企业成功上市，筹资额达到824亿元。到目前为止，上市公司超过100家，总市值超过1.3万亿元，市场运行总体平稳，创新机制开始发挥作用。

试行注册制的科创板，在很多方面都具有突破性的制度创新，如设置更富包容性的发行上市条件，盈利性不再作为企业上市的必要条件，允许特殊股权结构企业和红筹企业上市。又如实行市场化的新股发行定价机制，不对发行市盈率进行限制等。但无论采取什么样的制度安排，最根本的是要保护好小投资者的利益，除了要求信息披露外，更重要的是要完善独立董事制度，并加强损害小投资者利益的惩罚。

2019年出台的上海创投新政特别提到，要加强创业投资与科创板等市场板块的联动，这是正确的方向。从国际经验看，这种联动越密切，创新金融就发展得越好。此外，发展科创板除了面向全国，还需要面向长三角，因为长三角城市群拥有极具活力的各类产业集群，在科创板首批25家上市企业中，就有12家注册地在长三角，充分显示出了长三角地区的创新活力。未来科创板首先需要充分挖崛长三角地区的创新潜力，助力把科创板打造成为中国的纳斯达克。

（三）推动沪深港在创新金融领域的合作

深圳在早期投资和创业投资（风险投资，下同）两个市场均占有明显优势，根据深交所的数字，深圳中小企业板和创业板两大板块总市值超过2万亿美元，为创新企业提供了大量资金。2019年深圳战略性新兴产业增加值高达10156亿元，大大高于上海的6133亿元，居全国各城市首位；占深圳地区生产总值比重为37.7%，比上海的16.1%高出1.3倍。这些成绩的取得，都与深圳创新金融的蓬勃发展分不开。上海科创板和深圳创业板各具优势，创业投资各领风骚，未来可以互相借鉴，取长补短。

香港则通过修例，为新经济企业以同股不同权形式来港上市提供条件。生物科技企业即使没有收入和盈利，但只要通过二期临床测试也可来港上市。腾讯、阿里巴巴、小米、京东、网易等新经济公司来港上市或第二次挂牌，使香港股市如虎添翼，已成为主导香港股市的核心力量。特区政府还通过税务优惠及资助推动香港的研发及创新活动，激励和引导市场资本投资于香港初创企业。未来沪港两地应在创新金融领域加强合作，形成内外联动的机制，共同为中国创新金融的发展出力。

总而言之，以风险投资和科创板为代表的创新金融，使上海国际金融中心建设和科创中心建设找到了共同推进的结合点。未来上海需要进一步推动创新科技和创新金融的深度融合，并以此作为上海打造全球金融中心的主导力量。由创新产业发展而不断增加的经济总量和趋于扁平化分配的社会财富，也将带动企业融资、消费金融和财富管理金融进一步发展，为上海金融业提供更多更好的商机。

第三节　人民币是上海成为全球金融中心的"底色"

我们强调，上海要建成全球金融中心，既要以发达的金融市场为基础，形成全球金融市场中一个重要聚散地——上海中心；又要推动本币的国际地位，将人民币打造成为优势货币。通过"双轮驱动"逐步推进上海金融中心在国际金融中的领导地位。

国际金融中心与本币国际地位之间的关系是怎样的？一般认为，资本账户开放，这个国家的货币就自然地实现了国际化；而本币的国际化，又自然促进境外资本向本土金融中心流动。这里要分析两对关系：一对是本币的国际化和本币的国际地位；另一对是本币国际地位与国际金融中心的关系。

一、本币的国际化并不等于本币的国际地位

本币的国际化，强调的是货币可以自由兑换。在资本项目开放后，选择本币或是外币，没有太多障碍和太大成本。这更多地体现在货币的支付和结算环节；而本币的国际地位，强调的是作为国际货币或充当世界货币的程度。更多地体现在支付、结算、配置、储备等多方面。比如，日本、新加坡等金融中心，其货币国际化，可以自由兑换和支付使用，但从货币的国际地位角度衡量，当今日元和新加坡元的国际地位远不如美元或欧元。再如，1931年前的英镑作为主要世界货币给伦敦带来了独一无二的优势，但20世纪60年代随着英镑的国际地位衰落，伦敦金融中心的地位也随之下降。而1945年以后的美国，在美国经济强有力增长和美元国际地位提升的"双轮驱动"下，支撑起了纽约全球金融中心的地位。

二、并不是所有的国际金融中心都是由本币支撑起来的

货币因素在国际金融中心中的作用十分突出,但并不是所有的国际金融中心都是依托于本币发展起来的。例如,20世纪60年代新加坡金融中心是利用亚洲美元市场发展壮大的。而伦敦金融中心是在英镑的国际地位衰落后,依靠欧洲美元和其他外汇交易重新崛起的。另外,离岸金融中心的出现,浮动汇率体制下的全球化推进,消除了金融中心必须保持货币强势这一压力,也为国际金融中心发展提供了新的机遇。

三、提升人民币的国际地位,是上海建成全球金融中心的特色

从纽约金融中心发展经验来看,本币的国际化进程将极大地促进本国金融中心地位和影响力的提升,产生大规模的本币资产国际交易需求。从这种意义上来说,推动人民币国际化进程,将会为上海金融市场聚集更多的国际投资者,促进上海构建结构多样、层次分明的立体化全球化金融市场,从而为上海金融中心建设提供强大的发展动力。目前我国已成为全球GDP第二大经济体,多年全球GDP贡献排名第一,经济地位的提升必将长期巩固货币的国际地位。可以预期,人民币国际地位为上海金融中心建设提供了重要机遇。总之,提升人民币的国际地位,做深底色,是上海全球金融中心建设的第一个重要方面。

四、以人民币为核心,构建人民币的"五大中心"

上海要在服务人民币国际化的进程中,形成与人民币国际地位相匹配的全球金融中心,就要构建人民币交易中心、人民币定价中心、人民币投融资及资产配置中心、人民币清算中心和人民币风险管理中心。这"五大中心"之间的关系是:人民币清算中心居最基础性地位,是其他功能有效发挥的基础平台;人民币交易中心是主要功能,是成为全球要素市场的交易平台;人民币投融资及资产配置中心是核心功能,是全球资

源配置的主要工具；人民币定价中心是保障功能，是国际地位和话语权的体现；人民币风险管理中心是"保护伞"和"防护罩"。

此外，央行行长易纲在第十一届陆家嘴论坛上提出，上海国际金融中心的建设，重点建设以下"五个中心"：第一个中心是要把上海建成人民币金融资产的配置中心。第二个中心是要把上海建成人民币金融资产的风险管理中心。第三个中心是要把上海建成金融科技中心。第四个中心是要把上海建成营商环境的中心。第五个中心是要把上海建成金融人才中心。可见，这里强调的"人民币五个中心"更强调完善人民币作为国际货币的功能。

第四节 打造人民币"五大中心"

一、打造全球人民币交易中心

过去十年上海要素市场在交易品种、交易量、对外开放方面取得了长足进步，但在市场深度、效率、国际化、产品、基础设施等方面还存在不足。

（一）上海金融交易市场存在的问题

1. 国际机构和投资者参与度不高

目前，我国金融市场尚未完全对海外金融机构、投资人、发行人等市场主体开放。例如，至今还未有境外公司在境内资本市场上市；境外机构和个人持有股票人民币资产的规模占股票市场总规模的比例不到3%；境外投资者持有我国政府债券比例仅2%，不仅低于美国的35%，也低于印度、韩国、泰国等新兴市场境外投资者占比（10%~30%）。相比于人民币交易，银行间市场外币交易活跃度不够，上海的外汇交易金融中心地位很大程度上是由人民币作为全球外汇交易货币的地位大幅提升所带来的。

2. 金融市场深度不足

突出表现在债券、衍生品等场外市场的发展较薄弱。场外市场发展不足，大大削弱了服务实体经济的功能。相比成熟发达的金融市场，我国过度依赖间接融资，实体经济直接融资渠道有限。

3. 金融产品结构不平衡

从债券市场来看，我国债券集中于国债、地方债、政金债，企业债仅占17%，资产证券化、高收益债规模偏小，体现出我国债券市场主要是政府及商业银行融资和资产负债管理的工具。而美国债券品种结构较平衡，企业债券及抵押贷款债占40%。从衍生品市场来看，全球市场以利率、汇率类衍生品为主。而我国由于利率市场化仍在进程中，利率衍生品市场规模相对较小。货币市场方面，本币三方回购尚未成熟，全球通行的买断式回购交易量显著低于境内特有的质押式回购，都一定程度上影响货币市场融资效率。

4. 金融市场效率不足

主要体现在市场流动性供给、价格发现和风险管理等方面的功能没有得到充分发挥。例如，我国股票市场的波动率是其他成熟市场的三倍，其收益轨迹却没有反映出中国经济高速发展的特征。

（二）发展人民币交易业务，以人民币为核心打造上海要素市场

以人民币为核心发展交易业务，应结合内外部环境，在人民币产品多元化、人民币资产供应优质化、人民币汇率利率市场化、人民币全球化方面持续完善上海要素市场。

1. 人民币产品多元化

建议重点围绕"资产配置"和"风险管理"补足短板，完善现有产品、填补产品空白。发挥在上海的外汇交易中心、金交所、期交所等交易平台已有影响力,实现人民币计价的交易投资品种供给侧优化,充分满足市场需求。一是债券市场应在资产证券化、多层次发行主体(高收益债券等)、债券衍生产品(债券指数等)等方面进一步丰富。二是外汇市场应支持在沪试点远期结售汇业务,推广不可交割保值场景,推广动态保值管理。三是衍生品市场加大金融期货产品推出,加大人民币相关衍生产品创新;借鉴其他金融中心成功经验,着眼于中国现货市场的发育程度、所处阶段等因素,建议按照外汇期货→利率期货→股指期权→利率期权→个股期权等路径循序渐进地推出。四是商品贵金属市场增加对原油等关键大宗商品的产品合约创新,解决市场割裂问题,推动商业银行进入人民币期货市场。

2. 人民币资产优质化

引导国际、国内优质发行人在沪、返沪发行人民币证券,提供优质债券、股票资产供应,增加人民币资产吸引力。其中国内发行人方面,参考主要发达国家,允许部分地市级地方政府发行市政信用债券,并增加省级地方债供应;背靠中国发展和长三角优势,进一步做好创新型企业在上海科创板上市公司工作。国际发行人方面,放宽注册审核和资本管制要求,鼓励更多境外主权机构、国际金融组织、大型跨国公司、境外上市企业、境外金融机构等来华来沪发行人民币债券(熊猫债),前期央行类机构和跨国企业已有较好案例,如匈牙利央行、菲律宾央行、戴姆勒奔驰等。在具体实施层面,要着重解决的痛点包括:一是拓宽境外融资者的证券发行渠道。二是改善证券市场投融资环境,整肃市场秩序,维护市场公平和效率。三是择机、稳妥推进与境外投融资市场连通。

3. 人民币利率汇率市场化

深化人民币利率汇率市场化改革,活跃人民币交易。一是完善利率市场化程度,紧密跟踪世界利率基准改革(从LIBOR到SOFR),在LPR、DR01基础上探索培育对客户和银行间兼具代表性的利率基准。

发挥货币市场、债券市场、衍生产品市场等利率传导作用，发展以利率基准为基础的货币、债券和衍生品交易。二是完善人民币汇率双向波动交易机制，坚持渐进式改革和市场化目标，提高汇率政策的规则性、透明性和可溯性。在经济发展较为稳健、外部条件较为均衡的情况下，择机推动汇率制度改革，包括拓宽乃至逐步取消汇率波动上下限，尝试实施与国际交易时间对接的、覆盖5×24小时的交易报价时段，实现以市场为主要驱动的汇率形成机制，逐步取消或降低境外机构资本项下汇率衍生工具对冲限制。

4. 人民币国际化

上海的人民币交易中心首先应立足于本土，服务在岸人民币市场。随着我国经济体量的不断增大，对于本土金融市场的需求将会不断增强。同时，上海的人民币交易中心应着眼未来，发展离岸人民币市场，满足境外人民币资产的定价需要，同时推动人民币国际化不断深入。

近期来看，可着重发展上海外汇交易中心跨境交易和上海自贸区离岸交易，同时借鉴新加坡设立单位账户（ACU）发展离岸交易、助力新加坡金融市场建设的经验，在先期试点更加开放、与国际对接的离岸金融市场。通过不断升级金融市场功能，吸引离岸人民币回流上海，一方面可促进"上海中心"国际地位提升，另一方面更加有利于防控风险。远期来看，可配合人民币资本项目开放，参考伦敦经验，探索在沪建立"一体型离岸金融模式"。

二、构建全球人民币资产定价中心

当前我国对外经贸往来中人民币尚未充分发挥计价货币的职能，在国际计价结算体系中尚未完全摆脱"美元影子"。

（一）人民币尚未成为国际计价货币的深层原因

1. 我国对外贸易中人民币计价与结算职能的分离

一些中国企业在跨境贸易中往往采用"美元计价、人民币结算"的模式，以人民币结算的对外贸易量远超以人民币作为合同计价货币的贸易量。这主要是因为我国对外贸易中有相当大的部分为加工贸易，仅处于国际供应链条中的低端环节，严重依赖国际市场，产品国际竞争力较弱，境内企业缺乏定价话语权，在对外签订合同时仍主要以美元、欧元等国际货币为计价货币或套算基础货币，只是在实际结算时为享受金融市场等方面的一些好处而使用人民币。

2. 国际大宗商品交易计价结算中很少见到人民币的影子

能源、金属、农产品等大宗商品的跨国流动在国际经贸关系中起着关键作用，甚至会影响国际政治格局，因此国际大宗商品交易中计价结算货币的选择显得尤为重要。当前美元在国际大宗商品交易中占据独霸的地位，为美国干预世界政治经济事务提供了一项工具。美国政府在维护美元作为国际大宗商品主要计价货币方面起着主导作用。

3. 全球金融市场交易中人民币计价的金融工具也较为缺乏

主要是由离岸市场人民币流动性有限、金融产品的种类和规模较小、在岸与离岸市场无法有效连通等因素导致。

（二）依托中国经济实力，增强人民币定价影响力

1. 强化大宗商品定价影响力

（1）布局"新能源—人民币"定价体系，实现"弯道超车"。全球能源格局变化的一个显著特点是新能源和低碳经济开始进入人们的视线。在新能源快速发展的形势下，我国要合理利用自身巨大的能源需求，探索出一条针对不同能源类型的"二元路径"。尽管未来新能源交易市场规模可能超过原油市场，但目前尚未形成稳定的世界格局，这正是我国实现突破的机会。上海可通过发展碳交易市场等新能源市场，以新能源技术优势为引领，从取得新能源行业主导权、推进绿色金融标准、完善以"新能源—人民币"为核心的金融市场建设等方面，

布局推广新能源金融，设计、推广并使用"新能源—人民币"。这既能保障我国能源安全要求，也是争夺人民币定价权的重要契机；既能通过新能源市场为境外输出人民币，也可以让新能源市场成为境外人民币投资的目的地。

短时期，"石油—美元"体系很难撼动，但可以巨大石油需求为切入点，争取更大话语权。一方面，我国石油需求在全球占比不断上升，石油进口量已经超过全球石油总进口规模的20%；另一方面，"一带一路"沿线国家对石油需求也极为巨大，但并无能够定价的市场，这均可以为打破现有"石油—美元"体系创造机会。目前，"上海油"已具有一定影响力，交易量居全球第三位（WTI占50%、Brent占47%，上海原油期货占比3%）。建议进一步吸引更多国际投资者（特别是"一带一路"沿线投资者）参与，加大上海原油期货市场价格对国际原油价格的影响力，缩小与领先市场的差距。

打造既符合国际规则又具有中国特色且风险可控的大宗商品交易市场。一是不断丰富交易品种，完善交易机制。建议上海国际能源交易中心持续完善规则制度，加快推出成品油、天然气等能源品种，稳步推进原油期货期权，为市场提供更丰富的定价和避险工具。二是服务实体经济，促进形成期现一体化的国际油气体系。发展原油市场，需要一个现货市场发达的体系。目前我国原油现货市场发育程度较低，建议上海发挥长三角一体化优势，与浙江建设"浙江国际油品交易中心"相结合，共同培育长三角油气现货市场，提升期货市场服务区域经济的能力。三是丰富交易主体，推广上海大宗商品价格的使用。建议鼓励商业银行、保险公司进入上海国际能源交易中心；支持以上海原油期货等为投资标的的产品创新；继续推动对外开放，引入境外投资者，建立国际化大宗商品交易平台。

（2）依托我国较大需求，力争成为非能源类大宗商品区域性乃至全球性定价中心。中国钢材消费量约占全球的45%，铁矿石消费量占比超过60%，进口量全球最大；基本金属如铜、铝、铅、锌、镍等，其现货需求量约占全球的50%；中国是全球农产品的主要进口国和消费国，年进口大豆约1亿吨，占全球总产量的30%、出口量的三分之二。建议依托巨大的现货需求，提升大宗商品定价能力：一是加快大宗商品国际交易平台建设，以上海自贸区为切入点，搭建以现货、期货、场外衍生等多层级、境内外投资者均可参与的大宗商品市场，逐渐形成全球主要的大宗商品交易枢纽。二是扩大人民币计价商品的国际化应用，保持铁矿石、PTA、20号胶等期货交易引入境外交易者的势头，加快其他各类商品的人民币计价进程，力争成为相关商品的区域性乃至全球性定价中心。三是完善大宗商品领域配套金融服务，促进商业银行与商品期货交易所、现货交易平台以及场外衍生品市场深化业务合作，支持其推出针对境内外投资者的人民币计价商品标的，并为交易商提供账户、兑换、结算、融资、理财、经纪、税务、法律、咨询等为一体的综合金融服务。四是积极尝试推出大宗商品中国指数，既包括煤炭、铁矿石等分类指数，也要建立体现整体交易状况的综合指数，吸引全球投资者参与中国的大宗商品市场。

2. 持续提升"上海金"定价的全球影响力

上海黄金交易所推出的"上海金"定价交易机制，为全球黄金市场提供了首个以人民币计价的可交易的黄金基准价格。放眼未来，"西金东移"趋势日益明显，建议上海黄金交易所继续加快走出去的步伐，借人民币和黄金市场国际化的东风，推动与全球各大黄金交易所的合作，促进人民币黄金交易规模扩大，有效提升人民币黄金定价的全球影响力和中国黄金市场的国际话语权。

3. 借助汇率利率市场化改革，完善市场化定价机制

一是进一步完善SHIBOR和LPR定价机制，扩大其应用范围，丰富以SHIBOR/LPR定价的人民币产品，共同形成利率走廊，提升全球定价影响力。二是进一步深化汇率市场化改革，扩大金融市场和资本项目

开放,通过促进人民币全球交易,扩大人民币定价资产的覆盖范围。

三、打造全球人民币投融资和资产配置中心

(一)主要国际金融中心都重视构建开放的投融资市场

1. 纽约着力建立起向海外开放的投融资资本市场

纽约历经几十年努力,建立了一个完整的跨国金融市场,建立了向海外开放的投融资资本市场、渠道和工具。典型案例:为海外融资者安排了三种发行股票融资的渠道:美国存托凭证(ADR)、普通股份和纽约股票交易所全球股份(NYSE Global Shares)。建立了连接海外的证券交易渠道。纽约证券交易所在2007年通过与欧洲的证券交易所Euronext合并,组建了全球第一个跨国证券交易所。

2. 新加坡建成亚洲和全球顶尖的财富管理中心

随着亚洲地区财富的快速增长,越来越多企业家选择设立家族理财室和信托计划来进行财富传承。新加坡金管局看到这一趋势,一方面在人才培养方面加强针对性,另一方面研究监管措施,在确保合规的前提下促进业务发展,规定单一家族理财室不受证券和期货法(SAF)的管辖。2016年至2018年间,在新加坡设立家族办公室的数量增加了四倍。高净值人士之所以倾向于将家族理财办公室设在新加坡,主要是考虑到新加坡与多个国家签订了避免双重税收协定、自贸协定和严格的隐私保护制度。此外,新加坡也拥有完善的信托法律制度和先进的信托服务。同时,新加坡是亚洲第二大资产管理中心,市场上资产管理类产品主要是指符合证券与期货法令中定义的集合投资计划,以及私人银行提供的全权委托管理业务、养老金管理业务等。新加坡政府近年来通过多种政策扶持及税收优惠,大力发展资产管理业务,目前在新加坡持有CMS(Capital Market Service)执照的合格基金管理公司已经超过380家,过去五年AUM平均增长率超过16%,超过600家机构投资者管理超过3.5万亿新加坡元资产。

(二)人民币投融资市场发展不足的原因分析

1. 人民币投融资市场的国际化程度依然较低

从资产端来看,境外机构对中国债券市场的投资比例仅3%左右;股票市场境外投资者比例不到3%;从负债端来看,境外机构通过境内市场发行"熊猫债"融资的金额占比依然较低(0.3%);上海证券交易所流通股中境内上市外资股份占比较低(0.37%)。导致上述现象的原因主要包括:

一是针对境外融资者的证券发行渠道狭窄,这在股票市场更为明显。相比于纽约能够为海外融资者安排三种不同的发行股票融资的渠道〔美国存托凭证(ADR)、普通股份和纽约股票交易所全球股份(NYSE Global Shares)〕,可以说上海乃至全国都没有专门为境外融资者设计的股票发行渠道。

二是证券市场投融资环境亟待改善。以股票市场为例,散户为主、投机盛行的格局仍有待改变;信息披露制度、退市制度仍有待完善;内幕交易、操纵市场等案件居高不下;市场化发行机制不足,核准制对境外融资者的吸引力不如注册制。

三是投融资市场相对封闭,无法与境外连通。对于多年扎根传统金融中心的投融资者,使其完全从欧美迁移至上海是不太现实的,但我们没有更多机制使其跨市场参与,目前只开通了QFII、RQFII和债券通等试点。纽约证券交易所与欧洲的证券交易所Euronext合并,组建了全球第一个跨国证券交易所,我国尚无此类安排。

2. 资产管理业务仍处于刚起步水平

对照新加坡来看,随着亚洲地区财富的快速增长,越来越多企业家选择设立家族理财室和信托计划来进行财富传承,新加坡发挥其避免双重税收、隐私保护和信托法律制度完善、信托服务先进的优势,形成了全球第二大资产管理中心。相比之下,我国资产管理尚未产业化。主要体现在:一是我国信托公司抛弃传统财富/私人信托理念,发行产品与理财产品无显著差异,难以满足高净值人群的资产管理要求。二是资产管理渠道狭窄,除股票、基金、理财产品外,几乎无其他正规、安全的金融投资渠道,而基金和理财的投资范围也受到限制。三是综合税负水平较高,财富管理吸引力下降。四是忽视投资者教育和培育、不当销售问题较严重,导致投资者风险意识模糊,时而追求高收益,时而追求保本,将投资类和投机类产品混为一谈。

(三)加快金融市场改革创新,着力打造全球人民币投融资中心

1. 扩大开放,丰富跨境人民币投融资的多种模式

人民币国际化正从人民币跨境贸易结算为主导的模式转向国际投融资货币为主导的模式。在目前金融开放状况下,跨境人民币投融资模式主要有四种类型:(1)外资机构+外融+内投型,即境外机构在人民币离岸市场融资、到境内投资的模式;(2)中资机构+内融+外投型,境内机构在人民币在岸市场融资、到境外投资的模式;(3)中资机构+外融+外投型,境内机构在人民币离岸市场融资、到境外投资的模式;(4)中资机构+内融+外贷型。境内银行在人民币在岸市场筹资、向境外提供信贷融资的模式。其中,与银行跨境人民币投资业务直接相关的第四种模式又可分为三种子模式:跨境人民币的贸易融资、项目融资、账户融资及同业拆借。下一步,在深化改革和加快开放的同时,可以更多地调动境外机构在境内外市场运用人民币投融资的积极性。

2. 拓展跨境人民币投融资业务,建成"一带一路"投融资中心

如果说美元在全球市场占据主导地位,欧元在欧洲市场占据主导地位,那么人民币在未来最大的发展潜力在于"一带一路"区域,从而有利于形成美元、欧元和人民币三足鼎立,更为稳定的国际货币格局。目前,我国对外开展的双边本币互换、双边本币结算、双边货币直接交易和人民币清算行安排,绝大部分集中在"一带一路"地区,为区域跨境人民币业务的拓展奠定了坚实基础。鉴于目前"一带一路"资金投入主要运用美元的现实,上海可利用自身在连通在岸和离岸人民币市

场上的独特地位和政策试点优势，大力开展金融创新，拓展跨境人民币业务，直接服务于"一带一路"的投资与贸易活动。例如，加强与重点国家财政金融领域合作，提升重点国家主权信用；提供有竞争力的人民币优惠贷款；引导投资货币与人民币挂钩，系统性降低汇率风险等。总之，中国应运用好对外援助政策和中资机构投融资活动，逐步建立"一带一路"上的人民币市场，提高人民币在全球基建产品方面的话语权。

3. 鼓励国际银团贷款等商业银行跨境融资产品，提供全方位融资安排

发挥上海国际金融中心优势，聚集有实力的金融机构，逐步放开基础设施建设国际银团贷款、项目贷款、结构性融资、跨境并购融资等安排和限制措施，支持跨境基础设施建设、能源资源与制造业开发。国际银团贷款融资模式应适应境外特别是"一带一路"需求，符合企业对资金流动性、价格敏感性、操作灵活性和时间高效性的要求，后续可采取以下措施推进相关融资服务：一是优化相关制度环境，为开展银团贷款业务提供激励，如税收、利率优惠，赋予较低的风险权重以发挥风险分散功能。二是规范业务流程，建立符合国际通行规则和标准的业务流程。三是积极推进相关基础设施建设，完善二级市场，尤其是发展银团贷款转让的交易平台、交易机制。

4. 积极开展与在沪多边金融组织合作

通过政策性金融、开发性金融和商业金融相结合的模式，包括在上海设立的金砖银行等相关多边机构，进一步提升上海在投融资特别是跨境投融资方面的影响力。

5. 依托航运中心建设，促进融资租赁业务发展

从目前的国际金融中心排名看，排位前六位的国际金融中心（纽约、伦敦、新加坡、香港、上海、东京）在发展壮大之初都是依托航运中心的带动，而融资租赁则是航运金融的重要组成部分。截至2018年

底，我国租赁资产余额占全球的比重为18.8%，仅次于美国的34.9%，跻身全球第二大市场。建议推进租赁立法先行先试，依托金融法院，提升司法实践水平；提升国际化水平，探索租赁业要素市场建设，建设对接国际市场的飞机、船舶、高端装备交易市场，提升专业化经营；加速折旧、投资税收抵免，以租赁税收优惠助力实体经济发展；试点跨境信用保险和境内租赁相关保险。

（四）依托中国的经济实力，建成全球人民币金融资产配置中心

2020年初，新冠肺炎疫情暴发后，原以为在疫情的冲击下，企业和居民的资产配置行为会发生一定变化，在境外的资产配置将更多地转移到疫情较轻、恢复较快的地区。但事实上，受疫情影响全球金融市场避险情绪增强，投资者退出股市和抛售公司债券，转向避险货币，大量增持美元。2020年3月23日美元指数达到2002年以来的最高水平。这种"美国金融市场波动越大，全球增持美元的需求越大"的怪现象，与美元的世界霸主地位有关，与美元是世界最大的结算货币和储备货币有关。人民币在短期内难以取代美元，但逐步加大人民币在全球金融资产配置中的占比，将有利于人民币汇率和中国经济的稳定。

1. 在后疫情时代，顺势而为，吸引全球配置人民币资产

疫情发生以来，中国作为全球经济增长最快和最稳健经济体的影响力进一步加大，人民币资产的安全性、稳健性、收益性优势进一步凸显，2020年3月，摩根士丹利发布的报告将中国列为了资产避难国，并将中国股票评级提高至增持。随着境外长期投资者对我国利率债购买需求日益增强，我国可以顺势而为，抢抓机遇，努力将上海打造成全球金融资产配置中心之一。

2. 在央行储备货币中，鼓励投资者增持人民币资产

一是通过货币互换，拓展央行间货币互换的人民币使用，以人民

币补充重点国家外汇储备，建立集体外汇储备库。二是通过国际投资者，鼓励境外投资机构增持人民币资产，特别是那些代理小国央行选择储备资产的国际投资机构，加大持有人民币资产的比例。

3. 鼓励各类资产管理公司和金融主体来沪设立机构

目前，国内资产管理公司布局较为分散。近年来，快速兴起的理财公司，作为中资商业银行子公司大部分在北京注册，在上海注册的很少。截至2021年3月，共有25家银行理财子公司获批，20家正式开业，其中，注册在北京的有5家，而在上海注册的仅4家。近期上海出台鼓励各类金融机构来沪，涵盖商业银行、保险、证券、基金等多个领域，上海应顺应资管新规，培育人民币资产管理机构，在税制、财政扶持、贸易便利化、机构准入等方面建立个性化支持体系，重点培育和发展机构投资者，积极引进世界级资产管理机构。

4. 为全球投资者提供一站式的投资者服务

一是将投资者服务嵌入人民币投融资及资产配置的全服务链条之中。为各类机构投资者及创新类跨境投融资产品提供托管、存托等综合服务，以托管账户为载体汇集广泛的全球投融资资金。鼓励发挥托管银行金融投融资服务基石的作用，以综合化托管服务为助力，满足多样化市场需求，通过优质全面的服务为金融生态赋能。二是改革完善托管机制，做宽托管服务。逐步推动境内结算代理行向托管行转型。以"强托管"模式为发展稳定器，通过托管机构资产保管、交收清算等基础性服务，解决交易流程的信息不对称性，缓释金融风险；建立国际通行的、符合境外投资者偏好的多级托管模式，为全球投资者提供广泛、深入的投资者服务，探索增值服务，并为外商独资企业（WFOE，Wholly Foreign Owned Enterprises）、资管公司、私募证券投资基金等提供外包运营服务，为全球投资资金汇集上海保驾护航。三是推动中外资托管银行的全面合作，提升全球托管服务水平。推动中资托管银行构建全球托管网络，境内境外形成备份与互补，在全球客户和金融资源方面形成利益互换，实现共赢。

5. 做好支持配套，为资产管理中心建设提供长期动力

一是大力发展资产管理人力资源。做好长期、中期、短期的人才需求规划，吸引来自世界各地高水平高质量具有竞争力的资产管理从业人员。二是加强投资者教育，规范机构销售行为。三是搭建强大有效的运行与估值体系。着手打造适应"产品净值化"和"投资标准化"转型要求、国际领先的智能化资产管理运行和估值系统。四是发挥机构优势，构建核心投研能力。资管机构不仅需要长周期地高投入，而且需要凭借自身机构优势着手于大类资产配置和基本面分析，从宏观经济角度出发提升大类资产配置核心能力，从企业基本面出发研究公司信用和权益体系，从而打造资管机构自身的竞争力，应对上海国际金融中心建设过程中带来的竞争。五是改善税收环境。在建立国际资产管理中心方面，上海面临的一个问题是相比于新加坡、香港等其他国际金融中心，中国大陆地区的税收水平更高。应采取切实措施，降低资产管理相关税负。六是引导信托业务回归本源，满足高净值资产管理要求。

四、建成全球人民币清算中心

随着我国对外开放的进一步扩大，人民币国际化进一步发展，在岸市场最终将成为最大的全球人民币中心，拥有最丰富的人民币产品和金融工具，充足的流动性，掌握定价权。一方面，要素市场交易自然将带动全球人民币清算结算向在岸聚合，推动全球人民币清算中心的建立。另一方面，安全、高效、便捷、经济的清算基础设施，也将成为吸引国际投资者和金融交易参与在岸市场的重要因素。

全球人民币清算中心的要义，是为以人民币计价的金融要素配置及交易提供强大的基础支撑。从"国际"层面而言，在全球范围推广人民币清算网络和标准，便利人民币"走出去"。从"全球"层面而言，

立足上海，形成人民币资金的"全球高速公路"，借助安全、高效、便捷、经济的特性，吸引全球市场参与者参与本国市场。

（一）当前人民币清算体系存在的问题

1. 人民币在全球清算中的地位有待提升

人民币在国际支付货币中已进入前五，排在美元、欧元、英镑及日元之后，但人民币占比较低，约2%，远低于美元在全球支付货币中的占比（超过40%），这与我国经济规模严重不匹配。此外，与美国美元清算系统（CHIPS）相比，我国人民币跨境支付系统（CIPS）在清算效率、结算模式、结算逻辑及业务处理能力上还有较大差距，无法为全球参与者提供更为安全有效的清算服务。

2. 人民币跨境支付的应用场景有待丰富

一方面，目前在岸和离岸人民币市场相对独立，由于资本项目尚未实现自由兑换，市场参与者在两个市场下开展的金融交易并不完全匹配，离岸市场的自由程度显著高于跨境，因此离岸人民币业务规模也大幅高于跨境人民币。这一现状也在人民币清算量方面得到体现和验证。CIPS系统作为支持跨境人民币清算的主要渠道，业务量小于支持离岸人民币清算的香港RTGS系统。2019年CIPS日均清算量1200余亿元，RTGS日均清算量超过1万亿元。另一方面，CIPS人民币跨境支付标准尚未广泛应用，境外参与者对CIPS报文规则熟悉程度不高，而且目前CIPS支持的业务范围和场景仍然有限，流动性支持安排仍在建设中，境外市场参与者的参与仍在逐步磨合。

3. 国内要素市场基础设施建设有待加强

在债券市场，中债登、上清所、中证登等存托机构相互独立，债券结算与托管按交易品种割裂成三部分，提高了境外投资者的进入门槛。在衍生品市场，我国缺乏境外监管认可的合格中央对手方，境外机构参与我国中央对手方清算风险暴露资本计量权重较大，间接限制了境内衍生品交易的规模。

4. 支付相关法律及监管规则有待完善

从外部法治环境与内部系统规则来看，我国人民币支付清算业务适用法律位阶较低，缺乏体系性，且破产法、管理抵押安排、偿付规则、结算最终性及争端决议等方面的法律法规与欧美法系相比存在一定差异，让境外参与者望而却步。

（二）优化机制，提升全球人民币清算能力

从纽约、香港等清算中心发展经验来看，建设上海全球人民币清算中心，建议从以下几个方面入手。

1. 建设安全高效的支付清算基础设施

一是继续完善CIPS系统功能，进一步提高跨境人民币业务报文传输渠道的专业性。二是进一步扩大CIPS时区覆盖范围，对接全球交易时段。提供7×24小时同时结算支付交易，覆盖欧非乃至美洲大部分工作时间。实现在岸对离岸的支持，对全球跨境清算提供有效保障。三是进一步拓宽流动性和多边轧差支持手段，减少参加行资金占用，提高清算吸引力。建立完善质押，圈存等流动性获取机制方式，改善大额支付系统关机之后CIPS运行的流动性问题。建立动态多边灵活轧差机制，对因为头寸不足处于待支付队列的支付报文进行实时多边轧差净额清算。引入支付系统风险预警与流动性应急管理，参考美元、欧元、港元等支付系统风险管理模式，为参加行提供外部流动性支持。

2. 采用符合国际惯例的标准体系，易于在全球推广与使用

当前，CIPS面临的发展困境是人民币使用者日益增长的服务需求与不平衡的服务发展之间的脱节，即CIPS与终端账户服务机构缺乏"硬关联"，导致在支付链中需要进行标准转换等冗余环节，降低了系统之间的互操作性，增加了支付不透明性和转换成本。

下一步措施，一是适应业务需求加强CIPS报文标准建设，进一步丰

富完善跨境支付领域报文种类，强化报文工具的自主应用，参与金融业通用报文库建设。二是"广拓外延"，加强与国际标准化组织、支付清算组织的交流合作，积极推动与国际标准化战略对接。以标准"软连通"打造合作"硬机制"，探索建立人民币全球用户社区，提升与国际标准体系相互兼容。三是完善人民币国际清算偿付规则。建议境内代理行间统一罚息规则，使同业间处理相应业务有规则可依。利用CIPS在全球人民币清算业务中的地位将此规则影响到全球，在全球人民币清算业务中提升话语权。四是研究推动人民币加入持续连接清算系统（CLS）结算机制。实现人民币对全球主要货币的PVP结算，减少结算资金需求，避免因时差因素造成的赫斯塔特风险。

3. 完善清算法律体系与监管，保障清算体系健康有序运行

从外部法治环境与内部系统规则来看，我国人民币支付清算业务适用法律位阶较低，大多数是部门规章以下规则，体系性仍可进一步完善。CIPS引入境外直接参与者后，面临的法律问题将更为复杂，需要识别国内司法管辖的相关法律是否与其他地区相关司法存在的不一致，包括破产法、管理抵押安排、偿付规则、结算最终性及争端决议等方面的法律法规。因此，应尽可能采用部门规章以上规则，重要的规则采用法律形式，提升公信力，更好地保障参与者合法权益。

4. 充分发挥商业银行在全球人民币清算体系中的作用

商业银行作为全球人民币清算体系中的重要组成部分，特别是境内的主要商业银行应该主动承担，开拓进取。一是通过代理行拓展进一步完善全球网络。若把CIPS系统直接参与者比喻成人民币全球清算体系中的"树干"，那么境内外跨境人民币业务直接参与者所代理的境外代理行将是整个清算体系中的"树枝"。商业银行的代理清算关系是全球人民币清算体系的有机组成部分，也是对CIPS的有益补充。建议商业银行利用海外网点，大力拓展人民币国际业务，拓展境内外CIPS间接参与代理行，推广CIPS系统的使用。二是发挥商业银行海外人民币

清算行作用。商业银行海外人民币清算行作为人民币全球清算框架中的重要组成部分之一,应大力拓展海外人民币业务发展。有条件的国家(地区)可以与监管合作开发当地的人民币RTGS系统,作为CIPS系统的延伸。在海外做好人民币离岸清算的基础建设工作。三是做好基础设施建设以适应全球人民币清算的要求。各商业银行应做好行内系统及与CIPS对接工作,严格按照人民银行提供的需求和进度改造行内系统。虽然目前CIPS已实现24小时运行,但是大部分CIPS直接参与者还未能够实现24小时清算,从而使夜间的跨境及离岸的人民币清算业务受到一定程度的限制。四是围绕CIPS建设在上海建立人民币清算中心。为了提高全球跨境人民币清算体系的辐射效应,建议商业银行围绕CIPS运营中心建设各商业银行内部的人民币清算中心(部门)。以专业化、集中化的机制来处理跨境人民币清算业务,并建议各商业银行将相关机构设立在上海,进一步促成及发挥上海国际金融中心的金融机构聚集效应。

五、构建全球人民币风险管理中心

构建全球人民币风险管理中心,有两个层面的内容:从宏观层面来看,风险管理中心应服务于全球人民币"上海中心"的金融风险管理,保障金融市场、投融资活动等平稳运行;从微观层面来看,风险管理中心应服务于企业风险管理需求,通过帮助企业规避、对冲风险,保障实体经济平稳运行,成为"一带一路"沿线国家金融风险的管理中心。

(一)管理金融风险,保障国家和上海的金融活动平稳运行

1. 健全跨境资本流动管理,防范利率和汇率冲击

目前国内市场对利率、汇率以及资本账户实施了一定管控,因此形成在岸利率、汇率与离岸市场的价差。在金融全面对外开放的背景下,国际资本大进大出对境内市场会形成潜在的冲击。尤其是我国实体经济对境外金融服务需求较强,如果离岸市场形成有交易规模和流

动性支撑的价格基准，在岸定价权就可能外移，国内货币政策的有效性将面临相当大的考验。针对这一问题，应在扩大对外开放、增强金融市场国际化的同时，设置专门机构，加强人民币汇率、利率稳定管理。此类机构应具备以下特征：一是该机构主要职能为监测和研究跨境资本流动、探查相关风险，研究外汇储备投向的风险和收益，并能够提供相应的管理建议。二是该机构应为官方机构，代表国家利益。三是该机构应能够与外汇管理局业务中心和中投公司实施有效对接，确保监测/研究成果和政策建议能够落地（也可考虑不单独设置机构，由外汇局和中投公司创设相关分支机构）。四是考虑到上海是对外开放的一线阵地，建议该机构落户上海。

2. 强化金融风险动态监测，构建早期预警指标体系和评估方法，提高风险识别和预判能力

强化市场风险管理，积极防范资本市场异常波动风险，完善资金动向监测和交易监控，规范高频交易。加强国别风险监测，构建国别风险评级机制，推动国别风险准备金计提制度建设，不断完善国别风险管理体系。夯实提高全面风险管理水平，建立健全不同风险因素之间、各类机构之间乃至跨境跨市场的交叉风险传染管理体系，完善交叉风险监测、评估和压力测试工作机制，形成有效的交叉风险隔离和危机处置机制，及时预警、防范和化解风险。

3. 建立突发性金融风险应急处置机制，加强危机预防，完善应对策略

在政府监管层面，强化以上海银监局和中国人民银行上海总部对上海地区内外资机构对监管组织协调机制及金融救助机制，规范相关行政法规政策，明确自上而下的职责分工及统筹配合模式。在金融机构层面，深化内部危机处置机制建设，形成事前防范、事中控制、事后恢复的危机过程管理体系，全面覆盖潜在风险，建立健全应急预案；加强系统重要性银行管理，从"大而不能倒"过渡为"大而不会倒"。

在全球合作层面，与国际上的信用保险机构、区域组织、金融同业等机构广泛交流，建立健全金融监管合作和危机协调应对机制，增强风险分散和缓释能力，防范区域性及系统性风险。

（二）提供风险管理服务，助力构建区域金融安全网，打造"一带一路"金融风险管理中心

近年来，我国大力推动"一带一路"沿线各国之间的货币互换，推动双边货币互换逐步多边化，建设区域金融自救机制，货币互换有利于维护金融稳定和货币安全。通过货币互换各国央行把对方货币融入本国金融体系，用来支付从对方国进口的商品，有利于作为稳定货币的人民币的国际流通。

"一带一路"沿线国家经济相对不发达，地缘政治复杂，宗教文化多元，国别风险相对较高；能源资源丰富，大宗商品价格波动风险大。特别地，很多国家长期被纳入以美元为中心的国际货币体系，面临三大"错配"风险：一是货币错配。进出口以美元计价，一旦美元流动性或汇率大幅波动，国际贸易就会陷入困境。二是期限错配。基础设施建设需要长期资本投入，但美元体系下短期资本占比大，频繁的短期资本流动容易造成宏观经济不稳定。三是结构错配。"一带一路"是全球外汇储备积累最多的地区，储蓄率最高，外汇储备主要投向美国国债，再通过美国金融机构回流，导致资源配置效率损失。

为实体经济管理风险是金融业的核心功能之一，上海应紧紧围绕服务实体经济，发挥金融业风险管理功能，努力成为"一带一路"沿线国家金融风险的管理中心，降低国别风险、客户信用风险，管理汇率、利率和商品价格波动的市场风险，分散系统性风险等，着力做好相关金融安排。

一是风险规避安排。通过调查研究，促进市场信息对称；提供金融担保等产品，帮助经济实体增强财务可预见性。促进商业银行和投资银行集聚，建成财富管理中心、要素风险对冲交易中心、投资银行中心和资信评估中心，大力提高尽职调查与金融研究水平，为客户提供规避风险的金融服务。

二是风险对冲安排。衍生产品是实体经济对冲其市场风险（套期保值）最为有效的手段，合理利用衍生产品可以锁定未来一段时间的市场不确定性、实现成本控制，对稳定实体经济发展、提升市场风险抵御能力、增强系统稳定性具有深远意义。可通过服务于实体经济背景的金融衍生品交易市场，通过多样化风险管理工具，为国内和国际经贸合作保驾护航。从具体实施来看，一方面应进一步丰富衍生产品种类，采取有效措施支持金融机构进行合理衍生产品创新，活跃市场交易，扩大衍生品市场规模；另一方面应增强企业风险中性意识，引导使用套期会计，增强企业对冲风险的意愿。

三是风险分散安排。将敞口较大的风险让更多的投资者承担，降低可能风险事件的负面冲击。应大力推动资产证券化、银团贷款等产品的开发与交易，支持分散风险的需求。

四是风险补偿安排。通过保险和风险缓释机制，降低风险损失。可通过扩大市场开放力度，大力加强保险业发展，特别是吸引有国际竞争力的财产保险、海运保险、金融担保与再保险企业入驻，提升上海国际金融中心在管理各类风险方面的国际地位。

（三）通过保险和风险缓释机制，降低风险损失

1. 充分发掘人口红利，促进保险市场发展

一是进一步发挥绿色和创新保险的作用，围绕保障服务国家生态安全和生态高质量发展，服务政府生态治理，开展应用保险理念手段进行的生态风险管理活动和资金运用活动。二是进一步回归"保险姓保"的初心，提升民生保障能力，提升服务实体经济能力。促进保险长期资金投向基础设施建设，助力乡村振兴，支持"一带一路"建设，保障国家战略发展，有效控制行业风险。三是进一步加大对外开放，进一步放宽外资保险公司准入条件，深化保险资金运用市场化，加大社会

服务领域投资力度，推动保险业持续快速协调健康发展。

2. 加快建立国际再保险中心

建设国际再保险中心，将吸引众多海外再保险公司寻找商机，对推动上海国际保险中心建设有益。一是继续完善上海再保险市场体系，集中境内外资源，引导直保、自保和再保机构充分合作，支持保险经纪、评级、法律会计等专业服务机构深度参与，形成更加全面高效的再保险市场体系。二是继续发挥上海保交所国际再保险业务平台的优势，对照国际惯例及业务规则，为行业提供功能完备、风险可控的再保险交易服务。三是继续努力将上海再保险市场建设成为承接特殊风险与离岸风险的"桥头堡"，聚焦重点项目大型风险、巨灾风险、特殊风险的保障需求，不断增强对离岸风险、区域性风险以及全球性风险的再保险供给能力，建设在亚太区域具有较强辐射能力的航运、能源、巨灾、信用和政治风险保险市场，并积极探索巨灾风险证券化改革。四是继续努力将上海再保险市场建成行业制度创新的高地，借鉴全球主要保险中心经验做法，持续推进制度改革，为行业发展注入新动能。五是继续努力将上海再保险市场建成扩大中国再保险业国际影响力的重要平台，推动建立上海保险业联合会，并将其作为国内再保险业与国际业界加强沟通合作的桥梁，同时，在上海开办内容丰富、形式多样的国际再保险交流活动，打造我国再保险的国际服务品牌。

中国并非金融科技的先驱,只是快速采用和推广了金融科技而已。中国的科技公司加大了创新力度,以满足消费者的需求,并弥补中国金融基础设施的不足。

——亨利·保尔森《美元的未来》

第七章

以金融科技为亮点,打造具有全球竞争力的金融基础设施

随着全球地缘经济与政治重心的东升西降,以及新一轮科技革命和产业变革的孕育兴起,大数据、人工智能、区块链、云计算等金融科技全面发展,经济增长与科技创新的动能加快转化,全球金融中心建设的途径、方式和重点都将改变,并具有更多的时代性、开放性和普惠性特征,催生更多的金融业态。金融科技作为未来全球金融发展的先进生产力、竞争制高点和核心竞争力,必将是上海全球金融中心建成的重要支撑,也是上海赶超其他国际金融中心的关键因素之一。

第一节 将上海创建成世界级金融科技的三大中心

一、顺应时代趋势,建设世界级金融科技中心

当今世界正经历百年未有之大变局,金融和科技这两大人类文明的超级引擎正在发生世纪大交汇。金融科技作为全球金融发展的先进生产力、竞争制高点和核心竞争力,其本质是金融,科技作为创新手段和业务载体,涉及人工智能、大数据、区块链、云计算、移动互联、物联网、生物识别、加密等主流信息技术,通过推动产品创新、促进渠道融合、丰富场景生态、提升金融效率,正在深刻改变金融服务模式和经营方式,在推动金融市场和服务的发展、提升风险管理能力方面处于核心地位。随着技术的快速发展和相互促进,科技与金融的结合也在发生深刻变化,谁拥有金融科技的领先地位,谁就能引领未来。

从地域来看,美国以金融和科技为核心竞争力,以东海岸的华尔街和西海岸的硅谷为代表,在金融和科技领域持续发力,具备显著优势。英国高度重视发展金融科技,伦敦作为全球领先的金融科技中心,有超过1600家金融科技公司,预计2030年数量还将增加一倍以上。相对而言,上海依托全球第二大经济体,金融要素齐备、市场规模巨大,全球金融中心的建设关键在于"从大到强",培育并掌握全球性市场的话语权或定价权,核心在于以金融科技为亮点,打造与全球金融中心定位相匹配的金融科技核心竞争力。

(一)短期看,上海金融科技是看点而不是亮点

1. 金融科技正成为上海金融中心的发力点

根据"全球金融中心指数"(GFCI 27)报告,全球金融中心金融

科技排名为纽约、北京、上海、伦敦、新加坡、深圳、香港、广州、旧金山、东京。可以看到，全球金融科技中心排序中国已逐步领先，前10名已占5个席位，一定程度上体现了金融科技产业先于金融中心发展、再带动金融中心建设的客观趋势。

表7-1 GFCI排名变化

中心	GFCI 27		GFCI 26		较上期变化	
	金融科技排名	金融科技得分	金融科技排名	金融科技得分	排名	得分
纽约	1	735	3	759	▲2	▼24
北京	2	729	1	776	▼1	▼47
上海	3	722	2	762	▼1	▼40
伦敦	4	719	6	741	▲2	▼22
新加坡	5	714	8	738	▲3	▼24
深圳	6	709	5	752	▼1	▼43
香港	7	705	7	710	▼1	▼35
广州	8	702	4	753	▼3	▼51
旧金山	9	701	9	730	▼0	▼29
东京	10	698	12	726	▲2	▼28
华盛顿	11	697	14	723	▲3	▼26
斯图加特	12	696	15	716	▲3	▼20
维尔纽斯	13	695	新	新	新	渐
洛杉矶	14	692	13	725	▼1	▼33
芝加哥	15	691	10	729	▼5	▼38

随着金融科技产业的发展，上海在移动支付的业务量、处理效率、覆盖面等方面均处于世界领先地位；网商银行、微众银行基本实现中小企业、街头小店的全覆盖；全球顶级金融科技盛会"外滩大会"永久落户上海；衣、食、住、行全方位向数字化发展，已经成为金融科技活力最旺盛的城市之一。

2. 与国际比较，上海金融科技亟待加速发展

相对于西八区的纽约、零时区的伦敦而言，上海金融科技发展现状表现为大而不强，短期内看点较多，但亮点不够突出。

纽约一直是金融创新的引领者。纽约的金融科技在2008年金融风暴压力下应运而生，华尔街也是"金融科技"一词的发源地。随着人才、资金与技术的投入逐渐增长和成熟，诸多创新型、领先的金融科技公司在纽约诞生，金融科技最密集的街区被称为"硅谷"（Silicon Alley）。纽约拥有规模最大最完善的金融服务体系，而华尔街拥有最大的投资资本，汇聚了最优秀的技术人才，也最需要金融科技带来创新，这使纽约逐渐形成了金融科技生态系统，在金融科技领域获得了长足发展，而金融科技产业又支持了华尔街金融业发展和创新，进一步加强其在全球金融中心的地位。

伦敦是全球领先的金融科技中心。英国的金融科技消费者采用率为72%，远高于全球平均水平64%。伦敦拥有约76500名金融科技工作者，预计在2030年，此数量将增加至105500人。科学研究和创新是英国工业战略的核心，脱欧后，英国政府更加积极寻求对外科技创新合作，加快开放市场，与全球建立科技合作伙伴关系、加强科技创新。

可以看到，纽约金融中心一直是全球金融的风向标、金融科技的引领者；伦敦金融城的区位优势使其与纽约、东京可以分别在同一节点完成全球外汇交易，并掌握汇率定价权；东京虽然没有像纽约、伦敦强大的市场话语权，但依靠金融科技及前瞻布局的金融科技基础设施，对金融科技创新高度包容；新加坡创造良好的监管框架，建立完善的金融科技生态，持续建设领先的金融科技投融资中心；香港金管局成立金融科技促进办公室（FFO），以促进香港金融科技业的稳健发展，并推动香港成为亚洲区的金融科技枢纽。上海金融科技的看点在于具备后发优势，可以集众家之长，有能力打造更加完善的金融科技生态系统，为实体经济提供高效率、高质量的金融服务。

（二）中期看，补短板强弱项是上海金融科技的崛起机遇

1. 我国金融科技原生领域技术研发相对滞后

从自主可控角度看，我国金融科技产业主要集中在应用端，通过金融科技创新或创造金融产品和业务模式，推动金融业务提质增效，尽管在局部技术实现了单点突破，但系统性、平台级核心技术创新仍不多见。目前人工智能、大数据、区块链、云计算等金融科技的主流技术均发源于欧美，相对于在5G、量子通信、集成电路等领域取得的突破性进展，我国金融科技的原生领域技术研发相对滞后，理论转换存在一些障碍。在国家深化体制机制改革、集中力量攻克重要领域"卡脖子"技术的政策框架下，上海突破金融科技产业技术瓶颈迎来了最好的发展机遇期。

2. 金融创新和风险防控不够平衡，数据安全、风险防控难度加大

随着金融科技的快速发展，人们的生活方式及消费行为习惯发生了深刻变化，金融生态呈现出许多新特征。金融技术和网络风险更容易产生叠加和扩散效应，其应用的范围越大，所承载的数据越多，产生的影响就会越大，导致相关风险的外溢效应增强，影响货币政策、金融市场稳定，同时也为金融监管带来新挑战。因此需要合理选择稳定可控技术，并建立相应的风险隔离机制，通过类似"监管沙盒"的方式鼓励金融科技创新。但由于相关法律规定不完善，部分金融科技企业的个人信息、数据泄露事件频发；大量资本涌入金融科技赛道，催生出"野蛮生长"的产品及服务。例如，P2P网贷等创新模式给金融科技市场带来巨大风险。

3. 上海支持金融科技发展的政策举措、标准体系亟待健全

《中国金融科技中心城市报告》显示，北京金融科技基础贡献率全国第一，区块链贡献率居全国首位，云计算贡献率位列全国第二。在空间布局方面，北京着力打造金融科技与专业服务创新示范区，已推

出"金科十条""十个支持"等重磅政策,聚集金融科技企业总数超过100家,在中国人民银行牵头的金融科技试点工作中审批通过项目数量居全国首位。目前,上海已发布《加快推进上海金融科技中心建设实施方案》,明确建设具有全球竞争力的金融科技中心,打造金融科技的技术研发高地、创新应用高地、产业集聚高地、人才汇集高地、标准形成高地和监管创新试验区。

因此,上海金融科技中心建设必然会加快培育世界级金融科技企业,从而优化人才等要素配置,推动金融科技产业聚集。金融科技企业通过对业务场景和用户资源、应用大数据和人工智能等技术的运用,将会深入推进信息挖掘、数据分析与业务创新,形成更多的价值增长点,从而培育形成原生领域的技术创新,必将培育和推出一系列的原生领域技术创新,进一步提高我国在金融科技领域的话语权,增强国家金融竞争力。

(三)长期看,金融科技将成为上海全球金融中心的亮点

随着5G网络、物联网技术、数字货币及相关配套建设的突破,在"举国之力"和"科技新基建"的双重驱动下,长期来看,我国金融科技相关的基础理论体系和基础配套设施建设必将大幅跃升,成为金融科技发展的重大契机。基于历史地位、国家战略、市场规模和基础设施等方面的综合考量,在长三角一体化战略板块的强劲支撑下,上海以金融科技为亮点,打造跨时空资金流、信息流的真正发起者、聚合者及平台塑造者,具有显著优势,金融科技必将是上海全球金融中心建成的重要支撑,也是上海赶超其他国际金融中心的关键因素之一。

1. 从资源禀赋来看,金融科技是上海全球金融中心建设的必由之路

上海有着深厚的金融基础和文化底蕴,曾是东方最重要的金融中心,号称"东方华尔街"。2019年,上海的存款余额达到13.28万亿元,是中国仅有的两座超过10万亿元的城市之一。上海集聚了股票、外汇、债券、期货、黄金等各类金融要素市场,2020年交易额达2274万

亿元，拥有一大批各类中外资持牌金融机构、跨国公司地区总部、外资研发中心和国家实验室等，是国内金融对外开放的最前沿。但与纽约、伦敦相比，上海总人口是伦敦及纽约的两倍多，金融从业人口仅为纽约的一半、伦敦的四分之一，且没有世界前30大银行的总部，无论数量还是质量都远远逊色于纽约和伦敦。传统建设模式显然不适宜于上海全球金融中心的建设，未来各种各样的金融活动、交易活动均离不开金融科技的全面支撑，通过金融科技拓展金融服务的边界、效率和体验，打造具有中国特色的全球金融中心建设之路。

2. 从金融普惠来看，上海金融科技亟须树立龙头地位

我国金融服务仍然存在门槛高、普及率低和供给不足等问题，传统存、贷、汇等金融服务单一，广大农村偏远地区金融覆盖度不高，金融普惠、金融扫盲仍是当务之急，金融科技发展与应用空间巨大。上海作为服务实体经济的桥头堡，通过服务实体经济的发展，进一步助推金融业的发展；通过金融科技的运用，推动金融服务的高质量发展，进一步为实体经济提供高质量金融服务，如人民币产品市场建设；总部型、功能型金融机构集群等。同时，上海金融科技企业类型多样，龙头企业众多，已初步形成完整的金融产业链，通过全球金融中心建设与自贸试验区、科创中心建设联动，更好服务支持"一带一路"和长江经济带建设，有效提升金融服务能力和服务效率，拓展金融业务发展的深度与广度，成为金融业转型升级的重大契机和重要驱动。

3. 从技术发展来看，上海金融科技发展重在多点协同突破

金融科技涉及人工智能、大数据、区块链、云计算、移动互联、物联网、生物识别、加密等主流信息技术。其中，人工智能技术能够提升运营效率，降低服务成本；大数据是金融业的基础资源，是金融服务开展的核心支撑；区块链技术是构建下一代的信任互联网和价值互联网的基石，具备改变金融基础服务模式的巨大潜力；系列技术的交叉运用、迭代升级，深刻改变金融业的服务模式和经营方式，金融科

技的发展重在多点协同、构建生态、联动突破。

以大数据为例：在数字经济背景下，数据要素的市场地位已被明确并多次写入中央文件，成为重要的生产要素和战略资产，是贯彻新发展理念、服务实体经济的关键要素，也是数字产业融合发展的核心引擎。通过发展大数据技术和产业，处理复杂、多样、海量数据，实现数据要素自身的生产价值、发挥对其他要素效率的倍增作用正在成为数字产业发展的可靠基础。在数据价值方面，目前金融相关产业数据利用上，仍然局限在客户画像、精准营销及反洗钱方面，数据使用成熟度、数据安全成熟度相对较低。同时，中小型企业难以承受大数据、人工智能等新技术的高成本，在数据驱动金融业务发展方面，缺乏核心爆点及新业务增长点。在数据开放方面，数字产业发展需要数据信息的自由流动和共享，如果数据不开放、不共享，数据整合就不能实现，数据价值也会大大降低，目前各行各业的数据还存在着诸多数据孤岛和数据瓶颈，普遍存在重存储轻应用的现象，数据价值难以发挥。在数据安全方面，部分金融科技企业的个人信息、数据泄露事件频发，监管部门对金融机构数据管理的要求越来越高，金融机构必须建立有效的数据治理体系和数据管理流程、完善数据标准、提升数据质量。

二、强化科技赋能，打造世界级数字金融中心

上海建设全球金融中心，应立足数字金融发展，以点带面，强化金融科技赋能，推动全要素金融科技产业的集聚，全力打造长三角金融科技增长极，持续鼓励和引导金融科技产业开展创新研发，通过金融行业技术和产品输出，以增量带动存量，助力长三角地区各行各业的数字化转型，支持和引导开展全球金融科技资源流动，构建全链条、全方位的金融科技产业生态，为金融产业发展提供有力保障。

（一）全面布局，推动金融科技全链条赋能

通过金融科技赋能实体经济，打造产业链、供应链、价值链相结合

的服务模式，培育新技术、新产品、新业态、新模式，打造一体化的金融服务体系或平台，发展空间和市场前景十分广阔。一是加大金融科技载体建设力度，科学规划和打造具有上海特色的金融科技平台。以区块链、人工智能技术为蓝本，加大国家级金融科技数据中心、人工智能与区块链等平台建设，引导和鼓励金融机构开展原生领域技术研发，持续建立金融科技产业发展标准，不断提升金融服务能力。二是将金融嵌入各类应用场景，持续鼓励和引导金融科技产业开展创新研发。打造创业有基础设施、创新有研究设计、终端有场景应用的金融科技全产业链。构建金融机构与科技公司的撮合平台，开展多平台接入、全场景营销，拓展新的获客渠道，寻找新的发展引擎，助力实体经济数字化发展。三是以增量带动存量，通过金融行业技术和产品输出，助力各行各业进行数字化转型。突出"科技创新、金融为本"，通过推动互联网、大数据、人工智能和实体经济深度融合，打造一批各具特色、优势互补、结构合理的金融科技企业，提高全要素生产率。四是推动金融机构转型升级。以简化交易环节、降低资金融通边际成本、开辟触达客户途径为目标导向，推动金融机构服务模式创新、业务流程再造、运营管理变革，进一步增强核心竞争力。五是推动普惠金融发展。通过线上服务、生物识别等便利化服务，引进海关数据、工商数据、税务数据等第三方数据建立模型，提升风控能力，使业务能覆盖到更多的中小企业，触达长尾客户，促进普惠金融发展。

（二）以点带面，打造长三角金融科技增长极

我国长三角地区经济总量约占全国四分之一，是全国最发达最富裕的区域和一体化程度最高的地区之一，也是正在崛起的世界第六大城市群，"一带一路"和长江经济带交汇点，上海作为长三角地区的金融龙头，依托功能完善的金融要素市场体系，再加上长三角三省一市丰富多样的金融需求，为金融科技企业提供了丰富的应用场景。一是服务国家战略，建立全球金融科技产学研用体系。强化基础软硬件与

底层技术研发布局，加强区域联动、产业协同，建立优势互补与成果共享机制，逐步形成以我为主、全链条的金融科技研发与运用产业布局。二是以综合多元化各类资管投资机构为桥梁，提升金融对科技的支撑能力。加大重点建设项目的股权投入，积极参与经济结构调整、产业优化升级和协调发展相关的企业重组、股权投资、直接投资等业务，从而更好地支持金融科技及具有国际竞争潜力的重点产业发展。三是充分发挥全球金融中心的优势，推动金融科技资源流动。通过国内大型企业的跨境直接投资、跨界并购的方式抢占先机，支持和鼓励开展全球金融科技创新设计及运用。四是推动全球金融中心建设与长三角一体化两大战略深化联动、融合发展。通过金融科技产业的发展，进一步拉动长三角金融科技的协同增长，并与北京、香港联动，塑造产业高地。五是积极探索互联互通业务合作试点。在上海自贸区、临港新片区等政策框架下，推动互联互通业务合作更多纳入"监管沙箱"，逐渐丰富应用场景。借鉴粤港澳大湾区跨境服务经验，提升长三角移动金融优势，例如提升手机银行、移动支付服务水平，为中小企业、初创企业提供普惠的线上服务，推动长三角公共服务领域支付依法合规实现互联互通。六是持续打造金融科技服务平台，提供"最佳金融科技发展服务"。建设公共服务平台，提供法律咨询、知识产权、风险投资、股权融资、创业孵化、市场推广等专业服务，推动长三角绿色金融服务平台一体化建设。七是探索建立一体化、市场化的长三角金融信息服务平台。依托全国信用信息共享平台，进一步完善跨区域信用信息共享机制，加大信息归集共享和开发利用力度，服务中小微企业信用融资，实现金融普惠。

（三）数据驱动，推动构建数字产业实施框架和技术标准

数据是数字经济的"新能源"，大量的数据沉淀、丰富的数据类型、全场景沟通渠道，是发展数字经济的根本。在抗击新冠肺炎疫情中，大数据、移动支付在应对危机、维持社会经济正常运转等方面发挥了极为关键的作用。上海可依托当前数字经济的良好发展态势，将数字经济发展的成果在金融中心建设中加以运用，推动数字经济成为上海经济发展的重要推动力。一是推动数据要素市场化改革，建立完善的数据要素市场，实现数据资源的高质量发展。围绕数据要素相关资产的确权、定价，健全要素市场运行机制，建立完善的数据要素市场体系，完善要素交易规则和服务体系，如在监管框架内鼓励和引导各类市场主体先行先试，试点建设数字资产交易平台，完善相关监管政策和运营体系，为数字资产上下游产业链构建提供良好的治理环境，引领全球数据要素市场建设。二是依托大数据技术，大力发展监管科技。健全准入管理，优化设施布局，健全治理结构，推动形成布局合理、治理有效、先进可靠、富有弹性的基础设施体系。建立前置风险监测和预测系统，更加有效地甄别风险交易、异常交易，提升风险动态感知能力和管控水平，助力防范化解金融风险，实现监管治理体系和治理能力的现代化。三是鼓励核心技术攻关，着力推动数字产业发展。充分发挥政府的引导作用，以及企业的主体作用和有效市场的主导作用，加大政府财政资金的引导支持力度，抓住重点领域、关键环节和核心问题，找准着力点和突破口，鼓励自主创新，支持一批关键核心技术研发创新与应用，扶持具有核心技术的产业链发展，推动数字产业与实体经济深度融合，破解产业发展瓶颈。四是完善数据处理与数据保护制度，强化数据安全。加快开展数据治理重大问题研究，协同相关部委推进数据处理与数据保护立法进程，加强对敏感数据、商业数据和个人数据的保护，强化客户数据、交易数据、衍生数据的合规治理，加快推动数据安全评测、安全防范、应急处置等相关机制建设，更加重视和引导金融消费者数据权益，将合法合规作为数字产业健康发展的前提，推动形成尊重数据隐私、维护数据权益的自觉意识和良好氛围。五是加快推动数字产业标准建设，积极参与数字领域国际规则和标准制定。通过标准化的途径整合行业资源、规范数据应用，在金融科技相关领域设置实践标准，为银行、证券、保险、现金服务、第三方支付等提供具体的操作指南。数据相关企业要制定包含数据处理方法、数据保护措施、数据质量控制的企业数据管理制度，为数字产业的健康发展提供有力保障。

特别是在疫情防控常态化及后疫情时代，加快经济数字化转型是实现经济高质量发展的必由之路，应在坚持"守正创新、安全可控、普惠民生、开放共赢"基本原则上，紧扣"促进数字经济和实体经济融合发展，加快新旧发展动能接续转换"这一主线，加速金融科技发展，打造数字经济高质量发展新引擎，对中国实现创新增长、推动高质量发展、保证长期活力和韧性具有重要的意义。

三、构建开放生态，培育世界级金融创新中心

上海是全国金融信息服务的"领军之城"，也是我国金融开放的排头兵，相继推出黄金国际板、沪港通、沪伦通、债券通等国际金融资产交易平台。上海建设全球金融中心，开放生态、金融科技创新两者缺一不可，应立足于金融创新，打造金融科技"产业、技术、人才"三位一体的开放生态体系，完善金融科技创新体制机制，强化重点领域项目、基地、人才、资金一体化配置，健全政府以投入为主、社会多渠道投入机制，加大对基础前沿研究支持，通过"监管沙盒"等监管科技的先行先试，创造安全可靠的发展空间，鼓励和引导金融科技生态建设，形成具有国际竞争力的金融科技产业集群，融入全球产业链、价值链、资本链、供应链、技术链和人才链，提升金融资源配置效率，进一步增强金融创新的全球化竞争力。

（一）打造产业开放生态，以大型金融机构和科技企业为龙头，加快构建国家级、战略级金融科技孵化器及创业加速器集群

产业开放的关键在于开放前要立足国内大循环"做大做强"，开放后要充分利用国内国际两个市场两种资源"更大更强"。一是鼓励和

引导金融机构和大型科技企业设立金融科技公司。带动金融与科技的融合发展，鼓励如中国银行等全球化大型金融机构在上海设立金融科技公司、创新研发基地，打造金融科技公司集群，推动构建以金融为核心的产业生态。二是加快设立产业园区、孵化器、加速器、特色小镇、众创空间等金融科技示范区。集中承载金融科技业态，营造上下流的生态圈，形成产业、人才、市场的聚集。三是通过金融支持更多的创新型小微企业发展，探索金融资源与科技资源对接的新机制。持续投入、持续布局，培育一批金融科技独角兽，带动金融与科技的融合发展。四是在资金支持、税收政策等方面加大扶持力度。充分发挥地域和资源优势，不断优化行业标准和监管环境，完善配套法律制度与标准规范，丰富市场参与者类型，促进行业最佳实践的交流分享，助力金融科技高质量发展。五是通过探索"监管沙盒"模式，鼓励金融科技创新。聚焦无人工厂、工业互联网、在线医疗、远程办公、在线金融、在线文娱、在线展览展示、生鲜电商零售、无接触配送、新型移动出行、在线教育、在线研发设计等发展领域，扩大免罚清单，允许试错、宽容失败，打造具有国际影响力、国内领先的在线新经济发展高地，为金融科技的深度运用扫清障碍。

（二）打造技术开放生态，持续提升以科技为支撑的金融服务能力

随着互联网对客户行为习惯的深刻变革，要求金融机构具备全方位、一站式的产品和服务输出能力，通过移动化、智能化、数字化，带给客户更便捷的服务、更低的价格和更好的体验。一是着力打造开放型生态体系。以用户需求为导向，以开放应用程序编程接口（API）、软件开发工具包（SDK）为手段，以数据共享为核心，以平台合作为模式，通过内部整合和对外开放，使基础设施服务更聚焦、更敏捷、更智能、更开放，促进金融科技更好地对外赋能。以"开放银行"为例，银行以开放应用编程接口（API）为主流，对外输出产品和服务，实现银行与银行、银行与非银行金融机构、银行与跨界企业间的数据

共享、场景融合，创新商业模式，拓展产品边界，构建立体式的移动金融生态系统，创造更多的无感金融服务。二是金融市场与科技融合发展"量化金融"。充分发挥外汇交易中心、金交所等全市场集中统一平台的优势，利用最先进的交易底层技术和交易模式继续改进，完善匿名自动撮合、合约智能替代、主经纪自动接入等核心功能，降低市场门槛，提高平台性能，为更多市场参与者提供更高效、更安全的全球交易平台，吸引全球金融机构和科技企业参与；相关金融市场通过API、FIX协议等量化接口对金融机构和科技企业开放赋能，鼓励发展效率更高的量化交易、量化投资。三是集聚全球资源，举办全球金融科技创投大会。以科技创新为主题，聚焦金融场景应用与技术发展，汇聚全球主流金融机构与研发机构、初创公司乃至自由开发者，组织全球性的创投大会，推动全球资源的流动与调配，增强金融中心影响力。四是加大对大数据、人工智能、云计算、物联网、区块链等新技术的前瞻性研究投入。持续开展与金融服务紧密融合的应用场景创新试点，依托上海票据交易所及相关数字科技研发支持机构建立平台，促进人民币跨境贸易融资业务发展。五是推动研发智能化支付清算系统。通过金融科技深入运用，应用人工智能技术降低流动性风险；云计算加强业务连续性建设；大数据对直接参与者进行精准画像；区块链技术提高金融市场交易结算的安全性，提升系统运行和结算效率，力争系统算法等核心竞争力达到国际领先水平，实现弯道超车。

（三）打造人才开放生态，全方位储备和培养金融科技人才

当前，高度发达的金融体系和完善的金融生态，使得上海成为我国对金融人才吸引力最强的城市之一。随着金融科技应用需求的爆发式增长，各技术领域人才市场竞争激烈，国际人力招聘公司Michael Page（中国）统计数据显示，金融科技人才紧缺是全球性的问题，目前国内金融科技人才总缺口超过150万人。再加上国有金融机构对科技人员的管理模式和激励机制相对滞后，科技人员的职业上升渠道相对单一，

对于科技人员的重视程度仍有待提升，专业人才流失成为常态，专业人才紧缺的局面将长期存在。因此要完善配套机制，加大金融科技人才培养引进力度，积极推动金融基础设施行业人才队伍建设，培养和储备具备涵盖行业国际惯例、专业实践经验、国际法律法规等领域的复合型人才，鼓励金融机构建立与金融科技市场相适应、有利于激励金融科技人才的薪酬体系和考核制度，激发人才创新和创造活力，提升面向未来的人才竞争软实力。

第二节 将上海建成具有全球竞争力的金融基础设施枢纽

一、金融基础设施在国际金融中心竞争中的特殊意义

金融基础设施（Financial Market Infrastructure，FMI），指金融市场参与机构（包括系统的运行机构）之间，用于支付、清算、结算或记录金融产品交易的多边系统和运作规则。金融基础设施承载各类金融资源、交易和活动，连通各类金融市场、金融机构和金融产品。安全高效的金融基础设施是维持社会经济体系运转的重要条件，也是金融市场健康发展的必要支撑。进一步强化金融基础设施的建设，更是提升上海国际金融中心竞争力的重要保障。

（一）金融基础设施是保障金融市场运行的重要前提

金融基础设施主要包括系统重要性支付系统（SIPS）、证券交收系统（SSS）、中央存管机构（CSD）、中央对手方（CCP）以及交易信息集中报告机构（TR）等，服务央行、商业银行、证券公司、保险公

司、专业投资机构等各类市场参与者,为货币、证券、商品、衍生品等各类金融市场产品提供交易、清算、结算、托管、交收等一系列服务。从这个意义上讲,金融基础设施也是跨机构、跨市场、跨地域、跨国界开展金融活动的重要媒介。金融基础设施在金融体系中处于较为核心的地位,因为它们与市场参与者拥有广泛的连接,包括与其成员(如银行)之间的机构性连接,金融基础设施之间的系统性连接,以及与外部服务商之间的一般性连接。因此,金融基础设施对于金融市场具有支柱作用,运行良好的金融基础设施有助于金融体系的稳定和增长。

(二)金融基础设施是提升金融交易效率的重要保障

成熟的国际金融中心所具备的金融基础设施能够以相对较高的效率助推金融机构从事资金的集散周转、风险配置以及金融产品组合管理业务等,形成资金交易成本的洼地,提升资金周转效率、降低金融交易成本,进而提高金融中心的核心竞争力。其中,支付系统是金融基础设施的核心部分,是国民经济和社会资金流动的大动脉,在方便市场交易、减少现金使用、便利跨境结算、提高资金周转、维护市场秩序、规范结算行为,防止支付风险,倡导货币政策传导,密切境内外金融市场联系等方面发挥着极其重要的作用。香港金管局是一个明确将金融基础设施建设纳入国际金融中心建设政策目标的案例。其设立了明确的金融基础设施建设政策目标,致力于建立多币种、多层面金融基建平台,维护香港货币及金融体系稳定,巩固香港国际金融中心地位。

(三)金融基础设施是强化风险抵御能力的重要平台

由于金融交易和活动,涉及各类金融资源、金融市场、金融机构,以及远比其他行业更为密集和复杂的金融产品契约安排,金融基础设施的不健全、不完善容易引发信用风险、流动性风险、操作风险等各类金融风险，甚至引起风险和危机在参与者之间产生连锁反应，最终让整个市场面临系统性金融风险。金融基础设施越发达、越规范，就越有利于识别潜在的风险隐患，金融体系应对外部冲击的能力也就越强。例如，1997—1998年亚洲金融危机中，一些经济体的金融基础设施比较脆弱而容易受冲击（如衍生品交易没有中央对手方集中清算导致少数交易者资金链断裂而引起危机），成了金融市场系统性风险的催化剂。2008年爆发的金融危机凸显了中央对手方交易机制（CCP）在金融系统中的重要作用。2008年9月，雷曼兄弟在全球范围内的数个CCP的头寸被成功解退，从而一定程度上减少了风险带来的损失，显示了集中化风险管理和违约处理程序的潜在益处。次贷危机之后，欧美在致力于重构金融监管体系的同时，出台了一系列旨在完善OTC衍生品市场清算制度、合约标准化和提高信息透明度等改革措施。G20杭州峰会也强调进行相关的监管改革，为所有标准化的场外衍生品提供集中清算服务。

二、主要国际金融中心金融基础设施建设情况

主要国际金融中心经过多年发展，以及多次国际金融危机的洗礼，逐步构建了完备、高效、安全的金融基础设施，在金融创新和服务的提质增效方面发挥了不可替代的关键作用。

（一）深入推进国际化货币跨境支付体系建设

全球经济一体化使跨境金融活动日益增多，跨境支付需求日益增加。本币跨境支付体系作为一国金融基础设施的重要内容，其制度安排及技术水平直接决定着该种货币国际交易效率与风险管控能力，进而决定该种货币参与全球金融市场的深度与广度，从而成为一国货币竞争优势的重要来源。为提升本币全球交易效率、扩大辐射范围、强化风险防控能力，主要国际金融中心积极推动本币跨境清算体系建设。

1. 美国

美联储运营的联邦储备电子划拨系统（FEDWIRE）和由纽约清算所运营的清算所银行间支付系统（CHIPS）是美国最重要的两个大额支付系统。为匹配全球尤其是亚洲地区美元清算的需求，FEDWIRE和CHIPS两个系统均是从上一日的21:00开机运行，亦即"向前延时"，运行时间分别达21.5小时和20小时，有力支持美元第一大国际货币地位。两个系统相互竞争，同时又在治理机制、结算方式等多方面形成互补，共同成为支持美元作为全球货币的两大基础设施支柱。

FEDWIRE建立于1918年，由美国联邦储备银行开发、拥有和运营的电子支付清算系统，负责全美范围内的资金清算。FEDWIRE是一个高度集中化的系统。系统的使用者不管在哪一个联储银行开户，其大额资金支付清算都要通过纽联储的主处理中心进行，进而实现了全美支付清算规则的一致性。FEDWIRE采用逐笔实时全额清算方式，参加行在联邦储备银行开立美元清算账户，并须遵循联储对流动性管理的规定，合格的付款指令系统会自动记账，资金立即生效，具有终结性且不可撤销。

CHIPS系统成立于1970年，是由纽约清算所所有并经营的实时支付清算系统，是全球最大的私营支付清算系统之一。CHIPS是采用实时、不间断匹配、多边轧差的清算模式保证当天资金实时清算以及结算最终性，以其享有专利的算法著称，可达到26∶1的流动性节约效能。全球及美国本土范围内以美元结算为基础的支付交易均可通过CHIPS处理，包括全球银行间资金交易和电子支付清算服务。CHIPS混合结算、强大的流动性节约等机制，吸引一流国际银行参与，成为美元跨境清算的主要渠道。据统计，全球95%的美元国际支付是通过CHIPS进行清算的。

2. 日本

日本按照跨境日元支付、国内跨行转账等结算需求，设立了不同的专业化清算系统。该国的大额支付系统主要包括日本银行金融网络系统（BOJ-NET）、外汇日元清算系统（FXYCS）。BOJ-NET由日本银行负责运营，在东京甚至整个日本清算体系中处于核心和枢纽地位。FXYCS系统由私人部门运营，专门负责外汇日元的清算。两个系统专业化分工明确，互不交叉、各负其责。

BOJ-NET系统于1988年建成，是作为日本支付结算体系核心的联机大额资金转账系统。BOJ-NET主要用于结算银行债务，包括私营清算系统清算后产生的净债务。日本银行提供的大多数支付服务都可以通过BOJ-NET资金转账系统处理，如同业拆借市场和证券交易所引起的金融机构之间的资金转账、同一金融机构的不同账户之间的资金转账、私营清算系统产生净头寸的结算、金融机构和日本银行之间的资金转账等。

外汇日元清算系统是1980年建成的大额支付系统，用于外汇交易中日元部分的清算，为日元国际化发展发挥了重要作用。该系统属于日本全国银行协会。从建立之初至2008年，FXYCS支持定时净额结算和实时全额结算两种结算方式。自2008年起，FXYCS取消净额结算方式，所有交易均提交至BOJ-NET，以全额结算方式进行处理。另外，日本于2002年引进CLS持续联结清算系统（Continuous Linked Settlement），在日元外汇结算中也起到了重要作用。目前外汇日元清算系统主要承担外汇交易中日元的结算功能，而CLS负责多边货币的支付清算功能。

3. 中国香港

中国香港作为高度开放的国际金融中心，其清算体系最大的特色是在港元清算基础上，建立了一套多币种的即时支付系统，并已发展成为一个开放的、立体的、与其他金融基础设施高效融合的支付结算体系，增强了香港外汇及债券市场的流动性，满足了亚洲时区系统参与者各币种清算需求，支持香港金融中心不断发展壮大。

香港金管局在金融基础设施的建设中发挥了主导作用。香港金管局认为，全球投资者选择交易场所的关键因素之一是清算结算基础设施的稳健与高效，因此致力于打造多币种多层次的基础设施平台，以助力香港国际金融中心建设。

中国香港已建成多货币支付系统（CHATS），其中包含港元、美元、欧元、人民币四种货币的即时支付结算系统（RTGS），由香港金融管理局和香港银行公会共同拥有的私营公司——香港银行同业结算有限公司（HKICL）运营和管理。CHATS系统各币种之间连通，实现美元、欧元、港元、人民币外汇交易同步交收结算服务（PVP）。这一安排极大地便利了香港市场的外汇交易，并且为香港的联系汇率制度提供了有力支持。CHATS与股票结算系统（CCASS）、债券工具中央结算系统（CMU）联网，提供港元债券及证券、美元债券及证券、人民币债券的货银两讫结算服务（DVP）。此外，CHATS系统连通泰国、马来西亚、印尼等东盟主要经济体支付清算系统，以及欧清、明讯等国际中央证券托管机构，吸引亚洲客户在香港进行贸易结算及金融市场交易，成为亚太区域清算结算枢纽。

（二）金融基础设施后台服务系统一体化趋势日益加强

近年来，伴随着金融创新步伐，各类金融市场、金融机构之间的相互联系、相互作用、相互影响日益强化，客观上要求不同类型金融基础设施的后台服务体系能够实现互联互通，对资金流、信息流等的跨市场流动给予必要支持，以提高交易效率和节约流动性。比如，一个国家的大额支付系统与证券结算系统作为金融基础设施的两大支柱，它们之间的互联互通在防范风险和提升交易效率方面作用显著。具体来说，证券系统中的资金结算借助于大额支付系统，可有效实现DVP，以防范支付风险；同时，为降低流动性风险，大额支付系统通常根据参与者的质押品为其提供流动性支持，这时就需要证券系统提供支持。

1. 美国

随着金融创新不断加深，金融市场参与主体对金融市场基础设施后台服务互联互通要求不断提高。美国以联邦储备电子划拨系统（FEDWIRE）为中心，让不同类型、不同区域的金融后台服务系统实现互联互通，实现外汇清算系统、证券清算系统与美元支付系统的PVP、DVP连接，外汇、证券交易系统的结算与美元清算同步进行。首先，整合同类型金融后台服务系统。美国从1975年的7个托管机构到2002年最终合并成为全美证券托管结算集团（DTCC），形成了目前的两大中央托管结算体系：美国联邦储备银行债券服务机构和DTCC。其次，实现不同类型金融基础设施的互联互通。美国的美元实时全额结算系统（FEDWIRE），实现了与外汇清算系统（如持续接结清算系统CLS）、证券清算系统（Fedwire Securities、DTC）的连接，支持有关外汇交易PVP和有关债券交易DVP结算。

2. 欧元区

为整合各国分散的金融基础设施，消除跨境交易的障碍，欧洲中央银行（ECB）自1995年开始建设泛欧实时全额自动清算系统（TARGET），该系统由17个国家RTGS、ECB的支付机构（EPM）和相互间的连接系统组成。1999年投入运营的TARGET是一个分散的系统，它连接不同的中央银行系统，使用央行货币完成欧元计价的支付结算业务。2007年该系统的第二代——TARGET2正式启用，整合各国分散的技术设施，创立了共享技术平台。TARGET2是所有欧元支付和结算业务的支柱，也是流动性管理的核心系统。

2008年ECB发起实施TARGET2 SECURITY（T2S），旨在降低交易成本，推动欧洲交易环境的协调化发展。T2S为欧盟各国的中央存托机构（CSD）提供具有统一的接口和报文协议标准的单一IT平台，在全额实时的基础上使用中央银行货币提供DVP结算。它不仅是一个高效的证券结算平台，还能通过专用现金账户提供流动性和担保品管理服务，从而实现流动性节约目的，并为整个T2S市场提供单一担保品池。

据了解，未来欧央行还计划为TARGET2、T2S建立一个统一的平台，以横跨连通所有的实时全额清算服务TARGET系统，进一步推动欧洲形成统一金融市场、消除跨境清算和结算障碍、促进交易后服务协调化发展。

（三）更加注重金融基础设施的风险防范

鉴于金融基础设施在金融体系中的重要性，国际清算银行支付及金融基建委员会（CPMI）及国际证券事务监察委员会（IOSCO）组织于2012年公布了《金融市场基础设施原则》（Principles for Financial Market Infrastructures，PFMI），从总体架构、信用风险和流动性风险管理、结算、中央证券存管和价值交换结算系统、违约风险管理、一般业务风险和运行风险管理、准入、效率和透明度等9个方面详细规定了各类金融市场基础设施安全、高效运行应遵守的24条原则，还指出了金融监管部门应遵守的5项职责，以全面加强对金融市场基础设施的管理，并要求各成员国尽快将PFMI落实到位。各国十分重视对金融市场基础设施的建设和评估，比如香港金管局遵照最新规则，要求香港地区港元、美元、欧元、人民币四个币种的支付系统每年按照《香港清算及结算交收条例》（CSSO）评估其是否符合PFMI要求，并在网站发布评估详细报告。

此外，着眼防范系统性风险的中央对手方机制发展迅速。金融实践表明，中央对手方在增强金融体系弹性、应对外部冲击、化解风险隐患等方面功能卓著。在金融危机过程中，中央对手方机制通过多边抵消和多边净额结算制度缓释了交易风险。2008年国际金融危机后，各国高度重视中央对手方建设。美国于2010年7月推出《多德—弗兰克法案》，欧盟委员会2012年7月批准了《关于场外衍生品交易、中央对手和存管机构的规定》（亦称为"《欧盟市场基础设施规则》"或"EMIR"），都对衍生品强制中央对手清算做出明确规定。目前全球有近30家中央交易对手被监管当局认定为合格中央交易对手，全部为中央清算所，其中CME（芝加哥商品交易所）、LCH（伦敦清算所）已被欧洲、美国、加拿大和澳大利亚等监管当局认定为合格中央交易对手。

三、我国支付清算基础设施发展现状

（一）发展现状

经过多年来市场经济的快速发展，我国形成了以中国人民银行现代化支付系统（以下简称大额支付系统）为核心的中国支付清算体系。具体包括大小额支付系统、人民币境外支付系统、境内外币支付系统、网上跨行支付系统等中央银行支付系统，以及银联银行卡跨行清算系统、网联清算平台、城商行资金清算平台、农商行资金清算平台、中央国债结算系统、外汇交易中心及全国银行间拆借交易系统、上海清算所中央对手清算系统、中国票据交易系统、中央证券结算系统、非银行支付机构业务系统、各商业银行业务清算系统等各类商业运营的支付清算系统。经过了十几年的持续建设，我国支付清算系统基础设施已初具规模，结构功能和效率安全也在不断地创新完善和优化。

1. 我国金融基础设施建设已成为国家战略

国家"十三五"规划纲要明确提出建立安全高效的金融基础设施。2019年中央全面深化改革委员会第十次会议，通过了《统筹监管金融基础设施工作方案》，明确要加强对重要金融基础设施的统筹监管，统一监管标准，健全准入管理，优化设施布局，健全治理结构，推动形成布局合理、治理有效、先进可靠、富有弹性的金融基础设施体系。我国作为CPMI和IOSCO的正式成员，参照国际标准，对金融市场基础设施进行规范和完善。2013年，中国人民银行和证监会联合发布《关于实施〈金融市场基础设施原则〉有关事项的通知》，落实国际监管组织的要求。支付体系是我国的核心金融基础设施，中国人民银行明确要加快建设完善更高水平、更有效率的现代支付体系。同时，中国人民银行是全球支付、清算、结算领域最主要的组织"支付与市场基础设施委员会"的正式成员，积极参加全球支付行业治理，深化和拓宽支付结算

国际事务的参与度。

2. 支付清算基础设施继续向国际化推进

随着对外开放和人民币国际化的不断推进，我国支付清算系统基础设施也进一步朝着国际化方向发展，结构功能和效率安全也在不断地创新完善和优化，有力支持我国金融市场对外开放。2015年CIPS系统一期投产以来发展迅速，2018年CIPS二期全面投产，从丰富资金结算模式、支持金融市场业务、延长运营时间（5×24小时+4小时）、拓展境外直参等方面进行优化，为人民币国际化和上海国际金融中心建设提供强大支持。进一步实现与国际的互联互通，2017年"债券通"通车，依托中央结算、上海清算所与香港债务工具中央结算系统（CMU）进行跨境结算，同时，中央结算、上海清算所与CIPS联网运行，实现"债券通"北向通业务DVP结算自动化处理。

3. 风险防范机制日益完善

上海清算所作为中国人民银行认可的合格中央对手方机构，按照PFMI国际标准，建立起我国场外金融市场中央对手清算服务体系，包括债券、利率、外汇和汇率、信用、大宗商品衍生品等中央清算业务。2017年，上海清算所接受由国际货币基金组织和世界银行联合组织实施的金融部门评估规划（FSAP），评估显示上海清算所风险管理安排良好，符合PFMI要求。

为加强金融风险防控机制，2017年12月中央结算公司担保品中心落户上海，作为金融市场的流动性和风险管理中枢，承担金融市场风险管理平台的使命。同时升级担保品管理服务系统，更好支持人民银行自动质押融资业务，防范支付清算风险。

（二）面临的问题

1. 金融基础设施之间的"硬连通"问题

一是我国支付清算系统与其他金融市场基础设施后台结算系统的

连接未全面实现；二是在信息交互层面未与其他金融基础设施建立连通。以上两点造成了在岸金融市场基础设施对整个金融创新和开放过程中的支持和保障不足，影响了支付效率和风险防控。以债券市场为例，目前我国债券市场划分为银行间及交易所两大独立市场，从债券种类看，国债及金融债通过中央结算进行清算、结算及托管；短融、中票及私募债通过上海清算所进行清算、结算及托管；公司债、可转债等债券通过中国结算进行清算、结算及托管。三大存托机构彼此独立，对于投资者而言，尤其是境外投资者，需要根据投资债券的种类，取得相应机构的会员资格，增加了投资者的准入门槛。再如CIPS系统没有与中央结算、上海清算所等证券托管结算机构完全打通，CIPS参与行无法通过质押、回购和拆借等方式获取必要的流动性，影响CIPS交易量和清算效率。

2. 金融基础设施功能覆盖和服务范围尚不够全面

作为国际金融中心，需要具备功能齐全的各类金融要素市场，这需要建设多功能多层次的金融基础设施为之提供服务。目前，中央对手方清算服务方面，我国提供CCP服务的机构包括上海清算所、中国结算、上海期货交易所等，但仅局限于为自身的特定业务服务，还存在监管分割、市场分割以及机构分割问题。此外，CIPS与中央结算、上海清算所的连通目前只局限为债券通业务提供DVP清算，尚未扩展至其他业务和产品。

3. 与境外金融基础设施的协调不足

我国金融市场基础设施还处于"引进来"和"走出去"的起步阶段，相对于其他国际金融市场而言，我国的金融市场基础设施还相对独立。比如我国还未加入持续连接清算系统（CLS），CIPS也未与其他币种RTGS系统连接，人民币与外币之间的外汇无法真正实现PVP清算，特别是对在离岸市场上办理人民币外汇买卖所存在的支付风险较其他CLS清算货币更大，结算效率也会受到影响。

第三节　依托科技，加快金融基础设施的升级换代

加大战略规划和政策指引力度。建议中央监管部门和上海市结合国际金融基础设施发展的特点和趋势，结合我国金融基础设施建设的实际情况，共同制定以建设上海全球金融中心为目标的金融基础设施发展战略规划，引导建立与之相适应的金融基础设施体系。

一、从整体上提升境内金融基础设施的服务能力

加强顶层设计，持续完善CIPS系统功能及配套的清算规则，更好地满足国际市场参与者的需求。在强化CIPS跨境人民币清算体系主渠道地位的同时，注重协调参与者共同建设和丰富人民币支付清算生态圈，形成以在岸市场为核心，立足上海辐射全球的人民币全球清算结算体系。

深化推动中央对手方清算互认机制，积极推动我国监管机构与其他境外监管机构实行合格中央对手方机构监管互认，消除我国金融市场基础设施的合格中央清算对手方障碍。同时，加强监管协调，努力拓展中央对手交易机制的市场覆盖范围，着力提升中央对手方在风险管理和阻断风险跨市场传播的功能。

积极推进落实PFMI并接受国际机构评估，提升我国金融市场基础设施在国际上的认可度。

积极运用新技术提升金融基础设施的服务能力，促进要素市场的健康发展。加强大数据、人工智能和云计算等金融科技的融合创新在金融基础设施建设中的应用，提高金融基础设施的运行效率，建立要素市场信息和数据的共享平台，为市场参与者提供更多增值的服务。依托数据模型和算法提升风险防控能力，加强对市场和客户的风险预

警。拓展服务实体经济的深度和广度,使金融服务能覆盖到更多的中小企业。

二、促进境内外金融基础设施的互联互通

推进证券托管结算机构间的互联互通。针对我国金融基础设施营运主体分行业监管,交易所市场和场外市场、证券市场和债券市场、中央和地方市场分割的现象,建议充分借鉴国际先进经验,严格按照PFMI原则,加强统筹,协调整合,积极推动各金融要素市场的后台服务体系互联互通和一体化发展,逐步形成专业化、集团化、国际化的金融基础设施后台服务体系。

推进支付清算系统与其他金融要素市场的进一步连通。在"债券通"成功推行的基础上,进一步开展支付清算体系与金融要素市场合作,在上海范围内,逐步尝试将上海证券交易所、中国金融期货交易所、上海期货交易所、上海黄金交易所、上海国际能源交易中心等要素市场接入CIPS,实现外汇、债券、黄金、商品等金融产品的交易交割与人民币资金清算的同步,从而降低交易的结算风险,使境外投资者在参与境内金融市场业务时的跨境清算效率得到进一步保证。

加快支付清算基础设施的对外开放,提升服务水平和国际影响力。可参照香港CHATS系统对外开放经验,在相同时区内,试点CIPS与东亚及东南亚地区支付系统互联互通,使人民币与当地货币的外汇交易可以采用钱钱对付的PVP结算方式,降低结算风险研究。推动人民币加入持续连接清算系统(CLS),实现人民币对全球主要货币的PVP结算,减少结算资金需求,避免因时差因素造成的赫斯塔特风险。

持续推进CIPS标准建设,主动强化CIPS标准与国际通行规则的有机衔接。促进与国际标准的连通和兼容,为拓展基础设施跨境合作和互联互通建立更有利的基础条件,加快商业推广与合作,不断丰富人民币清算全球的生态圈。推进境外直参接入工作,以报文传输平台为渠道,优化传输网络,丰富支持场景和业务品类。

三、拓展市场参与主体

加强"引进来"。随着我国支付清算市场双向开放加速推进，应鼓励和吸引新型的支付机构和清算机构落户上海，包括境外银行卡组织、第三方支付机构以及其他提供新技术支付清算服务的机构等，扩大支付清算服务范围，促进我国支付清算基础设施与国际市场的融合和接轨，推动支付清算服务的功能和主体更加多元化，进一步满足各类市场参与者的需求，充实和扩大以CIPS为核心的跨境人民币清算体系对国际清算、结算业务的服务能力和范围。

对于一个金融中心来说,真正重要的是市场的流动性和有效性,是金融活动的多样性和互补性,是专业的服务(尤其是法律和会计),是专业性技术的应用,是人力资源的储备,以及最重要的一点:是对高质量信息的掌握。

——尤瑟夫·凯西斯《资本之都》

第八章
以高品质的专业服务为亮点,构建新的金融生态环境

良好的金融生态环境有利于对金融生态体系的结构进行优化,并强化功能,反之则会导致金融主体难以正常运行,功能紊乱,破坏金融体系的完整性和良性循环。营商环境是金融生态的重要内涵,构建良好的金融营商环境,进而吸引高品质金融专业服务集聚发展,着力构建开放合作、创新发展、市场主导、绿色友善、安全高效的金融生态,对上海全球金融中心建设具有重要意义。

第一节 高品质专业服务是上海走向全球金融中心的必备要素

根据国际经验，良好的营商环境是吸引顶级金融服务集聚发展的必要前提，是全球金融中心金融生态良性循环进化的必要保证。其中，高品质专业服务是世界主要国际金融中心发展的必备要素，反映了金融机构、当地企业和跨国公司获得的服务集中度、便利度和效率。同时，国际金融中心的发展也会促进各类高品质专业服务机构的深度集聚，并进一步提升国际金融中心的综合实力和全球影响力。高品质的专业服务机构在金融产品价格发现、资产及风险管理、财富再分配等方面对国际金融中心建设产生重要影响。纽约、伦敦、新加坡、香港等主要国际金融中心集聚了诸如四大会计师事务所、三大信用评级机构等高品质金融专业服务机构，取得了国际金融中心的定价权和金融资产配置的主导权，对上海全球金融中心建设具有深远的借鉴意义。

一、主要国际金融中心专业服务的基本情况

（一）纽约各类专业服务机构概况

纽约金融中心的发展离不开其发达的金融服务行业。纽约不仅是金融机构聚集的中心，更是美国专业服务机构最为集中的地区，涵盖法律、财税、审计、评级、数据、咨询等领域。

在从业人员方面，专业及商业服务行业就业规模已远超金融业。根据纽约州劳工部公布的2020年3月数据，纽约市金融业从业人员约为47万人，但专业及商业服务行业从业人员却高达80万人，几乎为金融业的两倍。其中，法律相关职业约81400人，财税相关职业约58000人，咨询相关职业约59800人，就业服务相关职业约125000人。事实上，纽

约市的金融从业人员占比自1990年以来一直呈现下降趋势，从1990年的11%已降至如今的7.5%。但与此同时，专业及商业服务行业从业人员占比却从7%上升至9.2%。从这一趋势可以看出，纽约的金融业，尤其是经历了金融危机之后，整合趋势越发明显，且更加注重精细化管理。但金融中心的配套专业服务却不断丰富，行业规模不断壮大。

在经济贡献方面，房地产业、金融业、专业及商业服务业分别为纽约市经济贡献前三的行业。根据纽约劳工部的研究，专业及商业服务行业的行业规模增长速度、就业机会增长速度均高于其他行业的平均水平，但也更依赖于其他行业的发展，并受到经济周期的影响。

在机构的层级和重要程度方面，美国前100大律师事务所中约四分之一的总部位于纽约，其余几乎均在纽约设有办公室。四大会计师事务所（德勤、普华永道、安永、毕马威）的美国总部均设在纽约。在评级方面，三大评级公司（标普、穆迪、惠誉）全球总部均设在纽约，且共同占有全球金融评级市场90%以上的份额。总部位于纽约的彭博经过近40年的发展已经成为全球金融数据领域的标杆。全球最大的咨询公司麦肯锡于1926年成立于纽约，并被业界普遍认为开创了美国现代管理咨询公司的先河。

（二）伦敦各类专业服务机构概况

英国是全球第一大金融服务出口国，扮演着全球金融及相关专业服务提供者的角色。

在金融服务业方面，过去十年金融服务业的税收创下了历史新高，英国从事金融服务及相关工作的人才共230万，其中40万人在伦敦金融城工作。金融机构在伦敦可雇用到各类人才，这是其他欧盟区域中心所不具备的重要优势。

在法律服务方面，英国是全球领先的国际法律服务和争议解决中心，也是重要的法律培训和教育中心。2018年，英国法律服务收入为351亿英镑，占全球总收入的5%。英国允许外国律师事务所几乎不受限制地进入市场，有来自大约40个司法管辖区的200多家外国律师事务所在英国开展业务。按2018年和2019年年度律师人数计算，全球最大的15家律师事务所中，有5家的主要业务总部在英国。按收入计算，英国律师事务所占据了全球前15家中的3家。此外，英国法律服务业务国际化程度高。伦敦顶尖国际律师事务所有45%~65%的律师在英国以外的地方工作，其他事务所有10%~20%的律师在海外工作。

在会计服务方面，英国在全球提供会计服务方面占据关键地位，四大会计师事务所都在英国设有办事处并开展业务。2018年，英国会计服务的净出口总额为6.19亿英镑。

在管理咨询服务方面，管理咨询行业是近年来英国增长最快的行业之一。英国管理咨询行业的主要特点之一是，其业务主要集中在几家大中型国际公司，但同时也拥有大量具有特定专业知识或技能的专业小型公司。2018年，英国企业管理和管理咨询部门的净出口总额为137亿英镑，是管理咨询服务的重要出口国。

（三）新加坡各类专业服务机构概况

新加坡作为国际金融中心，在面积仅为721平方公里的土地上，吸引了大量的金融机构以及金融服务中介机构在此设立分支并广泛开展本地和区域业务，其密集度和多样化足以体现出新加坡作为全球金融中心的优势。据不完全统计，新加坡有超过5000家公司提供各类专业服务，包括审计、会计和管理咨询、市场调研、法律和人力资本服务等。

在金融机构方面，根据新加坡金融管理局的数据，截至2019年5月20日，新加坡共发放3157张注册金融机构牌照，其中包括220张银行牌照、1545张资本市场公司牌照、578张财务顾问公司牌照、345张保险公司牌照和469张货币兑换及支付牌照。

在会计师事务所方面，根据新加坡注册会计师学会统计，其旗下登记的持证注册会计师超过3.2万人，共有会计师事务所会员约700家，其中包括普华永道、德勤、安永、毕马威等国际知名的审计、税务、咨询、会计师事务所，也包括BDO、RSM等专业性服务会计师事务所。

在律师事务所方面，根据新加坡法律协会的数据，截至2019年8月31日，新加坡法律协会登记的持证从业律师为5920人，其中有1958名律师从业经验超过15年，另有2897名律师为最近5年考取执照。新加坡律师人口比为1：945（中国约为1：3500）。新加坡法律协会共有912家律师事务所会员，其中拥有超过30名持证律师的大型律师事务所20家，另有761家不超过5名持证律师的中小型律师事务所。

在国际仲裁方面，新加坡是全球排名第三的仲裁中心，拥有完善的法律制度，包括解决跨境商业纠纷的调节、仲裁和诉讼机制。过去两年平均年处理仲裁案超过400个。2018年年底，联合国通过《新加坡调解公约》，是首个以新加坡命名的公约，进一步提升了新加坡国际仲裁中心的地位和声誉。

在信用评级机构方面，标准普尔、穆迪与惠誉国际作为世界三大信用评级机构，均在新加坡设立区域性中心，负责开展新加坡及周边国家的相关信用评级业务。此外，还有来自日本的R&I、美国的AM Best、Dun & Bradstreet，以及新加坡当地的DP Information等公司。

在资产评估机构方面，根据新加坡测量师与评估师学会的统计，其旗下注册登记的在职独立评估师有1580人，并登记有94家资产评估公司，其中主要以商用、住宅地产评估公司为主。

在咨询机构方面，根据新加坡工程咨询协会的数据，截至2019年10月31日，新加坡共有172家工程类咨询公司登记在册，另有9家工程咨询公司作为附属成员；而商业管理类咨询公司中，同样也有波士顿咨询公司、麦肯锡、科尔尼、埃森哲、艾意凯等众多国际知名的全球性商务咨询公司在新加坡设立区域性中心。

（四）香港地区各类专业服务机构概况

香港是亚太地区首屈一指的专业服务中心，专业服务实力雄厚，具有按国际惯例运作和在国际市场上开展各类贸易、金融、会计、法律和其他专业服务的知识和经验。近年来，香港专业服务及其他工商业支援服务增加值呈现逐年递增态势。2018年增加值超过3200亿港元，在整个香港地区的GDP中占比高于12%。从业人员超过55万，其中法律、会计及核数服务人员5.4万人，建筑及工程活动、技术测试及分析、科学研究及发展、管理及管理顾问活动人员8.4万人，信息科技相关服务、广告及专门设计等其他专业服务人员约9万人。

在会计服务方面，香港采用国际标准会计准则，监管架构完善，会计人才众多，邻近中国内地及东盟国家等增长迅速的经济体，商机涌现，吸引众多国际会计师事务所来香港开业。

在管理咨询服务方面，香港作为全球商业枢纽中心之一，技术支持完善，客户基础庞大，拥有许多经验丰富的人才，这些优势吸引了不少国际知名的咨询服务公司来香港开展业务。多家世界知名的咨询公司，如埃森哲、科尔尼、麦肯锡、美世和波士顿，均在香港设有办事处。

在法律服务方面，香港是亚洲的国际法律服务枢纽，截至2019年6月，香港的本地律师事务所达到了924家，执业律师超过10000名。在与中国内地投资有关的专业服务方面，香港有着丰富的服务经验和良好的美誉度，多家法律顾问机构在处理亚洲并购交易方面占有顶尖地位，在香港非常活跃。随着多家中国内地企业赴港上市，以及内地企业在香港设立机构的程序简化，市场对香港律师事务所提供的各项专业服务需求更大。在国际仲裁方面，香港更是具有世界级的水平。根据伦敦大学玛丽皇后学院所进行的国际仲裁调查，自2015年以来，香港一直名列全球五大首选仲裁地点，多个专门提供法律及争议解决服务的国际及地区著名组织均在香港设有办事处，包括海牙国际私法会议亚太区域办事处、英国有效争议解决中心亚太区香港办事处、中国国际贸易促进委员会，其仲裁结果受到"一带一路"沿线绝大多数国家和地区的承认。香港的本地与国际仲裁机构关系密切，促进了香港发展成为亚太地区及其他地区领先的国际法律及争议解决服务中心。

二、在专业服务方面，可供借鉴的制度性安排和政策措施

（一）纽约的经验和启示

一是提供低税负和租金等的经营环境。在企业税负方面，纽约市税收制度安排相比于其他城市给企业发展带来成本竞争优势：联邦层面，公司所得税税率为21%，低于我国境内地区；州税层面，与其他州相比，纽约州的公司所得税税率处于中等偏下。在商业租金方面，相比近年来在商业租金要价方面屡创新高，尤其对金融服务公司征收比其他类型企业更高税率的旧金山，纽约为企业创造了较为友好的发展环境。

二是为初创企业提供大力支持。政府积极引导资金和社会资本，加大对初创企业的支持力度。纽约市政府通过投入巨额资金，已资助建设数十个创业孵化中心、上百个廉价共享办公室服务于创业者。同时采用公私合营的形式，与商业区联盟和楼房业主结成合作伙伴，为创客提供廉价办公室，吸引新创企业落户。

三是通过强化政府管理职能的方式提高服务经济发展的水平。纽约市两个主要管理经济发展的机构是纽约市经济发展公司（EDC）和纽约市产业发展局（IDA）。前者是受纽约市控制的非营利公司，后者是地方政府机构。通过双方签订的协议，IDA所有项目都由EDC管理，包括管道融资和PILOT（代替税收的支付）等。

四是强化知识产权法律保护。联邦政府和各个州都有知识产权立法权。联邦法以成文法为主，辅之以普通法；各州为普通法，一般由判例形成。判例的方式有效地解决了知识产权保护中出现的新问题，扩展和创造了知识产权法律的内涵与外延，提高了美国知识产权保护的灵活性。这一点对于专业服务行业而言尤为重要。

五是政府及监管机构对于金融业严格且透明的监管政策和合规要求。随着监管要求的日渐趋严，对专业化能力的要求越来越高，相关法律、咨询等专业服务机构为客户服务的场景日趋丰富。以反洗钱监

管要求为例，随着国际社会日益认识到反洗钱对于维护金融机构声誉与金融管理秩序的重要性，对于营商环境中的反洗钱要素的重视，建立反洗钱标杆甚至制定国际社会通用规则的金融中心会受到更加长期的青睐。

（二）伦敦的经验和启示

一是建立优良的营商环境。据世界银行2020年最新公布的全球营商环境综合排名，英国在190个国家中列第九。企业较易获得在英国开展经营活动的审批，以及相关配套基础设施完善等。

二是具备全球竞争力的税收体系。2019年英国的公司税率为20%，保持在G20国家中的最低水平，且低于美国。

三是形成强大的吸引外资落地的能力。英国吸引全球外资水平位居欧洲国家之首。2019年6月，英国国际贸易部披露的《英国吸引外资报告》显示，2018—2019年，在全球经济下行压力上升导致投资环境恶化的情况下，英国仍是欧洲地区吸引外国直接投资（FDI）的首选地。英国吸引外资累计总额为73.7亿英镑，超过德法总和，位于欧洲第一。2018—2019年新增对英投资项目达到1782个，创造超过5.7万个新就业机会，并保障了近7000个就业岗位。

四是具有政商联合属性及享有高度自治权的伦敦金融城。伦敦金融城拥有自己独立的行政、司法及财税体系，有着数世纪提供金融服务和行政事务服务的成功经验，既是金融城的管理者，又能像商业机构一样进行投资，这种双重属性使其从政策制定到业务规划及运作具有很强的连贯性。伦敦金融城行政当局由其内部金融机构、从业人员和居民选举产生，根据公司的规模，确定相应的选票比例，保证各公司都能参与金融城的管理。金融城发展具有很高的独立性，其自身基金足以维持其日常运转，不必为招商引资所困扰。这意味着只有能与金融城实现双赢的企业才可以进驻，从而进一步增强伦敦金融城在全球金融市场和资源配置中的影响力和竞争力。

五是伦敦金融城市长肩负推广伦敦金融市场和服务的职责。伦敦金融城市长（The Lord Mayor）是伦敦金融城的领导者，并主持各管理机构的工作，包括参事议政厅和政务议事厅。此外，金融城市长还有更宽泛的职责，那就是在英国国内及海外宣传伦敦金融城作为国际金融中心的重要地位。在伦敦金融城以外，金融城市长级别相当于内阁大臣，可代表君主和政府接待前来访问的国家元首及外国政要，或出访海外。其任期通常为一年，每年10月1日选举，11月换届。作为伦敦金融城的国际宣传大使，金融城市长任期内约有100天在海外出访，以推广伦敦的金融市场和服务，促进英国与各国的经贸关系。

（三）新加坡的经验和启示

一是积极打造"总部经济"，吸引全球资金归集。新加坡"总部经济"战略与新加坡全球金融中心，以及亚太地区区域性总部中心定位一致，得到广大金融机构以及专业服务机构的积极响应。在新加坡的金融机构、会计师事务所、律师事务所、信用评级公司、资产评估公司以及咨询公司不仅将业务布局于新加坡国内，还大力推动区域性布局整合，将新加坡打造为东盟乃至亚洲区域总部。新加坡凭着长期建立的有利于企业的经商和监管环境，成为亚太地区跨国企业设立区域总部最具吸引力的城市。根据新加坡经济发展局数据，共有37400家外企在新加坡设立机构，其中包括7000家跨国企业，46%的跨国企业将亚太区域总部设在新加坡，数量达到4200个。同时，超过6000家企业将新加坡作为全球或区域性财资管理中心。

二是建立多层次的金融稳定协调机制和国际咨询机制。新加坡政府及相关监管机构建立了多层级的金融稳定协调机制和国际咨询机制，邀请全世界金融行业知名公司的高管和业内专家组成国际咨询委员会（International Advisory Panel），向新加坡金管局就新加坡金融中心发展规划提供前瞻性的建议，涵盖金融监管、银行、投行、资管、私募基金、财务顾问、保险和再保险等多个领域。

三是针对金融服务业的税收优惠计划。新加坡标准公司税率是17%，是世界上公司税率最低的发达国家之一。同时，还有大量税收鼓励措施及优惠计划确保在新加坡进行跨国业务的总部公司及金融服务企业享有税负优势。例如，区域总部设在新加坡的企业可享受15%的企业所得税优惠税率，期限为3~5年；国际总部设在新加坡的公司可享受0~10%的企业所得税优惠税率，期限为5~20年。具体优惠企业可与新加坡企业发展局（EBD）进行商谈，企业发展局可根据公司规模和对新加坡贡献为企业量身定做优惠配套。具体到金融服务业，根据新加坡的金融企业税务优惠计划，具备金管局认定优惠资格的金融机构可享受5%~13.5%的税率，体现了对重点业务和金融中心发展的战略导向（来自债券市场、衍生品市场、股票市场和信贷联合企业等服务和交易等高增长高附加值业务的收入可以按5%征税，财务活动的范围将有资格获得12%的税率。税收激励期可能持续五年、七年或十年，但须符合某些条件）。

四是形成良好的金融科技监管框架。新加坡近年来不断调整对金融科技的监管模式，在确保金融稳定的前提下最大限度地鼓励科技创新，包括简化支付领域创新的监管流程、明确安全云计算的特定准则、加强与金融机构合作、投资研发银行间支付及贸易融资新方案、扩大与其他金融科技中心的跨境合作、利用科技简化对金融机构的合规监管等。

五是建立优质新加坡人才库。新加坡积极培养并吸引符合市场潮流的金融行业人才。作为商业战略和创新的补充，新加坡也正在提高金融行业从业人员的专业技能以打造新加坡的核心竞争力。包括与教育机构合作，建立强大的本地人才特别是信息技术人才的输送渠道，并通过人才调动计划、职业咨询服务将优秀人才配置到最前沿领域；设立技能发展基金，通过补贴机制鼓励金融机构员工参与培训，并注重发展社会化、专业化的培训机构，扩大劳动力市场供给；设立银行与金融学院，推出金融业资格标准、金融人才发展计划；设立金融服务技能框架，明确未来1~2年金融部门工作所需的通用技能和新技术，帮助雇主和员工提前规划学习和培训安排；与金融机构合作，为本地人才适应新岗位提供支持的专业转换计划（PCP）；针对特定技术领域的本地非金融专业人员的"金融浸入式技术计划"（TFIP），培养诸如云计算、数据分析、网络安全方面的人才；畅通本地管理层晋升渠道，提升本地员工国际化水平；推出iPOST计划，资助金融机构提升本地员工全球化管理能力和经验，支持金融机构派遣本地员工到海外工作。

（四）香港地区的经验和启示

一是自由开放的经营环境。加拿大菲沙研究所在《世界经济自由度2019年度报告》中再次把香港评为全球最自由的经济体。自报告发布以来，香港连续25年一直保持首位。在五个评估大项中，香港在"国际贸易自由"及"监管"方面均排在首位。此外，香港奉行国际通行的标准，专业服务机构可以在香港获得最新的国际市场需求信息和专业服务技术信息，这些优势提供了一个有利环境，聚集大量国外专业服务机构和专业人才，聚集效应大大增强了香港专业服务业的国际竞争力。同时，依托高度自由开放的环境，香港也是跨国公司在亚太地区的区域总部所在地，目前在香港运作的地区总部约有4000家，形成强大的业务和客户基础，继而提高对金融服务的需求。

二是营造有利于高端人才集聚的环境。优秀人才对香港金融中心至关重要，根基稳固的金融中心又可吸引更多优秀人才。依托税收、执业等方面的便利性及高度发展的专业服务业，香港吸引了26万名金融从业人员、数万名专业会计师和律师，这是香港专业服务业高度发达的人力资源保障。

三是政府积极出台扶持政策。为了提高香港专业服务水平，加强香港专业服务领域在内地及其他境外市场的竞争力，香港特区政府专门拨款设立香港专业服务发展资助计划，资助推行发展项目。所有属于非分配利润的专业团体、工商机构以及研究院所，均可申请资助。

总之，配套的金融专业服务是软实力，营商环境就是生产力。全球金融中心，不仅需要吸引全球优秀企业参与其中，更要通过构建优质高效的营商环境，提升企业感受度和经营便利性，真正让企业进得来、留得住、发展好。配套的高质金融专业服务是一个国际金融中心的软实力，营商环境是生产力。营造超一流的营商环境，是当前中国持续深化改革、扩大开放的内在要求。经济社会发展需要优良的营商环境提供的稳定预期，这可以让企业就生产经营和扩大投资计划进行长远规划，进而吸引本土和外资企业集聚，并为当地带来就业带动、产业发展、财政收入提升等红利。

上海在2017年研究制定"优化营商环境，加快构建开放型经济新体制行动方案"时明确总体目标，即到2020年，各领域营商环境便利度要全面进入国际先进行列，形成充满活力、富有效率、更加开放的法治化、国际化、便利化营商环境。目前，大部分目标已经实现。在世界银行测评营商环境的10项指标中，上海进入全球前60名的有8个，进入全球前30名的达到了5个，部分领域已迈入了国际先进行列，上海营商环境的总体竞争力已取得较大提升。同时，营商环境优化提升带来的提振投资信心、促进外商投资、增强企业活力等"生产力"提升也日益显现。

第二节 依托高品质专业服务，
构建金融服务的全产业链

一、在金融服务上，上海金融中心的现实值与理想值的差距

（一）高品质专业服务机构的数量和质量还存在差距

目前，上海的高品质金融专业服务机构的数量和质量，与纽约、伦敦等世界主要国际金融中心相比还存在一定差距，是当前上海全球国际金融中心建设过程中需要补足的一块"短板"，具体体现在以下几个方面。

一是全球领先的高端专业服务机构相对不足。目前已有的服务机构，如高端会计师事务所、律师事务所、管理咨询公司、具有全球知名度的国际组织等，其数量、国际知名度、认可度及影响力与主要金融中心相比还存在较大差距，全球性产业服务的广度和深度还有待提高。根据全球化与世界城市研究小组（GaWC）最新发布的报告，在金融服务领域，仅有交通银行1家全球性总部位于上海，而纽约有47家、伦敦有28家；在法律领域，仅有17家国际专业律师事务所的分支机构位于上海，而纽约有79家、伦敦有66家；在管理咨询领域，仅有14家国际知名管理咨询分支机构位于上海，而伦敦有60家、纽约有69家；在会计领域，仅有25家专业会计服务企业位于上海，不足纽约、伦敦的一半。

二是服务的对象及便利化程度仍需扩大提升。服务对象的规模及提供服务的便利化程度，是决定高品质专业服务机构能否在当地集聚发展的重要决定因素。一些国际知名律师事务所反映，因执业资格所限，目前仅能以办事处等形式在国内提供部分服务。上海自贸区虽已允许外资

律师事务所与内资律师事务所合作，进而拓展外资律所的业务范围，但实际业务开展尚处于具体落地初期。

三是尚未形成高端专业服务的本土化品牌。具有世界影响力的本土化品牌是支撑国际金融中心高品质金融专业服务的基石。当前，上海的本土专业服务品牌企业集群尚未形成，在金融、会计、广告、法律、管理咨询领域的国际顶级机构多数均为国外的老牌企业，本土企业、本土专业品牌有待进一步培育。

四是高端专业服务人才仍较为紧缺。相较于纽约、伦敦等世界主要国际金融中心，高端专业人才在沪工作生活的便利度仍有较大提升空间，重点体现在户口、住房、签证及执业资格互认等方面。一些知名的金融服务机构，如罗兰贝格、德勤均表示，公司在沪开展业务过程中，由于上述问题，导致优秀人才流失比较明显，部分外籍人才在沪就业和开展业务仍有一定阻碍。

（二）营商环境还有较大提升空间

近年来，中国营商环境大幅改善，根据世界银行发布的《2020年营商环境报告》，中国排名跃居第31位，较前一年上升15位。虽然近年来我国营商环境排名不断提升，但总体排名与发达经济体还有一定差距，特别是与纽约、伦敦等国际金融中心所在的美国（世界排名第6）、英国（世界排名第8）等发达经济体相比，还有较大提升空间。从2019年世界银行对我国营商环境评估的具体情况来看，纳税、获得信贷等具体指标得分排名相对靠后，特别是纳税指标世界排名第105。同时，从国内来看，上海开办企业、办理施工许可、登记财产和纳税四项指标得分尚落后于北京。

二、上海打造高品质专业服务软实力的比较优势

（一）上海是目前全国最富活力的金融中心

近年来，上海充分发挥自身增长优势，从安排专项资金对金融人

才、金融创新进行奖励和对金融产业发展进行扶持,到探索系统化、全方位推进金融人才工作,启动实施"3411"上海金才工程,再到提出2020年基本形成门类齐全、结构合理、流动自由的金融人力资源体系,基本建设成具有全球影响力、吸引力、配置力的国际金融人才高地,在金融机构集聚、金融要素市场发达的基础上,上海已成为中国对金融人才吸引力最强的城市。

未来,上海应当更加彻底地从要素驱动转向创新驱动,在发展战略上从"人追随商业"模式变为"商业追随人"模式,着力在优化人才发展环境上下功夫,加大金融人才集聚的政策扶持力度,坚持培养和引进并举,提升高端金融人才的数量和质量,在教育、医疗、居住、出行、生态环境、城市便利性、政府体制等方面为全球各类金融人才营造舒适宜居的软环境,使其发挥更大的活力和创造力。

(二)上海具有深厚的文化底蕴和品牌魅力

近代以来,上海一直是中西文化交汇的源头所在,不仅有红色文化的鲜明底色、海派文化的开放包容,更有江南文化的厚重底蕴。要建成具备全球影响力的国际金融中心,必须着力提高国际金融功能影响力和国际贸易服务辐射能级,提升对全球经济的辐射能力。无论是现代服务业对经济的引领力,还是自贸区制度创新的带动力,都将贡献更多上海智慧。上海既要靠经济强身,更要靠文化筑魂,大力弘扬"海纳百川、追求卓越、开明睿智、大气谦和"的城市精神,全面提升城市文化软实力。

按照《上海市城市总体规划(2017—2035年)》,到2035年,上海要成为"具有世界影响力的社会主义现代化国际大都市"。这一定位决定了上海国际金融中心建设要以深厚的中华文明积淀为依托,吸收融合世界文明成果,形成具有鲜明民族特色、独特人文魅力、丰富文化内涵和较高文化品位的全球金融中心。未来,上海要全力打造"上海服务、上海制造、上海购物、上海文化"四大品牌,使上海品牌成为高品质产品和服务的代名词。

（三）长三角一体化提供了低成本+城乡融合的宜居地

在英国经济学人集团发布的2019年度《全球宜居指数报告》中，综合城市安稳程度、医疗服务状况、城市文化与环境、教育以及基础设施建设五大层面的比较分析，上海排名第80位。

未来，上海要紧密依托示范区"生态优势转化新标杆、绿色创新发展新高地、一体化制度创新试验田，人与自然和谐宜居新典范"的四大定位，深入认识特大城市要素结构的多样性，全面把握生产、生活、生态空间的有机联系，统筹生产、生活、生态三大布局，坚持规划先行，为宜居城市的创建提供科学依据；坚持绿色发展，为宜居城市的打造酝酿生态基础；坚持优化定位，为宜居城市的发展给予持续助推。具体来说，要围绕"两核"（环淀山湖区域和虹桥区域）、"两轴"（沿沪渝高速和通苏嘉高速的两条创新功能轴）、"三组团"（以青浦新城、吴江城区、嘉善新城等节点为支撑的城市功能组团）的空间布局，推进与苏浙皖三省的基础设施的互联互通、人才科技协同发展、民生领域共建共享、产业平台互促融合。

（四）数字化生活和数字化政府服务体系加快构建

根据上海市经济和信息化发展研究中心有关数据，上海市智慧城市发展水平指数近年来持续提升达到105.86。上海在打造数字化生活、推进数字政府建设方面已取得了一定的成效：一是新一代信息基础设施建设全面加速。全市已实现核心城区5G室外覆盖，固定宽带平均可用下载速率已达到41.95 Mbit/s，连续6年领跑全国。二是城市管理走向"一网统管"。全市综合地下管线数据库拥有各类综合管线数据近12万公里，纵深立体的智能城运体系逐步形成。三是智慧政府建设稳步推进。"一网通办"累计办件量已突破2489万件，注册量已突破1000万。四是信息化服务民生关切。市级医院已基本实现检验检查结果互联互通互认，全市已建成各类信息屏累计近万。五是数字经济发展促进上海产业经济转型升级。全市已有30个人工智能试点应用场景、1800家人工智能及大数据重点企业。

数字化的核心服务价值是促进业务创新和管理变革，核心焦点是用数据重新定义整个世界。发展数字经济对深化供给侧结构性改革，推动新旧动能接续转换，实现高质量发展，意义重大。当前，数字经济正由消费型数字经济进入消费型、生产型数字经济并重的新阶段。数字经济与服务业深度融合，是两大趋势的历史性交汇。服务业数字化通过实现数据聚合、降低交易费用、形成新兴业态、提升资源配置、创新组织模式、释放转型动能等多方面，满足人们日益多样化的生活需求、推动行业转型变革，为高质量发展注入创新、持久的动力。在新冠肺炎疫情期间，服务业数字化深刻地改变了居民的生活和生产方式，对稳增长、惠民生起到了积极的作用。

未来，上海将进一步加强数字经济的顶层设计，运用大数据、云计算、微服务、人工智能等创新技术，搭建互联互通、分级运营、监管可控的新应用架构，提升政府应对变化的敏捷能力、行业治理与服务能力，释放信息技术力量，提升行政效能，进一步提高政务服务的数字化供给能力，实现线上服务"一网通办"、线下办事"最多跑一次"，着力打造"小前端、大平台、富生态、共治理"四位一体的数字政府新模式。

（五）依托制度优势，不断创新城市管理新模式

习近平总书记指出："城市管理要像绣花一样精细。越是超大城市，管理越要精细。"城市治理的出发点和落脚点，都要满足人民对美好生活的向往，让所有生活工作在这里的人，都能体会到幸福感，真真切切地具有获得感。

多年来，上海围绕人在城市的舒适体验，以"绣花功夫"在细微处用力，以问题为导向在服务中创新，追求卓越，使城市更有温度。

2018年，上海以首届进博会为契机，对标最高标准、最好水平，精益求精，圆满完成进博会城市管理保障工作，市容市貌焕然一新，城市管理面貌普遍提升。

未来，上海必须更加重视城市管理软环境，不断创新，突破城市精细化管理的难题，在优化营商环境方面大胆创新突破。

一是要加强社会化协同管理，推进基本管理单元建设（如社区、园区"网格化管理和服务"），推动建立以市民为中心的城市管理新模式。

二是充分发挥"制度+科技"的合力作用，探索具有中国特色的社会主义现代化超大城市治理模式，加快建立健全城市管理标准体系，通过建立城市运行数据的集成共享、研判分析与管理运用的系统平台，打造网格化综合管理升级版，提高智能化应用能力，结合"互联网+政务服务"、智慧城市建设，做到信息共享、实时感知、智能管理。

三是推动城市从GDP导向的竞争转向公共服务的竞争，通过实现公用企事业服务"全程代办"、优化营商环境法治保障共同体、促进长三角营商环境优化、"一业一证"等改革举措，形成"你未知，我先知""你发现，我响应""你有忧，我服务"的现代政府服务体系。

三、将上海打造成围绕金融市场的第三方服务机构聚集区

金融中介服务机构在金融产品价格发现、资产及风险管理、财富再分配等方面对国际金融中心建设产生重要影响。建设上海国际金融中心，必须形成高端、现代、开放的服务业集聚效应，提升对高层次、高能级、高附加值的服务产业和服务主体的集聚能力。

（一）积极借鉴纽约、伦敦先进经验

深入分析上海与纽约、伦敦等主要国际金融中心在吸引金融服务机构集聚方面存在的差距，积极借鉴上述城市在吸引金融服务机构方面的有关经验。例如，出台针对金融服务业的税收优惠计划，通过降

低经营成本吸引金融服务机构集聚；建立优质金融服务业人才库、推出高端人才集聚的利好政策，为金融服务机构集聚提供人才支撑；强化知识产权法律保护，确保金融服务行业有序竞争；在重点吸引国际知名金融服务机构落户的同时，积极为初创金融服务企业提供大力支持，形成层级鲜明的金融服务机构体系，提高综合服务能力。

（二）积极发挥临港新片区虹吸效应

充分发挥临港新片区建设特殊经济功能区和开放型经济新高地的制度和政策优势，大力发展总部经济、平台经济，鼓励全球知名企业在新片区发展优质高效的专业服务产业集群，加大对国际知名的法律、会计审计、信用评级、资产评估、投资咨询、人力资源、知识产权等金融中介服务机构的吸引力度，通过采取税收优惠、减少审批环节、降低经营成本、加大人才激励等措施，鼓励更多跨国公司地区总部、功能性总部、专业服务机构、国际组织落户临港，服务上海，辐射全球。

鼓励上海已有的各类金融服务机构提升服务能级，加强与全球领先的专业化机构的沟通协作，培育一批具有国际竞争力的本地跨国服务业企业和知名服务品牌，打造兼具上海城市特色、品牌文化和国际先进水平的专业化金融服务。

四、强化金融资讯服务，打造"金融信息港"

金融业是一个信息高度集中的产业，建设国际金融信息通信基地，是建设国际金融中心必不可少的要件。纽约的史丹顿岛（Staten Island）、伦敦的道克兰区（Dockland）等都是非常有名的实例。上海应当考虑加快建设金融服务信息港，着力培育本土安全可靠、有竞争力的金融信息服务商，完善与金融发展相关的新闻资讯、统计数据等关键信息，提升我国金融信息服务能力，维护我国金融信息安全；同时，引入全球领先的资讯服务机构，提升金融信息服务效率。

五、大力发展绿色金融，切实服务实体经济

（一）积极强化产品创新

在绿色保险、信贷、证券、指数以及碳金融等领域进行积极探索。同时，加强绿色公司债等指数的开发，为绿色债券投资提供基准和参考，扩大市场影响力。显著提升上海绿色金融市场的能级。

（二）推动市场开放合作

发挥金融机构集聚优势，建立健全投资和保障机制，积极引导国内外投资者加强对绿色产业的投资，为绿色产业导入更多社会资本，支持绿色产业发展。基本确定国际绿色金融枢纽地位，努力建成具有国际影响力的低碳金融中心。

（三）充分发挥上海自贸区和临港新片区的政策优势

积极围绕具有世界影响力的国际组织的相关倡议，依托上海自贸区和临港新片区对外开放新高地、金融改革试验田的优势，研究与"一带一路"、RCEP、中欧投资协定等区域内国家金融市场就绿色金融进行深度对接合作，形成全球一流的绿色金融发展环境和创新平台。在绿色金融领域形成引领全球的领先优势，争取先发话语权，打造国际绿色金融中心。

第三节　把握长三角一体化机遇，打造金融全生态圈

金融生态环境涵盖宏观经济、法制、信用、制度等一系列外部基础因素，是金融主体赖以生存发展的外部条件。打造良好的金融生态，

可以让上海区域内的金融体系优化完善,为上海推进全球金融中心建设提供内生动力;反之,则会成为上海全球金融中心建设的短板和桎梏。良好金融生态的培育,需要肥沃的土壤作为支撑。下一步,上海要充分把握长三角一体化发展机遇,着力构建开放合作、创新发展、市场主导、绿色友善、安全高效的金融全生态。

一、推动金融机构跨区域协作

目前上海出台的金融业先行先试的开放和创新政策要积极向长三角其他城市复制推广,促进长三角地区金融机构协同发展与合作,充分挖掘金融业开放潜力。以自贸区金融改革为抓手,在长三角区域内推进各地自贸区之间的合作,进一步复制推广自由贸易账户使用范围。充分考虑长三角地区中小企业最为密集、经济最为活跃、开放程度最高、创新能力最强、财政收入和创造就业贡献最大的特点,研究探索在长三角地区启动筹建全国第一家区域性中小企业政策性银行,帮助中小企业积极参与国际竞争、扩大国际交流。积极争取国家金融管理部门将更多的金融改革开放创新放在长三角试点。以上海国际金融中心建设为龙头,形成上海主导、分工明确、层级合理的长三角金融合作布局,推动区域金融布局错位协调发展。

二、推动上海金融市场辐射联动长三角

加强上海金融要素市场对长三角金融机构的辐射和服务,促进资源互补和共同发展。充分发挥上海多层次资本市场的作用,为长三角企业直接融资提供更有力的支持,特别是要进一步发挥科创板对区域内科创初创企业的服务和引领能力。支持产业投资基金和股权投资基金快速发展,为长三角区域重大项目建设和股权市场发展提供更强动力。推动设立长三角商业银行信贷合作机制,推动信贷资源在长三角合理配置。推动长三角金融机构就绿色金融、普惠金融等新兴领域开展深入合作,推动产品创新。

三、推动长三角金融基础设施联通

支持上海证券交易所建设区域内服务基地,搭建企业上市服务咨询平台。支持上海期货交易所与浙江自贸区合作建设油品交割基地,建设多层次油品交易市场。推动长三角信用合作示范区建设,提高信用信息采集的覆盖面,扩大信用产品的应用领域,探索建立一体化、市场化的长三角征信体系,向社会提供专业化征信服务。稳妥推进央行数字货币应用场景落地,探索建立长三角数字经济创新发展试验区。

四、完善长三角金融发展环境

进一步强化长三角区域监管协同、法治完善、人才服务等方面的合作,将上海优化营商环境的经验做法向长三角区域推广,推动建设良好的长三角金融生态环境。探索协同监管模式,不断探寻在金融监管体制跨区域上的新意。根据金融开放创新新要求,持续完善金融监督管理和风险防范机制。持续提升上海金融法院专业能力和服务能级,进一步提高金融案件审判质量,提高处理效率。建立健全长三角金融人才交流培养机制,创造优良的金融人才培养成长环境,吸引金融人才在长三角区域集聚。

五、形成以上海为主导的城市间差异化的竞争格局

形成以上海为主导的、有层级的、有特色的、合理分工的长三角金融合作布局。其中,上海要更多致力于开发更复杂的金融衍生品等产品,推动金融业规范标准化发展,强化对其他区域金融发展的辐射带动作用;其他区域要更多承接上海金融的溢出效应,形成特色鲜明、优势叠加、功能互补的金融合作发展,并通过这种方式来推动上海国际金融中心建设更快发展。

第四节 对标对表持续推进改革，构建良好金融营商环境

从主要国际金融中心的实践来看，营商环境的优化和便利主要体现在简便快捷的手续办理流程、完善的税收制度、先进的信息化服务系统等方面。为此，上海应当着重优化上海与全球前四大国际金融中心营商环境差距较大的指标领域。

表8-1 上海营商环境排名

指标		上海	纽约	伦敦	香港	新加坡
开办企业	开办企业便利度（前沿距离）	93.3	91.6	94.6	98.2	98.2
	排名	27	55	18	5	4
办理施工许可证	办理施工许可证便利度（前沿距离）	77	80.1	80.3	93.5	87.9
	排名	33	24	23	1	5
获得电力	获得电力便利度（前沿距离）	95.4	91.2	96.9	99.3	91.8
	排名	12	64	8	3	19
登记物权	登记物权便利度（前沿距离）	79.7	76.8	75.7	73.6	83.1
	排名	28	39	41	51	21
获取信贷	获取信贷便利度（前沿距离）	60	95	75	75	75
	排名	80	4	37	37	37
保护少数投资者	保护少数投资者便利度（前沿距离）	72	70	84	84	86
	排名	28	36	7	7	3
纳税	纳税便利度（前沿距离）	68.7	85.8	86.2	99.7	91.6
	排名	105	25	27	2	7

续表

指标		上海	纽约	伦敦	香港	新加坡
跨境贸易	跨境贸易便利度（前沿距离）	87.2	92	93.8	95	89.6
	排名	56	39	33	29	47
执行合同	执行合同便利度（前沿距离）	81.6	79.1	68.7	69.1	84.5
	排名	5	17	34	31	1
办理破产	办理破产便利度（前沿距离）	62.1	90.5	80.3	65.7	74.3
	排名	51	2	14	45	27
营商便利度	当前数据排名	31	6	8	3	2
	当前数据前沿距离综合分数（0-100）	77.7	85.2	83.5	85.3	86.2

一、开办企业

上海在"开办企业"指标的世界排名为第27名，特别是该指标项下的开办企业时间为9天，是纽约和伦敦的近2倍，香港和新加坡的近6倍。建议依托上海"一网通办"平台，拓展电子营业执照应用范围，加快推动企业身份认证电子化，将开办企业时间缩短到2~3天，实现开办企业"一表申请、一窗发放"。

二、办理施工许可

上海在"办理施工许可"指标世界排名为第33名，特别是该指标项下的办理施工许可所需程序和时间与前四大国际金融中心相比还有较大差距。建议进一步优化工程建设项目审批和监管效率，简化施工许可办理流程，在完善社会信用体系的基础上，探索"先建后验"模式，允许企业先行开工建设，将原本前置的审批事项后置到开工建设后、竣工验收前。大力推动施工许可证申请全程在线办理模式，实行施工图审查无纸化申报和网上审查，实现多图联审全过程数字化。对建设、施工、监理中的关键信息实行线上办理，对非关键信息取消申请和审批流程。探索对特定投资额以下的小型工程可不办理施工许可证。

三、获得电力

上海在"获得电力"指标世界排名为第12名，企业接电仅需两个环节，耗时32天，但与香港和新加坡相比还有一定的提升空间。建议继续优化获得电力的便利化改革举措，将低压项目办电接电时间缩短到10~15天，实现小微企业获得电力"零上门、零审批、零投资"。加快推进智能电网和泛在电力物联网融合发展，全面推广"网上国网"APP，实现上海"一网通办"网站与国家电网"95598"网站无缝对接，推动电力业务"一口申请、全程在线、并联审批、限时办结"。

四、登记财产

上海在"登记财产"指标世界排名为第28名，其中登记财产的成本还有一定的提升空间。建议进一步对财产登记中的缴纳登记费、缴税、领取产权证等环节进行合并精简，并对办理时间进行压缩；依托"一网通办"等平台，提供财产登记自助查询等服务；完善地籍图更新机制，提供统一的样式、标准和模板等成果内容；建立健全投诉监督机制，提高投诉热线响应速度，并提高受理投诉后的跟进处理能力。

五、纳税

上海在"纳税"指标世界排名为第105名，特别是该指标项下的税及派款总额、税后流程指标仍有较大的提升空间。建议依托上海自贸区和临港新片区优势，加快探索涉外金融税收改革，如对进口金融服务征税、对出口金融服务免征增值税或实施零税率政策、减免跨境借贷合同印花税、对跨国公司地区总部、综合性或功能性总部实施具有国际竞争力的企业所得税政策等。此外，也应进一步提升纳税全流程电子化水平，加快实现电子退税，持续优化社保、公积金缴费流程，进一步减少缴费时间，力争将纳税总时间较现有水平减少10%以上。

六、执行合同

上海在"执行合同"指标世界排名为第5名，高于我国总体排名和纽约、伦敦、香港的排名，低于新加坡。其二级指标中的"司法程序质量指数"连续两年排名全球第一，但该指标项下的执行合同的时间仍有一定提升空间。建议持续推进诉讼电子化，推行无纸化立案，建立覆盖合同纠纷等各类案件的常态化评查机制，提升审判信息化、智能化水平。提高送达效率，加快完善电子送达平台，让电子送达文书范围涵盖基本需求。建立法院与不动产登记机构、银行等相关单位的信息共享机制，进一步降低执行环节的费用成本，提高财产查控和强制执行工作效率。

七、办理破产

上海在"办理破产"指标世界排名为51名，低于我国总体排名和前四大国际金融中心的排名，特别是该指标项下的回收率指标有较大提升空间。建议建立破产案件快速审理机制，实行破产财产网络拍卖制度，压缩破产办理时间和成本，有效简化办理破产流程，提升破产办理质效。充分发挥破产制度市场救治功能，依法支持市场化债务重组，针对无资产、无力支付破产费用、无法进入破产程序的企业，积极推广简易注销手续，畅通"僵尸企业"退出渠道。加大对破产管理人的指导监督，推动相关行政主管部门与法院之间的信息共享，协调解决破产过程中产生的职工权益保护、破产企业财产查询等需要政府职能部门予以协助保障的事项。

八、人力资源

建立和完善以市场为导向的、与国际金融中心建设相适应的金融人才使用评价机制，分类制定与金融人才相关的政策。在自贸区新片区实施更加开放包容的人才发展政策，在人才落户、住房保障、生活服务等方面多管齐下，包括对海外高层次人才给予个税税负差额补贴、提高高科技领域外国人才以及外国技能型人才和符合产业发展方向的外国人才及创新创业外国人才工作许可便利、实施科研创新领军人才及团队办理工作许可"绿色通道"等优惠政策。建立上海市金融教育信息资源库，推动教学资源共享。引进国际认可的金融职业能力考试认证机构在上海市开展相关认证业务。从国内外引进各类高层次、紧缺的金融人才。

"中国开放的大门只会越开越大。"

——习近平总书记在第二届中国国际进口博览会开幕式上的主旨演讲

"人类历史上从来未有这样的时刻:越来越多的人会发现他们能够找到越来越多的合作对象和竞争对手,人们将和世界各地越来越多的人互相竞争和合作,人们将会在越来越多的工作岗位上互相竞争和合作,人们的机会将越来越平等。"

——托马斯·弗里德曼《世界是平的》

第九章
以金融开放为着力点,加强境内外市场的连接

改革开放40多年来,我国金融业对外开放取得了长足进步。但总体来看,我国当前的金融开放水平仍显不足,与我国经济地位和国际影响力尚难以匹配。

本章探讨在扩大对外开放的情景下和在全面对外开放的情景下,加快上海国际金融中心建设的措施及建议。在两种情景下,上海作为我国金融开放的"桥头堡",所实施的开放举措、力度和关注点将有所区别。在探讨为什么上海金融中心提升需要金融进一步开放的基础上,分析扩大对外开放的相关举措。

第一节　进一步扩大开放情景下的上海金融中心建设

从经济规模看，我国GDP已稳居世界第二位；从经济增速看，我国对全球经济增长贡献度已多年排名第一，特别是新冠肺炎疫情期间我国经济仍然保持了增长。与之形成对照的是，目前我国金融开放水平仍有不足，与我国经济地位和国际影响力难以匹配。事实上，伴随着中国经济逐渐走向全球的中心，一个开放稳健的金融体系也是大国金融和强国金融的应有之义，尽快将上海建成为全球首个以人民币为主导的国际金融中心也具有十足的战略意义。

一、我国金融业对外开放仍有提升空间

目前中国银行业资产规模全球第一，保险保费收入全球第二，中国的银行和保险业市场在全球的重要性不言而喻。但我国金融业开放程度远低于主要发达经济体，甚至显著低于部分新兴经济体。

（一）我国金融对外开放程度不高

根据OECD（经济合作与发展组织）的评价，2018年我国金融服务对外开放程度不仅低于美国、日本、英国等发达国家，也低于巴西、南非、越南、墨西哥等发展中国家。从分项来看，我国金融行业对外开放的限制主要是在股权、审批和人员流动上。（见图9-1）

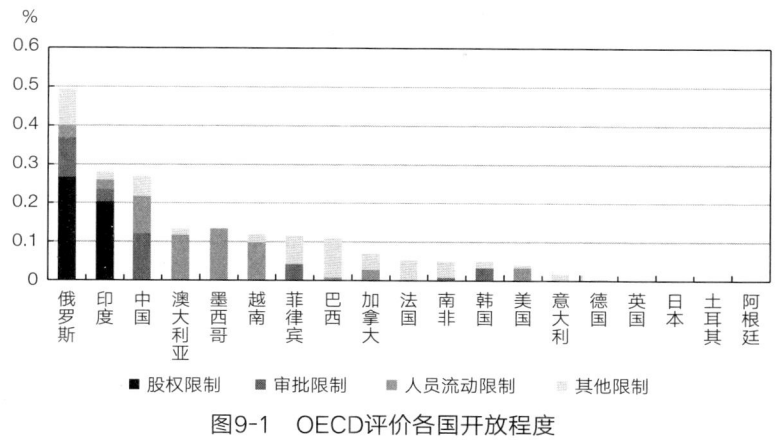

图9-1 OECD评价各国开放程度

(资料来源：公开资料整理)

1. 从银行业看，外资银行资产占比较低。2010年至2017年，我国外资银行资产占国内银行总资产一直低于2%，利润不到1%，并且整体呈下行趋势（与中资银行资产和利润持续较快增加有一定关系）。相比于2018年我国制造业吸收外资比重超过30%的情况，银行业对外开放程度仍显不足。无论在英、美等发达金融市场还是俄罗斯、印度、南非、巴西等其他金砖国家，外资银行资产份额均超过10%。（见图9-2）

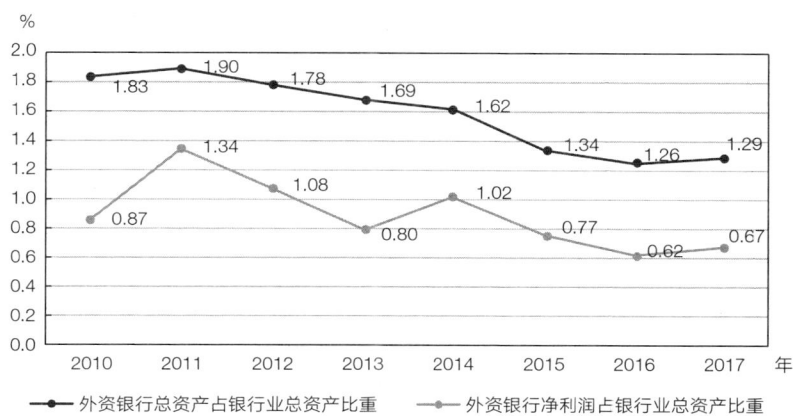

图9-2 外资银行总资产及净利润占银行业整体比重近年呈下降趋势

(资料来源：公开资料整理)

2. 从保险业看，外资保险资产占比较低。2010年至2018年，外资保险公司的保费收入占保险业整体比重仅为2%左右。2018年，我国外资保险资产在保险资产中的占比也仅为6.3%，远低于OECD国家20%以上的水平。（见图9-3）

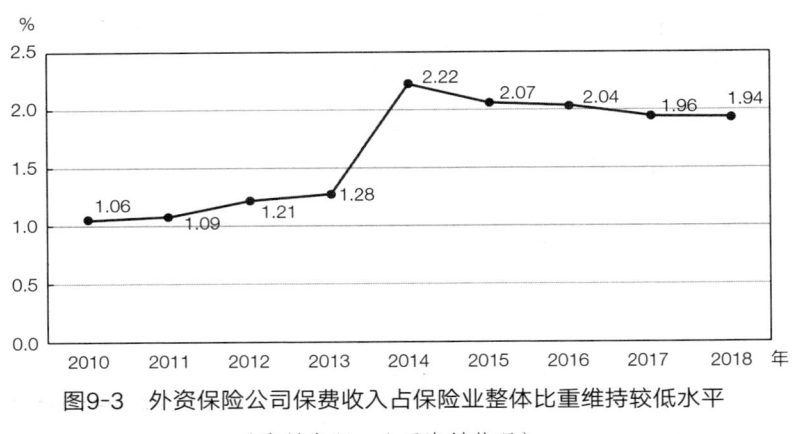

图9-3 外资保险公司保费收入占保险业整体比重维持较低水平

（资料来源：公开资料整理）

（二）主要差距体现在"外资准入限制"，需持续改善

衡量对外开放程度，可以参考OECD定期发布的STRI指数。STRI指数是分别从外资准入限制、人员流动限制、其他歧视性措施、竞争限制、监管透明度五个方面为45个国家进行0~1区间内的评分。STRI指数越大表示对外开放程度越低。2019年中国商业银行STRI指数为0.409，虽然较2014年有些许降低（2014年中国银行业STRI指数为0.410），但在45个国家内排名第42位，仅领先于巴西、印度尼西亚及印度。通过与其余国家横向比较可以看出，影响中国银行业STRI指数偏高的最主要因素即为"外资准入限制"（详见图9-4）。保险业方面中国STRI指数0.444，排名第43位，同样指数偏高的最主要因素为"外资准入限制"（详见图9-5）。

不过，通过近期一系列的中国金融业对外开放举措和发展态势（这些措施将在本章第二节简要概括），可以预见未来中国在银行及保险业等金融领域的STRI指数将会有较大幅度的降低。

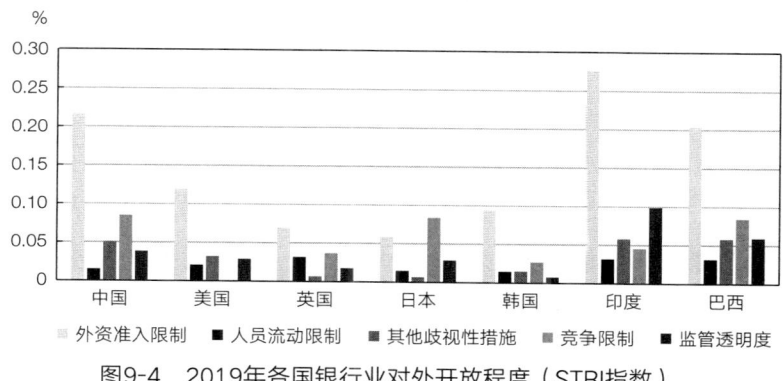

图9-4　2019年各国银行业对外开放程度（STRI指数）

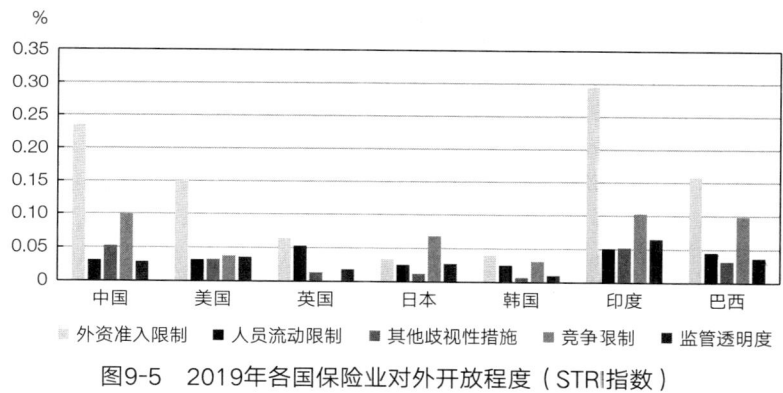

图9-5　2019年各国保险业对外开放程度（STRI指数）

二、不同领域金融管制程度存在较大差异

（一）直接投资是我国资本账户对外开放程度较高的领域

在直接投资领域，中国国际收支平衡表数据显示：2019年中国在海外进行直接投资形成的资产规模为6744亿元人民币，而外商对华直接投资规模为10738亿元人民币，后者规模大大高于前者。

在"引进来"方面，2001年加入WTO后，我国颁布了新修订的《指导外商投资方向的规定》和《外商投资产业指导目录》，明显提高了对外商直接投资的开放程度，加大了对外资产业投向的引导力度。此后

201

的多年时间内，中国出台了一系列政策放宽了外商在华进行直接投资的限制，如允许外资对国内上市公司进行战略投资、取消外商对部分开放行业境内企业的并购限制、简化企业申请材料以及简化外商直接投资业务的审批程序等。

在"走出去"方面，受益于国内放宽限额以下境内企业对外直接投资的购汇限制、简化境外直接投资行政审批等举措，国内居民和企业对外直接投资规模出现显著上升。此外，中国对外投资主体趋于多样化，投资区域趋于扩大化。《2018年度中国对外直接投资统计公报》数据显示，我国对外直接投资主体包括有限责任公司、私营企业、股份有限公司、外商投资企业、国有企业等，其中有限责任公司是中国对外投资占比最大、最为活跃的群体，占比达43.5%；投资区域遍及亚洲、北美洲、欧洲、非洲等地，其中流向亚洲的投资占当年对外直接投资流量的73.8%。

总体而言，直接投资领域是中国资本账户对外开放程度最高的，后续也应继续优化双边直接投资的政策程序，在合理引导、利用外商直接投资的同时也要鼓励和支持国内资本在海外的直接投资。

（二）在证券投资领域，我国的资本管制措施较直接投资领域更为严格

股票市场方面，2003年中国开始实行QFII制度，合格的境外投资者可以在A股从事证券投资业务。2006年4月，央行和外汇管理局颁布《关于调整经常项目外汇管理政策的通知》，宣布放宽境内资金进行境外理财投资的外汇管制，允许符合条件的银行、基金和保险公司按规定进行境外理财，QDII制度正式在我国建立。QFII是境外资本"引进来"的一种途径，QDII则是为境内资本"走出去"所做的制度安排。2011年12月，我国颁布《基金管理公司、证券公司人民币合格境外机构投资者境内证券投资试点办法》，标志着RQFII业务在中国的起步。在RQFII制度下，符合条件的境外人民币资金可以直接投资于内地证券市场。2014年起，我国又陆续推出了"沪港通""深港通""沪伦通"，它们不仅融合了QFII、QDII、RQFII制度的主要功能，而且在不改变本地制度规则和市场交易习惯的前提下实现了双向、可扩容的投票市场开放。我国的股票市场开放虽卓有成效，但境外机构在境内发行股票尚未放开，境外机构和个人持有股票人民币资产的规模占股票市场总规模的比例不到3%，"管道式"开放为主的模式与金融的全面开放仍有差距。

债券市场方面，海外投资者既可以通过QFII或RQFII的方式投资国内债市，也可以向中国人民银行备案后直接在内地开户参与内地债市，还可以通过"债券通"进入内地债市，债券市场是国内开放程度最高的金融市场。但我国实行的市场参与者准入备案、一级托管、集中交易的模式与国际市场惯例不同，且在不同方式下投资者入市规则有所差异，此外"债券通"的"南向通"目前尚未有明确的开通时间。整体来看，债券市场的开放度较低，表现为债券市场的外资持有比例仅为2%，这一比例低于大多数发达国家和部分新兴市场国家，债券类衍生产品市场发展严重滞后。

表9-1 证券投资领域开放情况

投资渠道	已放开	未放开
QFII/RQFII	投资额度、资产配置比例限制取消	投资者范围、投资者资格限制
	汇兑管理、锁定期管理取消	持股比例限制
	允许参与外汇衍生品、银行间债券市场交易	
	取消RQFII试点国家和地区	
QDII/RQDII	主体资格范围扩大、投资额度限制	投资范围限制
陆港通	总额度限制取消	每日额度、持股比例限制
沪伦通	2020年推动东向业务开通	总额度限制
		投资者适当性门槛限制
银行间债券市场	无额度限制	交易机制烦琐
	允许参与外汇衍生品交易	
债券通	投资范围：银行间债券市场交易流通的所有券种	"南向通"尚未上线
	无额度限制	投资者资格、交易工具限制

资料来源：国家外汇管理局、上海证券交易所、中国货币网等。

在金融衍生工具领域，当前国内衍生品市场仍处于初步发展阶段，从产品种类、数量、参与主体以及监管配套等角度看都有很大的完善和开放空间。截至2016年末，国内衍生品业务还属于完全不可兑换项目。目前，我国商品期货市场已实现了部分对外开放，原油、铁矿石、PTA、20号胶四个期货品种引入了境外交易者，但金融期货市场发展滞后、品种稀缺、相对较为封闭。境外机构可以通过多种渠道参与银行间债券市场，同时能够通过场外衍生品实现风险对冲；但由于债券市场割裂，境外机构通过QFII/RQFII或银行间市场跨市场托管机制购买的交易所债券，由于无法进入交易所购买期货，因而风险对冲较为困难。境外投资者进入银行间市场已能够自主选择签署ISDA、NAFMII衍生品主协议，但终止净额结算的有效性仍需进一步明确，境内银行间市场也未建立双边押品调拨机制，对于境外机构参与境内金融市场的积极性仍有一定影响。在不断扩大对外开放的背景下，发展人民币利率、外汇衍生产品市场势在必行。

三、我国对资本账户的管制较为严格

可以看到，中国在资本账户的开放问题上一直保持着循序渐进的节奏，总体遵循先流入后流出、先直接后间接、先机构后个人、先试点后扩展的顺序逐步放开管制。虽然我国在资本账户开放上已取得了长足进步，但与中等收入国家甚至是低收入国家相比，我国的开放程度仍处于较低水平。图9-6中，我国与不同经济体资本管制指数的横向比较，可以看出，我国金融开放的整体水平仍有较大的改善空间。这也意味着，外国金融机构和投资者无法有效参与我国的金融市场，从长远来看，这非常不利于人民币的国际化和人民币金融市场国际化的"双驱动"战略；我国的居民和企业主体在获取高质量金融服务、降低融资成本方面也存有较大的福利改进空间。

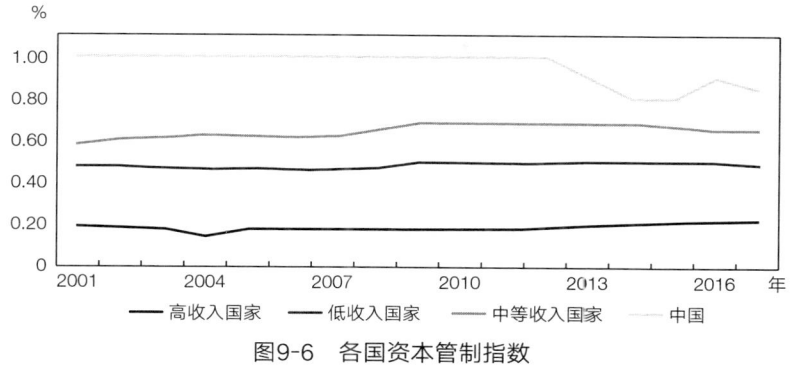

图9-6 各国资本管制指数

［资料来源：哥伦比亚大学经济系教授Martin Uribe（2019）］

根据Martin Uribe（2019）对各国资本管制情况的数据测度显示，2017年中国的平均资本管制指数为0.85，而在中等收入国家中该指数为0.49，低收入国家中该指数为0.66，其中资本管制指数越趋近于1说明资本管制越严格，指数越趋近于0说明资本管制越宽松，从中可以看出，我国尚属于全球资本管制较为严格的国家之一，资本管制水平高于三类国家的平均管制水平。

四、与金融市场相关的部分领域仍有进一步开放的政策空间

下阶段，尚需进一步探索对外开放的领域主要包括：一是从市场主体看，个人项下对外投资尚未放开；二是从要素市场看，各市场开放程度不一，例如，境外机构在境内发行股票尚未放开；三是从开放方向看，部分市场仅单向开放，例如，债券通中"北向通"已放开，"南向通"尚未放开；四是从产品类型看，交易产品已从资本市场产品向衍生产品扩充，但仅允许以对冲为目的的衍生品交易，未放开所有交易目的；五是从入市便利度看，境外金融机构入市渠道多样，但入市规则不统一。我们认为目前中国金融业在整体开放政策上仍存在较大的提升空间。

五、依托上海自贸区建设，打造"金融自由港"

（一）参照全球最高标准，全面提升新片区未来价值

上海自贸区临港新片区不是简单的原有自贸区扩区，也并非是简单的现有政策平移，而是全方位、多层次、根本性的制度变革，被赋予了试水体制创新的功能。2019年11月，习近平总书记在上海考察时，提出新片区要"努力成为集聚海内外人才开展国际创新协同的重要基地、统筹发展在岸业务和离岸业务的重要枢纽、企业走出去发展壮大的重要跳板、更好利用两个市场两种资源的重要通道、参与国际经济治理的重要试验田，有针对性地进行体制机制创新，强化制度建设，提高经济质量"。新片区将在集聚机构、开展创新、支持实体经济等方面为上海国际金融中心新一轮建设提供更为广阔的发展空间，也是承载人民币国际化和人民币金融市场国际化的关键主体。

未来，上海应积极对标以"境内关外"为重要特征的国际自由贸易港，选择国家战略需要、国际市场需求大、其他地区尚不具备实施条件的重点领域探索创新开放政策和制度，助推新片区建立最开放创新的全球金融资源配置枢纽，构建人民币资产的"五个中心"，使新片区成为中国融入、参与和助推全球化发展潮流的重要载体。

（二）围绕"五个自由"，全面推进新片区金融改革创新

临港新片区未来要以投资自由、贸易自由、资金自由、运输自由和人员从业自由"五个自由"为重点，主要从以下几个方面推动各项金融改革措施顺利落地。

一是先行先试金融业对外开放，拓宽条件引入各类金融机构，形成金融机构的大规模集聚，扩大人民币金融市场的机构基础。有序推进各项金融开放创新的措施，有效激发市场活力；进一步健全金融法治环境，优化营商环境，以更加透明、更加符合国际惯例的方式同等对待内外资金融机构，便利区内金融机构"走出去"和境外金融机构"走

进来",并以此推动人民币资产在岸市场与离岸市场的密切联动,夯实人民币资产境内外的"大循环"的机构基础。

二是主动推进新型国际贸易发展,以离岸转手买卖业务为突破口,加快本外币一体化账户管理体系建设,实现高水平贸易和投资自由化、便利化。在贸易收支总量平衡的基础上,有序推进有真实、合法背景的离岸转手买卖业务发展,依托新片区"离岸转手买卖产业服务中心",积极参与国际供应链、价值链、产业链合理布局,大幅降低跨国企业开展国际贸易的物流运营成本,吸引境内外大宗商品战略投资者、贸易商、服务商、技术公司、基金、投行等汇聚上海,提升上海总部经济能级水平,筑牢建设国际金融中心的实体经济基础。通过强化经常项目与资本项目、本币与外币、离岸转手买卖与跨境资金池政策、国际金融中心与国际贸易中心等方面的联动支持,以金融资源做强离岸转手买卖,以结算业务、贸易融资、产业投资丰富国际金融中心,使离岸转手买卖成为推动新片区和上海国际金融中心联动建设的突破口。

三是完善跨境金融服务,为多元化金融创新提供保障。在完善新型贸易业态金融服务方面,积极探索与跨境数字贸易和跨境电商海外仓、跨境供应链、跨境现金管理等新型国际贸易相配套的新型金融服务;在跨境财资管理方面,本外币资金集中运营相关政策将更贴近总部经济企业客户建立全球或区域资金管理中心的实际需求;在跨境投融资方面,允许金融机构参照国际通行规则为新片区内企业和非居民提供跨境发债、跨境投资并购,试点开展境内贸易融资资产跨境转让业务。

四是稳步推进资本项目可兑换,探索资本自由流动。加强可兑换的基础建设,助推本外币一体化账户管理体系建设先行先试,扩大利用FT账户进行境内外投资的途径和规模,加快落实本外币合一跨境资金池具体操作细则,探索实现更大范围内资本项目的稳步开放;支持符合条件的金融机构开展跨境证券投资、跨境保险资产管理等业务，以助力上海建设人民币资产管理中心。

六、协同推进上海国际金融中心与长三角一体化建设

通过梳理伦敦、纽约和东京等典型国际金融中心的形成与发展轨迹可以发现，三大国际金融中心作为金融资源汇聚与配置的核心枢纽，复合有周边经济带其他城市形成的、层次功能互补的金融中心群所形成的集聚效应，尤其是伴有来自周边城市群和经济带的强大产业经济作为支撑。客观地讲，国际金融中心的建设应当与城市群和经济带的发展同步推进，这也是未来国家经济之间竞争的着力点。当前，加快上海国际金融中心的建设离不开长三角城市群的支撑和促进，而加快长三角一体化进程的国家战略，也必将从基础设施互联互通、高效的产业互补分工和技术创新与扩散体系等方面全方位地为上海建设国际金融中心提供实体支撑。与此同时，借助上海自贸区的贸易和投资便利化的金融开放和制度创新，长三角经济带各城市也将受益于上海国际金融中心建设带来的金融资本等优势，分享制度创新红利，实现协同发展。如此一来，也可以顺畅地将上海国际金融中心建设的阶段性成果转化为实施长三角一体化战略的动力。

2020年2月，中国人民银行经国务院授权发布《关于进一步加快上海国际金融中心建设和金融支持长三角一体化发展的意见》（银发〔2020〕46号），在促进金融服务高质量发展、深化金融体制机制改革和防范系统性金融风险的总体要求下，分别从临港新片区金融试验、金融业更高水平开放和长三角一体化等方面提出了30条具体措施。上海应当将自贸区金融开放和创新政策的示范经验在区域内加以推广，促进长三角地区金融产业协同发展，夯实金融开放的经济基础。不妨以规模和聚集效应带动长三角地区金融和产业发展，充分发挥自身辐射力，积极推进长三角地区金融业务"一体化"，形成以上海为主导的、有层级的、有特色的、合理分工的长三角金融合作布局。为

此，上海应该以上海国际金融中心建设为契机，牵引长三角、长江流域的创新走廊和产业发展轴，尽快实现产业梯次发展、产业链深度融合、基础设施互联互通、要素高效流动和制度创新等方面的全方位一体化。

七、以扩大金融中心对外开放促进"一带一路"倡议实施

（一）拓展跨境人民币业务，服务"一带一路"投资与贸易

一是通过完善的金融基础设施，提供便利的跨境人民币结算、清算和循环渠道，推动人民币在"一带一路"区域的走出去和流回来。二是通过发展深厚而活跃的金融交易和有限渗透的离岸人民币金融市场体系，为沿线国家相关机构进入中国金融市场提供便利，推动沿线国家的境外机构来上海发行离岸人民币债券，扩容离岸债券市场等。参照美元资产在全球的配置格局来看，如果能够在上海建立具有深度和流动性的人民币离岸金融市场，就如同为人民币资产的跨境大循环体系注入了"动力机制"，成为人民币体内外循环的动力机制和动能调节的"蓄水池"。三是鼓励上海市范围的机构和个人使用人民币进行跨境直接投融资，为"一带一路"的跨境项目提供人民币融资等。四是探索多元化的人民币金融产品服务。上海国际金融中心的最大优势是具备足够深度和广度的交易所、银行间交易平台和要素市场，上海可推动人民币在外汇交易、利率交易、大宗商品交易和金融期货等金融衍生品交易的使用和定价权，为"一带一路"国家提供完善的人民币金融工具。

（二）完善便利化措施，打造"一带一路"资金集散地

大力支持有益的金融创新，为"一带一路"建设资金需求提供全方位的融资安排，将相关合作项目纳入资金便利融通机制，不受外汇管理及其他监管约束，通过制度创新激活存量交易，吸引更多的境外机构参与到人民币离岸金融市场。上述经验为各国际金融中心，如伦

敦、法兰克福和新加坡所验证,是行之有效的经验。尤其是在新冠疫情的冲击下,主要经济体的"逆全球化"思维有所抬头,通过此类制度创新将会大大对冲上述不利影响。(1)进一步开展制度创新,吸引符合条件的企业和金融机构入驻,按规定向"一带一路"沿线国家开展境内外双向投资,支持这些地区的经贸活动。(2)发挥上海国际金融中心优势,集聚有实力的金融机构,逐步放开基础设施建设国际银团贷款、项目贷款、结构性融资、跨境并购融资、国际债券等安排和限制措施,支持"一带一路"沿线基础设施建设、能源资源与制造业开发。

例如国际银团贷款融资模式适应"一带一路"需求,符合企业对资金流动性、价格敏感性、操作灵活性和时间高效性的要求,鼓励:(1)采取便利措施,吸引具有银团贷款经验、市场份额领先的国际银行入驻,推动国内大型银行在上海成立总部机构,配备银团贷款专业队伍;(2)完善相关制度环境,为开展银团贷款业务提供激励,如税收、利率优惠,赋予较低的风险权重以反映风险分散功能;(3)规范业务流程,建立符合国际通行规则和标准的业务流程;(4)积极推进相关基础设施建设,完善二级市场,尤其是发展银团贷款转让的交易平台和交易机制。

八、以高水平开放推进现代金融机构体系建设

近年来,我国出台了一系列金融业对外开放政策,针对持股比例限制、审批条件等方面均做出了重大的改变。面对中国巨大的市场,金融开放的提速或将吸引外资金融机构加速在中国的布局。但与发达经济体的金融对外政策相比,我国的金融对外开放政策尚处于逐步推出和逐渐完备的时期,部分政策也体现出一定的阶段性特征。本节在简述近年来有关新政策的同时,也对未来的政策方向提出了展望和建议。

（一）用足我国金融业对外开放的新政策

在市场准入方面，2019年10月国家颁布修改后的《中华人民共和国外资保险公司管理条例》和《中华人民共和国外资银行管理条例》、2019年7月国务院发布的《关于进一步扩大金融业对外开放的有关举措》（"金融业对外开放措施11条"），取消了多条外资金融机构的准入限制条件。尽管外资金融机构在国内的市场准入限制大大放宽，但部分开放措施后续仍需明确配套细则，同时人民币自由兑换的需求也不可忽视。此外，国内的制度环境建设与国际标准还存在差距，即使准入限制放开，国内市场与国际市场相比可能仍缺乏一定的吸引力。

在业务范围方面，2019年11月7日国务院发布《关于进一步做好利用外资工作的意见》，提出要加快金融业开放进程，全面取消在华外资银行、证券公司、基金管理公司等金融机构业务范围限制，丰富市场供给，增强市场活力[①]。事实上，根据行业内外资金融机构反映，我国金融业牌照发放较慢、附加限制较多。同时，从业务功能角度看，不少牌照只具有特定区域内的业务许可功能，如果希望在全国范围内开展业务则需要分区域申请多个牌照。严格的牌照审批及数量控制虽可以在一定程度上控制行业风险，但也会抑制行业活力，不利于外资金融机构开展全国性业务。

---

① 2019年在允许外资银行从事代理发行、代理兑付、承销政府债券以及代理收付款项业务后，外资银行业务范围与中资银行基本趋于一致。对外资险企而言，其市场占有率仍处于较低水平。在证券业中，外资控股券商和合资券商正加速入场，但其中具有全业务牌照的券商数量十分有限。

表9-2 近两年主要金融业开放政策

文件名称	发布时间	政策主要内容
《关于进一步扩大金融业对外开放的有关举措》("金融业对外开放措施11条")	2019年7月	（1）允许外资机构在华开展信用评级业务时，可以对银行间债券市场和交易所债券市场的所有种类债券评级；（2）鼓励境外金融机构参与设立、投资入股商业银行理财子公司；（3）允许境外资管机构与中资银行或保险公司的子公司合资成立由外放控股的理财公司；（4）允许境外金融机构投资设立、参股养老基金公司；（5）支持外资全资设立或参股货币经济公司；（6）人身险外资股比限制从51%提高至100%的过渡期，由原定2021年提前到2020年；（7）取消境内保险公司合计持有保险资产管理公司的股份不得低于75%的规定，允许境外投资者持有股份超过25%；（8）放宽外资保险公司准入条件，取消30年经营年限要求；（9）将原定于2021年取消证券公司、基金管理公司和期货公司外资股比限制的时点提前到2020年；（10）允许外资机构获得银行间债券市场A类主承销牌照；（11）进一步便利境外机构投资者投资银行间债券市场
《中华人民共和国外资银行管理条例》	2019年10月	放宽对拟设外资银行的股东以及拟设分行的外国银行的条件；放宽对外国银行在中国境内同时设立法人银行和外国银行分行的限制
《中华人民共和国外资保险公司管理条例》	2019年10月	对申请设立外资保险公司的外国保险公司，取消"经营保险业务30年以上"和"在中国境内已经设立代表机构2年以上"的条件；允许外国保险集团公司在中国境内投资设立外资保险公司，允许境外金融机构入股外资保险公司
《关于进一步做好利用外资工作的意见》	2019年11月	加快金融业开放进程，全面取消在华外资银行、证券公司、基金管理公司等金融机构业务范围限制，丰富市场供给，增强市场活力

资料来源：网络资料整理。

（二）进一步推进金融业对外开放

1.进一步放宽外资持股比例和业务限制

对照伦敦国际金融中心的发展模式可以看出，机构聚集效应是其核心战略，超过三分之二的全球系统重要性金融机构将集团或者欧洲总部设在伦敦，采取以伦敦为中心，辐射全球的经营管理模式，使其拥有与纽约一争高下的"资本"。为此，上海不妨在以下方面争取先行先试：一是扩大银行业对外开放。比如，支持外国银行在沪同时设立分行和子行，支持商业银行在沪发起设立不设外资持股比例上限的金融资产投资公司和理财公司，支持外资银行开展代理发行、代理兑付等。二是扩大保险业对外开放。比如，放开在沪外资保险经纪公司经营范围，支持外资来沪经营保险代理和公估业务，支持设立外资控股人身险公司，探索保险资金依托上海相关交易所试点大宗商品如黄金、石油的投资等。三是扩大证券业对外开放。比如，支持在沪设立外资控股证券公司、基金公司、期货公司，允许其从事经纪、咨询等业务。

2. 进一步推动简政放权改革，提升商业便利性

2020年1月1日，《外商投资法》《优化营商环境条例》同步落地实施，外商投资实行准入前国民待遇加负面清单管理制度，实现外商企业与内资企业的权利、规则和机会平等。未来要进一步推动简政放权改革，大幅取消或削减行政审批，简化业务流程，着力解决经营实践中存在的问题，推动形成便利、公平、标准明确和透明度高的投资环境。还应特别关注政策间的相互衔接，与国际惯例接轨，并不断强化政府公共服务职能。

3. 提高境外机构入市便利

一是便利境外机构进入债券市场。债券市场开放体现在境外机构可以参与银行间债券交易市场。未来要继续扩大债券市场对外开放，通过进一步便利境外机构备案入市来丰富境外投资者数量，推动境内结算代理行向托管行模式转变，为境外投资者提供多元化的债券市场服务，具体包括：整合境外机构进入中国金融市场的渠道，将规则与机制相对统一，在提升境外投资者便利性的同时，也能够便于监管和统计；增加境外机构入市类别认定；债券市场相关法律法规增加英文版本。

二是便利境外机构进入股票市场。股票市场的开放渠道相对较为狭窄，目前主要是以"管道式"机制打通资金双向流通渠道。自2002年后，先后推出的QFII、QDII、RQFII、QDLP、RQDII、沪港通、QDIE、深港通、沪伦通等制度安排，实现境内外市场双向互通机制、吸引海外参与方。后续可依托上海证券交易所加快推进中德通、中瑞通等试点机制，扩大境内外互联互通规模。

三是便利境外机构进入外汇市场。上海应尽快优化境外机构金融投资项下的汇率风险管理，进一步便利境外机构进入银行间外汇市场平盘因投资境内资产而产生的头寸。同时要进一步丰富外汇期权等产品类型，便利投资者利用多种人民币工具进行外汇风险管理。

第二节　建设高质量的在岸金融和离岸金融市场体系

在岸金融和离岸金融市场体系的建设，是金融体系从封闭到逐渐开放过程中的重要选择。放眼世界，离岸金融中心的模式多种多样；而在一国金融对外开放的不同阶段，离岸金融中心的渗透性、在岸与离岸中心的关系也会进行动态调整，如果渗透性未能满足当前的发展阶段，可能会阻碍金融中心的开放进程，也可能加剧风险积聚。总而言之，建设高标准的在岸金融和离岸金融体系，处理好两者的关系，是一个需要审慎考虑、精密论证的课题。

一、探索建立有限渗透的离岸金融，助推人民币国际化进程

上海国际金融中心建设的一个重要方向是探索离岸市场模式，但并非简单再造一个类似于香港的离岸市场，而是在发展离岸业务时注重

有限渗透性原则，通过有限渗透的离岸金融模式推动人民币国际化，形成在岸金融市场和离岸金融市场的有机联动。

（一）离岸金融中心的模式划分

通常来讲，离岸中心按职能大致可分为：分离型、一体型、内外渗透型以及避税港型。

分离型离岸金融模式要求离岸账户和在岸账户分离，禁止资金在这两个账户之间流动。相比在岸账户，离岸账户可以享受税收、利率以及汇率等管制的放松。这种模式的优点在于降低了国际资本流动对离岸中心所在国或地区的冲击，保护了在岸市场的安全和稳定。较典型的有美国国际银行设施（International Banking Facilities, IBF）和日本离岸金融市场，此外两者还具备"离岸市场在岸化"这一相似点，进一步模糊了离岸业务的国界之分。

一体型离岸金融模式是指离岸账户和在岸账户并账操作，本国或本地区居民与非居民的金融业务在同一账户上同时运作，资金的出入境也不受限制。典型代表如伦敦和香港离岸金融中心。

内外渗透型模式介于分离型和一体型之间，虽然离岸与在岸账户隔离，但是允许在岸账户和离岸账户之间有限渗透，这种渗透可以是单向的也可以是双向的。如泰国曼谷就是单向渗透，允许非居民存款向在岸账户放贷，但禁止在岸资金流入离岸市场；新加坡则是双向渗透，居民既可以利用离岸账户进行投资，也可以从离岸账户获取贷款。

避税港型离岸金融中心一般不涉及实际的离岸资金交易，只办理其他市场交易的记账业务。这种离岸金融市场通常在自身经济规模极小的国家或地区，由于税收成本低廉，加之金融管制宽松，可使国际金融机构达到逃避资金监管和减免税负的目的。典型代表如开曼群岛、巴哈马等。

表9-3　不同离岸业务模式比较

离岸业务模式	特点	典型代表
分离型离岸金融模式	境外机构（非居民）之间发生的交易被单独划分出一个市场；资金在境内外市场间流动受到限制，离岸业务与在岸业务账户分离	纽约、东京
一体型离岸金融模式	境外机构（非居民）之间发生的交易与境内市场混合（实际上：无在岸离岸之分）；非居民与居民经营的业务无差异，资金流入流出相对自由，账户允许混用	伦敦、香港
内外渗透型	离岸与在岸银行业务账户隔离，但可以有某些交叉，允许一定比例离岸账户资金流入或流出	单向渗透：曼谷 双向渗透：新加坡
避税港型离岸金融模式	一般不涉及实际资金交易，只充当簿记功能；税收成本几乎为零，金融管制十分宽松；所在国或地区经济规模很小	开曼群岛、巴哈马

资料来源：网络资料整理。

（二）建设上海人民币离岸中心"有限渗透"模式的设想

当前上海尚不具备仿照香港和伦敦建设一体型离岸市场的条件；从国家战略和经济体量上考虑，更不应该做成名义型的"避税港型"离岸金融中心。因此，考虑到中国与美国当年的情况较为接近，应充分借鉴纽约国际金融中心建设过程中的有益经验，采取"有限渗透"模式，并通过创新运营管理，以人民币国际化和人民币金融市场体系的国际化为驱动力，从较长时期将上海建设成为具有深远国际辐射力的离岸金融中心是较为理性的选择。

事实上，"有限渗透"的离岸金融模式属于过渡性模式，分离型仅仅是离岸市场建设的起点，渗透则是阶段性方向。该模式既能够确保上海在推进自贸区建设的过程中，合理控制金融风险，又可以保证资本项下的可兑换等改革平稳地向前推进的同时，确保各类企业能够顺畅地获取离岸金融发展成果。该模式的选择具有较强的制度试水特征，是充分考虑人民币资产市场发展相对不足、在岸市场和离岸市场联动不足的现实约束而做出的选择。具体地，由于在岸市场和离岸市场的流动性获得渠道显著不同，加之离岸人民币资金池的规模相对有限，极易因各种汇率利率套利行为造成波动从而影响市场流动性和利率，以至于人民币离岸与在岸市场在收益率曲线和汇率定价存有较大差别。针对离岸到在岸设置一个额度有限的渗透水平，并随着市场的扩容而不断放大这一额度规模，将有利于离岸和在岸之间的资金价格的传导并形成一系列的基础价格和收益率曲线，最终实现在岸与离岸市场的一体化。不妨从新加坡成长为国际金融中心的过程得出相关启示。

新加坡的有益做法是通过设立亚元单位账户（ACU）发展离岸交易。新加坡20世纪70年代开始建立国内银行单位（DBU）和亚洲货币单位（ACU）。在ACU/DBU体系下，离岸银行大多在亚元市场和外汇市场中运营，主要从事非居民的批发银行业务。为适应不同的监管要求，新加坡金管局要求ACU和DBU两个业务单位分别设立账簿，独立核算。虽然离岸银行在外汇存款业务领域享有与完全牌照银行同等的权利，但在新元零售市场中的经营范围则受到限制。监管在大力促进离岸金融和金融市场发展的同时，严格限制境外热钱流入本国证券市场和房地产市场，避免市场泡沫化，确保本国的经济金融稳定。近年来，随着新加坡全球金融中心地位的巩固和发展，本国金融稳定性不断提高，在岸离岸银行业务的界限也逐渐模糊。为进一步扩大开放，提高效率，避免过度监管以及为境外金融机构节约成本，新加坡金管局于2020年10月1日合并两个单元，合并后新加坡金融监管将进一步与一体型模式靠拢。

中国可以充分借鉴新加坡经验，循序渐进发展离岸金融业务。在金融市场发展水平不成熟、开放程度有限的情况下，如果采用一体型的离岸模式，离岸业务与在岸业务互相交融可能导致有关金融机构利用两种业务的互相转化来逃避监管，增加国内金融体系的不稳定性。因此，现阶段应借鉴发达国家成熟的管控经验，严禁资金在离岸账户与在岸账户之间流动，实行严格的分离型模式，强化对离岸业务的专向监控，保护在岸金融市场的稳定与安全，避免对我国境内货币政策实施和金融监管造成不利影响。然而，随着国内利率和汇率市场化改革基本完成、相关监管体系逐步完善，可将上海自贸区离岸中心从严格分离型向渗透型转型，进一步推动人民币国际化。最后，长期来看，如有条件（比如人民币成为全球优势货币），可逐步发展为一体型离岸金融中心。

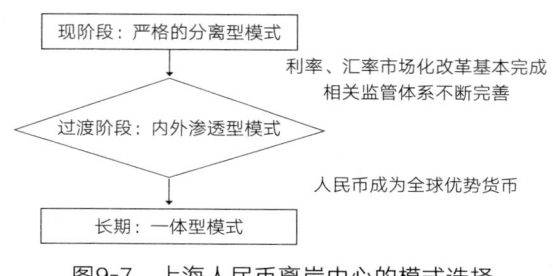

图9-7 上海人民币离岸中心的模式选择

（三）有限渗透模式建设的阶段性规划与关键节点

近期目标：通过"一地两市"强化离岸在岸人民币交易联动。发展上海外汇交易中心跨境交易和上海自贸区离岸交易，支持离岸人民币使用。可以借鉴新加坡设立亚元单位账户（ACU）发展离岸交易、助力新加坡建设国际金融中心的经验，在前期试点更加开放、与国际对接的离岸金融市场，开展外币对汇率交易、外币固定收益产品发行交易、外币计价商品和贵金属、外币计价保险产品及再保险交易等来丰富人民币资产市场的深度与流动性，疏通人民币境内外循环的渠道与机制。

远期目标：探索在上海建立"一体型离岸在岸金融体系"。配合人民币资本项目开放，迈向伦敦及新加坡一体化模式。在此过程中，通过在上海金融机构提升对境外机构"账户—托管—交易—研究"多层次服务体系，鼓励更多境外机构交易、持有人民币资产，聚集更多的国际投资者，促进上海构建结构多样、层次分明的立体化全球化金融市场。通过合理选择发展定位，在市场机制、产品创新、基础设施等方面实现长足发展，将上海金融市场打造成为全球金融市场中最具吸引力和创新力、专业服务能力最强的金融市场，成为全球金融市场的一个重要节点——"上海中心"。

"有限渗透"模式较适合当前中国的阶段，重在合理的制度设计。如同国内学者所言，鼓励不同类型金融机构积极参与各类人民币资产的交易，重点对商业银行等金融中介实施有效管理，突出表现为对离岸银行、总行和离岸分行之间的资金管理，防止出现境内外资金流入流出的"大张大合"，触发系统性金融风险的情形。这也是"有限渗透"模式中"有限"二字的内涵。在上述整体思路之下，更为细致地推进金融制度设计，确保金融开放的合理节奏与实际效果。

如前文所述，有限渗透模式所涵盖的制度设计，试图建立一个离岸/在岸的隔离账户作为改革试点和缓冲带，仍需借助特殊账户安排，在境内设立离岸金融中心，将境内金融市场业务和境外业务严格分离。这一"分离型离岸金融市场"模式与美国模式相仿，且被证实是切实可行的。作为有限渗透模式，仍然需要重点考量和关注居民和非居民账户、离岸账户和在岸账户问题的管理、本币和外币账户的一体化，以及境内和境外业务的管理规则路径的科学设计。在该方面，纽约在岸型离岸金融中心运营经验值得关注，其关键在于合理的账户设计和严格的账户分离制度——美国国际银行设施（IBF）。美国的做法是：所有获准吸收存款的美国银行、外国银行均可申请加入IBF，在美国境内吸收非居民的美元或外币存款，与非居民进行金融交易，该市场交易享受离岸金融市场的优待，免除适用美国其他金融交易的存款准备金、利率上限、存款保险、利息预提税等限制和负担。然而，美联储要求非居民交易与国内账户必须严格分离，其交易严格限于会员机构与非居民之间，禁止非居民经营在岸业务。这一点，上海自贸区的分账管理制度应有所差异，并非简单的"美为中用"，而是二者都是分账核算制度，力求做到与境内账户相隔离。在建设离岸金融市场的有限渗透过程中，出于风险防范、政策改革节奏可控的目的，应该在充分吸收其经验的基础上做出一定的创新。如在中央层面对海南、广东和天津等自贸区的不同实践做出总结，对未来制度变革的总体趋势进行研判，形成整体规划；对FTU账户不同类型业务渗透入在岸市场的渠道和机制进行分层级管理；结算基础设施建设的主要着力点和有效经验进行总结。

如前文所述，通过人民币国际化和人民币金融市场的国际化"双轮驱动"是当前切实可行的战略布局。尤其是在上海建设高度联动、具有深度和宽度和富于流动性的在岸与离岸市场，等于说为未来构建人民币在境内外大循环提供充足动力源和蓄水池。而居民和非居民账户、离岸账户和在岸账户、本币账户和外币账户，以及境内和境外业务四对关系的处理和路径安排则事关我国资本项目可兑换改革的进程，也攸关微观可操作层面连同在岸与离岸金融市场的管道构建和节奏把控。

1. 居民与非居民账户的协同管理问题。目前的政策要求是"一线放开、二线管住"原则，即居民自由贸易账户与境外账户、境内区外的非居民账户、非居民自由贸易账户以及其他居民自由贸易账户之间的资金可自由划转；居民自由贸易账户与境内区外的银行结算账户之间产生的资金流动视同跨境业务管理。非居民方面可在试验区内银行开立本外币非居民自由贸易账户，按准入前国民待遇原则享受相关金融服务，二者的自由贸易账户业已可以办理跨境融资、担保等业务。

2. 分账管理模式的设立。分账管理模式的自由贸易账户制度创新是处理居民与非居民账户、在岸与离岸账户、本外币账户和境内外账户管理几对账户关系的主要载体，也是后续上海自贸区资本项目可兑换的全面推进的关键依托。自由贸易账户作为"中转站"，在"一线"和"二线"、境内与境外之间留下一个流量可测、风险可控的管道，实现有限度的"渗透"。即同一非金融机构主体的居民自由贸易账户与其他银行结算账户之间因经常项下业务、偿还贷款、实业投资以及其他符合规定的跨境交易需要，可办理资金划转。然而，从目前来看，仍然需要充分结合自贸区经验，认真梳理和厘清自由贸易账户管理体系与既有本外币账户管理体系之间的关系，进一步开放资本市场双向投资，拓宽自由贸易账户的管道。伴随着制度细则不断完善，尤其是居民和非居民之间交易动态监测系统的建成，进一步推进账户内本外币资金可自由兑换的各项条件臻于成熟。后续改革措施，如针对非居民在我国境内发行股票、货币市场工具及衍生金融工具领域的人民币资本不可兑换项目，可以通过设计更为细致的方案进行先行先试。

3. 本外币一体化账户管理制度方面可以有所作为。从改革的路径安排来看，在初级阶段，人民币账户和外币账户逐步统一开变销管理，仍各自作为账户主体存在，在使用中分别遵循境内和跨境业务的管理规则。后续逐步推进本外币账户在使用及交易管理和信息报送管理方面的改革，直至实现完全的本外币一体化账户管理。整体来看，后续改革应在自由贸易账户开立、实现资金自由收付、加强风险管理、免交金融机构吸收的各项存款准备金等方面进一步完善相关细则，并进一步厘清和拓宽FT账户覆盖范围，真正建立"在岸、离岸业务枢纽建设"的新型本外币一体化自贸账户管理体系。

4. 一体化账户体系的推进。各类账户一体化的管理制度改革方面，应遵循从本外币账户一体化到离岸与在岸账户一体化两个阶段。从更长远的规划来看，还应在本外币一体化基础上进一步试点离在岸一体化账户体系，进一步便利金融机构和企业在试点地区开办相关账户并开展面向全球的资产管理。

5. 发挥试验区的作用。上海自贸试验区新片区在实施更为便利的跨境资金管理制度创新方面有所突破，在离岸金融中心不断发展和监管手段渐趋成熟的条件下，逐步允许离岸账户资金有管理地向在岸账户"渗透"。一方面体现在前文所讨论的居民和非居民经由自由贸易账户开展的跨境资金划转和跨境融资担保等业务。另一方面，上海辖内的金融机构则享有着跨境交易更高的自由度，尤其是境内机构自由贸易账户（FTE）和境外机构自由贸易账户（FTN）之间实现资金更高程度的自由流动。其中，2018年6月出台的《中国（上海）自由贸易试验区关于扩大金融服务业对外开放进一步形成开发开放新优势的意见》指出，资金可以实现"跨一线"和"跨二线"流动，即在境外与自贸区之间双向流动、资金在两个自由贸易账户之间（包括FTE与FTN之间）双向流动、自由贸易账户与NRA（Non-Resident Account，境外机构境内外汇账户）、OSA账户（Off-shore Account，离岸账户）的双向资金流动；以及资金在自贸区与境内之间双向流动。尤其是，同名FTE账户与同名FTE账户、同名境外账户之间、同名OSA账户之间的资金双向划转，在不涉及"反洗钱、反恐怖融资、反逃税"的基础上，可以凭收付款指令直接办理。"跨一线""跨二线"异户名结算在有效客户分类的基础上也得到不断放宽。然而，对比香港和新加坡等地离岸银行账户的跨境交易而言，上海自贸区的各类境内外账户间收付外汇操作、资金的划转，以及账户的易用性和安全性仍有待进一步改进。

（四）打造以人民币为核心的离岸金融市场体系

如同前面章节所论述的，上海国际金融中心建设的核心优势在于人民币离岸金融市场体系的打造，应当实施以金融市场国际化为基础，以人民币国际化为主线的"双驱动"战略。为此，需要构建人民币交易中心、人民币投融资及资产配置中心、人民币定价中心、人民币清算中心和人民币风险管理中心。

结合当前运营情况来看，过度依赖银行体系、而没有充分深度和广度的金融市场作为支撑，无法真正实现离岸金融中心，这也是人民币国际化的必由之路。因此离岸人民币交易中心也是建设"有限渗透"模式的内在要求。通过打造离岸人民币交易中心，进一步推动证券、期货、黄金等交易所在自贸区设立国际交易平台，品种包括债券、股票、大宗商品以及各类金融衍生品；建设离岸人民币外汇市场，吸引国内金融机构成为离岸人民币做市商，平抑在岸、离岸人民币价差，形成有机联动的收益率曲线体系和外汇定价机制。外币离岸业务方面，上海可通过其发展外币（美元为主，兼顾其他发达国家货币、"一带一路"沿线国家货币）业务，在人民币国际化程度有限的条件下，促进交易活跃度和国际化程度，迅速提升金融中心地位。

二、从"管道式"转向"平台式"，加快人民币在岸金融市场发展

（一）对接国际高标准规则，实现金融市场更高层次开放

一是全面实行准入前国民待遇加负面清单管理制度，丰富人民币离岸市场的机构基础。外资金融机构进入中国开展业务，就是中国的法人机构，必须接受中国监管部门的监管。这相当于海外机构在中国金融业所做的直接投资，对金融稳定的含义与短期跨境资本流动有所不同。所以监管部门应按照内外资同等对待的原则，在持股比例、设立形式、股东资质、业务范围、牌照数量等方面对中外资机构一视同仁，为外资进入中国市场提供公平、公正的竞争环境。同时，为鼓励金融机构"走出去"，应进一步放松对商业银行海外布局设点的限制，对新设机构只保留报备程序，无须审批，避免相互等待、拖延时间。

二是尊重国际市场规则和惯例，提高金融中心国际竞争力。首先，要有序开放信用评级市场，建立健全涵盖国际评级机构在内的统一注册管理制度；其次，给予境外审计和会计事务所在国更大的灵活性和便利性，提高相关会计、审计政策的国际透明度和规范性；最后，应尽快明确境外投资者进入我国金融市场所涉及税收问题。

（二）加大跨境互联互通设施建设，发挥开放的双向溢出效应

进一步完善和推广现有的互联互通模式。一方面，我国需进一步推

广沪伦通模式。与沪港通不同，沪伦通实现了不同法律法规下互联互通的两个市场上市公司有价证券到对方市场进行交易，这种方式有助于境内资本市场与海外资本市场建立更深层次的联系，拓展境内主体融资渠道，为国内投资者提供更多国际性投资选择，同时也推动了人民币的国际使用。待沪伦通运行模式和交易规则更加成熟后，其经验也可以推广到美国、德国、法国、东京、新加坡等地证券交易所。另一方面，推广ETF互联互通。2019年中日签署ETF互通项目协议，双方基金公司将分别通过QDII和QFII机制设立跨境基金，并将全部或大部分基金资产投资于对方市场具有代表性的ETF产品。目前中日各有4只产品在各自交易所上市，主要跟踪中证500指数、上证180指数以及日经225指数和东京证券指数等。充分利用QDII和QFII的通道优势，便于管控风险并降低双向跨境投资成本，这一模式有望进一步推广到香港、新加坡、伦敦等地交易所。

（三）提升金融市场功能疏通梗阻，实现境内外资金循环

我国金融市场尚未完全对海外金融机构、投资人、发行人等市场主体开放。境外投资者持有量占比仅2%，远低于美国的35%；境外主体发行的熊猫债余额仅占全部存量的0.3%。从股权市场来看，至今还没有境外公司在境内资本市场上市；境外机构和个人持有股票人民币资产的规模占股票市场总规模的比例不到3%。以上事实说明，内外资金循环存有梗阻。在先期试点更加开放、与国际对接的离岸金融市场。

为此，疏通人民币的跨境（境内外）循环机制是当前亟待解决的问题。近年来海外人民币"循环体系"建设进展不大，表现为海外存量人民币"资金池"规模有限，离岸市场化可交易的人民币资产种类和数量相对匮乏，难以支撑人民币的"表外循环"。除此之外，人民币资产的在岸市场和离岸市场化之间无法相互贯通，内外循环的"任督二脉"未能有效打通，制约了人民币离岸市场的发展与扩容。由此可见，疏通人民币资产的"内外循环"通道至关重要。

为此，需要进一步开放我国资本账户，拓展人民币的流出与回流渠道；与此同时，在人民币离岸市场化发展受限的现实背景下，依托上海建设具有深度的人民币离岸市场是推动上述大循环战略的根基所在。此处应充分借鉴纽约国际金融中心实施IBF制度的有益经验，高度连接本国银行业与外资银行及海外市场，吸引外资金融机构进入上海在岸市场和离岸金融开展业务。具体地，应该通过不断升级金融市场功能，从人民币产品的多元化、市场交易规则设计、基础设施建设等诸多方面做好内功，吸引境外投资者更多地参与到市场交易之中，甚至应该考虑在现行政策框架下，为鼓励境外融资者参与到我国货币市场和资本市场中设计更为灵活的制度安排。

结合当前人民币国际化的现状，还应当稳步开放人民币的流入流出管道，丰富离岸市场的投资产品，鼓励有关主体创新人民币投融资多元模式，推动双边人民币互换与清算计划，丰富债券市场吸引全球被动型和指数型资产管理机构参与人民币资产配置等措施，壮大人民币投资需求、交易需求以及预防需求的微观基础，从而起到完善人民币在岸与离岸市场联动与循环的目的。

（四）推动对外开放逐渐从"管道式"转向"平台式"

随着入市机构数量不断增加，业务范围不断扩大，之前由于政策逐步放开产生的入市规则不统一、分产品"管道式"放开等情况需不断改善，应该大力实施从"管道式"向"平台式"模式的转变。一方面，需要拓宽从离岸到在岸的限制额度和流通管道，在增强渗透水平的基础上，实现离岸和在岸之间的资金灵活调剂、价格灵敏传导，并形成一系列一体化的基础价格和收益率曲线，最终实现在岸与离岸市场的有机融合。为此，需要完善以下几类"平台"建设：

首先，积极构建产品准入的"一站式"平台。为提升境外金融机构入市便利性，未来应加速入市渠道的整合和规则的统一化制定，通过规范统一各产品准入，构建"一站式"平台，方便各金融机构更高效地开展投融资活动。具体措施方面：第一，以上交所为载体，在沪深港通、沪伦通的基础上，与全球主要金融中心所在地、"一带一路"重点国家和地区的资本市场加强互联互通合作，推动存托凭证业务及交易路由系统业务常态化；第二，以中金所为载体，有序推动股指期货国际化，推动外汇期货上市；第三，以上海清算所及中国外汇交易中心为载体，加强与Clearstream（明讯国际）、Euroclear（欧清集团）等境外债券登记托管机构的合作，加快对现有的三种入市渠道进行整合升级，推动债券多级托管机制在我国落地，为境外投资者提供与国际接轨的投资环境；第四，加强与监管部门沟通，推动上期所与大商所、郑商所的业务整合，统一并简化境外投资者参与期货国际化品种交易的开户等手续，提高入市便利度。

其次，鼓励在金融试验区内建立面向国际的交易平台。如继续按照"国际平台、净价交易、保税交割"的基本制度设计框架，加快上海国际能源交易中心，为境内外石油产业链企业、各类投资者参与我国原油期货交易提供更好的服务平台，提升对国际大宗商品定价的影响力。根据市场的接受程度、承受程度和需求程度，形成一个人民币标价的庞大离岸"资产池"，围绕债券（点心债券）、股票（国际板）或者其他相近的金融工具交易平台，形成一个境外人民币的回流闭环、缓冲带和蓄水池，与其他境外离岸人民币中心形成良好的竞争与联动。

最后，建立数据监测、微观风险控制和应急处置的风险监控平台。其中两类监管平台的建设与联动至关重要，一是垂直体系内由金融监管部门负责，对区内金融机构和特定非金融机构的资产负债表及相关业务信息进行监测，重点是关注和监测跨境异常资金流动；二是属地由试验区管理部门主导的综合信息监管平台，对区内非金融机构进行监督管理，按年度进行评估，并根据评估结果实施分类管理。

（五）稳步推进人民币资本项目可兑换

人民币要成为国际计价货币，必须构建一个顺畅的人民币流入和流出机制，推动境内金融市场的双向开放和人民币资本项目可兑换。具体做法可包括：进一步便利跨境证券投资，简化RQFII及"三类机构"投资的资格审批程序、扩大资格主体范围、提升投资便利程度；鼓励各类人民币债券发行，扩大境内机构赴境外发点心债的地域范围，支持更多境外主体到境内发行熊猫债；加强境内外资本市场连通，借鉴"沪深港通"经验，考虑与更多境外国家和地区交易所连通，促进股票投资双向自由流动；尽快出台个人经常项下人民币跨境结算的管理规则和跨境投资的相关规定。

附：

纽约在岸型离岸金融中心对上海的启示

一、纽约在岸型离岸金融中心特点

纽约在岸型离岸金融中心也被称为分离型离岸金融市场，指通过特殊账户安排，在境内设立离岸金融中心，将境内金融市场业务和境外业务严格分离，从而扩大本国金融市场业务的一种独有的制度设计。纽约在岸型离岸金融中心的建立依赖于美国国际银行设施（International Banking Facilities，IBF）的建立。这一制度首开在货币发行国境内设立离岸金融市场经营本币之先河，改变了离岸金融市场在货币发行国境外使用非本币的传统模式。这一创新的制度有以下主要特点。

（一）将本币作为离岸金融货币

有关货币游离于货币发行国之外是传统离岸金融的一大特点，但美国IBF的创立改变了这一特征。20世纪六七十年代，全球离岸金融市场和离岸银行业迅速发展。这时离岸金融活动的特征是在国际货币（主要是美元）发行国境外设立机构，经营该货币。由于美元本身就是最大的国际货币，美国对经营外币的积极性不高，所以美国在建立离岸金融中心时摒弃了其他国家的思路，创造性地以本币美元作为经营货币。IBF的成立改变了离岸金融市场经营国际货币而非本币的特征。

（二）重新定义"岸"的内涵

在IBF背景下，离岸的"岸"已不再与国境等同，而是指一国国内金融的循环系统或体系。有关金融活动离开这个系统或体系，从而不受该国对国内一般金融活动所实行规定、制度的限制和制约，构成离岸金融。因此，IBF实际上是一个内外分离型的国际离岸金融市场，美国的本土银行于是在境内利用现成的办公地点和设施同样可以参与离岸金融活动。

（三）合理的账户设计和严格的账户分离制度

存放在IBF账户上的美元视同境外美元，与国内美元账户严格分开。所有获准吸收存款的美国银行、外国银行均可申请加入IBF，在美国境内吸收非居民的美元或外币存款，与非居民进行金融交易，该市场交易享受离岸金融市场的优待，免除适用美国其他金融交易的存款准备金、利率上限、存款保险、利息预提税等限制和负担。IBF在性质上并不是独立于银行之外的组织机构，它只是美国的银行（包括外资在美分支机构）为记载其开展的国际银行业务以及与此有关的收支状况而专门设立的一套资产负债账户。IBF在离岸金融安排中属于在岸/离岸账户严格分离型。美联储要求非居民交易与国内账户必须严格分离，其交易严格限于会员机构与非居民之间，禁止非居民经营在岸业务。

（四）优惠的税收政策

1981年IBF批准成立以来，加利福尼亚、伊利诺伊、佛罗里达等十几个州都效仿纽约不同程度地采取了税收优惠。计算税收减免的公式比较复杂，各州也不尽相同，其中佛罗里达州甚至全部减免了IBF的地方税。另外，由于美国多数州税法规定，美国海外分支机构的盈利应纳入应税收入，因此各州针对IBF的税收优惠有助于美国本土银行将欧洲货币市场业务由其海外分支机构转入美国本土的IBF账户中进行。

（五）有助于吸引资金回流

美联储理事会于1981年12月对《D条例》和《Q条例》做出若干重要的修正之后，美国的银行（包括外国银行在美国的分支机构）也可以在美国境内通过建立IBF享受到许多原来只有离岸银行才可以获得的好处。由于IBF在法定准备金方面享有与欧洲美元相同的待遇（自1990年12月起，后者的准备金比率已由原来的3%降为0），在美国境内的银行可以为外国存款账户提供与欧洲美元存款相类似的优惠利息，以上设计使得IBF各方面条件类似于欧洲美元市场，有助于把这部分资金吸引到美国国内。

从以上特点可见，IBF是一个成功的制度创新，它在美国本土形成了一个离岸金融市场，使得在境外设立机构经营非本币不再是离岸金融的必要条件，它们也可以是在岸经营本币的一种特殊账户。但它仍满足离岸金融的基本条件，即客户为非居民，资产负债两头在外，一般意义上的两头在外指的是负债来自境外客户，资产用于境外客户，但IBF这里的"外"不再必须是境外，而可以是在岸账户之外，例如两个IBF账户之间的交易。

IBF通过为非居民提供更优惠的监管和税收条件，更充分地满足了非居民个人及企业的融资需求。更为重要的是，IBF将本国银行业与外资银行及海外市场连接，吸引了更多外资金融机构进入美国在岸市场，在美国本土从事离岸金融业务。IBF将欧洲美元市场的一部分业务转移到了美国境内，弥补了美国离岸金融的不足，增强了与其他金融中心和离岸金融中心的竞争力。对于美国的银行来说，该安排有利于本土银行直接参与离岸金融活动，本土银行因此丰富了产品，扩大了业务，提高了国际竞争力。此外，内外分离是IBF最值得借鉴的经验之一。从IBF的经验来看，银行作为传统融资渠道，具有透明度高和便于监管的特点，因此尽管美国金融业当时已较为发达，但仍将主要的离岸业务放在银行体系内，并实行严格分离。之所以对外资银行和金融机构与本国居民之间的金融业务活动加以限制，只准许非居民参与离岸金融业务，其目的在于防止离岸金融交易活动影响或冲击本国货币政策的实施。

二、纽约在岸型离岸金融中心与其他离岸金融中心对比

纽约和东京，作为分离型离岸金融模式的典型代表，两者相比，也有异同。

（一）在准入许可方面，纽约相比东京更为简单

根据美联储的规定，任何金融机构，包括美国的存款机构和外国银行在美分行，不需要向美联储理事会提出申请或事先取得许可，只要在规定时间内通知美联储理事会，设立专门账户区分境内美元和境外美元，即可成为IBF的成员，开展离岸金融业务。东京离岸市场的参与者包含两部分，一是经政府批准的在日本注册的银行及其他金融机构；二是在日本注册银行的外国银行。日本对外国机构参与东京离岸市场进行较多限制，规定市场参与者的资金必须来源于外国居民，银行在办理离岸业务时需确认交易对象是否为外国居民。如果银行未按规定审核交易对象的相关证明材料，大藏省可以停止其外汇业务，并对未按规定确认交易对象的业务按非离岸业务的税率征税。

（二）在优惠政策方面，纽约和东京都对该业务给予较大优惠

纽约的离岸金融市场免除D条例存款准备金约束，Q条例存款利率上限制约以及FDIC存款保险和审查制度，另外，根据各州税收规定，给予不同程度的税收优惠。东京的JOM在利率方面，存款利率不受日本银行的管制，由市场资金供求决定利率水平；存款保险方面，存款不需按照相关法律纳入存款保险制度管理；存款准备金方面，不适用存款准备制

度规定的存款准备金率（但从离岸账户转入在岸账户的资金仍需缴纳存款准备金）；税收方面，从国外法人收到的存款及借款利息，无须缴纳所得税，免除资本利得税和利息预提税，仅征收部分印花税。

（三）在经营限制方面，纽约和东京都严格限制与居民交易

纽约对于非银外国居民和企业存款必须2天以上才能转账和取现，且存款额度不得低于10万美元。禁止IBF发行可转让存单、银行承兑票据或其他可自由转让的信用工具，但可以从事信用证及美国政府债券业务。另外防止离岸美元通过二级市场流入在岸。东京的离岸金融市场禁止从非居民吸收的存款向居民放贷，限制离岸资金向在岸渗透，离岸账户不能保持结算性存款，不具备独立对外清算职能。

三、美国IBF与上海自贸区FTU对比

纽约的IBF与上海自贸区分账核算单元（简称FTU）在实质上都是分账核算，与境内账户相隔离。FTU账户与IBF有一定相似，但二者在设立目的、监管规定、账户细分等方面又存在以下主要差别。

（一）设立目的与适用范围

纽约的IBF下分账核算的目的是发展离岸金融市场，适用于美国全国。

而上海在2014年5月由中国人民银行上海总部发布的分账核算账户的相关规定主要是为了上海自贸区内企业的跨境投融资提供便利，目前FTU账户仅适用于上海、海南、天津、广东四个自贸区。

（二）在监管规定方面

IBF主要遵守美联储D条例，监管规定较为统一。

而FTU（FT类账户）除了中国人民银行上海总部关于上海自贸区分账核算管理的多个办法之外，海南、广东、天津三个自贸区的中国人民银行分支行也各自制定了分账核算管理办法。

（三）账户细分方面

IBF开设主体是IBF被批准的会员，IBF的客户是非居民和其他设立IBF的银行，没有更多细层次划分。

而自由贸易账户（FT类账户）体系下的同业自贸账户（FTU账户），是针对金融机构同业之间的。除此之外，还有FTE和FTN账户等机构类自贸账户，FTI和FTF账户等个人类自贸账户。

四、IBF对上海全球金融中心建设的借鉴价值

全球金融中心不能缺少离岸金融服务。美国通过创立以纽约为主的IBF体系，使纽约成为真正意义上的、提供全面服务的全球金融中心。这对上海金融中心的建设提供了有借鉴意义的参考。上海当前的情况与纽约建立IBF的历史背景有许多相似之处。

（一）都不适合建立典型的传统意义上的离岸金融中心

和美国一样，中国本身就是一个巨大的市场，非居民来此是为了与在岸居民从事业务，所以也不适于建立典型的离岸金融中心。而上海自贸区的主要金融功能是两头在内的在岸金融及一头在外的国际金融，两头在外的离岸金融潜力还有待挖掘。

（二）货币处于国际化的上升期

目前人民币尚无法与IBF诞生时美元的国际地位相提并论，但随着人民币国际化进程不断加快，境外需求日益增强，海外离岸市场逐渐建立，也需要建立一个在岸的离岸市场与海外对接。

（三）逐步放松管制

当前，中国处于逐步放松金融管制，实现汇率、利率市场化及资本市场开放的过渡阶段。建立一个离岸/在岸的隔离账户作为改革试点和缓冲带，成熟后再向境内扩展，有助于推进金融市场进一步深化开放并把握好开放的节奏。

（四）提升本土金融市场和金融机构的竞争力

中国也需要通过金融创新提供更加灵活、优惠的制度安排以吸引更多海外金融机构，并拓展金融市场的深度，在吸引更多外资银行加入的同时也能增强本土银行的竞争力。

五、上海借鉴纽约在岸型离岸金融中心的建议

随着上海自贸区的发展壮大，上海的在岸型离岸金融中心建设已经起步。在未来的发展中应将在岸型离岸市场建设纳入全球人民币离岸市场整体战略中考量。目前，香港作为亚洲区域的人民币离岸中心已建成，新加坡、英国、美国等地人民币离岸业务也初具规模，人民币离岸业务的境外区域布局已初步形成。而上海自贸区作为人民币离岸市场整体建设的重要环节，将发挥更重要的作用，它的定位应该是面对全球，成为连接境外与境内的离岸中心枢纽。香港作为典型的离岸金融中心，交易货币仍以美元为主，在人民币业务方面，上海有其独特的优势，比如在以人民币作为交易货币的金融市场的深度和广度上，如原油期货、银行间市场、贵金属等，上海具有香港无法比拟的优势，如果准确把握各市场定位，促进离岸市场与在岸市场的优势互补，则可以吸引海外人民币资金回流，另外结合上海国际航运中心建设，吸引在对外贸易结算上对人民币有实际使用需求的国家和地区的金融机构的参与，进一步推动人民币国际化进程。

从美国IBF的发展经验来看，更多金融机构参与离岸业务可以有助于本土银行的国际化。目前我国离岸银行业务的融资和结算规模与我国每年贸易总额相比数量明显较少，有巨大的发展潜力。因此，上海金融中心在建设时应努力扩大离岸银行业务的规模，鼓励本土机构积极参与。这有利于培养中资银行的海外客户，推动我国金融机构更好地"走出去"。

最后，安全可靠的金融基础设施是发展壮大在岸离岸金融中心的关键支撑。因此上海要把金融基础设施建设放在突出位置，特别是离岸

证券交易结算系统以及美元、欧元等主要货币的离岸即时支付清算体系，应争取尽快建立。

第三节 全面对外开放情景下的上海金融中心建设

一、建立资本和流动性缓冲，增强金融市场抵御资本冲击的能力

在金融全面对外开放的背景下，国际资本大进大出对境内市场会形成潜在的冲击。尤其是我国实体经济对境外金融服务需求较强，如果离岸市场形成有交易规模和流动性支撑的价格基准，在岸定价权就可能外移，国内货币政策的有效性将面临相当大的考验。例如1989年以前，欧洲离岸日元利率对日本在岸日元利率出现单向引导关系，极大地影响了日本国内货币政策。因此，面对国际资本的冲击，如何协调政策，稳步推进，做好充分的缓冲和减震就显得尤为重要。

（一）整体原则：做好通盘规划，把握开放节奏

历史证明，经济、金融的改革和开放，从来都很难一蹴而就。从经济层面的改革和对外开放来看，有苏联的"休克疗法"教训在前；从金融对外开放来看，有日本的"广场协议"教训在前。这些教训告诉我们，对外开放有三个整体要点：一是要做好长期规划、通盘规划，基于规划，把握监管政策放开和退出的时机和力度，在有利的时机推进措施。二是开放应以我为主，不能由外界施压主导进程。三是要充分利用我国多年"渐进式"改革经验，将整体目标分解为具体步骤，逐步实施，而且要根据每一步实施的反馈结果，不断调整，允许试错和纠正，稳步实现最终目标。

此外，金融改革和金融全面开放是相辅相成的两个过程。两者都有长期目标和短期措施，在同一领域，有时会面临既要进行改革（放开），也要进行开放的问题。在某一领域如果已经完成了改革，那么开放也应尽快推出，形成配套；反之亦然。但从具体次序上来讲，存在不同观点。部分观点认为，应当先进行开放，这样有利于引进先进经验、技术和机构，形成"鲇鱼效应"的环境，这样能够倒逼改革尽快完成。我们认为，这种次序虽然可能会使开放政策加快，但这样也可能会使外资阶段性获得超国民待遇，影响国内机构的发展；更为重要的是，这样难以掌握金融对外开放的主导权，存在较大风险。因此，我们建议先放开、再开放，相关改革政策先对国内机构放开，进行一定阶段的准备和适应后再对外资开放，降低开放的冲击。

（二）充分发挥上海"桥头堡"和自贸区"试验田"的作用，使开放进程更为可控

将对外开放政策放在一个封闭的区域内试行，既能够检验政策的实际效果，也能够充分观察风险情况，在试行期内防止风险外溢至全国范围。这时上海和上海自贸区是最为适合的"沙箱环境"。由于自贸区本身具有账户隔离的属性，自贸区内的业务可视为境外，那么对于跨境相关的政策包括资本账户开放的相关措施，均可在自贸区内试行，鼓励跨境人民币业务的创新实践，逐步扩大本外币兑换限额，拓展自由贸易账户的功能，充分检验之后再择机推向全国。对于其他开放措施，例如放宽准入、产品创新、放松管制等措施，可以先在自贸区内试行；自贸区内试行成熟后，再扩展至上海整体试行；上海试行成熟后，再推广至全国范围。通过这样的"双层沙箱"结构，使开放措施得到充分检验之后再推广，让各地在推行开放的过程中少走一些"弯路"，充分发挥了上海在我国推进对外开放过程中的减震功能。从另一个角度讲，这也能够使得上海充分享受到开放前沿的好处，为金融中心建设注入动力。

（三）统筹推进利率市场化、汇率市场化和资本账户开放

利率市场化、汇率市场化和资本账户开放，是金融改革和开放的三个要点。而三项改革的顺利推进是建设强大、国际化的人民币金融市场的基础前提，也是左右上海国际金融中心建成的关键所在。从目标方案来看，三者均势在必行。三者之间的关系，一直是学界与政策当局关注的重点。然而，经典的"三元悖论"虽然指出资本自由流动、汇率稳定与货币政策独立性三个目标最多实现两个，但不能对改革的顺序提供建议。20世纪70年代中期，南方共同市场率先走上金融自由化之路，此后金融自由化席卷全球，但过程中不乏有国家以失败收场。经济学家认为，失败的原因很大程度上归咎于改革顺序不当与推进速度过快。因此，三者之间如何排布先后顺序显得尤为重要。

目前中国学界对改革的先后顺序还未有共识，主要存在两类观点。第一类观点认为，三大金融改革的先后顺序有先后之分，在完全开放资本项目之前，要先完成人民币利率和汇率的市场化改革。第二类观点认为，改革的先后顺序并不绝对，三者之间也没有固定的改革次序可供遵循，三者的改革需要协调推进。

金融改革次序问题不仅是理论问题，更是实践问题，严格的改革次序只是一种理想化设计，而实际情况往往是内外协调推进并相互促进，三者不应单一来看，或者简单使用先后顺序来区分，不能绝对地说一项完成之后再进行下一项，而是应该循序渐进、同时并举、交错完成。利率、汇率改革和资本账户开放就像两条腿走路，只有两条腿协调迈进才能走得稳。事实上，中国在实践中采用了"协调推进"模式，并成功抵御了两次金融危机、保持了国内宏观经济的基本稳定。在协调推进三者改革的过程中，建议如下：

1. 加快利率市场化改革

完善LPR、SHIBOR等利率形成机制，放宽市场准入标准，增加市场报价主体。不断完善以LRP等市场利率为核心的货币市场基准利率体

系，使之成为货币市场、票据市场、债券市场的定价基准。保证流动性合理充裕，提高金融机构风险定价能力和管理水平。利率市场化改革将逐步减少套利空间，确保人民币定价根植于本土，有利于金融稳定。此外，利率市场化可通过刺激储蓄，进而促使经济增长。根据国内外研究经验，实际利率的提高能通过"储蓄效应"和"渠道效应"引致实物资本生产率提高，因此利率市场化对于一国的经济发展和金融深化尤为重要。

2. 加快汇率市场化改革

目前，离岸人民币汇率基本反映了市场供求关系，随着人民币国际化步伐加快和离岸人民币规模扩大，离岸人民币汇率定价能力不断增强，对在岸人民币汇率产生重要影响，境内外人民币汇率之间的联动日益复杂。为防范金融风险和提升在岸人民币汇率定价的主导权，应加快汇率市场化改革步伐。扩大人民币浮动汇率区间，增强人民币汇率双向浮动弹性，更好地发挥市场供求对汇率的决定作用；适度降低外汇市场准入门槛，继续扩大外汇市场交易主体范围。

3. 建立在利率和汇率市场化基础上的资本账户完全开放

开放资本账户之前最需要的是加强金融体系建设和金融监管。这是从日本金融开放中吸取的教训。日本在国内金融体制尚未实现有效改革时，开放了资本账户，由此带来三方面的问题：一是日元快速升值带来国内经济衰退压力，货币政策极度宽松；二是国内金融体制改革滞后，利率市场化推进缓慢，融资主体绕开监管，通过境外市场融资，导致国内货币政策无论数量型还是利率型均不能奏效；三是金融脱媒，金融机构丧失优质客户，转而将信贷投向房地产、股市，推高资产泡沫。

因此，人民币资本账户开放应嵌入利率市场化和汇率市场化改革过程中统筹进行。在三者协调推进的过程中，按照相对顺序：利率市场化和汇率市场化改革对资本账户开放发挥促进和示范作用，并进一步推动资本账户开放进程，最终实现三者的协调推进。

在实现资本账户完全开放前，推进利率市场化改革有助于维持货币政策独立性。利率市场化是实现一个国家内部资源配置的市场化机制。利率市场化改革能够逐步减少套利空间,确保人民币定价根植于本土,有利于金融稳定;此外,利率市场化可通过刺激储蓄,进而促使经济增长(根据国内外研究经验,实际利率的提高能通过"储蓄效应"和"渠道效应"引致实物资本生产率提高)。20世纪80年代,日本在国内利率市场化推进较慢的背景下过快进行金融对外开放,导致资本大进大出,跨境套利频繁发生,风险不断积聚,货币政策调控作用也面临失效。因此,在全面实现对外开放前,加快推进利率市场化改革,打通利率传导渠道,有助于维持国内货币政策独立性,减弱跨境资本流动带来风险传导效应。

开放资本项下的资金流动,汇率市场化和汇率形成机制改革是必要前提。目前,离岸人民币汇率基本反映了市场供求关系,随着人民币国际化步伐加快和离岸人民币规模扩大,离岸人民币汇率定价能力不断增强,对在岸人民币汇率产生重要影响,境内外人民币汇率之间的联动日益复杂。为防范金融风险和提升在岸人民币汇率定价的主导权,应加快汇率市场化改革步伐。放开汇率浮动范围,在此基础上,逐步推出各品种外汇衍生工具,促进更多主要货币与人民币直接交易,完善汇率形成的市场机制。

通过在分账核算体系,离岸和在岸逐步渗透,实施资本项目的有序开放。以新加坡为例,在现行的ACU/DBU体系下,新加坡金管局要求两个业务单元分别设立账簿,独立核算。所有银行业务均可列入DBU,但如果要列入ACU,则必须符合金管局发布的《ACU操作条款及条件》,主要内容包括:必须取得许可证;必须单独簿记;总资产/总负债不能超过监管核定的限额;ACU业务单元不能簿记新加坡元业务;可以叙做的业务类型仅限存款、贷款、外汇交易、信用证、担保、票据、贴现、债券投资、投资基金;必须满足流动性要求。通过严格的隔离措施,避免离岸业务单元风险向在岸传导。

提高金融市场整体开放程度。在推进资本市场双向开放（如沪港通、沪伦通、债券通、商品期货国际板）的基础上，引入更多境内非银行金融机构如证券基金公司、期货公司等，参与银行间外汇市场的交易。同时引入更多境外机构进入银行间外汇市场，提高市场整体开放程度；发展境内人民币外汇期货市场，完善外汇市场做市商制度，提高流动性，进一步丰富外汇市场交易品种和交易方式；借鉴股票ETF和NDF的经验，开发"一带一路"沿线国家货币ETF或汇率指数产品，帮助企业锁定相关汇率风险。

总之，利率市场化、汇率形成机制改革、汇率市场化与资本账户开放是协调配合、循序渐进、相互促进的关系。当前，中国需要进一步推进利率市场化、汇率形成机制改革等各项金融改革，为资本账户完全开放奠基。同时，在推进资本账户开放的过程中，不需要等待利率市场化、汇率形成机制改革或者汇率市场化条件完全成熟，三个改革应协调推进，具体的改革措施应成熟一项，推进一项。

（四）发挥本币与外币账户的减震作用，推进本外币一体化账户改革

在服务实体经济、不断优化营商环境的时代背景下，本外币一体化账户管理将有利于改善开户主体的金融服务体验度，有利于商业银行加强内控管理，有利于监管机构整合管理资源，更好地实施宏观审慎管理及微观监管。从内容来看，本外币一体化账户管理包括但不限于基于本外币账户的开变销管理一体化、账户使用管理一体化（共同兼顾差异）、信息收集报送要求和流程一体化，以及基于信息报送的宏观审慎及微观监管的一体化。从实现路径来看，本外币一体化账户管理正在从物理整合到逻辑整合，从多系统数据后台集中到单系统报送方式有序推进。

本外币一体化账户管理是顺应实体经济需求、优化营商环境的趋势所在。对这项改革的整体建议包括但不限于以下几点：

1. 本外币一体化账户改革应加强顶层设计，在2~3年内稳步推进，成熟一项落地一项。路径上可按账户开变销一体化、账户使用管理一

体化、信息报送一体化推进，或交叉配合推进。

2. 本外币一体化账户改革以有效监测及管理系统性风险为前提，制度建设体现国际规则及良好实践，信息系统功能完备且高度智能化，能为宏观审慎与微观监管提供保障和支撑。

3. 高水平的本外币一体化账户改革，也依赖于市场自律的有效建立，与金融市场的整体完善相辅相成。

4. 处理好存量与增量的关系，避免二次开发加剧成本支出。商业银行与现有监管系统的链接基本已经开发完毕，属于沉没成本。账户使用管理一体化或先于系统一体化，如确需一体化管理系统开发，也建议充分兼容目前的信息报送接口，兼容存量信息，本着管理效益与投入成本相适宜的原则，避免巨大成本投入。

目前应借助上海自贸区临港新片区的设立，先行先试本外币一体化账户体系，为后续改革积累经验。如可以在新片区遵循本币优先原则的基础上，允许银行通过负面清单优化跨境资金管理。企业在经常项下、资本项下（短期证券交易除外）等各类业务，在提供满足报送采集要求的信息前提下即可通过商业银行办理可兑换相关业务。或者可以考虑在电子围网的前提下，进一步优化本外币账户的使用管理，实施高水平的贸易投资自由化。

（五）对外开放情景下，提高在沪金融机构公司治理能力

充分考虑上海国际金融中心不同机构间的异质性，制定差异化的治理制度设计。厘清和统筹行业监管、市场监管、国有金融资本监管和地方金融监管的权责划分和边界，提升治理效率。推动上海金融机构进一步完善职权分配，形成独立行使职责、直接向董事会报告事项的风险总监制度。强化上海金融机构内部危机处置机制建设，将市场环境、利率、流动性需求等作为衡量金融机构动态风险的主要因素，形成对风险的差异化动态化监测分析体系。支持行业协会等自律组织发挥作用，建立健全金融监管合作和危机协调应对机制，增强风险分散

和缓释能力，防范区域性及系统性风险。

二、加强联动，上海可作为金融市场间沟通交流的纽带

在金融开放的格局下，上海能够充分利用自身独特的地位，发挥与其他金融市场、金融中心的联动作用。这里的"联动"主要包括两个方面：一方面是上海能够作为人民币在岸市场和离岸市场的联动机制发挥作用，进而对人民币流动提供调节作用；另一方面是上海能够与香港、深圳加强协作，取长补短，共享金融发展成果。

（一）建立为实体经济服务的境内外金融市场联动机制

人民币在岸市场和离岸市场有机联系，既要有有序的流出安排，也要有良性的回流机制。上海应立足于区位优势、金融优势和政策优势，发挥好人民币流出和回流管道的"阀门"调节作用，建立人民币离岸市场和在岸市场的联动机制，更好地为实体经济服务。重点可从以下几个方面进行考虑：

1. 人民币流出安排：借助"一带一路"倡议的推行，逐步放开基础设施建设国际银团贷款、结构性融资、跨境并购融资等安排和限制措施，支持跨境基础设施建设、制造业开发，拓宽人民币的流出渠道；积极开展与在沪多边金融组织（如金砖银行）的合作，提升上海在跨境投融资方面的影响力。

2. 人民币回流机制：建立健全人民币国际债券市场和信贷市场，拓宽人民币回流渠道；扩大RQFII等渠道的投资额度，带动人民币回流规模的上升；改善企业营商环境，增强企业创新发展活力，打造具有国际竞争力的品牌企业，提高境内企业在国际贸易中的议价能力，逐步提升人民币计价、结算的主动性。

3. 离岸人民币产品定价基础：适时探索在自贸区发行人民币国债和市政债，力争形成以人民币国债到期收益率为核心的中长期基准利率、以人民币拆借利率为代表的短期基准利率体系，为上海离岸人民币产品

形成定价基础，同时注意外债发行规模，尤其注意先长期后短期的时序。

4. 人民币离岸市场间互动：加强自贸区与其他人民币离岸市场的互动，吸引大型国际资产管理公司参与人民币资产配置，支持离岸市场之间的人民币流动，并通过货币互换，构建离岸人民币全球体系。

（二）建立沪港深地区间联动机制

上海作为中国对外开放、金融创新、深化改革的最前沿，蕴含着巨大的市场空间；香港地区作为成熟的国际金融中心，历来是国内与世界经济、金融联系的枢纽；深圳因改革开放而生、因改革开放而兴，承载着改革先行示范区、粤港澳大湾区两大国家战略。上海、香港和深圳地区，在全面开放背景下有望在以下五个方面加强联动。

1. 开放经验共享

深化沪港深三地在政策创新、市场准入、资金融通、金融产品、要素平台、金融科技、专业人才、监管规则等领域的交流合作，共享金融开放与金融创新经验。重点聚焦各类跨境证券交易、跨境投融资业务，在具有合理实需相关背景下，推广对冲风险的衍生品交易和汇兑业务，形成成熟的对应产品类别、流程和模式，将汇率、利率、货币市场、资本市场交易深度融合，实现沪深两地在岸市场和离岸市场的有序结合、资源共享、产品共享、渠道共享，共同推进深化中国金融市场对外开放改革进程。

2. 金融资源共享

依托上海建设国际金融中心在人民币国际化过程中的产品创新、交易、定价、清算等方面的资源优势，发挥深圳背靠大陆、毗邻港澳的地缘优势，发展区域在岸人民币中心，持续扩大银证保市场与香港及世界其他地区的互联互通，深化债券通、沪深港通、沪深伦通的发展，尝试进一步扩大离、在岸证券交易市场范围，将更多的交易市场、投资标的、投资者纳入沪深市场中。同时持续完善银证保市场互联互通下的各类汇率利率交易场景，深挖QDII、QFII、NRA等各类国内外工商企业和金融机构客户跨境交易需求，稳步推进"一个国家、两种制度、三个关税区"的互动创新，构建全球人民币投融资集聚地。

3. 产业发展共享

用好上海地区国际金融中心建设政策红利，发挥深圳民营经济活跃、高新技术产业集聚的优势，依托5G、人工智能、网络空间科学与技术、生命信息与生物医药等国家战略性新兴产业，立足上海地区科创板上市企业及深圳先行示范区知识产权交易所机制创新，探索境内外知识产权证券化的自由流通和交易，实现沪深两地优势互补，共同打造服务全国、辐射国际的产学研一体化创新基地与全生命周期科创金融服务体系。

4. 金融创新共享

目前香港金融市场最为发达、产品最为丰富，上海居于其次，深圳再次。从各种金融衍生品的交易量来看，全国衍生品交易量几乎都集中在上海。内地金融监管部门都将金融改革创新试点放在浦东先行先试，资本市场、金融衍生品市场和商品期货市场等也都在浦东安家落户。首先可以通过沪港两地的产品创新合作，为上海产品创新注入活力，进而辐射至深圳，促进其金融市场发展。

5. 金融科技研发和创新共享

目前深圳的科技创新能力最强，创新成果最多。上海次之，但上海在芯片制造等硬件技术方面领先于深圳。而香港金融科技的业务范围以本地为主，市场空间较窄，整体实力逊色于上海，但香港、深圳、广州的集群要强于上海。因此，可以从长三角和粤港澳合作的角度来统筹考虑，共同打造世界级金融科技平台。长三角要加大支付、清算、结算、交易、征信等金融基础设施的建设，粤港澳要发挥社会主义先行示范区、跨境的先行先试优势，共同加大对大数据、人工智能、云计算、物联网、区块链等新技术的前瞻性研究投入，持续深化金融市场科技应用，实现基础共享、成果共享，形成集群效应，推动全球资源的流动与调配。

三、利用全面开放红利，将上海发展成为世界级金融市场

上海金融中心应运用好全面开放的红利，发展世界级资本市场。在金融业全面对外开放的背景下，在华外资银行、证券公司、保险公司、基金管理公司等金融机构的持股比例门槛和经营范围限制将全面取消。大量外资机构的进入，将带来先进的管理经验，提供多样化的金融产品，实现资本的双向流动，使得全球共享中国改革开放和经济增长的成果，长期看必将释放出越来越多的红利。

上海金融中心建设应充分利用全面对外开放的政策红利，进一步推动利用外资从"量"到"质"的深层转变，创新金融产品，吸引先进管理经验和高素质金融人才，切实服务实体经济。更加注重金融配置资产的效率，完善上海金融生态和金融基础设施建设；推进人民币国际化进程；推进"一带一路"建设、"长三角一体化"等国家战略；大胆探索，以超常规发展金融业，带动上海发展成为世界级资本市场。而且未来我国金融全面对外开放的空间仍很大，因此红利的释放也将是一种长期连续的行为。

（一）金融开放将有利于推进人民币国际化进程

截至2018年末，我国人民币直接投资规模2.66万亿元，同比增长62.8%，人民币国际化指数（RII）为2.95，较2017年初回升95.8%。环球同业银行金融电讯协会（SWIFT）报告称，2019年12月人民币国际支付份额达1.94%，人民币再次成为国际支付第五大活跃货币。在资本交易方面，外汇管理局相关数据显示，2019年12月，我国银行间外汇市场即期交易额9665亿美元，2019年全年中国外汇市场累计成交29.12万亿美元。可以看到，近两年加大金融开放政策的实施，已极大地推

进了人民币国际化进程。由于人民币是上海金融中心的"底色",人民币越强、使用越广泛,上海金融中心的国际化程度越深、全球地位越高。随着上海在全球国际金融中心中的地位的上升,上海对国际资本和海外金融机构的吸引力也将大幅提高,产生的反馈效应又会不断加速人民币国际化进程。

(二) 金融开放将有利于助推开放背景下的宏观金融管理体制改革

一是金融开放有助于我国特别是上海地区各类经济主体在全球金融市场体系寻找对冲和管理风险的金融工具与金融方案,更好地实现风险分散与风险平滑。尤其是这一要求伴随着日益强盛的产业经济发展的内在需求,也具有一定的紧迫性。因此,金融开放也必然伴随着各主体对境外金融市场规则逐步熟悉的过程,能够促进各金融机构在上海的金融市场中不断提升业务实践和风险管控能力。

二是金融开放有助于推动金融管理的制度化与规则化,有利于加快相关制度规则与国际接轨,通过与国际金融市场同台竞争,不断提升上海金融市场的国际化水平。

三是金融开放能够促进我国和上海地区监管能力的增强。金融开放有助于进一步学习探索总结经验,提高监管的国际化水平,培养监管人才;此外,金融开放也为完善宏观审慎管理提出新的要求,为完善跨境资本流动宏观审慎管理,有效应对跨境资本流动的冲击提供新的思路。

(三) 金融开放将有利于增加对外资吸引力

金融对外开放有利于增强国内市场对于外资金融机构的吸引力,提升市场国际化程度。上海是外资金融机构进入中国市场的首选平台,预计开放措施逐步落实后,将带来每年几十亿美元甚至几百亿美元的资本金,在逐步提升外资金融机构在我国金融资产中的占比的同时,增加上海金融中心的金融资产规模。不仅如此,外资金融机构还将带来更多的管理经验、金融产品开放的技术和国际金融市场运作的模式,提升上海金融中心的国际化水平及竞争力,进而带动中国整体金融市场的开放和发展。

(四)金融开放将有利于提升综合竞争力

金融高水平双向开放还会从金融机构层面、企业层面、上海整体,乃至国家金融体系层面综合竞争力的提升,并将制度示范的红利推广至长三角地区和全国各重点区域。在金融机构层面,金融开放能够助力上海金融市场形成多元化的良性竞争格局,激发落户上海的金融机构改善公司治理,提高经营效率,提高创新能力及风险管控能力,引入更多前沿的金融产品和成熟的服务经验,同时能够通过跨国的资产组合分散投资风险。在企业层面,金融对外开放能够为企业提供更多、更好、更低价的金融产品,同时运用丰富的产品为其提供贸易背景、资产负债等方面的套期保值服务。在上海层面,金融开放能够促使上海完善和优化产业布局,"借力打力"形成倒逼,提升经济效益,促使各项建设平稳推进,加快上海市经济结构优化升级进程,并将上述政策红利扩散至长三角地区和各大自贸区试验平台,形成开放经验的外溢效应。

(五)金融开放将有利于深度参与国际金融治理体系

加深金融开放程度显示了我国积极应对新的国际竞争形势的信心和决心,这也将助力我国从国际规则接受者向游戏规则制定者的角色转变。因此,上海国际金融中心建设应进一步利用金融开放的政策红利,提升"上海价格"影响力,推进金融市场基准利率体系建设,完善上海关键收益率(SKY)曲线以及上海银行间同业拆放利率(SHIBOR),完善"上海金""上海油"的定价机制,打造人民币资产定价中心。在国家层面,应借助金融开放的"东风",加强多方战略合作,在更深层次和更广领域参与全球金融治理体系建设,争取主导亚太地区乃至国际规则的制定,提升我国的定价权、话语权和国际综合实力。

附：
日本全面金融开放的特点及启示

一、日本全面金融开放的特点

首先，日本金融体系也遵循了从经常账户开放，再到资本账户和金融市场开放渐进开放之路，通过梳理其金融开放与变革的关键时点即可发现上述规律。日本1964年实现经常账户自由化，1967年实行了FDI投资的自由化，1972年开始通过证券公司投资配额推进证券投资自由化。1984年6月日本废除外汇兑换日元的限制，这意味着日本实现了资本项目的自由兑换。1985年以后东京证券交易所陆续加入多家外资券商，海外投资者的投资便利大大加强，这也使得外资在日本股票市场的占比从1986年的7%上升至2019年6月的29%。业务范围方面，1984年日本允许外国银行开办公债交易业务，1985年又允许外国银行参与信托银行业务。1985—1990年，欧洲和美国银行在日本的证券子公司相继获得证券业务牌照，而东京证券交易所也多次对外国证券公司开放会员权。

其次，日本金融开放有着强大的外部压力，在独特的政治经济背景之下呈现出从外围向内部渗透模式。以前美国总统里根在1983年访日期间要求成立日元—美元委员会以应对汇率问题为关键起点，美国等外围经济体严格督促日本开放金融市场。1984年5月，日元—美元委员会发布《日元—美元委员会报告书》，内容覆盖扩大欧洲日元市场、实施金融自由化、完成资本项目开放和允许境外金融机构参与日本资本市场等方面。这事实上形成了倒逼日本金融自由化改革的力量。在资本项目开放方面，日本取消了日元结汇限制，并放宽外债、对外贷款发行要求，清除了资金在日本境内外流动的阻碍。20世纪80年代中期，日本企业被允许在离岸市场发行欧洲日元债，然而日本企业海外发债的成本远低于国内，这使得日本企业在海外市场发债成为首选，导致日本国内的债券市场规模较小。据统计，1985—1990年，日本企业发债中超过50%的份额是在海外市场。如此一来,欧洲日元债券市场形成的利率成为推动日本国内债券市场利率市场化的重要参照。这实际上是利用外币交易,实施了以日元计价的利率自由化。

最后,日本基本维持了金融开放、利率市场化与金融自由化之间的微妙平衡。日本金融体系的发展以及监管体制的设计都是为了日本经济的发展,因此日本的金融体系的自由化程度都较低,利率市场化进程较为缓慢。金融开放既面临来自上述方面的桎梏,也通过金融开放为深化国内金融体系改革提供动力。客观地讲,日本的金融开放整体上较好地平衡了上述几者的关系。

利率市场化			金融市场发展		金融开放
			1970	1970	武士债(Samurai)[1],开始发行
			……	……	
		债券发行利率自由化	1975 国债市场扩容	1975	
			1977	1977	非居民欧洲日元债开始发行
			1978	1978	
			1979 允许银行发行CD	1979	同时允许日本银行和外资银行发行CD
			1980	1980	
			1981 短期国库券市场建立	1981	
			1982	1982	
			1984	1984	允许日本企业[2]发行欧洲日元债;取消日元外汇交易的"真实需求原则"[3];允许外资券商承销非居民欧洲日元债;放开日本企业欧洲日元短期贷款限制
		大额存款利率自由化	1985 银行承兑票据市场建立、国债期货市场建立	1985	部分外资银行在日本的证券子公司获得证券业务牌照[4];放开日本非居民长期欧洲日元贷款限制
			1986 企业债发行扩容,短期国债市场建立	1986	6家外资券商获得东京证券交易所会员资格[5]
			1987 短期商业票据市场建立	1987	允许外资券商承销居民欧洲日元债
			1988 股指期货市场建立	1988	
	短期贷款利率自由化	小额存款利率自由化	1989 利率及汇率期货、期权市场建立	1989	允许设立外资投资信托[6];放开日本企业长期欧洲日元贷款限制
长期贷款利率自由化			1990	1990	
			1991	1991	
			1992	1992	
			1993	1993	
			1994 ABS市场开始	1994	

图9-8 日本金融开放、金融市场发展、利率市场化进程推进的时间轴

(资料来源:王涵,王轶君.日本金融开放中的历史经验与教训[R].兴业证券宏观研究报告,2018-6-13.)

二、日本金融开放的启示

日本自20世纪70年代开始金融自由化、国际化改革，其中也曾对金融市场产生了较大的促进作用。但在日本的金融开放过程中，因为对潜在的风险管控不足，以及错配的宏观审慎政策失误造成了信用扩张失控形成资产价格泡沫，最终引发金融危机。20世纪90年代，泡沫经济破灭、外资不断撤离，东京也从全球第三大金融中心逐渐衰落。分析这一过程，能够带给我们以下启示：

其一，金融开放的过程中要坚持本国机构的能力建设。日本在市场开放的同时不放松"主银行制度"（企业的融资和治理主要由一家银行承担），限制竞争，错失本土金融机构参与国际化竞争的机会。日本国内金融机构面对外资机构的竞争，增加了高风险行业的贷款投放，这些导致日本金融风险大量积聚。表现为私人部门杠杆率的快速提升，杠杆率从1985年的165.4%上升至1989年的204.6%；与之伴随的是，资金大量涌入房地产行业。"主银行制度"的存在和破产制度不完善，泡沫后期对企业的救助反倒形成大量僵尸企业。

其二，金融开放政策应持续保持定力。回顾来看，日本的开放政策存在鲜明的"顺周期"特征。"广场协议"导致日元升值后，政府实行财政和货币刺激政策促进出口，但在经济恢复繁荣后仍继续刺激，加速市场投机盛行。资产泡沫形成时，监管未相机调节政策，放任银行、企业通过金融投机获得收益，导致实体产业的空洞化。信用扩张失控后，迅速转向的加息政策，又迅速刺破了日本房地产价格泡沫，带来投资的急剧紧缩和经济的长期衰退。

其三，金融市场开放一定要坚持自主性。日本的金融开放很大程度上由美国主导，1984年日本大藏省和美国财政部共同成立"美国—日本美元日元委员会"，日元国际化、利率自由化、金融市场多样化、国内外市场一体化等均由该委员会提供全方位指导；加之后续的"广场协议"，实际上背后均有最终获益方是美国的嫌疑。

值得商榷的观点：没有一个非英语系和大陆法系的国家能成为真正的或顶级的国际金融中心。经济体量对金融中心的发展有帮助，但不是决定性因素。

——来自第一次"国际金融中心建设"国际研讨会上的争论

第十章
以参照国际规则为着力点，完善法律环境和提升监管水平

上海国际金融中心的成长之道，离不开立法、司法和监管体制机制的支持和保障。本章以金融全球化的视角，对标国际金融规则，充分肯定现行法律和监管体制机制对金融中心建设所具有的重要基础性作用，同时客观分析了上海国际金融中心建设面临的问题，借鉴其他国际金融中心的经验，从完善金融法律环境、提升金融司法和执法水平、创新监管方式等角度，尝试提出针对性建议，包括加快金融立法，合理赋予上海地方立法权，加强上海金融法院建设，打造亚太（金融）仲裁中心，深化市场取向监管体制机制，加大监管科技运用，鼓励金融创新试错，推动综合监管创新试点等。对于进一步完善与国情适宜、与时俱进动态调整的金融立法、司法和监管体制机制，探索上海国际金融中心的构建方法，这些建议具有一定的建设性和前瞻性。

第一节　参照国际金融规则，完善金融法律环境

2017年7月17日，习近平总书记在中央财经领导小组第十六次会议上指出，我们提出建设开放型经济新体制，一个重要目的就是通过开放促进我们自身加快制度建设、法规建设，改善营商环境和创新环境，降低市场运行成本，提高运行效率，提升国际竞争力。

2020年11月16日，习近平总书记在中央全面依法治国工作会议上发表的重要讲话中指出，我国要坚持走中国特色社会主义法治道路：既要立足当前，运用法治思维和法治方式解决经济社会发展面临的深层次问题，又要着眼长远，筑法治之基、行法治之力、积法治之势，促进各方面制度更加成熟定型，为党和国家事业发展提供长期性的制度保障；要传承中华优秀传统法律文化，从我国革命、建设、改革的实践中探索适合自己的法治道路，同时借鉴国外法治有益成果，为全面建设社会主义现代化国家、实现中华民族伟大复兴夯实法治基础。

2021年1月，习近平总书记在2021年1月世界经济"达沃斯议程"对话会的特别致辞中指出，我们要坚持以国际法则为基础，不搞唯我独尊。

一、普通法系与大陆法系一直处于互相融合的过程中

法律是金融基础设施的组成部分，为国际金融中心建设提供制度保障。基于纽约、伦敦、香港、新加坡等主要国际金融中心都位于普通法系国家的客观情况，有观点认为普通法比大陆法更利于国际金融中心建设。事实上，普通法系与大陆法系一直处于互相融合的过程中。大陆法系在吸收英美法系的优点和长处，普通法系也在借鉴大陆法系的诉讼模式以改造自己的不足。在普通法系国家，大陆法系的模式越来越多地被使用，而普通法系模式的使用反而呈现出下降趋势。特别

是在商法和金融法领域，有越来越多的国家采用了制定法模式。随着国际金融监管标准被越来越多的国家立法和监管实践所采用，大陆法系国家和普通法系国家的金融法已经逐渐趋同。

二、欧美国家对我国社会主义法律制度体系认知和接受程度有待提高

我国社会主义法律制度体系的建设是伴随我国改革开放进程进行的，从我国社会主义法律体系40多年的发展历程看，大致经历了法律体系的奠基、形成和不断完善三个阶段。由于世界多数国家尤其是欧美等发达资本主义市场国家对我国社会主义法律制度体系的了解和接受度都较为有限，加之目前大部分世界级国际金融中心都位于英美法系国家或是在当地法律中继承了部分英美法系法律规则，因此交易惯例使得国际经贸关系和民商事的交易中，选择适用英美法的情况较多，选择适用中国法律的情形还不普遍。

三、我国金融立法尚处于不断完善过程中

（一）中国金融立法进程较金融业发展存在一定滞后性

一是立法进程相对于金融改革开放进程存在一定滞后性。在很多情形下，金融改革开放进程中采取的具体措施和安排，都是通过法律、行政法规或部门规章形式发布实施的，二者同步推进。但在有些情形下，金融实务发展尤其是金融产品和服务创新并没有相应的法律法规或监管规定来规范，立法滞后于金融实践。二是部分法律不能及时修订或立法以适应和满足金融市场发展需要。例如，《商业银行法》《票据法》《信托法》等。

（二）上海国际金融中心地方立法授权不足

地方立法权应与金融发展需要适配。上海国际金融中心建设需要良好的法制环境，需要快速的金融立法来配合快速的金融发展。国家

层面制定或修改法律，一方面耗时较长，另一方面要考虑全国的普适性，不能充分满足上海国际金融中心建设的特殊需要。目前我国在立法权授予地方行使方面存在障碍。首先，《立法法》规定金融基本制度属于法律保留事项，仅能由全国人民代表大会及其常委会制定，且地方人大及常委会仅可以制定不与宪法、法律、行政法规相抵触的地方性法规。这意味着金融基本制度只能由中央行使立法权，上海国际金融中心的地方立法权受到较大限制，难以在金融法律先行先试方面做出重大突破。其次，目前关于上海国际金融中心建设的国家层面的文件，法律效力层级均不高，且主要规定的是发展愿景与各政府部门、监管机构的职责，不足以实现对上海国际金融中心地方立法的授权。

四、完善金融法律，为上海全球金融中心建设提供制度保障

（一）完善金融法律体系，提高金融领域立法时效性

一是及时修订与金融业密切相关的基础性法律和法规，填补金融业务领域的立法空白。包括全面修订《商业银行法》《票据法》《信托法》等，制定《期货法》《互联网金融法》及《金融机构破产法》等金融业务法律规范，在法律层面为金融业务尤其是创新业务和产品的发展提供支持，为金融创新预留充分空间，并为打击金融违法和犯罪行为提供强有力的法律依据。二是针对股票、外汇、保险、债券、商品等金融要素市场，及时对各要素市场管理和交易等方面的规则进行立改废，以完备有效的市场规则为各要素市场发展提供有力支撑。

（二）加强地方立法，合理给予上海国际金融中心法律先行先试权

一方面，国家应赋予上海更多的地方立法权。全国人大常委会、全国人大曾分别于1992年、1994年授权深圳、厦门的人大及其常委会、人民政府制定法规和规章在经济特区实施，创造了特别授权地方立法的先河。《立法法》第十三条明确规定全国人大及其常委会"可以根据改革发展的需要，决定就行政管理等领域的特定事项授权在一定期限

内在部分地方暂时调整或者暂时停止适用法律的部分规定"。在上海自贸区建设中，全国人大常委会曾授权国务院在自贸区内暂时调整有关法律规定的行政审批。建议根据《立法法》第十三条及自贸区建设的先例，赋予上海地方人大及其常委会在金融机构与业务立法、税收优惠立法等领域更大立法授权，在上海本地实施，以便为金融中心建设提供敏捷的立法支持。另一方面，上海地方立法机关应进一步制定顺应金融开放和国际化发展的政策法规，完善投资者保护、市场退出的相关法规，尝试逐渐放开外资限制与外汇管制，不断完善适应上海国际金融中心发展的法律制度。

（三）加强统筹协调，探索建立长三角地区跨省立法协同机制

上海国际金融中心建设在长三角一体化背景下，需要统筹考虑区域内金融法律政策的协调问题，避免由于各地法律规范不一致，造成套利空间，累积金融风险。因此，有必要在赋予上海地方更大立法权的基础上，由上海牵头，建立长三角地区的金融立法与政策统筹协调机制，就重大的立法先行项目提前沟通，在各自立法权的范围内配套一致，如出现超越各地立法权的事项，报请国家层面进行立法或统筹协调。以协同立法促进长三角地区金融配置效率与秩序的一体化，巩固上海国际金融中心地位，增强其对周边地区的辐射带动能力。

（四）加强国际司法交流，提升我国司法制度和司法实践的国际认可度

一是积极促进国家层面和上海市层面的立法、司法机关与各国对应机构间的司法交流，通过增进对我国立法、司法机关的了解和认知来提升对我国法律和司法实践的接受度。二是加强法律专业人才的交流访问，在学术层面学习国际先进法律经验，促进国外法律专业人士对我国法律的理解。三是鼓励和推动国内民商事主体在涉外业务和交易中选择适用我国法律，选择我国法院或仲裁机构作为争议解决机构，增进交易对方对我国司法审判实践的了解。

第二节 发挥上海金融法院职能，提升金融司法和执法水平

一、上海金融法院的作用需要进一步提升

（一）上海金融法院的影响力和认知度还较为有限

2018年，为加快建设上海国际金融中心，满足金融市场发展对司法保障的要求，我国在上海设立了首家专门管辖金融民商事案件和涉金融行政案件的上海金融法院，有力提升了上海国际金融中心的司法水平。但由于上海金融法院成立时间较晚，目前在国内和国际的影响力有限，尚未获得金融交易当事人的普遍认可。

（二）上海金融法院的管辖权范围有限，案件缺少国际性特征

我国《民事诉讼法》要求被选择的法院必须与案件具有联系，排除了外国当事人就与我国没有任何联系的争议选择我国法院管辖的可能。根据2018年7月通过的《最高人民法院关于上海金融法院案件管辖的规定》，虽然在管辖案件的类型上开放性地加入了"新型金融民商事案件"，一定程度上增强了管辖的灵活性与开放性，但上海金融法院管辖的案件范围仍限于上海市辖区内应由中级人民法院受理的第一审金融民商事案件、以金融监管机构为被告的第一审涉金融行政案件、以住所地在上海市的金融市场基础设施为被告或者第三人与其履行职责相关的第一审金融民商事案件和涉金融行政案件。据此，上海金融法院只是上海市一家对特定金融案件具有专属管辖权的地方法院，与伦敦、新加坡、迪拜等国际商事法院相比，上海金融法院在案件受理的范围上较为有限，不具有国际性特征。

(三）我国法院与外国法院之间相互承认与执行判决存在一定困难

对于外国法院判决，我国法院目前承认与执行的方式仅有两种：通过我国与其他国家签订的双边司法协助条约，或依据互惠原则。截至目前，我国仅同约20个国家或地区签订了商事司法协助双边条约。对于互惠原则，由于实践中我国法院对于互惠原则标准的认定较为严苛，通常持"事实互惠"标准，即只有在请求外国法院曾经承认和执行过中国法院判决的情况下才会考虑同意相关判决在中国的承认和执行请求，所以仅有少数外国判决能够通过该原则获得承认与执行。与此相对应，我国法院判决获得外国法院的承认执行也较为困难。

二、商事争议解决制度的国际经验

综观纽约、伦敦、新加坡、迪拜等国际金融中心，商事争议解决制度都十分成熟和完善。伦敦作为传统国际金融中心，商事法院制度历史悠久、体系完备；新兴的新加坡、香港、迪拜等国际金融中心，则在改进国际商事诉讼制度、创新司法机制方面取得了很大成果，能够为上海金融法院提供有益的借鉴。

英国伦敦商事法庭（London Commercial Court）成立于1895年，其典型特点是拥有许多优秀的普通法律师担任法官，并经常从金融与商业领域挑选专家组成特殊陪审团，以便于密切关注商业市场的创新和变化。新加坡国际商事法庭（Singapore International Commercial Court，SICC）成立于2015年，具有典型的国际化特征，聘用国际法官审理案件，允许外国律师出庭，要求受理案件必须具有国际性和商业性，默认对案件具有排他管辖权，同时积极通过互惠原则、多边或双边协议、法庭之间的安排实现判决的国际承认与执行。迪拜国际金融中心法庭（Dubai International Financial Centre Court，DIFCC）于2004年设立于阿联酋，虽然阿联酋具有大陆法系背景，但该国际金融中心区域内适用的法律是以英国法为主导的普通法，审理程序均使用英语，半数以上法官为国际法官,判决通过区域性条约可在海湾国家得到承认与执行。

三、加强上海金融法院建设的几点建议

结合上海金融法院发展的司法环境和面临的问题,参照国际上其他商事法庭的成功经验,对于上海金融法院的建设有以下建议。

(一)国家层面的措施

1. 发挥好上海金融法院的标志性和创新作用

首先,考虑适当放宽当事人选择法院的限制,扩大上海金融法院的管辖范围。以服务国际性金融纠纷解决为定位,适当突破属地管辖和属人管辖的限定,在金融商事领域实行基于当事人合意的选择性管辖,允许中国其他地区甚至国际上与上海金融法院无实质联系的案件当事人选择由上海金融法院管辖。其次,考虑建立法律专家咨询制度。选聘国内外商贸、金融、法律等方面专家组成专家委员会提供专家咨询或论证意见,适当考虑引入包括外籍法律专家尤其是英美法系方面的国际法律专家提供专业咨询。最后,加强司法审判实务总结,形成系统完整、公开透明的金融案件裁判规则。建立和完善案例指导制度,通过汇总、归纳、发布典型案例及审判指导的方式,建立一套可信度高、透明度高的司法裁判规则,增加司法审判的预判性和国际公信力。

2. 集合上海仲裁机构资源打造亚太(金融)仲裁中心

首先,完善仲裁法律,改进仲裁规则。我国1995年《仲裁法》虽然是以1985年《联合国国际贸易法委员会国际商事仲裁示范法》为蓝本制定的,但在当事人意思自治、有限的司法介入、仲裁自裁管辖权、仲裁条款的独立原则、撤裁作为唯一可诉事项等《示范法》的五个基本原则方面,还存在不同程度的差距。《仲裁法》自实施以来,仅在2009年、2017年进行部分条款修订,未经过全面实质性修订,差距仍在。

总体上看,《仲裁法》带有一定的行政色彩,且相对保守。该法及其相关司法解释对仲裁程序做了严格而烦琐的规定,包含了过多关于仲裁程序的强制性规则,很大程度上影响了当事人的自由选择权。对此,需要借鉴《示范法》和国际先进仲裁实践,从各方面完善我国仲裁制度。例如,要考虑适当扩大仲裁庭的仲裁自主权,减少仲裁机构、法院对仲裁程序的影响;对《仲裁法》关于仲裁协议的效力条款进行修改,不再规定仲裁机构的选定是仲裁协议有效的要件;将管辖裁定权从仲裁机构转移给仲裁庭;减少对仲裁员选任的限制,对仲裁员不作非必要的任职限制,包括国籍上的限制。

其次,扩大上海的商事仲裁人才储备,提高上海仲裁人才的国际竞争力。从人才的数量和质量上看,上海从事涉外法律服务的律师、仲裁院、仲裁机构人员的总体情况已处于国内领先水平,但与国际领先仲裁地相比,囿于英语语言能力、国际商事仲裁经验和商事仲裁教学质量,以及人才短板问题依然突出。为解决这一问题,一方面应跳脱出单纯依靠自有人才培养的固有模式,树立人才培养与人才引进并举的新理念;另一方面,在人才培养路径上应将学院教育与职业培训并重,建立专门的国际商事仲裁培训体系。

最后,持续提升上海在国际仲裁界的影响力和认可度。当事人挑选仲裁地点时,仲裁地的总体声誉和认可度是首要考虑的因素。目前,上海仲裁的影响力还无法比肩上海城市影响力,应采取措施打造上海仲裁的品牌影响和声望,包括通过适当方式宣传上海仲裁的形象,增强国际影响力等,通过打造亚太(金融)仲裁中心建立起上海国际金融中心的法律高地。

(二)上海层面的措施

1. 完善诉调、诉仲对接机制,尊重当事人对纠纷解决方式的选择权

一方面,上海金融法院应与符合条件的国际商事调解机构、仲裁机

构加强沟通，构建调解、仲裁、诉讼有机衔接的"一站式"纠纷解决平台。另一方面，以仲裁保全为突破口，丰富上海金融法院对本地仲裁提供的司法保障措施。上海金融法院应进一步秉持仲裁司法审查的优良传统，注重维护和发挥仲裁机制解决纠纷的作用，与仲裁机构建立仲裁保全的相关配套对接机制，依法支持和保障中外当事人在仲裁前和仲裁中的财产保全、证据保全、行为保全等临时措施的申请和执行，依法对仲裁裁决进行司法审查。通过优化承认与执行外国仲裁裁决和执行本国仲裁裁决的流程，提高仲裁裁决执行效率。

2. 完善国际商事诉讼便民机制

为加快建设智慧法院的步伐，应借助信息科技技术，进一步加强信息化、智能化建设，对国际商事案件全面实行全流程网上办理，进一步降低纠纷解决成本，提高司法效率，为当事人提供高效便捷服务。全面优化审判流程、裁判文书、庭审活动、执行信息四大公开平台，拓展司法公开的广度深度。在各方当事人同意下，允许外籍当事人使用英语参加诉讼活动，加强智能语音同步翻译技术的开发和应用，针对具有典型性的国际民商事案件，制作并公布裁判文书英文版，在法院网站上汇集、展示相关境内外法律、国际条约、国际通行规则、典型案例等资源。

3. 加强国际司法交流与合作，提升对上海司法和执法的国际认可度

上海金融法院要在金融案件中正确使用国际条约、公约和多边协定，推动建立与国际通行规则相衔接的制度体系，积极借鉴其他司法管辖区已有司法成果，包括国际商事惯例和交易习惯。研究推动上海金融法院和上海破产法庭顺应金融市场发展趋势，参照国际高标准实践，加强能力建设，提高案件专业化审理水平，增强案件审判的国际公信力和影响力。积极构建完善上海金融法院司法外事交流体系，加强与国际知名金融中心司法审判机构的沟通、交流和司法协

助。支持上海加快推进金融法治建设，加快建成与国际接轨的金融规则体系，加大对违法金融活动的惩罚力度，鼓励开展金融科技创新试点。

第三节　深化市场取向监管体制，创新有效监管方式

在2017年7月17日主持召开中央财经领导小组第十六次会议时发表的重要讲话中，习近平总书记强调，扩大金融业对外开放，金融监管能力必须跟得上，在加强监管中不断提高开放水平。要结合我国实际，学习和借鉴国际上成熟的金融监管做法，补齐制度短板，完善资本监管、行为监管、功能监管方式，确保监管能力和对外开放水平相适应。

习近平总书记在2020年8月经济社会领域专家座谈会、2020年10月深圳经济特区建立四十周年庆祝大会等会议上就新发展格局理念发表重要讲话，指出新发展格局不是封闭的国内循环，而是开放的国内国际双循环；我国要加快推进规则标准等制度型开放，率先建设更高水平开放型经济新体制，积极与其他国家开展合作，特别是同"一带一路"沿线国家和地区开展多层次、多领域的务实合作，形成全方位、多层次、多元化的开放合作格局。同时还要统筹好发展和安全，增强自身竞争能力、开放监管能力、风险防控能力，炼就金刚不坏之身。

推进国际金融中心建设，离不开成熟有效的金融监管支持和保障。纵观各国金融中心形成、发展和壮大的历史进程，保持与国情适宜、宽严相济和与时俱进动态调整的金融监管体制至关重要。

一、金融监管环境对金融中心建设的重要作用

（一）上海国际金融中心建设需要适宜的金融监管环境

着眼于历史经验的追溯分析和金融全球化的前瞻视野，建设国际金融中心在金融监管环境方面一般应具有以下共同的特性。

1. 保持政府有为和市场有效的平衡

政府在金融监管方面发挥着主导性作用，在确保适合的市场主体准入、规范维护良好的金融市场秩序、提供优质的金融公共品和实施市场退出等方面不可替代。然而，政府在实施有为监管的同时，须与市场主体的活力迸发、市场机制的有效发挥、市场约束的有序施行和市场环境的理性宽容等紧密结合起来，注重加强与市场主体的沟通互动，了解其监管诉求，强化目标定向、规则引领和激励评价等，促进市场主体规范经营行为，打击金融市场的不正当竞争和垄断等不规范行为，并全面发挥金融行业协会、中介机构和社会团体组织的有益作用，推动金融监管不断优化。

2. 保持金融稳定和金融创新的平衡

稳定和有效的监管不但是维护金融稳定的重要条件，也是推动金融中心保持不竭的创新动力。金融监管部门通过全面实施宏观审慎管理和微观审慎监管，监督管理金融机构的经营活动，强化系统性重要机构的监管，防范和化解系统性金融风险，确保金融体系的整体稳定，创造良好的货币金融环境。与此同时，监管部门需要适应经济金融开放和发展的需要，放松金融管制，降低准入门槛，避免寻租腐败，推动市场主体结合实际情况自主开展多种形式的金融创新，将其作为国际金融中心发展变迁的核心动能充分释放出来，并充分发挥金融科技的引领作用，实现金融业的快速发展壮大，以进一步维护和巩固金融体系的整体稳定。

3. 保持金融业的运行效率和风险合规的平衡

金融监管要根据金融中心建设的发展需要适度进行动态调整，并着眼于促进金融业运行的整体效率提升，抓住重点领域和关键环节集中推进，采取切实措施促进辖区金融机构和金融市场提升运营效率和竞争力，如对不同风险类别的金融机构采用"量体裁衣"式的有效监管、从重事前监管转变为重事后管理、从重按交易行为监管转变为重以市场主体进行管理等。在此过程中，需要切实加强对金融机构风险合规的管理，督导其在合规的前提下开展经营、在风险管理较好的基础上实施创新，尤其在2008年国际金融危机后强化监管合规的大背景下，应注重对反洗钱、反恐怖融资、制裁合规、审慎监管规则、资本监管和场外衍生品市场管理等方面保持与国际监管规则趋于一致。

4. 保持金融业充分竞争和金融投资者、消费者权益保护的平衡

国际金融中心的题中之义是包含一个充分竞争的金融体系，金融机构自由进出市场和竞争博弈，金融交易自主进行，交易方式灵活便利，金融产品自由定价，金融信息公开获取。监管机构需要积极维护金融市场的充分竞争态势，让市场主体及其活力充分竞争和涌流，保障国际金融中心具有长久鲜活的生命力。另一方面，监管机构要密切关注和积极防范金融机构及其产品、业务激烈竞争带来的负面影响和后果，注重在银行业加强风险控制、证券业加强信息披露、保险业加强偿付能力管理等，建立健全公开、透明的规则标准体系，消除对金融投资者、消费者不利的条款内容，全面保护金融投资者、消费者的合法权益，更好地维护金融业良好的竞争秩序。

（二）中国现行监管体制对上海国际金融中心建设的推动作用

1. 现行"分业经营、分业监管"的监管体制得以确立，并在此基础上注重加强监管协调和引入功能监管，助推金融中心的稳健发展

当前，中国确立了分业经营、分业监管的金融监管体制及其相应的管理框架，结合经济金融形势予以调整和完善，通过统筹协调监管努

力解决现行监管体制下存在的业务交叉、协调不畅等问题，并提升中央银行的地位强化宏观审慎管理，并引入功能监管理念处理一些迫切事项，包括对于同一功能金融行为的监管套利问题、不列入金融机构范畴的实体企业从事金融行为的监管缺位（集中表现在互联网金融领域）以及金融机构经营活动的人为限制问题等。上述措施在一定程度上契合现实需要，能够以较快的速度和较小的成本解决面临的迫切问题，有助于在不改变大的体制框架和实现震动较小的情况下，推进上海国际金融中心建设的稳健发展。

2. 中央地方金融监管协调机制不断完善，央地双层的差异化监管模式日趋成型，增加金融中心发展的回旋余地

2017年，国务院金融稳定发展委员会成立，负责统筹协调金融监管重大事项的职责，央行增设相关司局承担具体协调事务。2020年1月，国务院金融稳定发展委员会办公室进一步明确将在各省（自治区、直辖市）建立金融委办公室地方协调机制，加强与地方政府金融议事协调机制的衔接，搭建了中央地方金融监管协调机制的基本框架，推进央地双层的差异化监管模式不断落地。2020年4月10日，《上海市地方金融监督管理条例》审议通过，进一步明确了地方金融监管的价值取向、监督管理措施、监管协调、风险防范处置等内容，对上海根据本地实际情况管理地方金融事务、提升与中央监管协调机制的衔接效率有较大促进作用，有助于提升监管的针对性和有效性。

3. 现行监管体制注重规范市场主体的经营行为和保护金融投资者、消费者的合法权益，为金融中心发展提供"安全带"和"缓冲垫"

我国金融监管部门已适应2008年国际金融危机后全球金融监管不断加强的趋势，针对国内存在的部分领域金融乱象情形，大力加强对金融机构经营行为的监督检查，强调依法合规稳健经营，并注重加大对金融投资者、消费者的合法权益保护，维护金融市场健康运行。上述

举措，将为上海建设全球金融中心提供良好的"安全带"，做到依法合规基础上的健康发展。同时，金融市场健康运行也进一步提振金融消费者信心，防范化解金融风险，发挥一定的"缓冲垫"作用，有利于上海国际金融中心建设的长久发展。

4. 现行的金融监管体制注重国际金融监管合作，为金融中心发展营造有利的外部监管环境

中国的金融监管机构已加入巴塞尔银行监管委员会、金融稳定委员会等国际组织，积极参与制定国际金融监管规则，以共同应对国际金融危机引发的宏观审慎管理、系统性金融风险防范应对等热点问题。同时，中国金融监管机构与许多国家监管部门建立起了监管合作关系。这些举措为上海国际金融中心建设营造了较好的外部监管环境，便于上海及时掌握国际金融监管的前沿动态并予以调整适应，结合实际情况转化为可以实施推进的政策措施和管理安排，进一步拓宽了上海的国际视野和发展空间。

二、加快上海全球金融中心建设，金融监管亟待改进

（一）我国现行的金融监管制度存在一些不适应问题

1. 现行的金融管制状况不适应金融创新的需要

资本和金融项下的证券投资、金融衍生品等受到严格管制，阻碍了上海构建开放型经济体制的步伐；引导市场配置资源的基准价格——利率、收益率曲线和汇率等形成机制在沪尚未完全市场化；金融机构建设上海地区或业务性总部或其他重要金融创新措施，需要经过监管部门总部的严格审批，束缚了金融机构的自主性发展；鉴于前期P2P等野蛮生长带来的负面效应，虚拟货币、云计算和区块链等与新兴技术结合的金融创新受到严格管制。

2. 分业监管体制不适应跨市场、跨行业发展的金融态势

中国金融体系在21世纪初确立了"货币政策与金融监管分设，银、

证、保分业监管"的金融监管格局。然而,随着经济金融业的快速发展,银行、证券、保险、信托等行业已经在金融产品的微观层面实现相当规模的跨市场、跨行业经营,上海金融业这方面的态势表现得更为明显。在宏观层面仍然保持分业监管的体制和执行机制的情况下,将难以把握信用总量的规模、结构和动态变化,弱化监管效率,更会使得一些在沪跨市场、跨行业的金融活动处于监管空白或灰色地带,使得监管套利获得肥沃土壤。

3. 以机构监管为主的金融监管模式不适应综合经营的发展

我国的金融监管目前仍以机构监管为主线,在局部领域采取功能监管、行为监管的措施。在沪金融机构经营日趋综合化和对外金融开放不断深化的背景下,传统的机构监管思路难以应对越来越复杂的金融产品设计和业务创新,也容易导致相同金融产品(业务)不按照同一原则统一监管,进而造成监管空白、监管套利,并引发金融秩序混乱,导致各业务领域监管的有效性、针对性和稳健性均有待改善。

4. 监管科技不适应方兴未艾的金融科技发展

当前迅猛发展的金融科技在创新业务穿透性、拓展业务的试错性、数据报送的时效性和金融监管的协调性方面给金融监管带来了诸多挑战,亟须上海的金融监管适应科技多变、快变的特点,提升监管包容性和反应能力,推进常态化线上金融风险预警监测机制,运用金融科技提升金融监管部门对金融风险的识别、预警和处置能力,有力推动监管科技落地。目前,上海金融监管部门运用监管科技、强化沙盒等金融创新容错试错机制尚不健全,距离上述要求还存在不足和缺口。

5. 金融监管协调机制不适应上海金融业态发展

上海的金融市场不断深化,金融业态日益丰富,金融风险也逐步凸显,强化金融风险防范和金融监管职能成为重要任务,上海的地方金融监管体系改革需要不断深化。然而,改善中央和上海的金融监管协调机制、完善上海本地金融监管体系,仍面临着中央、上海金融监管的权力分配与监管协调的统筹，支持地方发展与强化地方监管的目标冲突等难题，以及与之相适应的法律制度建设、金融生态环境和上海本地监管组织体系完善等方面的问题，亟待多措并举提升监管水平。

6. 跨国金融监管合作不适应国际经济金融业发展格局

经济金融全球化的大背景下，金融创新不断加快，金融业竞争异常激烈，金融风险的传染性和复杂性也会增大，迫切需要上海在建设国际金融中心过程中加强国际金融监管合作。这方面，我们目前虽然具备了一定的基础和取得了一些进展，但与中国经济金融总量在世界经济格局的位置和影响力还不相匹配。着眼于营造上海国际金融中心的良好外部监管环境，需要进一步加强金融风险的跨境传染、防范监管套利、联手应对和处置区域或系统性金融风险等方面的监管合作，维护好我方的合法利益与正当要求，努力争取更大的国际金融话语权。

（二）主要国际金融中心的监管制度的最新变化

近年来，纽约、伦敦、新加坡等国际金融中心的监管环境发生了明显改变，呈现出一些新特点。

1. 从分业监管向综合监管转变

除了香港仍然施行分业监管模式外，纽约、伦敦、新加坡等国际金融中心都体现出分业监管向综合监管发展的趋势。美国通过系列金融法律确立了"双层多头"的监管模式，规定美国联邦政府和州政府都对金融行业有监管权，同一个金融机构要受到多个金融监管主体的监管，并于1999年废除银行、证券和保险机构在业务领域上的严格限制，宣告结束美国金融分业监管的历史。2008年国际金融危机之后，美国相继制定了《多德—弗兰克法案》等法律法规，逐渐形成了以美联储为主导的伞形监管体制，允许金融控股公司通过成立单个法人的金融机构来从事综合经营。英国于1998年第三次修订《英国银行法》对保险、证券、银行业施行统一监管，并于2008年国际金融危机之后建立

"双峰监管"模式，以巩固伦敦国际金融中心的地位。新加坡在亚洲金融危机后从原有的多元化监管主体下的分业监管发展为统一监管主体下的综合监管，由金融管理局（MAS）下设银行署等六个监管组织履行各类监管职责。

2. 从合规监管向风险监管转变

纽约、伦敦、香港等国际金融中心在监管改革前都试图通过制定严格的法律制度和行业标准，加强对于金融业的监管，重点关注金融机构是否满足了相应的合规性要求。2008年国际金融危机后，各国将金融监管的重点从合规性监管转移到以风险为本的金融监管上，根据不同的风险类别和风险层级采取监管措施。2010年《多德—弗兰克法案》的正式签署，标志着美国强化以风险为本的监管改革。新加坡金融管理局在亚洲金融危机后调整了控制金融体系风险的方式，从制定严格的法律规制和从业标准向基于风险评估的分级监管转变，以进一步顺应多样化的市场主体格局，切实提升监管效能。

3. 金融科技创新与监管科技互动融合

"监管沙盒"。各国监管机构鼓励金融科技创新，建立了金融科技创新试错容错机制。2015年，英国金融行为监管局（FCA）首先提出并实施"监管沙盒"，其特点是鼓励科技创新企业发展和保护消费者权益。科技创新企业在向FCA递交申请并取得有限授权后，可在"监管沙盒"中测试其金融创新产品及服务，FCA通过对测试过程进行监控和评估，确定能否授予正式的授权。英国推出"监管沙盒"后，新加坡、香港等国际金融中心也陆续推出了"监管沙盒"，这种由监管机构主导、金融市场主体参与的创新监管模式，掀起了全球范围内金融科技创新的潮流。

"嵌入式监管"。各国监管机构也同样探索基于大数据、人工智能等技术的监管，即所谓的监管科技，对金融科技发展带来的新问题和新挑战给予适时、有效的回应，提升金融风险甄别、防范与化解能力。

2019年9月，国际清算银行研究提出了"嵌入式监管"的概念——借助区块链和分布式账本技术，监管机构、被监管机构共同上链，监管机构利用机器学习和人工智能技术实现自动化行业监管，以降低检查和分发数据的成本，改善被监管机构的信息保密，提高监管的效能。

4. 多种方式促进跨国监管合作

自2008年国际金融危机以来，基于对危机的反思，全球金融监管协调与合作得到相当程度的增强。国际金融监管合作包括双边和多边两种途径。双边途径以美国跨境证券监管合作为代表，主要通过谅解备忘录、监管对话和技术援助等方式开展。多边途径根据参与主体及合作方式的不同，又可以进一步划分为国际组织模式、非正式国家集团模式和跨政府网络模式。二十国集团为金融监管合作进行顶层设计，各国实施合作主题丰富且针对性强。巴塞尔银行监管委员会和金融稳定委员会等成为具有较强国际影响力的金融监管组织。但是，以"软法"为主导的国际金融监管规则缺乏"硬约束"、国际金融监管标准的实施和监督机制严重不足、危机驱动型的监管合作缺乏持久性和稳定性，是目前存在的主要问题。

三、探索适应上海全球金融中心建设的监管制度

（一）深化市场取向监管体制，优化金融监管效能

1. 更新监管理念，进一步推进市场取向的监管体制变革

完善"市场取向"的监管理念，监管部门要深入分析、逐项评估和逐步放松束缚金融机构和金融市场自主性发展的管制措施，要着眼于充分释放市场活力，鼓励和包容市场主体创新，改善市场运行机制，提升市场竞争力、国际化程度和风险管理水平；完善"综合监管"理念，要立足于目前以机构监管为主的实际状况，着眼于金融市场的做大、做优和做强，充分引入和发挥功能监管和行为监管的作用，并逐步扩大其适用领域和运用方式，稳步实现宏观审慎管理与微观审慎监

管的密切互动，平稳有序推进向以功能监管为主的监管模式转型；完善"统筹监管"理念，要紧密结合迅猛发展的经济金融形势，注重顶层设计和整体谋划，统筹中央地方监管、境内外监管和传统新兴技术监管，抓住制约上述三对监管关系的主要矛盾和矛盾的主要方面，把握金融稳定和金融创新的平衡协调，实现中央地方监管的分合有序、境内外监管的协同并进和传统新兴技术监管的融合创新。

2. 构建立体监管网，突出国际化导向，完善跨境市场资本流动的监管

着眼于切实提升上海国际金融中心的国际化程度，要加快构建"宏、微观审慎监管为主导，主体、行为和功能融合监管为辅助"的立体监管网，完善跨境市场资本流动的监管。一是宏观上要防止外部风险冲击引发跨境资本异常流动，设置合适的宏观监测指标和阈值范围，监测跨境资本的流动趋势、流向和结构，合理确定风险监测指标的阈值与系统性金融风险的相关性，并注重双向的资本流动均衡管理，丰富外汇敞口头寸限制、外币贷款上限等宏观审慎管理工具箱，构建科学的风险监测、预警和响应体系和应急管理处置体系。二是微观上要保持政策和执法标准跨周期稳定性、一致性和可预期性，加强对银行落实"展业三原则"的考核和监管，强化信息沟通和共享机制，严厉打击外汇违法违规活动，健全和完善监管的惩戒和激励机制，有效维护外汇市场稳定和国家经济金融安全。三是强化外汇市场主体的分类管理，充分吸纳境内外主体参与和活跃外汇市场交易，以"管好主体"为首要，以"管住行为"为关键，以"提升效能"为依归，加强资源整合，推动现有外汇监管系统的功能升级和机制统合，切实提升跨境资本流动监管的效能。

3. 丰富监管手段，运用监管科技促进金融创新与风险监管的动态平衡

一是从数据源头着手，提升风险信息采集实时性，改善数据质量，

建立大数据库,逐步让大数据成为监管决策的重要因素。二是利用大数据做好实时分析,建设数字监管报告平台,提升数字化监管能力,明确对金融机构的重要经营行为、关键风险指标和价格管理等方面的监测分析和评估判断,强化监管渗透的广度和深度,及时分类指导,精准施策,提高管理的针对性和有效性,助推金融业数字化转型。三是通过移动互联、信息和通信技术(ICT)、人工智能、分布式账本等新技术加载,提升风险监管的准确性、全面性和可追溯性,助力解决金融风险的早期预警穿透、全向维度覆盖等问题。四是将金融科技、监管科技企业的市场化机制适当运用到金融监管机制当中,并适当引入独立第三方,弥补地方金融监管存在的短板和不足。

4. 完善区域监管体系,有效防范和化解系统性金融风险

一是发挥新型金融业态监测分析平台的作用,严密监测,敏捷反应,严防金融风险交叉叠加演变成系统性金融风险。二是整合现有的监管资源和完善监管框架,推进金融风险监测数据库建设,积极构建"识别、预警、发现和处置"的金融风险防控体系。三是健全和完善以资金监测为手段、以数据信息共享为基础的反洗钱、反恐怖融资和反逃税监管体制机制,建设"风险为本、精准管控"的反洗钱管理模式。四是加强离岸金融业务的风险监管,实施"内外分离、有限渗透"的管理机制,当前可以促进离岸转手买卖业务发展为统筹离在岸业务的重要枢纽,推进离岸业务和在岸业务协调发展。

(二)创新有效监管方式,加强统筹协调,提高金融监管水平

1. 创新监管工具,鼓励金融创新试错,积极推行"监管沙盒"试点

一是借鉴国际实践,推动上海试点工作有序推进。鉴于国家已新近批准上海实施金融科技创新试点,应在风险可控、保护消费者权益的前提下,积极探索实施监管沙盒试点,鼓励银行业金融机构先行先试,鼓励金融科技公司与金融机构联合测试和协同创新。二是要建立

和完善试点的规章制度和监管规则。要明确监管沙盒的适用对象、准入标准和实施要求，注重覆盖面和公平性。要设定申请测试企业、地方监管部门和中央监管部门的权力、责任、义务和法律豁免边界，如对与现有金融监管法规产生冲突的金融创新，由中央监管部门给出"监管豁免""限制性授权"。三是金融监管部门要加强监管指导和市场沟通。监管部门要深化对创新技术、产品服务、商业模式的理解，制订差异性的监管测试方案，并持续跟踪评估；要建立与市场参与者良好的沟通机制，利用"信息披露、公众监督"等柔性监管方式，让消费者参与到金融科技创新中，要设计完善的监督评价机制，统筹兼顾沙盒的标准、流程设计和监管人员实施，避免准入审批"歧视"、沙盒测试"黑箱化"。四是运用监管科技提升监管沙盒的效率和效用。运用大数据进行数据挖掘和分析，为测试企业画像和进行风险评估；通过机器学习、迁移学习和集成学习等算法制定过程指标，为测试企业精准定制测试方案、修正测试中的偏差；借助人工智能人机交互解释监管政策，实现与测试者之间的互动响应等。

2. 优化监管模式，聚焦金融市场发展，积极推动金融业的机构监管与功能监管、行为监管有效融合的综合监管试点创新

一是可在上海开展现阶段聚焦金融市场发展的综合监管试点创新。完善以机构监管为"一体"、功能监管和行为监管为"两翼"，以高效的协调配合机制为纽带，形成三者之间"经纬弧"纵横交错的监管体系，并逐步推进向以功能监管为主的监管转型。二是机构监管为"经"。通过对在沪金融机构的全程纵向监管，提高金融机构稳健经营水平，提升区域金融体系的稳健性，并延伸至问题金融机构有效处置，防范单体金融机构破产倒闭影响区域金融业的安全。三是功能监管为"纬"。通过功能监管实现对上海同一或类似金融业务大体相当的监管，防范跨市场、跨区域、跨经济主体之间的风险共振，减少监管套利空间。重点加强对上海跨市场、跨业态等业务和互联网金融类产

品的功能监管，规范和促进资产管理等金融市场和互联网金融的健康发展。四是行为监管为"弧"。通过制定公平的市场规则，对在沪金融机构的经营活动及交易行为实施监督管理，包括规范业务流程和交易公平、禁止误导销售及欺诈行为、打击操纵市场及内幕交易等，以推动金融消费者保护及市场有序竞争。五是加强上海金融业跨界协调合作和信息共享，打破传统分工边界，完善协作机制，强化信息共享，提高综合监管能力。

3. 完善监管协调方式，加强中央和上海市的央地金融监管协调机制的协同统一，赋予地方监管部门更大的市场准入话语权

一是推进《上海市地方金融监管条例》的实施细则和其他配套的规范性文件出台。在地方金融监管实现初步有法可依、执法有据和权责分明的情况下，明确地方采取金融监管措施，如监管评级、执法检查、行政处置措施等方面的具体程序规定、管理机制和权利救济方式等，确保制度执行起来更务实、可操作，补齐对地方金融机构实施有效监管的短板。二是健全中央和上海市金融监管的统筹协调框架。实现中央金融监管部门统一制定准入和监管规则，上海市政府要在坚持金融管理主要是中央事权的前提下，履行属地金融监管和地方金融风险防范处置责任。中央金融管理部门要加强对地方金融监管工作的督促指导，及时沟通协商金融监管政策措施；上海市政府及其地方金融监管部门定期通报地方金融发展和监管情况，配合中央金融管理部门加强跨市场、跨行业、交叉性金融业务的监管，避免出现监管套利和监管空白。三是加强国务院金融委办公室的地方协调机制与上海市政府的金融议事协调机制的衔接与耦合。在合理明确央地金融监管职责归属和划分系统性、区域性金融风险的基础上，注重构建和运转监管协调和风险处置两大平台，在促进区域金融发展、强化金融监管协调、推动金融信息共享、做好金融消费保护和建设金融生态环境等方面相互配合，初步形成由中央统一制定监管规则、上海建立金融议事协

调框架、各部门监管力量协调配合、央行在金融稳定方面发挥核心作用的地方金融监管协调体系。四是发挥上海地方属地监管的积极性和贴近熟悉市场的便利性，在央地监管协调的框架下，对需在上海设立或提升机构管理或功能层级的金融机构及金融科技机构予以更多支持，提升其在市场准入监管过程中更大的话语权，助推上海金融业快速发展。五是充实基层监管力量，强化上海金融监管人才队伍建设。上海的地方金融监管部门要适当增配监管资源，加强工作人员的针对性培训，提高其监管技能和专业化水平。选派干部与在沪的中央金融监管机构和被监管单位进行交流，深入研究分析其工作内容和形式，有效提升监管能力。

4. 拓宽国际合作，加强与外国监管机构的跨境协调，营造有利于国际金融中心建设的外部监管环境

一是以"一带一路"沿线国家和周边区域性国家合作为突破口，扩大金融监管国际合作主体。在加强国际金融体系合作的监管过程中，不仅要扩大与发达国家的监管协调与合作，还要加强与新兴市场国家、发展中国家的监管协调与合作，尤其是以"一带一路"沿线国家、东亚和东南亚等区域性国家加强监管合作。上海在这方面可以充分发挥沟通交流纽带和平台的良好作用。二是扩大金融监管国际合作的具体领域。国际金融领域快速发展，不仅带来了信息共享、风险评估预警、金融危机救助等需要密切合作的事项，也带来数字货币、跨境客户信息保护和反洗钱、反恐怖融资监管等新问题的监管需求，需要扩大在上述新兴领域的国际监管合作。上海可以作为推动上述合作领域先行先试的重要城市。三是加强与国际金融监管组织、各国监管机构在政策规则和监管行动等方面的协调与合作。面对新一轮国际金融监管规则变革的挑战，我国应充分利用巴塞尔银行监管委员会、金融稳定委员会等平台和资源，积极参与涉及宏观审慎管理、金融稳定、衍生品业务管理等方面监管规则的重塑，推动形成对我国有利的国际金融监管体系，为上海国际金融中心的建设营造良好的国际监管环境。

5. 推动政府管理从强管理走向强服务，营造依法依规办事的良好环境

政府权力集中和过度干预金融市场一方面制约了金融市场改革的深化，另一方面中央政府通过控制国有金融机构直接参与金融资源的配置和争夺，易造成金融资源的垄断和配置失衡。为保障金融市场主体的金融权利，国际金融中心的建设要求我国强化对行政权力的监督和制约，积极营造公平透明便利、更具吸引力的法制化投资环境。此外，为更好地吸引外资，应进一步优化法律保障机制保护国际资本私有产权，同时加强与国际通行规则对接，打造国际化的投资环境。

优化营商环境的根本在于有效提升企业体验，了解企业在经营过程中的各种痛点难点，帮助企业真正解决实际困难，优化企业的获得感。因此，政府管理应当坚持以法治思维规范经济社会关系，完成从强政策、强管理向强服务、强信用转变。一是要进一步完善负面清单，放宽市场准入，完善市场监管体系和公共资源交易平台；二是要增加有效要素供给，一方面推动战略性新兴产业、新型金融、产城融合项目稳步发展，另一方面着力降低企业各方面的经营成本和交易成本，保护企业家合法权益，稳定企业经营预期；三是要大力提升政府运行和监管效率，改革企业登记制度，推动企业注册电子化改革；四是要探索将优化营商环境的政策转化为可执行、可量化、可追责的法律法规，加大对违规行为的查处力度，提高商事纠纷诉讼解决的司法效率，构建对企业合法财产及知识产权保护的社会共治格局。

全球金融体系将需要重新启动并进入一种新的模式；在这种模式下，黄金将发挥更为重要的作用，而美元则将失去作为唯一储备货币的地位，而像中国这样的国家则会变得更加强大。

——（荷）米卫凌《大洗牌：全球金融秩序最后角力》

第十一章
以参与国际事务为着力点，构建世界金融新秩序

推动全球金融治理体系朝着更加公正合理的方向发展，实现共商共建共享，是世界各国的普遍期待。目前，新兴经济体快速成长，而以世界银行、国际货币基金组织及金融稳定理事会等全球金融治理组织为基础的国际金融治理体系却由于缺乏前瞻性而导致效率低下，无法与时俱进。此外，当代世界频发金融危机，反映出当前全球金融治理对跨境资本流动缺乏有力的应对措施、对金融危机的爆发缺乏有效的防范和应对机制。

第一节 当前全球金融治理存在重大缺陷

一、全球金融治理结构仍未能有效反映经济格局变化

传统全球金融治理结构以发达国家为核心。美国处于主导地位，日本和西欧发达国家处于核心地位。然而，21世纪以来新兴市场及发展中经济体快速崛起，但全球金融治理框架并未及时体现新兴经济体实力的不断增强。首先，由于在全球主要金融组织中，新兴市场和发展中经济体缺乏投票权，导致其在参与国际金融事务及议题时无法拥有足够的话语权。以IMF为例，目前欧盟成员国（包括英国）的投票权份额为29.6%，美国为16.5%，日本为6.2%，加拿大为2.2%；而中国的投票权份额仅为6.1%，印度为2.6%。其次，缺少执行董事会席位同样导致新兴市场和发展中经济体话语权不足。比如，尽管新兴经济体于2010年通过IMF份额与治理改革，增加了两个执行董事会席位，但是并未动摇德国、法国、英国在执行董事会构成中的地位。

二、跨境资本流动的监控和金融危机的预防需要更全面完善的全球金融治理体系

由于当前全球金融治理框架缺乏有效防范预警机制，导致无法更好地预防全球范围内的金融危机爆发。一是全球金融治理对跨境资本流动缺乏有力的应对措施。长期以来，跨境资本流动尤其是短期跨境资本流动的大幅波动与金融危机的爆发紧密相连。跨境资本流动大幅波动的根本原因在于以主权货币充当国际储备货币，货币政策具有外溢效应。对于储备货币发行国来说，其货币政策的制定和实施均是为实现本国既定的经济目标，但同时也对其他国家特别是新兴经济体产

生较强的外溢效应，导致系统性的流动性错配。二是全球金融治理缺乏有效的机制防范和应对金融危机的爆发。这不仅表现在缺乏行之有效的金融危机预警机制，还表现在缺乏限制风险积累和危机孕育的能力。此外，也没有一种有效机制可以在危机发生后迅速采取措施，以减小危机的负面影响，防止危机的蔓延。

三、新冠肺炎疫情推动逆全球化趋势上升，暴露全球治理机制失能危机

在新冠肺炎疫情冲击下，国际政治经济秩序遭受空前考验，逆全球化思潮暗流涌动，暴露全球金融治理机制失能危机。首先，新冠肺炎疫情对国际自由贸易秩序造成了严重冲击，各国显现产业回流、贸易保护倾向。一些国家为了优先保护本国民众而限制医疗物资、粮食和其他货物的出口，同时疫情导致全球供应链和产业链出现断裂，引发了各国对自身产业布局的风险和成本两者之间平衡点的重新思考。其次，以国际货币基金组织、世界银行为代表的全球金融治理机构在应对全球疫情中作用有限。受疫情影响，全球经济和金融体系遭受巨大的压力，多边合作在此时此刻显得尤为重要。然而，当前全球金融治理机构权威性和号召力有所下降，对全球经济和金融政策的监测和管理职能不足导致全球治理机制难以发挥作用。例如，为缓解新冠肺炎疫情对经济的冲击，美联储宣布实行"无上限"量化宽松政策。然而，美国作为储备货币的发行国，其经济刺激政策具有强大的外溢效应，将导致其他国家特别是新兴经济体债务和市场风险增加，并在全球范围内埋下通货膨胀隐患。最后，当前全球金融治理体系过度依赖大国的引领作用，新冠肺炎疫情恐使世界再次陷入"金德尔伯格陷阱"。当前全球金融治理体系中，大国仍需要长期承担更多的全球治理公共产品的供给责任。但此次疫情暴发以来，美国拒绝承担防疫领导责任的决策并暂停对世界卫生组织提供资金，导致全球治理机制进一步弱化，凸显全球公共产品供需缺口。

第二节　新兴经济体在全球金融治理中的作用提升

世界经济和政治格局在2008年国际金融危机发生了巨大的变化。一是贫富差异两极化、金融债务风险上升等问题越发显现，对社会稳定构成一定风险。二是世界多极化发展趋势持续推进，各国面临日益复杂的国际环境。另外，世界格局因为各个国家的综合实力变化而向多极化推进，国际环境存在过多的不确定性因素。诸如此类的问题，导致全球范围内的恐怖主义猖獗、难民潮冲击迅猛，严重影响全球经济发展，降低了各国合作的频率和力度，经济全球化受到冲击。与此同时，国际货币体系改革滞后，全球金融治理结构不能有效反映经济格局变化、全球金融治理体系过度依赖大国的引领作用等问题依然存在，导致全球金融治理问题引发世界各国关注。

一、新兴经济体成为重构全球治理格局的重要因素

2008年以来，新兴经济体的发展极大地推进了全球经济发展。首先，以购买力平价计算，新兴经济体占全球GDP份额由2008年的51.2%上升至2019年的59.7%，已超过发达国家份额。其次，新兴经济体过去10年的平均经济增速为5.9%，远超发达国家的1.2%，也高出世界平均增长水平约2%。最后，新兴经济体从2017年开始，对于全球的经济增长贡献率已经超过80%，并且该比例还在持续上升。尤其是中国的发展，成了推动世界经济增长的主要动力。预计到2035年，中国的GDP有望超过美国成为世界第一。

二、G20对于国际金融治理机制越发重要

1997年亚洲金融危机加剧传统治理机制的失灵。1999年，G20成立

代表着国际金融治理体制从G7时代走向G20时代。新的机制下，成员国积极对经济、货币政策等问题展开讨论和会晤，以避免相似的经济危机再度发生，同时还能保障国际金融和货币体系的稳定性。

G20已经成为全球经济的主要平台，其成员GDP占比超过85%，人口总数占据全球三分之二以上，贸易总额占全球的80%。虽然2008年全球金融危机以前，代表发达国家的G7集团长期占据主导优势导致G20自主权相对较低，作用有限。但金融危机的爆发，迫使G7意识到中国等新兴经济体的重要性，尤其是对于全球政策协调和危机救助。G20于2008年11月正式取代G7，至今已经成功举办15次领导人峰会，成为全球经济治理和政策协调的最主要平台，也为世界经济的发展提供了充分的保障。

三、新兴经济体的地位因国际金融组织的改革而不断提高

世界银行、IMF等主要国际机构的结构改革是G20的重点议题。世界银行积极进行投票权改革，于2010年宣布将发展中国家的整体投票权增加3.13%至47.19%，逐渐接近发达国家。其中，几个金砖国家投票权上升至13.1%，中国的投票权上升至4.42%，这也让中国成为第三大股东国，仅次于美国和日本。其次，国际金融公司（IFC）通过一系列改革方案，将发展中国家整体投票权提升至39.48%。最后，IMF也于2016年完成了份额改革，新兴市场和发展中国家共新增6%的份额。其中，中国获得2.398%的份额，从3.996%上升至6.394%，份额排名仅次于美国和日本，跃居至第三位。其他几个重要新兴经济体，如印度、巴西、俄罗斯，在份额改革后排名都进入了前十。

四、全球金融治理的中国方案

中国积极参与并推进全球金融治理体系改革和建设，为全球治理贡献"中国方案"。中国已成为发展中国家的领导者，积极带领各发展中国家提升在国际社会上的话语权和地位，争取更多的利益，并积极修

正传统的国际治理方式"对立思维",提出"共商共建共享"的新概念,助力全球金融治理改革。

多年来,为融入全球金融治理体系,中国持续加入各全球金融治理机构,在全球金融治理中的角色由被动追随者转变为主动参与者。中国的实质性参与起始于2008年国际金融危机之后,具体里程碑为加入二十国集团领导峰会和金融稳定理事会,标志着中国与核心治理组织建立了有序联系。截至2020年年底,中国已加入约30个政府间及非政府间的全球金融治理机构(参见表11-1)。

表11-1　中国在主要全球金融治理机构的参与度

全球主要金融治理机构	中国参与度(截至2020年12月)
国际清算银行	1996年9月加入。 中国人民银行易纲行长系国际清算银行董事。
世界经济论坛	多年来,中国领导人持续参加世界经济论坛年会。 2018年,中国被授予改革友谊奖章。
亚洲基础设施投资银行	中国为第一大股东,股份占比超过30%,投票权占比为26.5269%
亚太经合组织(APEC)	1991年11月,中国内地、中国香港、中国台北一起加入亚太经合组织,并多次主办领导人非正式会议。
二十国集团(G20)	中国国家主席出席了历次G20峰会,是G20最重要的成员之一。
世界银行集团	2010年后,中国成为世界银行第三大股东国。
国际证监会组织	中国证监会于1995年成为正式会员,多个地方证监会为附属会员,如上海证券交易所等。
国际保险监督官协会	中国保监会于2000年成为正式会员。 2020年,中国银保监会副主席陈文辉当选第一任代表新兴市场的执委会副主席。
国际金融协会	亚洲代表处于2010年在北京成立,中国会员已增至27个。
国际货币基金组织	中国于1945年加入,是35个初始成员国之一。 目前,中国所占份额和投票权都增至第三位,仅次于美国、日本。
金融稳定委员会	2009年,中国同其他G20成员国一起成为会员。

资料来源:中国外交部,本课题组。

中国积极参与全球金融治理，为其公平、公正及包容性地提升起到了关键作用。中国十分愿意并有足够能力推动全球金融治理观及治理改革的发展。2016年，亚洲基础设施投资银行和新开发银行启动运营，旨在推动新兴市场和发展中国家互联互通，提升基础设施建设能力，并为其提供中长期投资。此外，我国在主动参与全球治理的过程中，主动承担更多国际义务和提供更多国际公共产品的行为。尤其是中国提出的"一带一路"倡议，推动了沿线各参与国的基础设施建设，也加强了参与国之间经贸合作的交往，缩小了与发达经济体的经济差距。尽管新形势下，全球治理正在逐步完善，但仍需不断优化国际公共产品供给结构，促进区域及全球伙伴关系网络建设，稳定周边地区的大国关系互动架构。

第三节　中国应更积极参与国际金融事务

为使国际金融治理体系适应当代世界经济格局的深刻变化，应以"人类命运共同体"作为指导理念，构建新的国际金融治理体系。2013年，习近平总书记提出"人类命运共同体"倡议，包含相互依存的国际权力观、共同利益观、可持续发展观和全球治理观，旨在促进各国共同发展及合作共赢，并改善各国之间在文化、体制等方面的差异。

基于上述思想，中国作为最重要的新兴经济体，在全球金融治理议题上，应积极参与国际规则制定和国际金融事务，贡献中国智慧和中国方案。协调推进国际货币体系改革，加强全球金融安全网构建，以"一带一路"为突破口，提升与沿线国家在金融体系方面的合作，从而更好地达到全球金融发展和治理的新标准。

国际话语权是一个国家"软实力"的重要表现，也是我国建设社主义现代化强国的必然要求。深入参与国际事务、推动全球金融治理变革、努力成为国际金融市场规则的制定者，有利于进一步增强我国金融业的国际话语权和国际竞争力，同时有助于加速推进上海全球金融中心建设的进程。

一、不断提升新兴经济体在全球金融治理中的地位

长期以来，新兴经济体在国际金融治理中缺乏代表权、话语权及决策权。未来，新兴经济体的地位应不断提高，以平衡重大经济金融事务权益，从而提高全球金融治理的有效性。中国应在以下方面持续推进：

第一，继续利用G20协调世界各国宏观政策，进一步规范国际金融秩序，增强各国在宏观经济、货币以及财政政策协调性，推动全球经济稳定机制改革，加强全球金融风险防范，提高全球金融安全网的有效性。

第二，迅速增加新兴经济体在现存国际金融机构中的投票权。如前文所述，目前IMF的份额和治理状况仍没有客观反映经济格局的变迁，美国在IMF拥有16.52%的投票权，从而使其在关键议题上可以一票否决。

第三，从治理结构上，现阶段多数国际金融机构的员工都来自发达国家，来自新兴经济体和发展中国家的员工比例偏低。未来，国际金融机构应加强来自新兴经济体和发展中国家的人员招聘，其占比应不低于各国在国际金融机构的份额。

二、参与基于经济增长与宏观稳定的跨国货币政策协调机制的构建

理想的国际货币体系应可保证汇率的稳定性，并具备有效的国际收支调节机制。但从全球经济现实考虑，美元本位制于中短期内难以撼动。短期来看，当前可行性的改革方向为保持当前美元本位体系不变，对国际货币体系进行改良。

中国应积极协调推进国际货币体系改革：

1. 在经济和金融政策监管方面，要加强国际货币基金组织（IMF）对全球经济和金融政策的监测和管理，加强IMF与其他跨国机构的合作、扩大跨国监测的范围、关注系统重要性国家的溢出效应、建立磋商机制与激励惩罚措施等。

2. 在跨境资本流动监管方面，持续加强对全球流动性的监测与管理，适当使用资本管制工具。长期来看，推动当前国际货币体系从制度上进行改革，包括提高特别提款权（SDR）在国际储备中的地位并扩大其使用范围、加快国际金融架构改革等。

三、参与基于全球经济稳定与危机应对的国际协调机制的构建

为降低危机爆发的可能性，需要逐步建立全面完善的国际货币体系，并长期严格监管跨境金融机构和其活动。短期内最有效的途径是构建多层次的、灵活的全球金融安全网（GFSN），增强预防及应对金融危机的能力。目前，虽然全球金融安全网资源充足，但仍存在覆盖程度不一的情况，可能会导致覆盖不足的国家或地区无法有效应对金融危机。为应对不足，要增强各层次的融资能力，改善各层次的融资机制。如敦促全球央行和财政部扩大双边货币互换安排，并就新的国际货币基金组织的特别提款权（SDRs）的发行达成一致，以建立更强大的地区金融安全网；进一步加强IMF与区域融资安排之间的协调和合作，提高危机救助的有效性；进一步发挥金砖银行、应急储备安排、亚投行的作用，为新兴市场国家提供流动性支持。

四、以"一带一路"为突破口，输出互惠共享的跨国合作规则

"一带一路"建设的本质，是与沿线各国共同打造政治互信、经济融合、文化包容的利益共同体，既满足了发展中国家对于全球金融治理体系与机制的改革需，也是对现有全球金融治理规则的补充与完善。此外，"一带一路"建设是区域经济合作、国际自由贸易、基础设施互

联互通、国际安全互信等重要国际公共产品的集中体现，为避免世界陷入"金德尔伯格陷阱"贡献中国力量。上海应引导商业性和社会性资金共同参与"一带一路"金融领域的重点项目建设，有效促进经济要素的合理流动和资源的高效配置，为全球金融治理提供良好的物质保障。同时在投融资项目中协同运作，发挥多种金融机构、金融产品和金融交易机制的协同作用，吸引各国机构、各国资本共同参与、共同建设，同时完善市场机制，从而形成各国金融的"利益共同体"。

五、依托中资企业国际化步伐的加快，提高国际话语权

中资企业国际化步伐不断加快为我国输出金融治理中国方案提供了良好机遇。同时，随着中国国际影响力的不断增强，越来越多的中国面孔接连在国际组织的重要岗位任职。我国可依托具有国际知名度和影响力的跨国公司，加强与所在地政府及企业的沟通交流，输出中国金融治理经验，以此强化世界对中国方案的认同和接受，提升我国在全球金融治理中的话语权。

六、把握全球经济趋势变化，引领区域金融治理参与全球金融治理

此次疫情在全球化不断深化的背景下暴发，是对全球化进程的重大考验。疫情的全球性特点意味着经济秩序的恢复将取决于整个链条中最脆弱的环节，因此，跨国合作对于管理危机、通过贸易支持复苏、稳定市场、加速开放企业供应链及促进国际旅行等至关重要。虽然中美之间的战略竞争将限制两国为全球复苏作出建设性贡献的能力，但亚洲国家之间的多边合作机制则可以提供一个努力的起点。一方面，亚洲国家在疫情期间紧密团结，共克时艰，可以为今后的合作打下更好的基础，在地缘政治风险上升、贸易保护主义盛行的今天，维护开放、合作的国际经济秩序，是亚洲国家的共同利益所在。另一方面，亚洲合作框架，也可以为中国在国际经济体系中发挥更大的作用，提供一个广阔

的平台，同时避免与个别主要国家形成一对一的对抗局面。

后疫情时代各国在应对全球性问题方面的协调合作或迎来重大改变，我国应充分考虑到这一变化因素可能为全球金融治理带来的不确定性。首先，增强区域金融治理能力，促进区域金融持续健康发展。我国可积极加强与"一带一路"沿线国家和周边区域性国家合作，推动国际经济金融治理机制向区域金融治理细分，进一步增加我国在本地区的影响力与领导力。例如，加快签署《区域全面经济伙伴关系协定》（*Regional Comprehensive Economic Partnership*，RCEP）以确保区域贸易的团结，同时与RCEP成员国共同努力为印度的最终加入开放通道，并积极推动与南亚的经济合作。RCEP是亚太地区规模最大也是最重要的自贸协定，是中国积极参与全球经济金融治理、提高规则话语权的战略选择。通过设计和构建专业化与制度化的区域性金融体制，促进区域内资本优化配置、保证地区经济和金融平稳发展，防范和应对金融风险，强化区域金融治理能力。

其次，引领区域金融治理参与全球金融治理，共同构建人类命运共同体。人类命运共同体的实现既需要中国与各国共同参与、共同努力，也需要循序渐进、由近及远。通过完善区域金融治理有利于推动全球金融治理朝着更加公正、合理、高效的方向发展，为世界经济健康稳定增长提供保障。在区域和多边框架下的协调合作将有助于提升所有亚洲国家为区域和全球金融治理作出建设性贡献的能力。亚洲可通过其东盟、东盟加三国和东盟加六国的协议安排，并通过与包括美国在内的东亚峰会国家、亚太经合组织（APEC）以及20国集团论坛（G20 forums）进行接洽来推动全球金融治理改革这一议程，同时加速引导世贸组织（WTO）和国际货币基金组织（IMF）的改革。

第四节　发挥国际平台优势，提升上海参与全球金融治理的能力

上海应该充分发挥其国际平台的优势，辅佐国家参与全球金融治理的高层战略，并面向国际，代表中国参与对外国际金融任务；同时结合业务、产品、市场经验及自身发展空间，成为相关战略部署于微观层面执行的落脚点。

一、为新型国际金融治理机构提供支持，吸引其在沪设立分支机构

在传统国际金融机制代表性不够的情况下，代表新兴经济体的新型国际金融机构，将作为现有国际金融治理机构的有力补充。上海可积极探寻与新型多边金融机构的合作；积极参与国际监管协作和市场机构自律治理，熟悉国际通行规则并增强我国的话语权。同时，应积极争取后续创设的新型国际治理金融机构、区域型金融机构落户上海；吸引金砖国家、亚太自贸区以及"一带一路"等区域和国际性的机构（组织）在沪设立分支机构。

二、制定金融科技风险治理标准，引领现代金融监管国际标准

由上海市政府指导，蚂蚁金服集团、阿里巴巴集团主办的全球最大金融科技盛会"外滩大会"从2020年开始，永久落户上海。上海作为国内金融科技监管创新方面的先行者，已经积累一定经验，并有优势开展相关试点进行探索。比如，可参照国际规则设计符合自身发展的金融科技监管框架，制定数据产生、数据采集、数据应用的相关定义、

使用规则、范围、隐私及安全保护、数据标准等方面研究及相关规则制定，并主动与世界银行、IMF、欧洲央行等国际机构保持联系，提高上海在金融科技国际标准制定中的参与度和话语权。

三、创新发展绿色金融，建立绿色金融标准

近年来，我国政府积极通过政策支持绿色金融发展，逐步完善我国绿色金融相关政策和体系，绿色金融市场已初具规模，尤其是绿色信贷和绿色债券方面处于世界前列。上海应致力于成为绿色金融发展的全球领导者。在传统能源领域，原油期货及其背后的交易规则、准入标准等，都是英美等发达国家从自身利益出发制定的。未来，上海应积极参与绿色金融领域国际规则和行业标准的制定，在此过程中争取掌握主导权，以构建适应我国经济和金融体系发展的绿色金融市场基础规则和标准。

四、发挥新型国际平台治理作用，打造陆家嘴金融论坛等"亮点"平台

充分发挥重要新型国际论坛、国际组织的议事作用，利用这些平台来组织、倡议、推动全球金融治理规则的改革和完善，同时面向国际输出影响力。以陆家嘴金融论坛为例，虽然该论坛已经成功举办过十二届，但回顾往年参会情况，境外组织机构参与程度较低、相关嘉宾发言比率不足，参与讨论的组织机构以境内机构为主，话题主要围绕中国，缺乏对于全球范围内的金融治理和秩序的讨论与沟通。由此看来，此类国际性论坛尚未充分发挥其平台效应，国际参与者参与力度低、参与机构类别单一。未来，陆家嘴金融论坛应对标国际性顶级论坛，加强宣传力度，积极邀请各类国际参与者，展开更多关于国际议题的讨论与探索，力争成为国际金融领域不可或缺的论坛。

五、建立海外运营推广体系，加强与现有国际金融治理机构的合作

通过建立海外运营推广体系，与全球金融治理机构及国际规则制定机构建立常态沟通机制，持续深化我国对外交流与合作，共同打造新型国际金融合作平台。上海可借鉴伦敦全球金融中心的发展经验，设立金融中心国际宣传大使，在推广上海金融市场和服务的同时，加强与现有国际金融治理机构的合作，从而促进其在内部治理结构上给予新兴经济体更多话语权，为健全和完善全球经济金融规则、维护全球金融稳定作出贡献。同时，深化对外交流和合作有利于减少或避免出现国际规则制定不利于我国利益的被动局面，在保障我国利益的同时实时反映我国在金融治理改革中的问题和诉求，从而更好地推进我国重点战略部署，如人民币国际化、对外开放等。

六、通过上海合作组织，推动中国和国际社会的金融合作

在金融合作方面，未来上海合作组织可在以下几方面继续做出努力：第一，促进成员国之间的多元化货币互换。相比双边货币互换，多元化货币互换有利于成员国之间的贸易和投资往来，规避汇率波动风险，稳定金融市场稳定。第二，上海合作组织内贸易结算支付体系仍需完善。贸易结算支付体系对于货币金融合作至关重要，并且能够为成员国之间贸易和投资提供更便捷的服务。与此同时，上海合作组织也需要建立区域内债券市场，为成员国之间金融市场的合作提供便利。最后，继续就成立上海合作组织开发银行方案进行探讨，进一步发挥上海合作组织银联体的组织协调作用，促进各成员国全方位的互联互通，拓展多元化投融资渠道，创新使用政府和社会资本合作模式（PPP）及适合本区域发展的其他融资模式。

七、助力培养高质量的国际金融治理人才

上海在建设国际金融中心的过程中,能够积累通晓国际金融规则、熟悉金融运行、了解国际规则、精通国际谈判的复合型人才,从而能够为我国参与国际金融治理提供有力的人才支撑。

Shanghai
Advancing Towards A Global Financial Centre

迈向
新时代全球金融中心

专题

专题1：
纽约国际金融中心发展的启示和借鉴

一、纽约金融中心的概况

让我们先从几组数据入手，对纽约金融中心进行一个概览。根据权威国际金融中心排名指标指数"全球金融中心指数"（GFCI），自2007年指数评分设立以来，伦敦与纽约一直居于榜单第一、第二名。值得注意的是，自2017年9月以来的、全球参评城市均约100座的近五次评选中，纽约连续3次评分超过伦敦提升至榜首之位。

纽约金融业的繁荣为纽约GDP作出了巨大的贡献，2018年达到29.7%，居于各行业领先位置。纽约，这个世界500强企业林立的城市，前十大总部位于此的500强企业有8家都是金融类企业，其证券市场、外汇交易、国际信贷规模、金融人才，也是对标国际金融中心的几项重要指标。

证券市场方面，纽约证券交易所与纳斯达克作为全球规模前列和流动性强大的证券交易所，为来自世界各地的上市公司提供先进的上市及交易平台。截至2019年10月底，在纽交所上市的公司达到2356家，其中外国公司占比达到21.5%；在被公认为是第一个电子股票市场的纳斯达克上市的公司则达到3098家，外国公司占比达14.6%。2018年，两家交易所上市公司的市值分别达到20679.5亿美元和9756.8亿美元，年度IPO的数量分别达到65家和150家。

外汇交易方面，根据国际清算银行2016年数据，英国的外汇交易额占全球外汇交易额的37%，居全球之首；其次就是美国，占比20%。

国际信贷规模方面，美国国际贷款在全球占比10%，国际借款在全球占比13%。

金融从业人才方面，纽约的金融从业人员占比保持在10%左右。另外，不仅是从事金融活动的专业人才，还包括为金融活动提供相关支持的具有其他专业技能的人才，纽约也是金融咨询公司、顶级律师事务所、会计师事务所等林立的城市。庞大的国际化高端专业人才供给奠定了纽约作为顶级全球金融中心的基础。

二、纽约金融中心的形成

美国纽约在第二次世界大战后形成全球金融中心的过程可以说是浑然天成，有历史的必然因素。

（一）美国整体影响

1. 综合国力。美国在第二次世界大战后成为世界超级强国，经济实力居全球第一位。而同时欧洲在战后实力大为削弱，美国的相对国力迅速上升，加上美国以英语为母语，更容易在国际事务中发挥领导作用。

2. 美元的国际地位。美国成为全球金融中心与美元的国际地位直接相关，它们互相促进，互为条件。

3. 成熟的法律和监管。美国拥有一个有法可依并且严格实行的法律和监管环境，特别是其英美法系的私法、商法，包括公司法、证券法、合同法严密并确定，这些法律十分重视保护私有产权和投资者权益，是金融活动必不可少的条件，也是美国之所以能够吸引大量的外国投/融资者的重要经验之一。

20世纪80年代后美国实施了一系列金融去监管化和自由化措施。开放资本市场，实行汇率和利率市场化，给予外资金融机构国民待遇，这进一步增强了美国金融市场对全球的吸引力。

（二）纽约这个特定城市具有成为美国和全球金融中心的一般条件和经验

纽约具有成为美国和全球金融中心的一般条件，这包括地理优势、城市繁荣、人才聚集等。纽约位处美国最早的13州之一，是新移民最集中的大都会，并且拥有美国东海岸最大的国际贸易港口。

纽约是美国和跨国公司总部最集中的城市，是美国和全球最大的商务和贸易中心，也是联合国总部所在地。

纽约聚集了美国乃至全球的各类金融人才，人力资本市场供给充足，并且在结构上与金融行业的需求匹配。纽约湾区的整体教育水平包括商业金融领域的教育水平高，有纽约大学、哥伦比亚大学，附近有耶鲁大学、普林斯顿大学等著名学府，它们都拥有全球最好的商科教育，例如MBA。纽约湾区共计有58所高校，商科教育在其中非常普遍。

纽约的劳动力市场具有很高的灵活度和自由度，就业服务相关产业和人才市场发达，人才流动率也较高，有利于人才的发展成长和人尽其才。

纽约优越的、相对低成本的生活条件，发达的教育、文化、艺术、医疗设施，先进的交通和通信基础设施，也是吸引全球高端金融人才和机构的重要条件。纽约拥有上百年形成的金融业美誉和城市形象。政府的作用也是纽约成为金融中心的重要力量。纽约金融中心的建成在很大程度上是市场行为，但政府在其中实际上起了非常重要的促进作用。

美国的各方面通过自然形成和人为设计的方式，在纽约集中建造起一个完整、立体化的金融体系，包括：金融市场体系——货币市场、资本市场、信贷市场，投/融资——交易前、交易中、交易后各个环节；金融机构——证券、商业银行、保险、资产管理；辅助机构——金融咨询公司、律师事务所、会计师事务所、评级机构等。

（三）美国和纽约特定的条件、主要特色或优势

1. 完备而繁荣的金融市场

纽约成为全球金融中心，主要源于政府适度的顶层设计和金融机构共同创造宽松的自由竞争环境，在纽约以及纽约与美国其他地区之间建立起一个既竞争又互补，布局合理，层次分明，分工明确却又一体化，并且是不断创新进步的资本市场。

（1）以纽约为中心的多层次的国内金融市场

美国形成了全球最完备的证券市场。该市场形成分层次的"金字塔"形，并且在金融工具风险特征、交易组织形式、地理空间三个维度体现差异。

最高层次：纽约证券交易所、纳斯达克证券交易所、美国证券交易所（2008年被纽约证券交易所NYSE Euronext收购称为NYSE MKT）。此外美国还有区域性交易所：芝加哥证券交易所、波士顿证券交易所、辛辛那提证券交易所、费城证券交易所，它们为地区市场上处于成长阶段的中小企业提供上市和交易服务，同时也为在纽约上市的股票提供多重交易场所，配合纽约证券交易所和纳斯达克，成为区域交易中心。

美国国会还建立了全国证券市场系统（National Market System，NMS），这是世界上最成功的资本市场体系。NMS把全美证券交易所连接在一起，创造了一个能够处理巨大证券交易量的市场空间，使全美所有的证券交易所都可以在NMS竞争，确保投资者交易委托不论在哪里执行，都能得到最好价位。

近些年来，美国各证券交易所竞争局面出现了新变化：迅速发展的众多替代交易系统也参与了证券交易所之间的竞争。替代交易系统能够提供和证券交易所类似的服务，吸引了大批用户尤其是机构用户。替代交易系统执行交易速度快，可匿名交易，费用低，因此发展迅速，并促使传统的纽约证券交易所也寻求变革，引入电子交易方式，进一步创新改造其组织结构、业务类型以及交易流程，由一家会员

制、非营利机构转变为公司制、营利性上市公司。

美国至今形成的证券交易所的布局、市场定位是市场长期既竞争又合作的结果。这种竞争性合作,促进了整个证券市场的有效性。而NMS则将各交易所在一个平台连接,实现价格、信息共享,以及交易后处理集中化,进一步促进了合作与有序竞争局面的形成。

（2）对外资金融机构采取开放政策,并注重在纽约集中主要跨国金融机构

美国国会在1978年通过《国际银行法》,其主要精神是:对外国银行给予国民待遇,即授予它们和本国银行同样的权利,适用同样的限制。1994年国会又通过了《州际银行法》,在州际银行业务和分行建立方面对外国银行进一步提供国民待遇——允许外国银行在一个以上的州并购美国银行作为子行。该法也赋予外国银行及其美国子行与美国银行同样的权利——在母州之外建立分行,并通过与其他州银行合并来建立州际分行。根据该法,各州不得制定在美国银行和外国银行之间具有歧视性的立法,不得给予其中任一方特殊待遇。1999年国会通过的《金融现代化法》则允许美国银行及外国银行以金融控股公司形式从事混业经营。2001年美联储发布了K条例最终规则,进一步简化了外国银行在美国从业的申请程序,以减轻对外国银行的监管负担。

外资银行数量和占比是国际金融中心的主要条件和指标之一。外资银行资产占美国银行业总资产的近1/4,而纽约成为美国乃至全球外资银行最集中的城市,聚集了49个国家/地区的187家分支机构。美国最大的25家外资银行,在美国或美洲地区的总部均设在纽约。

2. 高效而强大的国内与国际两个金融市场融合发展

立足纽约、放眼全球,国内和国际化金融中心一道发展。全球金融中心必须也是国际金融中心,必须具有在全球范围内跨国运作的能力。纽约金融中心建设的经验之一正是将国内市场、机构和系统及其与外部的连接整体规划,在增强国内能力的同时增强跨国能力,不仅

为本国投/融资者考虑,而且站在全球角度,充分考虑他国投融资者在美国投融资活动的需求。

(1)跨国金融市场——交易环链前端

纽约历经几十年努力,建立了一个完整的跨国金融市场。

建立了向海外开放的投/融资资本市场、渠道和工具。典型案例:为海外融资者安排了三种发行股票融资的渠道:美国存托凭证(ADR)、普通股份和纽约股票交易所全球股份(NYSE Global Shares)。

建立了连接海外的证券交易渠道。纽约证券交易所在2007年通过与欧洲的证券交易所Euronext合并,组建了全球第一个跨国证券交易所。该交易所地跨欧美两大洲,包括55个国家的8000多种股票、债券、期权、期货交易,其中股票交易占全球近1/3份额。这使得该交易所成为第一个连接主要市场,真正意义上的全球证券交易平台。截至2018年年末,纽交所的上市公司达2285家,其中外国企业占比约为22.32%。

建立了外汇交易中心。美国的外汇交易主要经由美国及外资银行在纽约的总部或分支机构以及专业经纪商之间,通过场外交易方式完成。纽约外汇交易市场与伦敦、东京同为全球三大外汇交易市场。

(2)跨国金融基础设施——交易环链后端

历经几十年的努力,纽约已建成了全球最完备、发达、高效、低成本和低风险的机构间跨国清算结算体系,涵盖了证券、美元、外汇、衍生品等各种金融资产的清算结算,为金融市场的跨国运作奠定了必不可少的基础设施。

建立了证券跨国清算结算系统。美国发行海外证券的关键是各国清算结算系统与美国相应系统之间的连接,以降低证券清算结算成本和风险,提高其效率。自从ADR和"全球股份"产生后,美国和世界证券清算结算系统间的兼容与连接也有了长足进步。例如,美国系统已与德国和瑞士系统连接,这两个国家的公司在使用全球股份工具时,可在本国与美国之间无间断地清算交易证券。与此同时,美国和许多其他国家之间的系统连接也在建设之中。

建立了美元跨国清算结算系统。随着美元在20世纪五六十年代迅速国际化，美元跨境支付量高速增长。美国的银行间组织——清算所在纽约建立了独立于国内系统的专门的跨境美元清算系统——CHIPS。该系统成为美国跨境美元清算的主渠道，涵盖了全球美元跨境清算的95%。该系统作为美元国际化的产物，同时也极大地支持了美元的国际化进程，并且也是纽约成为全球国际金融中心不可缺少的条件之一。

建立了外汇交易跨国清算结算系统。20世纪90年代以来，全球外汇交易迅速增长，而美元在外汇交易中占据最大份额。有鉴于此，美国再次抓住了机会，联合主要国际货币国家，建立了连续连接清算系统CLS，以提高外汇交易清算效率，规避外汇清算风险。1997年CLS服务有限公司（CLSS）在英国成立，但CLS的清算业务则由其子公司"CLS银行"（CLS Bank International）操作。该银行设在纽约，是一家受美联储监管的"埃奇法公司"。CLS系统目前主要用于外汇交易引起的跨境多币种清算，但由于它已在一个平台上将主要央行的实时清算系统RTGS连接，并延伸到多币种的实时跨境清算，这实际上奠定了跨境、多币种、多接口的基础，未来有可能超出外汇交易，成为多币种跨境支付清算主渠道。此举进一步巩固了纽约在全球资产跨国交易后清算处理领域中的地位。

3. 领先而持续的金融创新

纽约成为全球金融中心，又一重要原因是通过创新，走在前沿，引领国际金融市场进步。纽约是全球金融产品创新之都，而且其金融创新十分注重站在全球化和跨国的角度，极力打造和维持其全球金融中心地位。

（1）离岸金融中心

20世纪80年代面对全球蓬勃发展的离岸金融市场及其引发的美元资产外流状况，美国通过人为创新方式，建立了自己独特的离岸金融中心和离岸银行业——在美国本土以纽约为中心，建立了国际银行业务设施（International Banking Facility，IBF）。这是一种特殊形式的离岸金融中心，它是由美国的本国或外资银行为非美国居民设立的一种特殊银行账户。它不是通过地理上隔离，而是通过在岸——离岸账户之间的隔离，建立离岸业务市场。由于美元本身就是自由流通的主要国际货币，所以该离岸市场经营的不是外币而是本币，并且由于它设立在本土，所以它实际上是一种在岸的离岸中心，本国及外资银行可足不出国地在岸从事本币离岸业务。IBF的产生改写了离岸金融中心和离岸银行业的两条定义和必要条件：在境外设立机构和经营非本币。在全球国际金融中心内设立分离、独特的离岸市场，是纽约的一大特色。此举使得纽约成为真正意义上的提供全面服务的全球国际金融中心。

（2）改造创新批发清算系统

21世纪初纽约的跨境美元清算系统CHIPS在全球引领了银行间大额支付清算系统的改造，将实时总额系统RTGS与延迟净额系统DNS混合，建立了创新系统——实时净额清算系统（RTNS）。这种双轨制新系统逐渐成为发达国家银行间支付清算的主流模式。RTNS在提高安全性、实现日内/实时结算的同时，维持了流动性节省的特性，具有明显优势。例如，CHIPS系统的清算资金效率乘数（清算额/清算资金比）最高可达600。这些创新使纽约一直维持着全球美元清算中心的地位。

4. 政府和监管机构顺势而为，为金融中心建设创造条件

纽约成为全球金融中心的重要原因，除了制定法规、从事监管之外，美国政府和监管机构还十分重视其另外一项重要功能——利用政府集中力量办大事的能量，帮助金融市场和金融机构建立基础设施和提供服务。这是纽约金融中心建设中不可缺少的因素和主要经验之一。

（1）美国政府配合私有机构，将联储的公开市场、黄金储备以及银行间实时清算系统Fedwire及其运作集中在纽约而非集中在联储所在地

华盛顿，由纽约联储银行实际操作。其中的公开市场及其操作，在纽约建立了全球最大、最具流动性的政府债券二级市场，该市场的变化方向成为全球经济和金融市场最重要的风向标。纽约能够成为在全球呼风唤雨的金融中心，这一因素起到非常重要的作用。

（2）美联储的外汇交易以及对外汇市场的干预，也集中通过其纽约联储银行与当地银行间买卖外汇来完成。

（3）由联储提供流动性资金，将联储的清算系统Fedwire与美元的银行间跨境清算系统CHIPS连接，为后者提供结算资金支撑，在纽约建立了全球第一个同时具有高效率、安全性和流动性节省功能的实时净额清算系统。

5. 注重建立高层次的话语权

纽约成为全球金融中心，还有一个重要因素是，美国很注重在纽约建立最高层次的软实力——话语权，确立自己在全球金融市场中的影响力。这是一个地区能够真正稳坐全球金融中心位置最重要的资格。

总之，纽约全球国际金融中心地位的形成和巩固，既是天时地利条件使然，也是立法、政府、监管及金融行业人为助推所致，可以说是各方面因素之集大成。

三、纽约金融中心的发展展望

（一）在全球金融中心的地位

纽约长期形成的优势条件在短期内很难被其他地区超越，纽约未来将会继续维持其全球金融中心的地位。只是随着其他金融中心的发展和竞争，其排名仍会在前几名之间小幅波动，纽伦港的格局也会延续。

纽约全球金融中心地位的维持及前景在很大程度上取决于以下主要因素：美国的经济和金融实力；美元的世界主要货币的地位及前景；纽约湾区现有各方面优势条件的变化。这些因素在未来出现明显变化的可能性不大，纽约金融中心的地位也不太可能出现明显改变。

纽约金融中心的未来发展也有一些负面因素和风险：监管、税收和政治环境限制了金融服务业的盈利能力，增长和创新。此外交通拥堵、基础设施建设陈旧、生活成本上升也会影响其对公司和个人的吸引力，有些金融机构已迁出了该地区。在互联网越来越发达的未来，地理位置的重要性下降，可能会进一步影响纽约市的吸引力。并且随着金融业朝科技领域深化发展，这方面的人才短缺，纽约市也出现了就业职位与合格人才不匹配的情况。然而美国政府也意识到了这些问题，正在采取如降低税收、放松监管、改善基础设施等措施应对。这些负面因素不太可能严重恶化。

（二）未来发展的方向及主要特点

纽约金融中心将维持其传统优势：股票交易中心包括IPO、美元与外汇交易中心、美资银行及外资银行在美国的总部中心、美元清算中心、联储公开市场操作中心、金融信息和定价中心等。

纽约金融中心一向是金融创新的引领者。在未来的信息技术、金融科技、人工智能、大数据迅速发展的时代，纽约在维持其传统优势的同时，也会继续引领金融创新，从流动性驱动向创新性驱动转变。其中的主要突破之一就是"金融科技"（FinTech）。纽约的金融科技在2008年金融风暴压力下应运而生，华尔街也是"金融科技"一词的发源地。近几年这方面的人才、资金与技术的投入逐渐增长、成熟。诸多创新型、领先的金融科技公司诞生在纽约。据埃森哲统计：纽约金融科技公司吸引的风险投资总额由2010年的2.2亿美元激增到2016年的24亿美元。纽约金融科技最密集的街区被称为"硅巷"（Silicon Alley）。纽约拥有规模最大最完善的金融服务体系，而华尔街拥有最大的投资资本，也最需要金融科技带来创新；同时纽约汇聚了最优秀的技术人才，这些使纽约逐渐形成了金融科技生态系统，成为全美第一金融科技中心。2016年在全球250亿美元金融科技投资中，美国占54%，金额达135亿美元，其中纽约占重要地位。据《全球金融科技中心评估报告》，在全球最佳的21个金融科技中心，纽约仅次于伦敦及新加坡。纽约金融科技涉及的大多是面向金融机构的B2B而非B2C，这可能与华尔街文化有关。在金融科技中心的建设中，纽约市政府的贡献和推动功不可没。在多种因素之下，作为全球金融之都的纽约在金融科技领域获得了长足发展，而金融科技产业又支持了华尔街金融业发展和创新。纽约不仅维持着其金融中心地位，而且有了新的活力和转型方向，这又会在未来进一步加强其金融中心地位。

四、纽约形成全球金融中心对上海的启示

（一）上海与纽约国际金融中心相比的主要差距

与纽约相比，上海国际金融中心还有一定差距，这包括：

1. 缺少符合国际惯例的完善的金融法制以及透明的监管环境。
2. 全球主要金融机构的总部和区域总部的数量有限。
3. 缺乏外资企业特别是国际优秀企业在上海上市、集资的功能和平台。
4. 资本和金融项下本币自由兑换的条件尚不具备。
5. 在岸的离岸市场尚未建立完善。
6. 国际化专业人才和机构包括金融分析师、会计师、律师等还不够充足。
7. 具有全球影响力的话语权和定价权尚未建立。

（二）重视纽约全球金融中心形成过程中的几个关键因素

1. 纽约国际金融中心如何推进本币和推动国内经济

纽约金融中心立足纽约，放眼全球，国内和国际化金融中心一道发展。其经验之一是将国内市场、机构和系统及其与外部的连接整体规划，在增强国内能力的同时增强跨国能力，不仅为本国投/融资者考虑，而且站在全球角度，充分考虑他国投/融资者在美国投/融资活动的需求。这种设计对推动美元国际化成为世界货币起到了关键作用。

纽约作为美国的金融中心主要从以下方面为美国实体经济发展起到了巨大的推动作用：股票和债券交易平台作为企业长期资金的来源；货币市场作为短期和日常运作资金的来源；支付清算平台发挥流动性和现金管理的功能；美元跨国清算和外汇交易系统促进国际贸易发展；财经信息和定价基准帮助企业决策；风险投资和对冲基金帮助企业管理风险、促进创新企业成长。

2. 纽约全球金融中心对国际金融规则的决定性影响

纽约作为金融中心的最高层次的软实力是其对全球金融规则的话语权和影响力，这主要表现在：

（1）全球经济金融信息的权威来源。美国的彭博资讯、华尔街时报、路透汤森经济金融数据资讯，以及道琼斯、标准普尔500、纳斯达克三大股票指数，这些无可争议的全球经济金融信息权威来源机构的总部，均位于纽约。

（2）金融资产定价权。主要包括：联邦基金利率目标的维持及其市场利率的确定，是美国乃至全球短期存/贷款利率定价的基准；优惠利率（prime rate）指数的制定；长期利率——10年期国库券和房贷利率的定价。这些影响力主要是经由纽约金融中心在长期发展和竞争中自然形成的，但其中也有政府政策倾斜引导的作用。

（三）纽约经验对迈向全球金融中心上海的启示

在中国的各大城市金融中心中，上海和纽约最具有可比性，因而纽约作为全球金融中心对上海迈向全球金融中心有一定的借鉴意义。

1. 纽约成为国际金融中心主要是市场自然发展形成的，但政府顶层设计也起到了一定作用，这主要是政策引导支持、机构和系统建设向纽约倾斜，将关键机构和系统集中到纽约等。中国更加有条件采取政府政策引导和顶层设计建设上海金融中心。

2. 纽约是美国本土和外资金融机构和其他相关服务机构在美国的总部最集中的城市。中国也应该将本土和外资金融机构总部向上海集中。

3. 美国以纽约为主要市场的"国际银行便利IBF"离岸金融模式可以借鉴。IBF是美国创造的一种特殊形式的离岸金融工具，它是在岸经营本币的一种特殊账户，但它仍满足离岸金融的基本条件：客户为非居民，资产负债两头在外——负债来自境外客户，资产用于境外客户，所以是一种在岸的离岸金融模式。

中国的状况与美国IBF产生之际有相似之处：

第一，上海自贸区也是在岸和国际金融中心，离岸金融只是其中一部分，也可采取账户隔离方式，建立虚拟的"在岸的离岸金融中心"，仅针对离岸账户实施优惠政策。

第二，中国也在经历本币国际化过程。人民币虽尚未成为与IBF产生之际的美元具有同样国际地位的货币，但其正在迅速国际化，境外需求正在迅速增长，可作为在岸离岸市场的经营货币。

第三，中国也处于放松金融监管和金融市场从不成熟到成熟，以及朝利率市场化过渡的阶段，建立一个离岸/在岸隔离的账户，作为改革试点，成熟后再向在岸市场扩张，有助于平稳过渡。

第四，中国也需要通过金融创新提供更加灵活、优惠的制度安排以吸引更多海外金融机构，扩大金融市场，在吸引更多外资银行业务的同时，增强本土银行的竞争力。

4. 美国很注重在纽约建立最高层次的软实力——话语权，确立自己在全球金融市场中的影响力。中国也可以通过政策支持在上海建立这方面的软实力。

五、如何建立起纽约和上海两大全球金融中心的共同发展机制

目前看来上海和纽约作为金融中心的共同发展机制主要限于互相学习交流方面，包括体系建设、制度创新、规则制定、顶层设计、人员互动等方面。两个中心的政府之间也可以建立合作交流机制，举办研讨会、互访、人员交流等活动。

上海在建设国际金融中心方面的机遇显而易见，但仍需多方面的不懈努力才能成功。其最大优势在于中国金融市场的巨大潜力和强劲的发展前景。同时，上海还需克服诸多劣势。首先，有许多强大的力量依然倾向于既有的金融中心，从这个角度来说就是"富者越富"，金融集中化的力量将继续使伦敦和纽约这类老牌金融中心从中受益。其次，世界其他地区所接受的中国金融产品的类型不可避免地存在着这样或那样的局限性。

综上所述，上海国际金融中心建设是个系统工程，需要借助国家扩大对外开放、"一带一路"、人民币国际化等重大战略的力量配合实施，需要与上海其他几个中心建设任务协调推进。政府的支持、中国巨大的金融市场、充满活力的城市以及已经取得的成就是上海的优势，但由于在社会运行体制、法律体系上与欧美不同，上海建设金融中心需要走出自己的特色之路。

专题2：
伦敦国际金融中心发展的启示和借鉴

一、伦敦国际金融中心的主要特点

（一）金融服务业为伦敦国际金融中心的发展提供了强大动力

英国是全球金融服务第一大出口国。英国常年处于贸易逆差状态，但金融服务业贸易则长期保持顺差。包括银行、保险、证券、债券及相关法律、咨询服务在内的金融服务业是英国国际收支平衡表中的最大单项顺差来源，就业人口超过100万，涉及2万多家各类金融机构，具备丰富的金融服务生态。2018年，英国贸易逆差总额近380亿英镑，而英国金融服务贸易顺差约为619亿英镑，相当于排名其后的美国及瑞士之总和。若计入法律服务，会计及管理咨询等相关专业服务，则金融服务贸易顺差约为828亿英镑。2018年，英国金融服务业对英国经济的贡献值为1270亿英镑，占当年英国经济增加值的6.9%，其中伦敦占全英金融服务业经济产出的49%。2018年，伦敦共吸引86个金融服务类FDI项目，雄踞欧洲城市榜首。

（二）伦敦金融市场大而全，同时具备高度国际化

伦敦金融市场规模大，产品种类全，国际化程度高。伦敦可提供和从事几乎所有的离岸国际业务，交易几乎涉及所有的国际金融产品：除银行业、股市、债市、保险业、外汇、衍生品、大宗商品以外，伦敦在伊斯兰金融及海事金融等业务方面也领先全球。

伦敦是几乎所有外资银行国际化发展的重要落脚点。截至2018年

底，英国银行业资产总额约9万亿英镑，资产规模在欧洲排名第一，在全球排名第四。在英国运营的外资银行超过250家，外资银行资产占英国银行业总资产近50%。超过三分之二的全球系统重要性银行（G-SIBs）将集团或者欧洲总部设在伦敦，采取以伦敦为中心，辐射全球的经营管理模式。大部分G-SIBs在伦敦设置了全球业务中心。26家非中资G-SIBs中，有18家将欧非及中东（EMEA）业务总部设在伦敦。比如，花旗银行把很多受监管的重点产品都放在伦敦而不是纽约。法国和德国的银行也在伦敦发展产品，而非本国，也是因为伦敦天然国际金融中心的优势。此外，英国是世界上最大的跨境业务中心，截至2019年第二季度末，国际银行贷款占全球总额的16%。

伦敦拥有发展成熟的股市及债市。截至2018年年底，英国的股市市值1.86万亿美元，占GDP比例为116%。2018年共有418家外国公司在伦敦证券交易所（LSE）上市，占全球外国公司总上市股票的11.5%，仅次于维也纳证券交易所（Wiener Börse, 610）、纽交所（NYSE, 510）和纳斯达克（436）。同时，伦敦也是国际债券发行和交易的主要中心。截至2018年年底，英国的债市规模为5.7万亿美元，占GDP比例为211%。其中，英国国际债券余额为3.1万亿美元（约2.3万亿英镑），相当于全球总量的12.8%，其中欧洲债券占比64%。

伦敦是欧洲最大的资产管理中心。2018年，英国基金管理资产总额约为9.1万亿英镑，规模超过英国GDP的三倍，在海外市场的股权及债券投资占比分别为70%和49%。其中，伦敦是仅次于纽约的全球第二大对冲基金管理中心，管理约3500亿英镑资产，占全球对冲基金资产规模总量的16%；英国养老金资产占GDP比例为101.7%；占全球总量的7.1%；英国保险业管理的基金规模仅次于美国、日本和法国，位居第四；英国的私募股权市场是继美国后最发达的市场。2018年，英国私募投资总额约为267亿英镑。在2015年至2018年间，英国私募股权基金已向全球近4300家公司投资约811亿英镑。

伦敦是全球大型工业风险和再保险业务的交易中心。英国有悠久的贸易和保险传统，伦敦劳合社市场的建立可以追溯到1688年。2018年，英国保险业保费为3370亿美元，占欧洲保费的22.5%，占全球保费的5.8%。大型工业风险业务是伦敦市场上的主要业务，占全球市场份额的10%~15%；航空险业务伦敦市场占有近40%的市场份额；在海上石油和天然气钻探设备保险中，伦敦市场拥有超过60%的市场份额；伦敦也是首屈一指的再保险经纪中心，十大再保险经纪公司的总部大都设在伦敦，再保险业务全球占比约7%。

伦敦是全球最大的外汇及衍生品市场。国际清算银行（BIS）公布的全球外汇市场调查报告显示，伦敦外汇交易市场和利率衍生品市场规模均为全球第一。2019年4月，英国外汇市场日均规模为3.6万亿美元（约2.7万亿英镑），是美国的2.5倍，全球占比43%，大幅领先排名第二的美国（17%）其中美元交易量超过纽约，欧元交易量超过法兰克福。

伦敦拥有全球领先的商品市场。在伦敦的衍生品交易所中，交易规模最大的是伦敦国际金融期货交易所（NYSE Liffe），共主要提供短期利率、股票、指数、互换、政府债券、商品和货币等一系列衍生产品，是欧洲最大的软商品交易所。第二是伦敦金属交易所（LME），提供铝、铜、镍、锡、锌、铅期货和期权合约，世界上主要金属巨头如力拓、美富全球集团、英国矿业公司，还有中国铝业等都是LME的会员。2017年，通过LME成交的金属量达1.57亿手，相当于名义价值127亿美元及35亿吨，未平仓合约高达220万手。LME交易通常超过世界金属产量的40倍。第三是欧洲洲际交易所（ICE），为欧洲最大、全球第二大的受监管能源期货交易所，提供全球超过50%的原油和精炼油期货的交易，以及布伦特原油（Brent Oil）基准合约的交易，该基准合约作为全球三分之二实物油品的定价指标。

伦敦还是全球黄金场外交易市场的中心，交易量占到全球名义交易量的70%。2018年，伦敦金银市场协会（LBMA）清算的黄金平均每日交易量为1970万盎司（价值约187亿英镑），每日平均清算的白银量为2.292亿盎司（价值约27亿英镑）。此外，英国是众多国际商品组织的所在地，如国际咖啡组织（International Coffee Organization）、谷物与饲料贸易协会（The Grain and Feed Trade Association，Gafta）以及国际糖业组织（International Sugar Organization，ISO）等。

伦敦是全球海事服务中心。英国一直是全球关键的航运中心，尤其是伦敦金融城，在海事保险、船舶租赁、租船经纪、船务融资、船舶评级、法律和会计咨询、争议解决服务等领域的资金和专业技术方面居于世界领先水平。此外，伦敦还提供其他全面的海事专业服务，如教育和培训、出版、会务组织、研究、技术与工程咨询等。总部设立在伦敦的波罗的海交易所（Baltic Exchange）是世界上唯一一所独立海运市场的实物和衍生合同的交易和结算信息来源。该交易所拥有包括世界上主要航运公司在内的550个成员，参与全球一半以上的新旧船和二手船的买卖。

伦敦是除伊斯兰教国家以外最大的伊斯兰金融中心。其所提供的伊斯兰金融服务包括：基金管理、伊斯兰保险与交易以及由专业机构提供的教育和培训产品。目前，伦敦共有15家银行及机构能够提供伊斯兰金融服务，其中5家银行完全遵从伊斯兰教义。2018年上半年，英国伊斯兰金融服务资产额达55亿美元（约41亿英镑）。截至2019年1月，伦交所共发行72只伊斯兰债券（sukuk），共计530亿美元。

（三）伦敦金融市场创新活跃

伦敦是全球最大的离岸人民币中心之一。第一，伦敦是全球最大的人民币外汇交易中心。2019年第三季度，日均人民币外汇交易量超过850亿英镑，同比增长23%；截至2019年11月末，伦敦市场离岸人民币交易总额全球占比43.4%，继续领先排在第二的香港市场（24.4%）。第二，伦敦是中国境外第一大人民币清算中心。2019年6月至8月，伦敦人民币清算总规模为2.81万亿元，日均清算量440亿元。自2014年6月以来，伦敦人民币清算量（累计额）突破40万亿元。第三，伦敦是除香港以外人民币支付占比最大国家。截至2019年11月末，英国地区的人民币支付在全球占比约为6.3%，名列香港之后（75.1%）。第四，伦敦人民币债券市场快速发展。2019年，伦交所新增点心债44只，总规模155亿元（同期，香港共发行点心债33只，总规模1834亿元）。截至2019年12月底，伦交所未到期点心债共计110只，存量总规模为347亿元。

伦敦积极发挥绿色金融创新引领作用。2016年，伦敦金融城政府与英国政府共同发起绿色金融倡议（Green Finance Initiative），并成立绿色金融机构（Green Finance Institute），致力于成为绿色金融发展的全球领导者。为积极推广绿色金融及伦敦金融城品牌，绿色金融机构与其他主要金融中心建立了一系列合作伙伴关系和双边计划，特别是在绿色金融需求快速增长的新兴市场，包括中国、印度、巴西和墨西哥。英国在绿色金融和可持续金融发展方面的成果主要表现在以下三个方面：一是成立全球首家绿色投资银行。绿色投资银行是英国政府设立的开发银行，对绿色基础设施项目进行金融支持，并且成功吸引私人资本参与到英国绿色经济领域。二是英国清洁能源行业蓬勃发展。2010年以来，英国清洁能源行业的投资额接近1000亿英镑。三是国际资本市场协会（ICMA）于2016年6月发布《绿色债券原则》（GBP）。GBP是ICMA制定的绿色债券发行流程和准则的规范。作为融资企业绿色资质评估的标准，GBP成为全球绿色金融市场发展的重要基础。

伦敦是全球领先的金融科技中心。目前，英国有超过1600家金融科技公司，预计在2030年，此数量将增加一倍以上。在欧洲及以色列区域内，价值10亿美元的科技独角兽中，有35%在英国成立。英国的金融科技消费者采用率为72%，远高于全球平均水平的64%。82%的英国既有企业计划在3~5年内增加金融科技产业合作伙伴关系，56%的传统金融机构将科技创新列入核心策略。伦敦拥有约76500名金融科技工作者，预计在2030年，此数量将增加至105500人。科学研究和创新是英国工业战略的核心，脱欧后，英国政府更加积极地寻求对外科技创新合作，将更加开放市场，与全球建立科技合作伙伴关系，加强科技创新。一是拥抱亚洲科技市场。2019年3月，伦敦金融城市长带队访问中国，加强中英科技创新和数字化未来合作。未来合作领域的三个重点领域是金融科技、金融监管以及科技人才培养等方面。2019年6月，伦敦科技周活动的聚焦英国和亚洲的"英国亚洲科技动力会展"论坛上，英国希望与包括中国在内的亚洲国家建立长期合作伙伴关系，在人工智能和大数据领域实现突破。二是积极发展与美国的金融创新伙伴关系。2019年5月，英美双方确定建立金融创新伙伴关系，深化双方在金融服务领域的合作，主要集中在加强金融科技监管合作，以及吸引私人部门参与带动科技创新发展。

二、伦敦国际金融中心发展动因

伦敦长期保持全球领先的国际金融中心地位。伦敦在2019年9月Z/Yen公布的全球金融中心指数排名中名列第二，仅落后于纽约。该指数自2007年3月首次发布，共发布26期，伦敦21期都占据榜首，其余5期排在纽约之后。伦敦在营商环境、人力资本、基础设施、金融业发展水平及声誉方面长期处于全球金融中心的领先水平。

（一）硬实力

伦敦自身的硬实力是国际金融中心发展的必要条件。一是时区优势。信息化时代带来的是日益全球化的金融交易网络，伦敦工作时间覆盖全球接近90%的经济活动总量，是连接欧洲市场与北美、亚太和中东地区的桥梁。二是语言优势。英语是国际贸易交流、国际金融业、信息平台的通用语言，具有不可替代的天然优势。根据英国文化委员会的数据，全球目前约有17.5亿人能够使用英语进行口语交流，到2020年有望达到20亿人，全球平均每4人中即有1人使用英语。三是英美关系优势。英美特殊关系在很大程度上是英国处理与美国之间的关系并从美国身上获益的一种外交战略：为应对美国的崛起以及第二次世界大战后英国的衰落，英国采取了实用主义方法应对国际形势变化，与美国长期保持友好的合作关系，特别是在军事战略、贸易、商业、金融等方面。同时，两国在科学技术、学术、艺术等领域均有密切合作。

基础设施的完整性也决定了伦敦在金融方面的绝对领先地位。一是城市基础设施。伦敦拥有一流的国际交通系统。其世界领先的国际港口及航运市场，可停泊10万吨至20万吨级的大油轮，全球主要的造船、航运及租船公司在伦敦均设有代表机构。伦敦的5个国际机场拥有通往全球530个目的地的直航航班，其中希思罗机场是欧洲客运量最大的机场。此外，伦敦拥有近1000万平方米的甲级写字楼存量，2019年平均空置率预测约5%。二是金融市场基础设施。清算系统是经济金融活动的基础性支撑，完善的支付清算体系对国际金融中心的形成、维护和发展具有非常重要的意义。英国国家级支付清算系统包括清算所自动支付系统（CHAPS）、银行自动清算服务系统（BACS）、支票和贷记清算系统（C&CC）、快速支付系统（FPS）及LINK等系统。其中，清算所自动支付系统CHAPS是全球最大的大额实时结算系统之一，仅次于美国的FEDWIRE。伦敦还是全球最为重要的多币种清算系统CLS（持续连接清算系统）的业务处理所在地，CLS系统的建立使得全球任何一个地方的银行可以不再依赖于单个跨国银行的外汇清算渠道，通过其直接进入国际外汇清算网络。此外，伦敦还拥有国际上著名的服务于金融市场交易的独立运作清算所——伦敦清算所（LCH.Clearnet），提供包括权益类、固定收益类、外汇交易类、能源类、商品类、衍生品类等产品的中央对手清算服务，服务对象既包括卢森堡股票交易所、伦敦股票交易所、伦敦国际金融期货交易所、新加坡交易所等数十家交易所，也包括全球的场外交易市场。

（二）软实力

1. 成熟的仲裁和司法体系

伦敦国际金融中心的发展得益于英国成熟且独立的仲裁和司法体系。英国法系起源早、体系完善，是整个欧美法系的发源地，构成了许多国家法律制度的基础，是国际普遍认可的法律体系。英国法律体系以判例法为主要组成部分，立法方式灵活有针对性，对照性强，判决遵循先例。此外，英国司法机关的品质和独立性、法律服务体系的品质和先进性得到全球客户和同业认同。由于英国法律体系的全球认可度高，伦敦仲裁也随之受益。目前，伦敦已成为国际仲裁中心及仲裁地的首选。在伦敦进行仲裁的一项重要优势体现在其拥有来自各行各业的经验丰富的专家仲裁员，包括金融、工程、航运及知识产权领域的专家。很多仲裁员是具有高端技能的法律专业人才，也有在行业方面的技术专家，同时还可以指定商事法庭的法官作为仲裁员。同时，英国司法机关对于仲裁的轻干预态度也增强了英国仲裁的受欢迎程度。

2. 人才资源优势

专业人才为伦敦国际金融中心的发展续航。国际金融中心之所以称为中心，人才聚集是最重要的因素之一。英国从事金融服务及相关工作的人才有230万人，伦敦金融城工作的各类金融及相关专业人才达到40万人，是法兰克福城市人口的五倍，是卢森堡国家人口的六倍。其中，金融科技公司雇用员工76500人，42%的雇员来自英国以外的地区。伦敦能够成为全球领先的人才中心，与其拥有全球领先的教育资源、完善的社会保障系统和法律制度、蓬勃发展的各个产业及强大的文化吸引力密不可分。据统计，75%的500强企业在伦敦金融城均设有办事处；伦敦劳动力市场上有近65%的人受过高等教育，远高于全球平均水平34%。富有竞争力的劳动力市场，将吸引更多的企业在此投资，最终形成人才促发展，发展引人才的良性循环。

3. 伦敦金融城政府作为支持和推广机构

伦敦金融城政府作为支持和推广金融城及城内企业的机构，大力推动了伦敦国际金融中心的发展。伦敦金融城政府有着数世纪提供金融服务和行政事务服务的成功经验。作为世界上最古老的市政地方自治主体之一，伦敦金融城政府的历史比英国的议会制度还要悠久。伦敦金融城拥有自己独立的政府、司法体系及财税体系，拥有政商联合属性及高度自治权。伦敦金融城政府包括伦敦金融城市长、两名市政司法长官、市政参事等官员以及议会（Common Court）等。伦敦金融城政府的市府参事议政厅（Court of Aldermen）和政务议事厅（Court of Common Council）的角色类似英国国会的上议院（House of Lords）和下议院（House of Commons）。伦敦金融城政府的运作没有政党介入，所有的政务议事厅议员都是作为个人被选举的。其主要职责是建设并维护适合金融业的最佳环境、协助城内的金融机构以及相关产业与英国的中央政府、议会、金融监管机构、欧盟委员会的沟通，向海外市场推广金融城和英国的各类金融服务等。

金融机构参与管理是伦敦金融城很大的一个特点。伦敦金融城政府由其内部金融机构、从业人员和居民选举组成，政府根据公司的规模，确定相应的选票比例，保证各公司都能参与金融城的管理。因此，政府既是金融城的管理者，又能像商业机构一样进行投资，这种双重属性使其从政策制定到业务规划及运作具有很强的连贯性。由于拥有高度自治权，很多政策不需得到伦敦政府或英国政府批准，金融城可以自主地选择发展思路，灵活执行决策权，打造具有全球竞争力的营商环境。同时，由于金融城自己的基金足以维持其政府运转，发展具有很高的独立性，政府不必为招商引资所困扰。这意味着只有能与金融城实现双赢的企业才可以进驻，从而进一步增强伦敦金融城在全球金融市场和资源配置中的影响力和竞争力。

伦敦金融中心的发展也得益于伦敦金融城市长持续积极的对外推

广。伦敦金融城市长（The Lord Mayor）是伦敦金融城的领导者，并主持各管理机构的工作，包括参事议政厅和政务议事厅。此外，金融城市长还有更宽泛的职责，那就是在英国国内及海外宣传伦敦金融城作为国际金融中心的重要地位。在伦敦金融城以外，金融城市长级别相当于内阁大臣，可代表君主和政府接待前来访问的国家元首及外国政要，或出访海外。其任期通常为一年，每年10月1日选举，11月换届。2019年10月，前美林银行家威廉·拉塞尔（William Russell）获任第692任金融城市长。作为伦敦金融城的国际宣传大使，金融城市长任期内约有100天在海外出访，以推广伦敦的金融市场和服务，促进英国与各国的经贸关系。

4. 优良的营商环境及监管环境

优良的营商环境及监管环境吸引大量企业前往英国拓展业务，催生对金融服务的庞大需求。世界银行发布的《2019年营商环境报告》显示，英国在190个国家和地区中营商便利度排名第9位。监管方面，英国金融监管标准对接国际监管标准。英国金融监管标准与巴塞尔协议等目前现行的国际金融监管一致，得到全球多数国家认可，甚至是学习的榜样。英国是世界上第一个实行统一金融监管的国家，监管体制改革经历了由企业自律，至分业监管，再至统一监管，最后采用宏观审慎政策框架的过程。1997年之前实行分业监管，有9家金融监管机构分别对银行业、保险业、证券投资业、房屋协会等机构实行监管。1997年设立金融服务监管局（FSA），对所有在其境内注册的金融服务机构进行监管，拥有制定规则、调查和执行权，以提高效率、规范金融市场秩序和保持公平竞争。

2009年伦敦金融峰会前夕，英国重申和强调由财政部、英格兰银行和金融服务局构成金融监管体系。其中，英国财政部负责金融监管框架设计和相关立法；英格兰银行负责实施货币政策和关注金融市场整体稳定；金融服务监管局负责对金融市场的统一监管，对银行业、证券业、保险业进行审慎监管。由于次贷危机冲击，英国经济金融受损严重，危机中监管体制弊端暴露：（1）金融市场发展迅猛，金融监管改革滞后，无法适应金融创新，造成监管缺失；（2）三方监管机构之间协调不畅，导致监管效率较低；（3）宏观审慎监管被忽视，缺乏逆周期调控；（4）同时，监管体系中没有应对系统性风险的机制，机构职责不明，应对系统性风险的能力弱。

2013年4月，英国对监管漏洞进行了弥补，将宏观审慎和微观审慎相结合，实行新的"双峰监管"模式：以英格兰银行为核心，统一负责全面的金融稳定，英格兰银行下设审慎监管局（PRA），负责对存款、保险和大型投资机构等微观审慎监管（关注金融机构个体的风险，经营是否稳健），同时设立金融行为监管局（FCA），负责对金融机构的行为监管（通过金融机构行为和产品准则对金融机构进行规范监督），保护金融消费者利益，和对非存款类中小金融机构的审慎监管。2016年英国再度加强了央行的审慎监管职责。英国将审慎监管局并入英格兰银行内部，并设审慎监管委员会（PRC）履行其职能。金融政策委员会是这一框架中最重要的角色，对审慎监管局和金融行为监管局均有指导、建议的权力，同时三个监管机构通过建立协调机制，加强沟通合作。

除监管标准外，相对宽松的监管环境也是吸引资本的竞争优势之一。对比美国、欧盟基于规则的监管方式，英国采用基于原则的监管方式，监管机构拥有更大自由裁量权，给予企业更大的执行自由度。如在高管问责机制（SMCR）中就监管审批程序框架等核心方面均进行了规定，但仍允许企业在详细控制框架等具体执行上保有自由度。同时，由于英国法律实践基于普通法，遵循判例，英国监管方法更倾向于在积累案件经验的基础上演变，以应对不断变化的外部条件及公共利益，在监管判别上更具弹性。

此外，英国不断创新金融监管方式，提升市场竞争力。英国金融监管从20世纪70年代开创混业监管方式创新到目前对金融科技的全球首创的"监管沙盒"监管方式，一直以创新迎接新的金融形态。监管沙盒（Regulatory Sandbox）旨在提供受监督的安全测试区，从事金融创新的机构在确保消费者权益的前提下，按金融行为监管局（FCA）特定简化的审批程序，提交申请并在取得有限授权后，可以在适用范围内测试新的金融科技产品。FCA会对测试过程进行监控，并在产品评估合格之后正式给予授权，在更大的范围进行推广，从而做到在防范金融风险的同时保护金融创新。

（三）英国脱欧对伦敦国际金融中心地位影响有限

2020年1月31日，英国正式退出欧盟，将在脱欧过渡期内与欧盟展开双边关系谈判，包括贸易关系、安保合作等。英国脱欧分为两个阶段：退出欧盟和建立新的双边关系。1月31日脱欧第一阶段结束后，英国在法律形式上退出欧盟；第二阶段，英欧将在"脱欧过渡期"内就未来双边关系谈判，具体体现为贸易协议。根据英欧最高领导人表态，双方均希望达成尽可能紧密的经贸合作伙伴关系。

1. 英国脱欧对金融服务业存在潜在影响。欧盟计划在过渡期后给予英国金融服务"等同原则"替代现有的欧盟"金融通行证"（Passporting），并提出将在2020年7月之前完成对英国跨境金融服务"等同原则"适用性审查，涉及40多项监管安排决定。欧盟"金融通行证"机制允许在欧洲经济区成员国注册的金融机构在欧盟其他国家进行经营并享有以下权利，同时不需要得到监管当局的特批：（1）设立分支机构（称为"机构通行证"）；（2）通过邮政、电话或互联网等方式提供跨境服务或咨询（称为"服务通行证"）。在等同原则监管安排下，跨境金融服务业的连续性难以得到保障，对跨境金融服务影响不利。英国监管部门对金融服务业的监管主要基于"原则监管"的弹性监管规则，与欧盟的"规则监管"本质上存在差异。脱欧之后，如果英国自行定义的监管规则在监管效果上与欧盟产生差异，欧盟可在给予30天的短暂通知后撤销英国的"等同原则",金融机构面临的监管负担和不确定性都将上升。

2. 金融通行证机制丧失对英欧金融机构将造成不利影响,但对欧盟金融机构的负面影响更大。根据英国金融行为监管局(FCA)统计,目前大约有5000家英国金融企业通过"金融通行证"进入欧洲市场,超过8000家欧洲其他国家的金融机构通过"金融通行证"进入英国市场。英国在欧盟银行业的资产负债表规模远小于欧盟银行在英国的规模。欧洲大部分资管、私募以及对冲基金都在伦敦。欧盟金融机构实施脱欧应急准备,保障继续服务英国客户。截至2019年10月底(英国临时准入许可申请的截止期),1441家欧盟金融机构向英国FCA申请临时准入许可(TPR),降低在硬脱欧情况下丧失进入英国市场造成的负面影响。其中,超过1000家欧盟金融机构准备在脱欧后设立英国实体机构,继续服务英国客户。据EY和英国金融城统计,自脱欧公投以来约300家英国金融机构实施脱欧应急方案,在欧盟设立实体运营机构,主要为前台销售人员以及相关风险管理业务,满足欧盟监管最低要求。

3. 英欧监管机构正积极合作协调,确保金融系统稳定性及英欧跨境金融服务连续性。英国与欧盟金融市场、保险和银行业监管机构已签署谅解备忘录(MOU),主要包括双方分享保密信息、允许英国或欧盟的金融机构向对方国家的金融机构外包部分业务以及未来双方市场准入和对等安排。英国方面:(1)延长在英欧盟金融机构过渡期,通过临时过渡权相关法律,确保欧盟的金融相关法案在脱欧之后的短期内在英国仍然有效。(2)开放相关金融服务的牌照申请。例如,英国金融行为监管局(FCA)已为三大国际信用评级机构以及金融数据服务供应商开放脱欧之后的牌照申请。(3)脱欧后通过降低监管负担,提升英国竞争力。欧盟方面:(1)脱欧过渡期内"金融通行证"将继续有效。欧央行声明如果英国与欧盟达成脱欧协议,在过渡期内英国将继续留在英国单一市场内,因此英国的金融机构可以继续使用"金融通行证"进入欧洲市场。(2)继续认可背对背簿记模式。目前欧盟客户资产背对背簿记在伦敦市场是银行业较为普遍和常见的模式。脱欧之后在满足一定监管要求的条件下，欧洲的监管机构仍可能允许银行金融机构继续使用这一模式。(3)确保衍生品清算业务的延续性，欧洲市场及证券管理局（ESMA）同意在任何时候无协议脱欧情况下顺延英国欧元清算服务期限一年。

4.外资银行以最低成本为原则应对脱欧，保持伦敦区域中心不变。第一，外资银行应对脱欧的基本思路是逐步满足最低监管要求，主要考虑因素和原则为成本最低和效率最高原则。英国《金融时报》对多位银行高管的采访显示，为保留灵活性，在英大型国际银行暂不针对脱欧采取更多行动，通过尽可能少的转移人数和业务，使其在应对政治不确定性的同时将成本降至最低。具体有如下两点：(1)迁移至欧盟的人员和业务保持在最低水平，业务和人员转移以面对客户和监管合规为主，例如，投行业务、销售和交易以及合规人员。(2)尽可能保持现行业务管理模式不变，原则上在提升经营效率的同时降低成本。保持现有的以法人实体与管理路径地理分离的模式管理欧非地区业务。管理路径以效率和人才为先，视伦敦为重要的管理中心，选取欧盟内法人机构作为辐射欧盟内业务，替代人员迁移。目前，在英大型外资银行已从伦敦实际转移，人数不足伦敦总雇员数的0.4%，远少于计划的7%。第二，未来主要外资银行继续将伦敦作为欧非地区（EMEA）业务和管理中心。目前，超过三分之二的全球系统重要性银行将集团或者欧洲总部设在伦敦。30家G-SIBs中，有19家银行将伦敦设为集团或者欧洲业务中心，占比高达63.3%。按业务条线分布情况，30家G-SIBs中有28家将外汇交易中心设在伦敦，占比为93%；有27家将衍生品交易中心设在伦敦，占比为90%；有25家银行将贸易融资业务中心设在伦敦，占比为84%；有21家银行将银团贷款和证券投资业务中心安排在伦敦，占比为70%。

5. 除应对脱欧遵循成本最低原则外，伦敦是全球市场、主要客户以及人才资源集中之地，其优势很难被欧洲其他城市所取代。（1）伦敦是欧洲大型银行国际化的起点，几乎所有的欧洲大型银行均在伦敦设置了全球业务中心，外资银行在英国银行业的占比超过50%；（2）伦敦是EMEA优质项目的首选融资地，不仅是最大的商业地产交易及融资市场，也是最大的杠杆收购融资市场；（3）英国是欧洲资管中心，资产管理总规模超过9万亿英镑，占欧洲资管总规模的1/3以上，远超排在欧洲第二的法国；（4）伦敦具备包容性、开放性、稳定性、透明性，以及在文化、法律、语言、时区、商业环境、金融业发达程度、人力资源、基础设施和声誉等方面的综合表现全球领先。现实来看，法兰克福、巴黎、都柏林、卢森堡等欧洲其他金融中心都有其软肋，或体量太小，或存在法律环境、劳工制度、语言等方面的问题，在欧洲地区很难替代伦敦作为区域乃至全球金融中心的作用。2019年10月美国花旗集团欧洲、中东和非洲地区（EMEA）首席执行官David Livingstone即表示，无论脱欧最终结果如何，花旗都会继续将伦敦作为集团EMEA地区总部。

三、对上海全球金融中心建设的启示

第一，顺势而为。以伦敦国际金融中心为例，第二次世界大战后美国对欧洲援助计划、美国对欧洲贸易逆差致使大量美元滞留欧洲，冷战时期东欧国家将美元存放在欧洲银行，伦敦顺势发展了为非居民经营美元的银行业务，形成了完整意义的离岸市场——欧洲美元市场，随后币种扩大到英镑、马克等。目前，我国经济发展进入新常态，金融开放不断扩大，金融改革不断深化。经济、贸易、航运和科创中心建设加快推进，"一带一路"倡议等都为上海国际金融中心建设提供了重要机遇。上海应抓住历史性机遇，顺势而为，努力成为更加开放、更具辐射力和影响力的国际金融中心。

第二,优化法律保障机制。政府权力集中和过度干预金融市场一方面制约了金融市场改革的深化,另一方面中央政府通过控制国有金融机构直接参与金融资源的配置和争夺,易造成金融资源的垄断和配置失衡。为保障金融市场主体的金融权利,国际金融中心的建设要求我国强化对行政权力的监督和制约,积极营造公平透明便利、更具吸引力的法制化投资环境。此外,为更好地吸引外资,应进一步优化法律保障机制保护国际资本私有产权,同时加强与国际通行规则对接,打造国际化的投资环境。

第三,管理体制创新。在管理体制上进行大胆创新,政府可给予金融中心更大的自主权,在战略机遇出现时,通过各种方式灵活执行创新决策权。此外,金融机构可与政府部门一起组成具有讨论、决策、执行功能的一级机构,在此之下再设立分门别类的专门委员会,对相关业务统一规划,进行商业化运作管理,提高金融资源的配置效率,致力于对内协调服务、对外宣传推介金融中心品牌。同时,政府机构可定期听取金融机构对重要经济、金融问题的反馈,政商联合共同进行研究和政策制定,为国际金融中心的发展创建更为有利的决策体制。

第四,参与国际规则制定。中国应充分发挥"一带一路"的平台作用,与各国一道建立一个更加公平、开放、透明的"一带一路"国际金融新治理体系,增强新兴市场国家金融在国际金融体系治理中的话语权、影响力,推进金融科技、绿色金融等金融新产品的规则制定,以此加强金融体系的国际协作、加强全球金融安全网,满足新时代的全球金融发展和全球金融治理的新要求。

第五,扩大开放。伦敦、纽约均为自由、开放竞争理念的积极践行者,是金融创新最为重要的策源地,其基本宗旨是相信市场机制、维护公平竞争。借助最近对金融机构外资持股比例限制取消进一步开放的契机,上海应全面引进国际一流金融机构,包括银行、投行、券商、基金、资管和保险公司等,推动在岸金融市场的快速发展,提高上海金融中心的国际化水平。全方位开放有利于推动中国经济转型和创新驱动发展的各类金融产品、市场和服务的场外市场,提高资源配置的效率,加强具有前瞻性的有效监管,有效地激励为实体经济服务的金融创新。

专题 3：
新加坡国际金融中心发展的启示和借鉴

新加坡与上海都是亚洲主要的航运中心和金融中心，本文通过对新加坡国际金融中心发展历程和现状、金融业转型蓝图落地情况以及近期金融中心政策和动态的分析，为下一步上海国际金融中心建设提供参考和经验。

一、新加坡国际金融中心发展历程

新加坡是全球第二大资产管理中心，管理规模3万亿美元，超过纽约和伦敦，紧随瑞士；是亚洲第一、全球第三大外汇交易中心，日均交易额6330亿美元，仅次于伦敦和纽约；是全球第二大离岸人民币中心，仅次于香港；是全球领先的大宗商品和衍生品交易中心，2020年人民币期货交易量超过香港（见专表3-1）。

专表3-1 金融中心竞争力（细分领域）排名对比

细分领域	上海	新加坡	香港
商业环境	7	4	3
人力资本	5	4	2
基础设施	5	4	2
金融行业发展情况	7	4	3
国际声誉	5	4	2

资料来源：Z/Yen Group Global Financial Centres Index.

金融业是新加坡的支柱产业之一，2020年GDP占比为16%。新加坡金融中心发展呈现高度的政府主导特征。新加坡国土面积狭小、资源有限（国土面积仅为721平方公里，不到上海市面积的12%），国际化是其发展的必然选择（见专图3-1）。

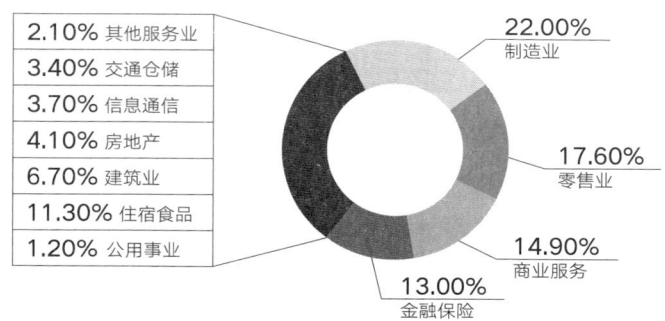

专图3-1　新加坡2018年GDP占比（由高到低）

（资料来源：新加坡统计局）

1965年建国后，新加坡便着手制定了将金融服务业作为和制造业并列的经济支柱的发展策略，作为一个小而开放的经济体，确立了"区域经济增长催化剂"的定位。适逢大量资金流入快速工业化的亚洲地区，凭借其优越的地理位置，良好的交通、海港、通信等基础设施，新加坡开始为区域内其他经济体提供金融服务。

20世纪70年代初的"中东油钱"催生了亚洲离岸金融业务，新加坡抓住机遇，参照欧洲美元模式，开设亚元市场，为非居民提供外汇交易与资金借贷等业务，同时特设会计账户——"亚洲货币单位"，为银行在新加坡境外的非新元存款与投资和贷款记账，同时通过提供税务优惠、豁免存款准备金等措施，多管齐下促进离岸业务的发展。

从20世纪70年代至20世纪90年代，新加坡通过多项措施，大力促进金融业发展。具体包括开放不同银行执照，鼓励外资银行经营离岸业务，在促进离岸金融中心发展的同时维护国家金融安全；取消外汇管制，允许新元自由浮动，促进外汇市场发展；成立新加坡股票交易所、新加坡国际金融交易所，并以市场化利率发行国债，为企业债定价提供基准利率，促进资本市场发展；成立新加坡政府投资公司，为国家财富进行专业化与商业化管理，催化资产与财富管理业务的发展。

亚洲金融危机后，新加坡进行了金融监管体制改革，从严格管制转变为较有利于发展的"风险导向监管"。作为配套措施，金管局在1999年启动了"整合与开放银行业的五年计划"，鼓励本地银行合并为三大银行集团；推动银行业改进服务和提升产品创新及风险管理水平；新设特准全面银行牌照，引导外资银行为市场带来健康竞争。

进入21世纪，特别是2008年国际金融危机之后，新加坡着力打造财富管理、外汇交易、保险、资本市场的能力，同时加强金融基础设施建设，包括促进数据管理、通信系统、人才、法律、会计、信用评级等配套产业的发展。发展措施包括进一步开放国内银行业务，建立更具竞争力的金融市场和本土银行；重点发展财富管理业务，如将国家储备交由专业机构管理，鼓励境外财富管理公司在新加坡落户；允许公积金投资部分金融产品；合并新加坡股票交易所和新加坡国际金融交易所为新交所；培育债券市场，如深化国债发行，允许新元国际化和外资机构发行新元债等。此外，新加坡以本国为圆心，以7小时的飞行距离为半径，制定了"7小时经济圈"和"总部经济"的战略，同时积极打造若干个全球或区域中心，实现良性互动，包括海运中心、航空中心、大宗商品中心、生物医药中心、会议会展中心、教育中心等。

二、金融业转型发展蓝图及落地情况

2017年2月，新加坡金管局（简称金管局）推出金融业转型发展蓝图，目标是打造与全球金融市场连通、支持亚洲经济发展、为新加坡经济服务的亚洲领先的国际金融中心。为巩固新加坡作为亚洲金融中心枢纽的地位，金融服务业转型蓝图确定了2017—2020年，平均每年行业取得4.3%的增长，同期创造4000个工作岗位的目标（金融服务业

3000个、金融科技领域1000个），并针对财富管理、资产管理、基础设施融资、资本市场、外汇交易、保险服务六大领域制定详细的发展目标和规划，陆续推出一系列激励措施。

转型蓝图中，金管局提出三大策略，分别是商业策略、科技与创新策略及人才策略。

（一）商业策略

1. 泛亚资产管理和企业融资中心

长期以来，由于新加坡法律和监管框架的要求，大量在新加坡管理的基金倾向于选择将基金注册地放在更加灵活的离岸中心。为继续推动新加坡风险与私募股权生态系统发展，2019年10月，新加坡金管局推出可变动资本公司（VCC）框架，旨在为资产管理行业带来更大灵活度和成本效益。VCC框架便利程度不亚于开曼群岛和卢森堡等世界重要投资基金中心的企业基金结构，预计将显著提升新加坡作为基金注册和管理中心的吸引力。

为投资基金量身定做的VCC，体现了新加坡政府期望改变现状、努力将新加坡打造成一个重要的在岸投资基金中心的决心。在新框架下，公司无须寻求股东批准就能发行和赎回股份，让投资者可退出投资，公司也可用资本来支付股息。VCC可采用独立结构或拥有多个子基金的"伞形结构"，子基金可共享一个董事会和托管、审计等服务，帮助基金经理节省开支。开放式和封闭式以及传统和另类投资策略基金都可以使用这个框架。金管局预计，新框架推出首两年将为本地服务业者创造上千个新工作岗位。

金管局也认为，健康的PE和VC生态圈对于推动新加坡科技与数码转型至关重要。2017年10月，金管局针对PE和VC机构推出简化的监管框架。根据该框架，基金经理注册要求进一步放宽，资本金也相应降低。根据2020年9月金管局发布数据，2019年新加坡的另类投资增长12%，总额7210亿新元，主要由PE和VC公司驱动，其管理的资产规模达到2540亿新元，年增长16%。

2. 亚洲和全球顶尖的财富管理中心

随着本地和区域财富的快速增长，越来越多的企业家选择设立家族理财室和信托计划来进行财富传承。新加坡金管局看到这一趋势，一方面在人才培养方面加强针对性，另一方面研究监管措施，在确保合规的前提下促进业务发展，规定单一家族理财室不受证券和期货法（SAF）的管辖。

金管局数据显示，2016年至2018年，在新加坡设立家族办公室的数量增加了四倍。高净值人士之所以倾向于将家族理财办公室设在新加坡，主要是考虑到新加坡与多个国家签订了避免双重税收协定、自贸协定和严格的隐私保护制度。此外，新加坡也拥有完善的信托法律制度和先进的信托服务。

3. 全球外汇价格发现和流动中心

新加坡打造全球外汇价格发现和流动中心的目标，主要通过两方面措施实现，一是推动电子外汇交易生态系统发展；二是提供全面的外汇及衍生产品。

长期以来，新加坡的外汇交易必须通过各机构设在境外（主要为纽约和伦敦）的交易引擎进行，带来毫秒级的延迟。随着亚洲货币交易和电子交易的增长，新加坡金管局大力推动与金融机构合作，扩建外汇市场基础设施，以此改善亚洲交易时段的流动性和价格发现，将新加坡发展成为主流货币以及人民币等新兴市场货币的交易中心。

在转型蓝图的规划下，新加坡通过激励计划鼓励主要的外汇交易商在新加坡建立系统，形成区域电子交易生态圈，让区域投资者在最短的时间内进行交易，提高交易效率和流动性。除外汇外，该系统也将支持贵金属交易，并为企业客户提供智能定价引擎、市场数据收集和建模等。目前，瑞银、花旗、摩根大通、渣打以及多家非银行类做市商和交易商已启动在新加坡建立定价和交易引擎。

4. 亚洲和全球领先的绿色和可持续金融中心

新加坡的目标是成为亚洲和全球领先的绿色和可持续金融中心。金管局于2019年正式推出绿色金融行动计划，将各项支持绿色和可持续金融的政策规划整合为一体，具体分为六个方面：一是出台银行、资产管理、保险行业环境风险管理指南；二是开发推广绿色和可持续贷款的补贴项目，为全球首创（此前金管局已于2017年推出绿色债券津贴计划，2019年补贴范围扩大至社会及可持续类债券）；三是投入20亿美元开展绿色投资计划，与国际清算银行和资产管理企业合作开拓绿色市场并进行环境风险管理；四是通过扩大补贴计划的范围提升外部评估与评级公司的参与，完善相关生态系统；五是与科研机构和高校合作，打造重点关注亚洲的环境研究和培训项目，设立新加坡绿色金融中心；六是推动金融科技赋能，鼓励金融科技企业以绿色环保为主题加快研发。

国际交流合作方面，新加坡与IFC签订战略合作协议，从培育市场基础、提升金融机构专业人员对绿色金融的认知和理解，以及推动国际绿色债券标准和框架两方面加快亚洲绿色债券市场发展；通过银行业公会向银行发布负责任融资的指导意见；积极参与联合国可持续保险论坛；强化与世界级的研究机构和大学在绿色金融领域的合作，打造世界一流的绿色金融研究和培训中心，目前多边机构亚洲可持续金融倡议（ASFI）已落地新加坡；设立新加坡可持续金融行为规范；与多国监管和央行建立绿色金融合作，例如近期与英国央行在绿色金融合作框架下推动绿色和可持续金融的规则制定和应用，包括标准化和提高环境和气候风险的披露原则等。

数据显示，2019年全年新加坡的绿色、社会和可持续债券的发行量达到48亿新元，同比增长超过四倍。同时，新加坡的绿色和可持续贷款市场也不断发展，2019年新加坡共发放55亿新元的绿色和可持续贷款，其中可持续贷款占亚太区比率超过35%。

5. 亚洲基础设施融资中心

统计显示，约有60%的东盟基础设施项目受益于新加坡银行的项目融资或咨询服务。近年来，中国对"一带一路"沿线国家的投资额中，近三分之一经由新加坡投向沿线国家。

为把握亚洲基础设施发展机遇，建设亚洲基础设施融资中心，新加坡一方面加强银行可担保的基础设施项目供应；另一方面吸引私人资本，创建市场机制和基础设施投资基准。新加坡于2018年10月成立亚洲基础设施办公室，定位于协调各方关系，促进亚洲基础设施项目的落地。该办公室正推进统一部分条款的融资合约范本，以缩短合约商讨时间，推进基础建设项目发展。此外，金管局也拟推出基础设施债务二级市场工具，提升市场流动性。例如金管局正在与金融机构合作，研究将银行从棕地投资项目融资中获得的贷款打包，并证券化为机构可投资的担保贷款凭证。

新加坡也与世界银行、丝路基金和亚洲开发银行等多边机构保持着紧密的联系。例如新加坡盛裕集团与丝路基金设立了"中国—新加坡共同投资平台"，初始基金5亿美元，专门用于东南亚地区"一带一路"基础设施项目的小股权投资、夹层融资等。

6. 亚洲保险和风险融资中心

为进一步巩固新加坡专业保险中心地位，转型发展蓝图，一方面规划通过使用集中式区块链平台进行风险配置，实现市场转型；另一方面通过开创新保险品种，推动前瞻性保险解决方案来应对网络风险和自然灾害等"新兴风险"。发展各类替代风险转移机制是其中的重点，如保险相关证券（insurance-linked securities，ILS）和政府风险池等，在带给全球投资者更多元投资机会和资产组合分散化渠道的同时，逐步打造亚洲多元化ILS市场。

为促进ILS市场的发展，金管局全额资助巨灾债券发行前期费用，最高可达200万新元，并优化监管和税收框架，一是允许ILS产品通过特殊目的再保险工具（"SPRV"）在新加坡发行，便于管理人在本地通过证券化转移风险；二是推出特准特殊目的实体（"ASPV"）税收减免计划。2019年11月，世界银行总额2.25亿美元的巨灾债券在新交所挂牌交易，这也是巨灾债券首次在亚洲挂牌。

新加坡还启动了自然灾害数据分析交易所（NatCatDAX），设立了"全球亚洲保险合作伙伴"卓越中心，推出全球首个商业网络风险基金，改善网络风险保险覆盖率低的现状，推动网络风险保险市场的发展。

新加坡设立了"一带一路"保险联盟，目前超过10家保险公司已联手成立了政治风险保险基金。同时，新加坡也正与东盟各国和本地金融机构紧密合作，试图减轻气候风险对区域经济及社会发展带来的破坏性影响，具体包括两项举措：东盟灾难风险融资和保险计划（ASEAN Disaster Risk Financing and Insurance Programme，ADRFI），东南亚灾难风险保险基金（Southeast Asia Disaster Risk Insurance Facility，SEADRIF）。

（二）金融科技和创新策略

早在2015年，新加坡金管局便提出了打造智慧金融中心的目标，将数字和移动支付、身份验证和生物识别、区块链、云计算、大数据、人工智能、应用程序接口、先进传感和网络安全作为重点发展领域。2017年在金融业转型发展蓝图中，正式提出从人才、身份验证、付款、数据管理、应用研究及创新平台这六个方面推动新加坡金融科技中心建设。

1. 创造良好的监管框架

为鼓励金融科技发展，金管局积极调整监管框架。一是简化支付等领域创新的监管流程。二是完善监管组织架构，通过设立金融科技和创新团队、成立金融科技署等，专项管理金融科技相关业务，努力建立面向东南亚和亚太地区、连接全球的金融科技生态圈。三是引入监管沙盒和快速监管沙盒。

2. 建立完善的金融科技生态

金管局在六方面加大投入：一是推出"金融领域科技和创新计划"（FSTI），鼓励金融机构在新加坡设立创新实验室和开展广泛的金融科技创新活动（截至2020年末，全球多个大型金融机构已在新建立近40个金融创新实验室）。二是积极打造创意孵化、知识共享和交流的平台，持续扩大新加坡金融科技节影响力。三是加强与其他金融科技中心的合作，截至2021年4月末，新加坡金管局已与28个国家和地区众多的金融监管机构签署了34项金融科技合作协议。四是设立金融科技国际咨询专家委员会，并联合多国监管机构成立国际金融创新网络GFIN、与世界银行合作建立东盟国际金融创新网络AFIN，通过GFIN和AFIN为创新型公司与监管机构合作提供便捷途径，包括允许创新型公司在多个司法管辖区内试点测试创新金融产品或业务模型。五是与业界保持密切合作，倡导开放式API。六是大力支持区块链、人工智能等底层技术发展。

3. 打造领先的金融科技投融资中心

为进一步吸引更多初创企业和投资，政府出台税务减免和费用补贴措施，包括人才培养、融资补贴、创新研发、企业上市等多方面；推出可变动资本公司（VCC）框架，为私募基金带来更大灵活度和成本效益等。新加坡已成为东盟金融科技中心，根据新加坡科技协会数据，截至2020年11月底，东盟六国（新加坡、印度尼西亚、马来西亚、菲律宾、泰国、越南）共有2744家金融科技企业，其中新加坡有1200家位居第一。

（三）人才策略

作为商业和创新策略的补充，新加坡同时也要提高金融行业从业人员的国际化专业技能以打造新加坡强大的核心竞争力。具体包括四个方面：一是为金融专才提供更多深化业务技能的机会；二是培养金融业未来领袖；三是在个人职业生涯不同阶段有针对性地提升科技相关技能；四是协助金融专业人士再就业和岗位培训。

（四）行业发展津贴计划

一是设立金融板块税务激励计划，具体包括针对大型国际银行、基金和资本市场中介等持证机构的金融板块激励计划（FSI）和针对保险和再保险机构的保险业发展计划（IBD）。二是金融行业科技与创新计划（FSTI），针对金融机构在新加坡设立创新中心或实验室、开展集团内的创新项目、开发行业层面的科技基础设施和公用项目、概念验证、人工智能和数据分析、网络安全等给予六项具体津贴。三是为金融科技企业提供不同发展阶段的支持，从融资、业务发展、人才到海外拓展、上市的全方位的补贴计划。四是设立金融业专项发展基金，包括亚洲债券津贴计划、可持续债券津贴计划、ILS债券津贴计划、新元债信用评级支持计划、资本市场津贴计划、外汇电子交易生态建设计划、投资者教育津贴等。

三、新加坡国际金融中心发展现状及主要经验

（一）新加坡金融市场现状

1. 银行业概况

新加坡金管局对外资银行按照全面银行（Full Banks）、批发银行（Wholesale Banks）、离岸银行（Offshore Banks）、商人银行（Merchant Banks）进行分牌照管理，其中全面银行又分为特准全面银行（Qualifying Full Banks）和一般全面银行（Full Banks）两种。截至2021年4月末，新加坡共有商业银行131家，其中本地银行4家、外资银行127家（其中30家持全面银行执照，10家特准全面银行执照），79家持批发银行执照

（见专图3-2）。

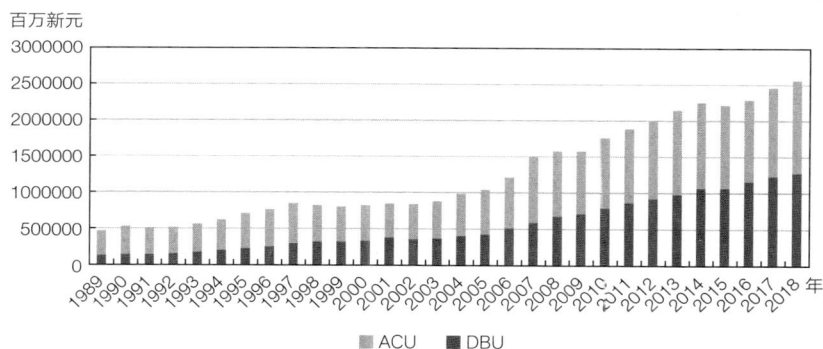

专图3-2　新加坡银行业总资产

（资料来源：新加坡金管局）

新加坡区分离岸在岸账户，在20世纪70年代打造亚元市场时，便设立了国内银行单位（DBU）和亚元单位（ACU）。在ACU/DBU体系下，离岸银行大多在亚元市场和外汇市场中运营，主要从事非居民的批发银行业务。虽然离岸银行在外汇存款业务领域享有与完全牌照银行同等的权利，但在新元零售市场中的经营范围则受到限制，监管严格限制境外热钱流入本国股票证券市场和房地产市场，避免市场泡沫化，确保本国的经济金融稳定。

亚元市场的发展和外汇交易的增长带动了银行业的快速增长，吸引众多外资银行来新加坡开展离岸业务，推动新加坡成为全球主要的离岸银行中心。

近年来，随着新加坡全球金融中心地位的巩固和发展，本国金融稳定性不断提高，在岸离岸银行业务的界限也逐渐模糊，为进一步扩大开放，提高效率，避免过度监管以及为外资金融机构节约成本，金管局于2021年7月开始逐步取消两个单元的划分。同时，金管局也将进一步加强牌照审核和监管，确保金融开放进一步扩大的同时发展稳定且风险可控。

2. 外汇交易市场

根据国际清算银行2019年公布的三年一度的央行调查数据，新加坡以每日现货外汇交易量6330亿美元居亚洲首位、全球第三。外汇交易实力的持续增强，既促进了新加坡资本市场和资产管理业务的发展，也能更好地为亚洲企业提供投资和风险管理服务（见专图3-3）。

新加坡作为国际金融中心及东南亚资金集中地，同业市场非常发达。除稳坐亚洲第一大外汇交易中心外，新加坡也是亚洲最大的离岸美元市场之一和全球第二大人民币离岸市场，发挥着东盟资金投、融资核心的地位。新加坡还是印度和部分中东资金青睐的归集地，资金池深度稳居全球前列。全球主要跨国银行均在市场上非常活跃，且多在新加坡设立有区域交易中心，主要参与离岸货币交易，并积极争揽大企业交易业务。

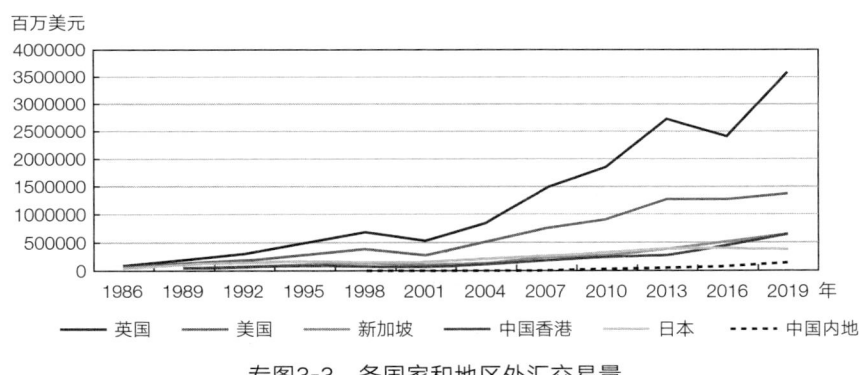

专图3-3 各国家和地区外汇交易量

（资料来源：国际清算银行）

BIS数据显示，新加坡外汇市场的增长，是由10国集团和新兴市场货币推动的。在本地交易额最高的五大货币分别为美元、日元、欧元、澳元和新元。在所有外汇产品中，现货和外汇掉期的交易额增幅最大，三年增幅分别为26%和35%。利率衍生品市场也取得强劲增长。2019年4月的日均交易额较三年前增长87%。外汇和利率衍生品市场的强劲增长反映出新加坡外汇市场生态圈的多元性。

在发展外汇交易市场方面，新加坡政府在寻找定位和推广执行的规范性和创新性方面，都值得借鉴。其中重要举措之一是发展国际化的交易所。新交所依托国际化发展已成为覆盖众多资产类别的交易所价值链，陆续推出多种利率、证券和能源衍生品期货，并提供全世界最广泛的亚洲衍生品种类及全亚洲最广泛的国际衍生品种类，不仅形成了从交易、结算到托管服务的价值链，还成为亚洲开创性的中央清算所。

提供多元资产是新交所的重要发展策略。以铁矿石衍生品交易为例，新加坡既不是产地，也没有需求，却凭借先发优势通过10年时间打造成全球铁矿石衍生品交易中心。为了进一步扩大铁矿石衍生品交易，下一步将提供更多货运衍生品交易。

为了追求新增长机会，提供更加多元的资产投资渠道，新交所自2021年7月起重组业务结构，将旗下业务整合为固定收益、货币与大宗商品；股票；数据、连通与指数和全球业务发起和拓展四大领域。此外，新加坡正努力打造亚洲衍生品清算中心，并于2018年推出场外交易集中清算制度。在科技创新方面，新交所已开始着手研究运用人工智能和数据科学改善工作流程和深入观察市场，包括研究各种交易行为和侦查欺诈行为。

另一项重要举措是建设市场基础设施，打造全球外汇价格发现和流动中心，推动电子外汇交易生态系统发展。2018年10月起，新加坡金管局根据G20和金融稳定委员会对场外衍生品的相关改革建议，要求场外交易衍生品在中央交易对手处进行集中清算，降低新加坡场外衍生品市场的系统性风险。

3. 资本市场

相较衍生品市场的成熟和发达，新加坡IPO市场发展则不甚理想。尤其在过去的5年中，退市企业数量已经超过上市数量。截至2021年4月末，新加坡上市公司数量（含主板和凯利板）753家，较2010年最高峰下降23家。究其原因，与上海和香港拥有庞大的中资企业池相比，新加坡面对的腹地东南亚市场企业池子较小，且市场流动性较低。从国际化方面看，在香港交易所上市的公司中总市值98.9%来自中国公司，伦敦交易所72%来自英国公司，纳斯达克95%来自美国公司，纽约交易所94%来自美国公司，而新加坡本地上市企业占比仅为65%，国际化程度最高（见专图3-4）。

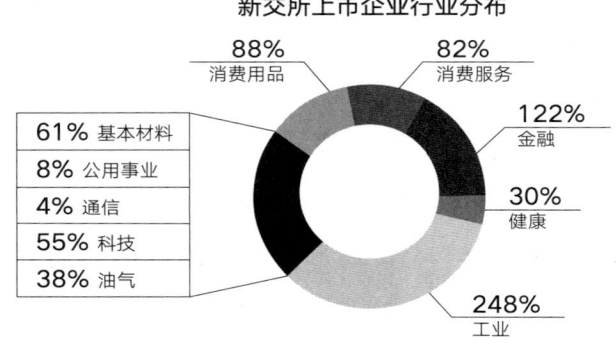

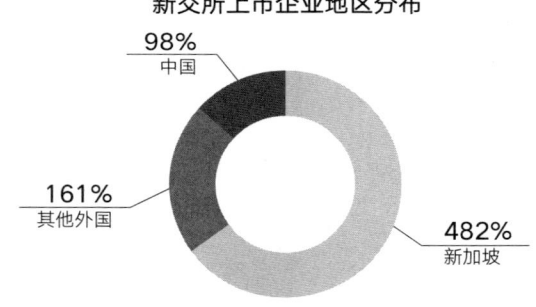

专图3-4　新交所上市企业行业（地区）分布

（资料来源：新交所）

相比较而言，新加坡的房地产信托和商业信托市场较为活跃和具有竞争力。在较为完善的法规及制度支持下，新加坡REITs在近年来得到迅速发展，成为新加坡交易所重要的产品组成部分。Dialogic统计数据显示，房地产投资信托和商业信托占到过去10年在新上市企业数量的42%，市值年复合增长率达到22%。目前新加坡上市REITs共45只，市值约合769亿美元。新加坡REITs市场国际化较高，80%的物业在新加坡以外。

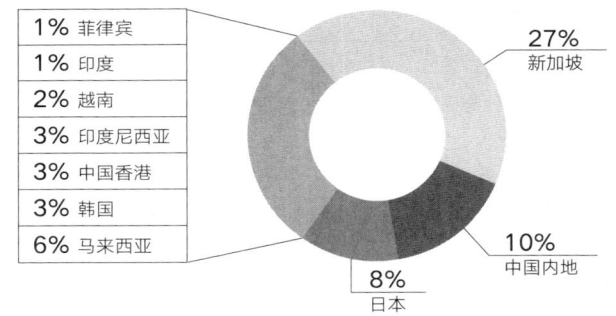

专图3-5　新加坡REITs市值统计及分布情况

（资料来源：新交所）

债券市场方面，金管局数据显示，2012—2018年新加坡的债券发行量复合增长率接近10%，60%在新加坡发行的公司债是外币债，超过50家跨国银行在新加坡设立了债务资本市场团队覆盖东南亚以及大洋洲区域的债务资本市场业务，多家中资银行和券商也积极组建部门和团队拓展境外债及熊猫债的承分销业务。

4. 资产管理

新加坡是全球第二大资产管理中心，市场上资产管理类产品主要是指符合证券与期货法令中定义的集合投资计划，以及私人银行提供的全权委托管理业务、养老金管理业务等。新加坡政府近年来通过多种政策扶持及税收优惠，大力发展资产管理业务，目前在新加坡持有CMS（Capital Market Service）执照的合格基金管理公司已经超过602家，过去五年AUM平均增长率超过11%，接近900家机构投资者管理超过3.4万亿新元资产（其中约20%投资固定收益资产）见专图3-6。

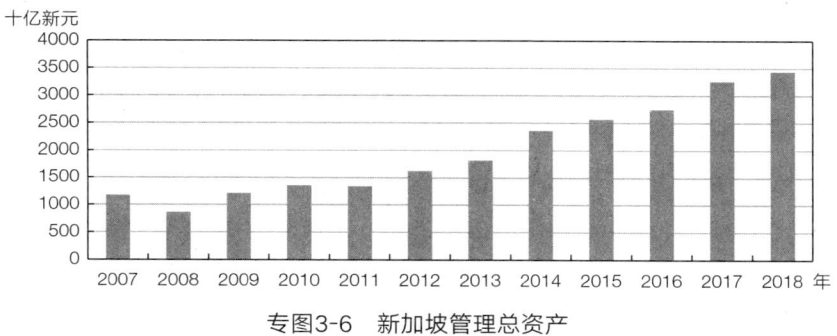

专图3-6 新加坡管理总资产

截至2019年12月末，全球前50大资产管理公司有39家在新加坡设有分支机构，76%的管理资产来自新加坡以外，全球管理资产总额的67%投资于亚太地区，其中超过三分之一的亚太全球管理资产是对东盟国家的投资（见专图3-7和专图3-8）。

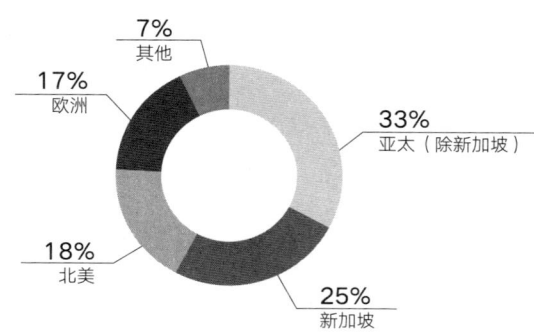

专图3-7 资金来源（截至2018年底）

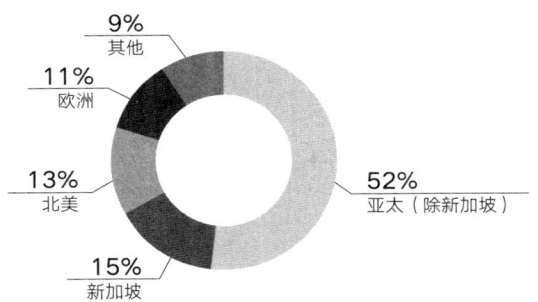

专图3-8 投资地区（截至2018年底）

5. 大宗商品

作为全球最重要的大宗商品贸易中心之一，新加坡大宗商品业务近年来发展状况良好，是亚洲最大、世界第三大的石油贸易中心和世界前五大石油炼化中心。新加坡位于的马六甲海峡是中东和亚洲市场之间的最短航线，是沟通中东产油国与亚太消费国之间的重要枢纽。新加坡是全球重要的金属及矿石的贸易集散地和亚洲最大的粮食、棕榈油和糖类的贸易中枢，也是全球的橡胶定价中心之一。作为亚太地区的大宗商品贸易枢纽，新加坡全面覆盖北亚、西亚及东南亚地区的大宗商品贸易。

新加坡政府长期以来一直大力鼓励贸易发展。早在2001年6月，新加坡国际企业发展局（现企业发展局）就推出了GTP（Global Trader Programme，国际贸易）计划，符合条件的大宗商品贸易商，只要在新加坡设立分部和开展业务，就可以享受5%~10%的税收减免，持续3~5年，此计划一直持续至今，吸引了大批大宗商品贸易商客户前来设立公司。据不完全统计，全球超过80%的大型大宗商品交易公司都有所涉及新加坡市场，400多家公司把总部或者区域性总部设置在新加坡。

6. 保险市场

新加坡为亚洲时区最主要的保险市场所在地。新加坡保险市场成熟发达，特别在定期寿险等方面的优势显著，且不会对外国人征收额外保费（除特殊住院险外），近年来也吸引了不少跨境购报客户。新加坡具体保险种类包括一般保险、人寿保险、再保险、专业自保险等。截至2021年4月末，新加坡共有各类保险机构189家，包括17家寿险公司、52家产险公司、9家综合保险公司、30家再保公司、81家自保公司。近年来保费稳定增长（见专图3-9）。

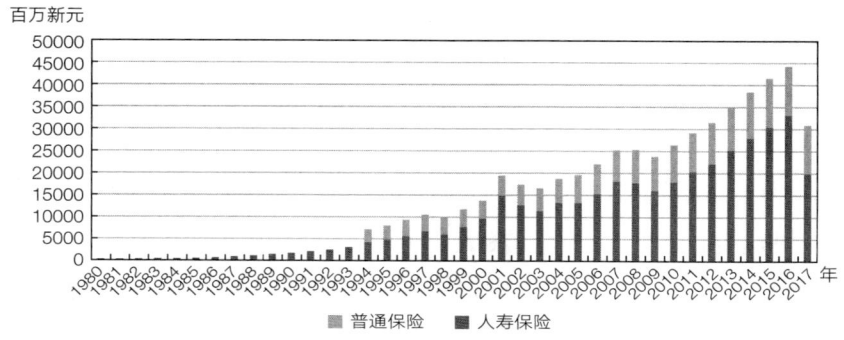

专图3-9　新加坡保险保费收入

（资料来源：新加坡金管局）

（二）新加坡国际金融中心主要发展经验

1. 持续优化营商环境，打造具有竞争力的机制和政策

第一，保持优惠的税收环境和广泛的税收协定网络。新加坡对外签署了87个避免双重征税协定和44个投资保护协定，降低投资风险与避免双重征税。新加坡还是《保护工业产权巴黎公约》和《与贸易有关的知识产权协定》签署国，为企业研发和创新提供法律保障。

新加坡政府对金融业采取多种多样的税收优惠政策，包括以降低税率为表现形式的税收优惠政策，例如按优惠税率征税；以直接缩小税基为表现形式的税收优惠政策，如纳税扣除、扩大免征额等；以直接减免税收为表现形式的税收优惠政策，例如税收抵免等。各种政策手段互相配合，可以避免调节对象的单一化，更好地实现政策意图。此外由于新加坡经济外向型程度很高，对于外部经济环境的变化非常敏感，所以新加坡政府会及时根据内外部情况，调整促进本国金融业发展的税收政策，巩固并提升新加坡作为国际金融中心的地位。

第二，积极推进双边和多边自贸协定，推动区域性自贸圈建设。在经济下行压力下，新加坡一方面加快对外签署双边自贸协定，除亚洲、欧洲、北美等传统市场外，也注重提升在拉美、非洲、东欧等地区的覆盖；另一方面大力推动构建新的区域性自贸体系，包括CPTPP和RCEP，以应对世界贸易格局零散化、割裂化的挑战。截至目前，新加坡已签订25个自贸协定。作为一个规模小、开放度高、入口物品关税接近零的经济体，新加坡对外自贸协定主要关注在非关税领域，尤其是金融服务业。

第三，注重打造跨国企业区域总部，吸引全球资金归集。亚洲金融危机后，国际资本争先恐后从东南亚撤离，相比之下，他们仍然看好新加坡的前景，新加坡政府及时抓住这一趋势，将从20世纪80年代开始的依靠发达国家和周边国家的两翼发展策略，通过税收优惠计划、逐步降低新加坡企业和个人所得税等措施，进一步深化为打造跨国公司区域总部的策略。

据新加坡经济发展局数据，共有37400家外企在新加坡设立机构，其中包括7000家跨国企业，46%的跨国企业将亚太区域总部设在新加坡，数量达到4200个。中资企业方面，截至目前新加坡约有8500家。

新加坡成功的区域总部战略，离不开其具有很强针对性和灵活性的激励计划。其中特准国际贸易商计划（AITS）主要为吸引跨国公司贸易型地区总部；商业总部计划（BHQ）主要为吸引跨国公司综合管理型地区总部；营业总部地位（OHS）主要为吸引大型跨国公司区域性地区总部。新加坡经济发展局等相关部门，更是可根据企业不同的发展需求量身定制配套的税务和优惠方案。

新加坡还有专门针对金融与资金管理中心（FTC）的税务优惠，符合FTC资格的企业所需缴付的所得税税率可从17%降至8%。根据新加坡经济发展局的统计，截至2019年6月末，已有超过6000家企业将新加坡作为其财资管理中心。

第四，种类多样针对性强的补贴激励措施。新加坡政府促进金融中心发展的计划多种多样，覆盖几乎所有领域，且根据实际情况灵活动态调整。除金管局外，其他相关部门也推出多项鼓励措施，例如新加坡企业发展局国际化融资计划"Internationalisation Finance Scheme"，打造新加坡企业发展局与金融机构共同承担企业融资违约风险的机制。据不完全统计，加上其他部委的相关津贴和鼓励计划，已出台计划近百项。专表3-2仅以金融科技一项为例，便可管中窥豹其鼓励计划的多元性。

专表3-2 新加坡政府对发展金融科技的鼓励计划

人才招募	新加坡中小企业创业人才计划	实习生工资补贴最高可达70%
	新加坡人力及全国总工会e2i职业支持计划	工资补贴最高可达4.2万新元
	新加坡人力职业转换计划	工资补贴及课程费用补贴最高可达90%
投资申请	新加坡创业股权投资计划	首次25万新元：每3新元融资可获得7新元投资；超过25万新元：每1新元融资可获得1新元投资；普通科技公司最高至200万新元，高新科技最高至400万新元
	创业创始人投资计划	每1新元融资可获得3新元投资；上限3万新元
商业发展	商业发展补贴计划	符合条件的项目可申请高达70%的费用补贴，包括第三方咨询费、软件设备费、内部人力额外支出
	贸工部生产力解决方案补贴计划	科技解决方案及设备费用补贴最高可达70%
人工智能及数据分析应用	金管局人工智能及数据分析补贴计划	关于人工智能或数据分析的项目补贴最高可达70%
概念论证	金管局概念论证补贴计划	金融领域的前沿科技先期发展补贴最高可达20万新元
	新加坡创业概念论证补贴计划	概念论证补贴最高可达25万新元、价值论证补贴最高可达50万新元；创业实付资本至少要为概念论证补贴的10%或价值论证补贴的20%

续表

网络安全	金管局网络安全补贴计划	新加坡金融类企业网络安全运营补贴最高可达50%
创新基地	金管局创新基地补贴计划	新加坡当地设立的创新基地工资补贴最高可达50%
企业级项目	金管局企业级项目补贴计划	新加坡当地金融机构创新项目补贴最高可达50%
行业级项目	金管局行业级科技基建项目补贴计划	行业级或国家级科技项目补贴最高可达70%
海外扩张	企发局补贴计划	符合条件的支出补贴最高可达70%；每财年补贴最高可达2万新元
	企发局新加坡国际市场补贴计划	符合条件的支出补贴最高可达50%~70%
公司上市	金管局股票市场补贴计划	新科技类：符合条件的上市支出补贴最高可达70%，上限100万新元； 高增长类：符合条件的上市支出补贴最高可达20%，上限50万新元； 所有类型：符合条件的上市支出补贴最高可达20%，上限20万新元

资料来源：新加坡金管局、新加坡经济发展局、新加坡企业发展局、新加坡贸工部。

2. 强调风险导向的金融监管理念，平衡风险和金融发展

2008年国际金融危机过后，新加坡金管局修订发布了"评估金融机构冲击力与风险的框架"，从"规制导向"转向"从旁监管"，即强调行业自律，强化"风险导向"的金融监管理念。一是政府不会主导市场发展，自我管理能力强的金融机构将获得更大的创新发展空间。二是在追求效率与创新的金融发展和追求安全与稳定的金融监管之间取得平衡。三是保持监管制度的连贯性和稳定性。四是强调亲商原则，做到"一手抓监管、一手抓发展"，注重建立健康的市场竞争环境和提升效率，提倡监管与被监管对象之间的"磋商式"监管方式。五是持续推动动态差异化管理，针对每家银行的不同牌照及业务特点、规模、风控水平设定不同的背对背监管要求。六是强化惩罚力度，建立健全消

费者保护机制。

3. 保持高度的国际视野,审时度势,把握趋势

新加坡国际金融中心发展到今天,离不开其紧跟国际形势、审时度势的能力。新加坡与周边国家和世界上主要大国保持独特的政治、经济、外交关系,从而可以较理性地把握国际经济金融大势。作为一个城市国家,国土面积小,资源稀缺且周边地缘政治复杂,保持高度开放、吸引国际资本是新加坡发展的唯一选择。因此新加坡积极加强与周边经济圈的合作,包括东盟自贸区、亚太经济圈、中日韩自贸区,积极推进RCEP和CPTPP,同时拓展非洲、拉美、东欧等新兴市场,借力来增强自身金融体量。

以中国和新加坡的合作为例,从积极打造人民币离岸中心到"一带一路"倡议,再到发展绿色和可持续金融,助力碳达峰和碳中和目标,新加坡都是率先反应,紧抓机遇来巩固和提升其金融中心地位。又如,在金融科技领域,金管局紧跟香港推出数码银行牌照;提前布局数字货币研究、验证和商业应用;推出监管沙箱等措施,均体现了新加坡政府的前瞻性和快速反应能力。

4. 建立完善市场基础设施和专业配套服务,形成良好产业生态

新加坡有超过5000家公司提供各类专业服务,包括审计、会计和管理咨询、市场调研、法律和人力资本等全面服务。新加坡一直致力于巩固其作为国际商业仲裁枢纽的地位,近年来通过修改法令改善仲裁程序、优化完善基础设施等措施,地位得到了明显的提升,过去两年平均每年处理仲裁案超过400个。2018年底,联合国通过《新加坡调解公约》,是首个以新加坡命名的公约,进一步提升了新加坡国际仲裁中心的声誉。国际律师事务所White & Case和伦敦大学玛丽皇后学院2021年国际仲裁调查结果,与伦敦并列,新加坡首次成为全球最受欢迎的仲裁地。

5. 加强国际合作，巩固提升金融中心地位

新加坡金管局注重在全球范围内加强与各国央行、监管机构以及多边组织、研究机构等的合作，并在纽约、伦敦、北京等地设有办事处。早在1998年，新加坡便与国际货币基金组织联合在新加坡成立培训中心，是国际货币基金组织在亚太地区的重要技术支持平台；世界银行旗下国际金融公司2011年在新加坡设立亚洲中心，是世界银行在华盛顿外的首家综合区域平台。世界银行与新加坡金管局每年联合举办亚洲基础设施峰会；2019年10月，新加坡与国际清算银行合作在新加坡设立BIS创新中心（BIS Innovation Hub Centre），中心目标是促进全球央行之间的创新与合作以及加强各国对金融科技的了解，并协助开发创新解决方案。

6. 建立优化新加坡人才库，适应产业转型需要

新加坡政府为扩大劳动力市场供给，专门设立了技能发展基金，通过补贴机制鼓励金融机构员工参加培训，并注重培育社会化、专业化的培训机构。此外，新加坡金管局还专门设立了银行与金融学院（Institute of Banking and Finance Singapore，IBF），推出金融业资格标准和金融人才发展计划。

推动人力技能转型升级，建设与科技转型相适应的人才体系是新加坡金融转型蓝图的重点。从目前实施的措施来看，一是设立金融服务技能框架。该框架明确了未来一到两年内金融部门工作所需的通用技能和新技术，可以帮助雇主和员工提前规划学习和培训安排。二是与金融机构合作，为本地人才适应新岗位提供支持的专业转换计划（PCP）。三是针对特定技术领域的本地非金融专业人员的"金融浸入式技术计划"（TFIP），例如云计算、数据分析、网络安全方面的人才。四是畅通本地管理层晋升渠道，提升本地员工国际化水平。金管局推出iPOST计划，资助金融机构提升本地员工全球化管理能力和经验，支持金融机构派遣本地员工到海外工作。

四、新加坡金融中心建设的借鉴和启发

（一）重点提升领域

1. 大力提升营商环境

营商环境是打造全球金融中心的重要基础设施。从新加坡的经验来看，其多年来在世界银行等各类机构全球营商环境排名中位列前茅，主要原因包括：一是税收方面，新加坡具有税种少、税制结构简明、税收政策灵活高效、税务管理数字化程度较高等优势，是世界范围内企业总税率最低的国家之一。二是新加坡政策公开透明，行政审批高效，法律法规完备，大大节省了企业经营成本。新加坡对外资实行国民待遇，外资在新设立企业，注册手续简便，一般无出资比例和出资方式的限制，外汇自由进出无管制。三是新加坡制度与国际化接轨程度高。新加坡建立了与国际通行规则相衔接的金融制度体系，以及与高新技术产业、现代服务业发展相适应的制度安排，在投资便利化、贸易自由化、监管灵活度等方面具有很高的国际竞争力。

专表3-3　新加坡与上海两大国际金融中心的比较

	上海（2020年）	新加坡（2020年）
营商环境排名	31	2
GDP	32679.87	25490.97
金融业GDP	5781.63	3313.83
金融业占GDP比	17.70%	13.00%
金融从业人数	36万	19.65万
占劳动人口	3.00%	5.30%
外资银行（含代表处）	227	191
外资保险公司	49	146
资管公司	4767（2019）	895（2019）
区域总部	642（2018）	4200（2015）
外汇交易*	9521.17（2019）	44790.81（2019）
期货交易	815334.25（2018）	—

续表

	上海（2020年）	新加坡（2020年）
外汇期货交易	—	100100.00
资管规模*	589873	198850（2019）
港口吞吐量	4350万箱	3687万箱

注：表中货币单位均为亿元人民币；*为中国全国数据。

资料来源：上海市统计局、新加坡统计局、上交所、上期所、新加坡金管局、新交所。

2. 持续加强国际化水平

新加坡由于本国市场较小，发展国际化的区域和全球金融中心是其主要目标和策略，因此无论在政策框架、制度以及市场基础设施、产品体系方面，均注重与国际标准接轨，打造全球资本的聚集地和辐射中心。综合全球主要金融中心的发展经验，国际化均是重要的衡量标准，没有面向全球的市场、客户、产品、机构很难成为全球金融中心。近年来，上海稳步推进金融市场开放，取得了显著的成效，但对比全球领先金融中心，国际化接轨程度仍存在一定差距。一是金融市场体系尚不完善，功能有所欠缺，市场深度和广度不足。例如过度依赖间接融资，直接融资市场发展不够成熟，风险投资退出机制不完善；货币市场发展不均衡，同业拆借和债券市场相对活跃度低，市场化水平不高；金融市场的交易量大，但国际市场间的交易量占比小；金融衍生品市场发展相对滞后，种类和数量较少。价格发现、套期保值、风险管理等功能不够充分；交易所品种不够丰富，且国际化水平较低。二是金融业的对外开放程度仍存在较大差距。

3. 注重优化软环境发展

一是对国际化人才的吸引。新加坡是全球知名的宜居城市，教育和医疗体系发达，拥有亚洲知名的高校、研究机构以及专业的金融院校和培训体系，加之个人所得税税率较低，对高端国际化人才的吸引力很强。同时新加坡建立了完善的本地人才库，并通过政府的多项支持和津贴计划，帮助本地员工终身学习，掌握行业所需最新技能。二是专业配套服务。新加坡拥有超过5000家中介公司提供审计、会计、法律等全面服务，营造了良好的发展生态。

（二）政策建议

1. 建立与全球金融中心发展相适应的营商环境

一是出台税收优惠和津贴政策，吸引跨国公司设立地区总部。税收激励措施作为财政政策工具，在新加坡吸引外商投资，建设和巩固金融中心地位过程中发挥重要作用，并且一以贯之，成为新加坡政府推行最得力的措施。对比来看，上海地区总部数量约为新加坡的六分之一，香港的二分之一，虽然近年来增长较快，但仍有广阔的发展空间。

建议上海在深化国际金融中心建设中可借鉴新加坡的经验，制定更有针对性、灵活性的地区总部发展支持计划，鼓励其在上海设立亚太或东北亚总部、财资总部以及研发中心。例如统筹税务、财政、金融、招商等多个部门，为重点跨国企业提供量身定制的税务和财政支持计划。对于不同类型的地区总部按照公司规模、税收贡献、本土人才培养、技术创新等进行综合评价后设置差异化的税收优惠或财政支持计划，在上海探索实施低税率、税收抵免、避免双重征税等税收政策，提高国际竞争力。

二是设立金融机构支持计划。金融机构的数量和多元化反映了一个金融中心的活力和国际化程度。为鼓励金融机构在新设立分支机构和扩大业务，新加坡政府针对不同类型机构推出一系列多样化的津贴和支持计划。这些计划在出台前会与金融机构进行充分的沟通和征求意见，期限多为2~3年。到期后根据实行的情况进行总结和完善。这些计划在新加坡国际金融中心建设中起到重要引导作用，包括吸引国际金融机构和金融科技企业入驻，以及推动债券、资管等细分领域的发展。

建议上海可参考新加坡的经验，对重点发展的金融细分产业和创新产品给予适度税收优惠，并推出形式多样、有针对性的专项激励奖励计划，同时通过总部计划吸引各类国际化、总部型、功能型金融机构落地，加速金融资源集聚。

三是在投资和产业准入，特别是服务业领域进一步扩大对外开放，加快推进资本项目可兑换、人民币跨境使用、金融服务业开放和建设国际化的金融市场。建议继续深化外汇管理体制改革，以跨国公司跨境资金池为突破，在自贸区加快实现贸易投资和国际收支汇兑便利化、自由化，稳步推进人民币资本项目可兑换；进一步拓展人民币的跨境使用，支持离岸人民币中心发展，同时做好风险防范和隔离；可参考新加坡离岸在岸"内外隔离"措施作为过渡，确保做大离岸金融的同时，避免风险蔓延到在岸市场。

四是适应上海金融改革和金融创新需要，不断完善金融监管体系，建立贴近市场、亲商友好、促进发展和创新、信息共享、风险可控的金融监管制度。新加坡国际金融中心的形成和发展主要得益于政府举全国之力的推动和支持。上海应明确与其他城市间的差异化定位和发展策略，并积极争取金融改革政策在上海先行先试，以及在国际金融中心方面更多的金融法律授权和监管授权。

2. 增强金融市场国际化功能

加快拓展金融市场的深度和广度，加大创新研发力度，不断丰富资产交易品种。在推动股票、债券等基础性金融产品发展的基础上，稳步推进各类ETF产品，有序推出新的能源和金属类大宗商品期货；发展利率、汇率、股票、股指类金融衍生品；发展绿色融资市场，丰富绿色信贷、债券、证券化等产品；把握利率市场化改革和汇率形成机制改革的时机，打造人民币汇率基准、利率基准形成中心；大力发展再保险市场、产权交易市场等新型市场。

3. 建设良好的创新生态

上海在推进国际金融中心建设中，金融科技可发挥重要作用，是上海国际金融中心在激烈的国际竞争中实现弯道超车的重要途径。金融科技的发展需要良好的生态支撑，包括政策的针对性支持、适当的监管框架、充满活力的风险投资市场以及良好的创意孵化、知识共享和国际交流合作平台等。建议一是引入国内外知名金融科技公司总部，包括吸引国内外大型金融机构在上海设立金融科技研发中心或金融科技子公司。二是打造金融科技产业孵化器和加速器。三是大力发展风险投资行业，完善退出机制，同时推动银行等金融机构加大创新，为高科技企业发展提供配套金融产品。四是依托国内外金融机构和金融科技企业，加大政策支持力度，提升金融科技基础设施建设，加强底层技术如大数据、人工智能、区块链的研发，形成领先于国际水平的金融科技技术制高点。五是加强国际合作，与各国央行、多边机构开展有关金融科技监管、技术和具体项目的合作。

4. 建立国际化人才体系

一是根据行业发展趋势和机构反馈，制定上海国际金融中心人才计划。新加坡金管局设立了专门的机构研究金融业人才技能需求和未来趋势，并据此制定人才战略和培训教育方案。建议可根据上海国际金融中心"6+1"的格局，着手引进和培养相关国际化人才。例如针对财富管理行业，在高校内开设财富管理专业或另设财富管理学院。二是加大对国际化人才的引进和培养。引进方面，可考虑在税务、落户、补贴、子女就学等多方面给予优待；本地人才培养方面，依托国际知名金融机构、国内外一流大学和研究机构等，打造一批与国际接轨的国际化金融人才。包括参照新加坡模式，对支持本地人才外派到海外工作、为员工提升技能的培训学习等提供奖励。另外，要加强本地金融学科的建设，兼顾理论和实操人才的培养，打造多层次的人才队伍。三是加强跨学科、跨领域人才的培养。随着金融科技的发展，金融行业对大数据、人工智能等技术领域人才的需求大增，为使跨界人才更好地发挥作用，可参考新加坡经验，设立相关的计划，为技术领域人才跨界发展提供支持。

专题4：
法兰克福国际金融中心发展的启示和借鉴

法兰克福金融中心是金融史上重要的地标，欧洲央行落址于莱茵河畔的这座悠久的金融城为其注入了新的生机，使其成为欧洲经济发展史上不可忽略的名字。英国"脱欧"的公投事件，更是使这个悠久的中心焕发出新的色彩。上海依托其深厚的金融底蕴、独特的地理位置和亚洲巨大的经济前景，十年间迅速发展成为国际上有影响力的金融中心之一。根据2019年9月发布的"全球金融中心指数"[①]，上海连续第三次排名第五。但相对于国际顶尖金融中心，上海尚有差距。

本报告通过介绍法兰克福金融中心的发展情况、主要特色或优势、在欧元区的作用、对欧洲经济的影响与伦敦国际金融中心的比较，试图为上海国际金融中心建设带来启示。

一、法兰克福国际金融中心概况

法兰克福，全称为美茵河畔的法兰克福（Frankfurt am Main），是德国中西部黑森州的第一大城市，也是仅次于柏林、汉堡、慕尼黑和科隆的德国第五大城市。法兰克福城区人口总量逾75万，附加周边城镇人口达230万人，整个法兰克福莱茵—美茵大都会区则拥有500万人口，是德国仅次于莱茵—鲁尔区的第二大都会区。

美茵河畔金融机构的大楼组成了德国唯一的摩天大楼群，因而法兰克福又有"美茵哈顿"（Mainhattan）的美称。2014年6月法兰克福建立

---

① GFCI26–The Global Financial Centers Index 26.

了欧元区首个人民币离岸交易中心。2016年英国脱欧公投的结果将伦敦国际金融中心拖入了困境，但却为法兰克福金融中心的崛起赋予了绝佳的时代机遇。至今英国"脱欧"的浓雾仍未散去，但可以肯定的是，无论英国以哪种方式离开欧盟单一市场，法兰克福基于自身实力都将成为时代最大的受益者。

法兰克福国际金融城中充斥着大大小小的金融机构及其分支机构共计约27900家，金融从业人员将近77000人，占城市总人口的10%。虽然这个数字明显低于伦敦国际金融中心22.5%的从业人员与城市总人口占比，但却略高于纽约国际金融中心9%的从业人员与城市总人口占比。在人才流动方面法兰克福具有较高的开放度，在高端人才引入层面，法兰克福会优先从速引入其经济发展急需的高科技人才和金融行业专才。近年来，其高度亲和的人才引进政策，加快了国际人口的聚集，城市居民由180个不同国家和地区的人员组成，平均每3个居民就约有1位外籍人士，足以说明法兰克福的国际化程度。

法兰克福金融中心的国际化步伐肇始于20世纪后半叶。当时，随着德国经济及其货币马克变得越来越举足轻重，原本专注于发展国内银行业务的法兰克福的国际影响力也随之增加。1998年欧洲中央银行成立后，大量金融高端人才聚集，助推法兰克福国际金融中心的地位的确立与影响力的提升。围绕着欧洲中央银行，国际性金融机构纷纷在法兰克福谋篇布局，或招兵买马新设机构，或着力扩大现有机构的规模。

聚集在法兰克福的金融产业相关机构包括：

德意志联邦银行。自1957年以来，作为德意志联邦共和国中央银行的德意志联邦银行总部就坐落在法兰克福。1998年欧洲中央银行体系建立后，德意志联邦银行从属于该体系，成为其中一个组成部分，而欧洲中央银行总部也来到了美茵河畔，法兰克福作为欧元区"首府"的地位自此无可动摇。

各类金融机构。德国最大的两家商业银行德意志银行（Deutsche Bank）和德国商业银行（Commerzbank）、德国合作金融网络的中央机构德国中央合作银行（DZ Bank）、德国公立银行的代表法兰克福储蓄银行（Frankfurter Sparkasse）、德国重要政策性银行德国复兴信贷银行（KfW）、历史悠久的传统私人银行梅茨勒银行（Metzler Bank）等。此外，还有大量外国银行在法兰克福设有分支机构或代表处，如美国银行、摩根大通银行、花旗银行、法国兴业银行、法国巴黎银行、中资五大商业银行等。

证券交易所。德意志交易所集团是世界上最大的交易所集团之一，经营着德国超过90%市场份额的股票交易。

金融市场管理局。位于法兰克福和波恩的联邦金融监管局（BaFin）负责监督和控制德国金融系统的各个领域。

欧洲保险业监督机构。2003年，欧盟设立了位于法兰克福的欧洲保险委员会（CEIOPS）、位于伦敦的银行监管委员会（CEBS）和位于巴黎的证券监管委员会（CESR）。2011年，这三个委员会升级为监管机构，自此法兰克福成为欧洲保险和职业养老金管理局（EIOPA）的所在地。

欧洲系统性风险委员会。欧洲系统性风险委员会（ESRB）是欧盟于2001年为早期发现、预防和控制欧盟金融市场中的系统性风险而于2010年创建的机构。

会计师事务所。四大会计师事务所中，普华永道的德国总部及毕马威的欧洲总部位于法兰克福。德勤在法兰克福设有分支机构，而安永则在邻近法兰克福的埃施博恩（Eschborn）设有分支机构。

基金公司。德国最大的基金公司DWS的总部位于法兰克福。此外，还有安联投资、Deka投资基金、Union Investment等机构在法兰克福设有分支机构。

评级机构。三家领先的评级机构标准普尔（Standard & Poor's）、穆迪（Moody）和惠誉（Fitch Ratings）均在法兰克福管理其德国业务。

律师事务所。几乎所有知名的国际律师事务所都在美茵河畔设有代表处，例如高伟绅律师事务所、年利达律师事务所、富而德律师事务所、贝克·麦坚时律师事务所、世达律师事务所、瑞生国际律师事务所、谢尔曼·思特灵律师事务所、伟凯律师事务所等。

商业咨询。许多主要国际和国内管理咨询公司都在法兰克福设有分支机构或代表处，包括麦肯锡公司、波士顿咨询集团、贝恩公司、博思公司和罗兰贝格等国际战略咨询领域的"重量级角色"。

二、法兰克福国际金融中心的特色与优势

法兰克福成为国际金融中心，是历史、经济、政治、地理等因素共同决定的。相对欧盟内的其他金融中心，法兰克福具备一些独特优势。

（一）德国自身的经济条件、政治条件、国际地位对这个历史悠久的金融中心成长为欧洲金融的心脏起到了重要作用

法兰克福国际影响力的提高与德国与其货币重要性的上升有着密不可分的联系。第二次世界大战后，随着德国重建，法兰克福也迅速崛起。自欧元诞生以来，法兰克福作为国际金融中心的地位更是不断得到增强。

德国一直有着"欧洲火车头"的美誉，国民经济实力强劲且颇具稳定性，是欧洲最大的经济体，黄金储备全球第二，其政治传统稳定，是极少数在三家主要的国际评级机构均获得AAA国家信用评级的国家之一。目前，德国是欧洲最大、全球第四大经济体，经济稳定增长，就业市场表现强劲，具备市场大、法律框架稳定、内需繁荣等诸多优点。世界经济论坛《2017—2018年全球竞争力报告》显示，德国在全球最具竞争力排名中获得第三位。

（二）法兰克福一向以地理位置优越的交通枢纽著称

早在中世纪，法兰克福就因位置优越、交通便利而成为欧洲重要的贸易枢纽和金融中心。居于德国乃至欧洲中心的地理位置，使法兰克

福得以成为欧洲最重要的交通枢纽之一，能够与世界各地大量主要城市连通。如今，法兰克福国际机场为德国规模最大的商用民航机场，也是欧洲重要的航空中转站，拥有全球最多的直飞目的地；法兰克福火车站为德国流量第二大的火车站。优越的地理位置和成熟的交通系统使得法兰克福具备欧盟内首屈一指的重要基础设施优势。

（三）经济全球化的时代潮流与欧洲一体化进程无疑是法兰克福作为国际金融中心地位确立和提高的重要背景

有专家认为，有两件重大事件决定了法兰克福将成为现代国际金融中心。一是第二次世界大战后法兰克福成为联邦德国中央银行所在地，有效地形成了金融机构集聚，为这座在19世纪一度有所衰弱的金融城市注入了强大动力，使其具备了抓住金融国际化进程明显加快的机遇的条件；二是随着欧洲经济一体化的脚步不断加快，欧洲中央银行体系于1998年正式组建并于同年投入运作，法兰克福从而成了欧元区货币政策的决策中心，其德国乃至欧洲金融心脏的地位又一次得到了巩固和提高。

（四）在营商环境与基础设施方面，法兰克福在欧洲大陆的金融中心中已拥有不容小觑的优势

世界银行发布《2019年营商环境报告》显示，德国在全球190个经济体中排名第24位。法兰克福地理位置与交通基础设施在欧盟内首屈一指，当地的住房和办公成本也相对比较低廉，而且德国政治稳定，金融监管系统严谨，能够提供令金融机构满意的稳定环境。欧央行、欧盟保险与年金监管局、德国联邦金融监管局、德意志证券交易所、德国央行的总部都设在法兰克福，金融生态系统良好，行业配套的供应商兼具质量与数量，产业价值链有一定深度。银行业对货币政策极为敏感，各类金融机构若把欧洲总部设在法兰克福，则更有机会在政策公布前掌握动向。德国联邦金融监管局是欧盟内极少数有复杂衍生品交易管理经验的监管机构，德意志证券交易所及其清算所是欧盟内最强势的证券及衍生品的交易所机构和清算行，曾几次试图收购伦敦交易所。全球最大的外汇交易和做市商德意志银行的总部也在法兰克福。这均为其他欧洲大陆城市难以匹敌的优势。

（五）法兰克福作为金融中心的"跳板功能"对许多外资银行而言显得尤为重要。这一特点在当今英国"脱欧"的背景下更是有着特殊的作用

外资银行可以便捷地借助法兰克福的区位优势向周边邻国拓展自己的业务。黑森—图林根州立银行的调查显示，许多外资银行正是出于这样的考虑，专门在此落脚。法兰克福的"跳板功能"十分有利于在英各类金融机构失去"欧盟护照"后无缝地将欧洲区域的业务从伦敦转移出去。

三、法兰克福金融中心在欧元区的作用和对欧洲经济的影响

1993年，法兰克福被选为欧洲中央银行的所在地。法兰克福不承担政治功能，既不是德国首都也不是黑森州的首府，这保证了欧洲央行不受政治意向的驱使，具有独立性。1998年6月1日，作为欧元区的中央银行，欧洲中央银行正式投入运作，与货币联盟成员国的中央银行协同运作，形成欧洲最为强大的超主权金融机构体系。法兰克福从而成为欧元区货币政策的决策中心以及货币政策工具的创新中心，这也大大推动了法兰克福国际金融中心的良性循环和持续发展。

自2009年欧元区主权债务危机以来，法兰克福作为金融中心的重要性日益凸显。2011年，位于法兰克福的欧洲保险委员会（CEIOPS）升级为监管机构——欧洲保险和职业养老金管理局（EIOPA），并建立了为早期发现、预防和控制欧盟金融市场中的系统性风险而创建的机构——欧洲系统风险委员会（ESRB）。此外，自2014年秋季起，欧元区对具有系统性重要意义的大型银行的监管将不再由个别国家监管机构负责，而将由欧洲央行直接接管，由此形成了单一的欧盟银行业监管机制。这使法兰克福金融中心在监管政策上具有了国际相关性。

2014年欧盟委员会成立金融稳定、金融服务和资本市场联盟总局（Financial Stability, Financial Services and Capital Markets Union, FISMA），同年启动资本市场联盟（CMU）项目，旨在为欧盟内部的跨境融资和投资创造一个更深入、更一体化的市场，使欧洲经济更加稳定，更有效地将资金引导到最佳投资领域，并为投资者和企业提供更多的选择。资本市场的一体化需要在不同成员国的政策领域形成统一共识，这包括商业和金融法、税收制度、会计和破产制度等，其难度可想而知。英国脱欧使欧盟更清醒地认识到，一个深度的、流动的和全球互联的资本市场是其未来经济发展的重要助力。欧盟资本市场联盟行动已箭在弦上。

法兰克福经济促进局局长表示，欧盟迫切需要一个新的金融中心，而为了更好地服务国际金融机构，迎接挑战，法兰克福也会加大投资力度、进一步优化城市基础建设。明确的欧盟金融中心定位为法兰克福聚拢了欧盟和德国的金融资源和扶持政策，法兰克福必将在欧盟的金融生态系统中拥有举足轻重的地位。

2021年伊始，英国走入了一个全新时代，正式离开了欧盟单一市场以及关税同盟。自由贸易协议使英欧免予"硬脱欧"局面，也令英国和欧盟之间的经济联系不至于受到猛烈冲击。值得注意的是，英国方面同意给予欧盟金融机构17项"等同准入"，而欧盟仅批准了两项金融服务活动的临时性"等同准入"，涉及欧盟金融机构在伦敦的衍生品清算服务，且有效期仅至2022年6月底。为保证经营的连续性，在英的外资银行纷纷选址欧盟境内金融中心建立法人机构，辐射欧盟内业务，并将部分业务和人员转移欧盟境内，以最低的成本继续服务欧盟客户。在欧盟境内的众多金融中心中，法兰克福凭借800年深厚的金融底蕴，现代化的交通枢纽基础设施和专业化的金融人才，成为外资银行迁移至欧盟的首选之地。德国联邦经济与能源事务部《2020年年度经济报告》中节录，德国一直在努力进一步提高其作为商业和金融场所的吸引力，以使国际金融服务提供商能够在德国定居。除积极吸引银行外，保险和再保险公司、投资公司、金融科技提供商和风险投资公司都成为德国招商引资的目标。

迁徙至德国的金融机构数量显著增长，超过德国联邦金融管理局的预期（45家），法兰克福作为欧盟最重要的金融中心的势头已然显现。德国联邦财政部表示，法兰克福已成为极具吸引力的金融迁徙目的地。据联邦财政部数据统计，自英国脱欧后，已有55家银行或金融服务机构在德国申请营业牌照，获批54家，其中有20家银行成功申请到全能银行牌照。除此之外，另有3家财险公司获得了营业资格。全球系统重要性金融机构都已在法兰克福安营扎寨，将其作为欧盟总部的包括摩根大通、花旗集团、高盛、摩根士丹利、渣打、瑞银集团、瑞穗金融集团、三井住友金融集团等。德国摩根大通更是其中的先行者，早在三年前就已制定了欧盟内部网络布局和资本战略规划，2020年底前将增加核心资本金至167亿欧元，顺利承接来自伦敦的金融资产约2300亿美元，该行将一举跃升为在德第一大外资银行，全德第六大银行。2020年位于法兰克福的德国摩根大通作为欧盟总部，将法国巴黎、丹麦哥本哈根、荷兰阿姆斯特丹、卢森堡和爱尔兰等众多子公司并入管理。根据安永2020年的一项调查，自2016年以来约有1.2万亿英镑的银行业资产从伦敦转移到法兰克福，1万个伦敦金融中心的职位转移至欧盟。高管猎头顾问Global Mind的创始人Andreas Halin预计，英国脱欧引发的金融机构迁徙浪潮仍在继续。第二波迁徙将以企业收并购、公开募股及债券配售为核心业务的投行人员、金融行业专家、金融界法律人士为主，3000~4000名投资银行家不得不离开伦敦转居欧盟。

国际金融机构正将其在欧盟的业务重心从泰晤士河边迁徙至美茵河畔的这座金融城。法兰克福正以迅猛的发展速度追赶纽约、伦敦等国际金融中心，必将成为金融市场上新的坐标。

四、法兰克福国际金融中心与伦敦国际金融中心比较

作为国际金融中心，伦敦与纽约一样，在国际金融体系中拥有特殊地位，法兰克福与其还有差距。据英国智库机构Z/Yen 2018年9月公布的全球金融中心指数，受到"脱欧"影响，伦敦的排名下滑一名落至全球第二，纽约取而代之夺得冠军。2020年全球金融中心指数最新排名仍维持该状况。在国际金融中心竞争力的比拼中，伦敦几乎在所有维度都优于法兰克福，在地理位置、营商环境、金融产业生态及教育等多个方面都具有优势。

据全球金融中心指数GFCI 28，金融业发展水平方面，伦敦居全球第二，法兰克福居第六位。伦敦在产业集群的广度和深度、资本可获得性、市场流动性和经济产出方面优于法兰克福。细分到行业分类指数，伦敦无论是在银行业、投资管理业、保险业、专业服务业，还是在政府监管上都表现出全球顶尖水平。英国金融体量极大，作为由来已久的世界知名的金融贸易中心、离岸金融中心，伦敦金融市场不仅多元化，且极具专业性。与伦敦相比，法兰克福的各类金融业务同样多样且兼顾平衡，但在其发展深度上却不及伦敦。

在涉及政治稳定及规律法规、制度与监管环境、宏观经济环境和税收与竞争成本的营商环境一项，伦敦被评为全球第二，法兰克福居第十一位。如上文介绍，德国稳健的政治风格与总体积极的经济发展环境是受到许多机构青睐的，但严格的劳工保护提高了竞争成本，成为法兰克福作为金融中心的一项弱点。而英国法律体系和机构体系内的金融、法律、咨询服务在全伦敦范围内经历了几个世纪的发展，已经进化得非常先进，这是极其难以取代的优势。

人力资本方面，人才自由流动和再教育至关重要，伦敦居第二位，而法兰克福甚至不在前十五位之列。伦敦拥有绝好的接近高等金融教育人才与研究成果的机会。牛津大学、伦敦经济学院都是世界知名学府，金融市场集团研究中心则是欧洲最领先的金融市场学术研究中心

之一。它们都为伦敦金融城提供了源源不断的专业人才,活跃了相关劳动力市场。相比之下,法兰克福在人力资本方面虽在近年有明显的进步,能够获得当地法兰克福金融管理学院、法兰克福大学以及周边地区名校的支持,但仍与伦敦有一定差距。

欧洲大陆内部往往被低估基础设施的重要性,法兰克福虽然是其交通枢纽与会展中心,优势显著,但与常年来体量大且业务集中的金融中心伦敦相比仍略逊一筹。在伦敦,除金融城本身外,与其针锋的金丝雀码头也被世界公认为城市基础设施建设推动城市更新改造地区产业聚集生态的典型成功案例。基础设施方面,各金融中心如何营造金融科技(FinTech)的发展环境已成为近阶段的热点。

声誉与综合实力方面,作为老牌的全球金融中心,伦敦的城市品牌与吸引力、创新能力、比较定位都是法兰克福在现阶段难以匹敌的。"罗马不是一天建成的",任何体系均有上游、下游以及延伸的服务机构,伦敦金融中心的历史地位是长期积累形成的,其内核绝不仅仅是拥有大量办公楼、人员和金融机构,而是良好的金融软环境——伦敦已具备一种特殊的金融业态。

五、对上海国际金融中心建设的启示

国际金融中心的变迁与全球经济的变迁紧密相关。国际金融中心往往是金融市场的枢纽,既可聚集大量的国际金融资源,又可促进国际资本流动,在全球经济金融发展中发挥着重要的作用。亚太、北美、欧盟三个地区合计GDP和出口总量均占到了全球总量的四分之三左右,是世界经济发展最重要的三个引擎,已形成三足鼎立的局面。以中国经济为依托,覆盖亚洲,辐射全球,在上海建立真正国际化的、开放的、具有全球水平的金融中心是区域经济发展必不可少的重要部分。经过多年的努力,上海已经逐渐形成了多层次、多样化和多元化的现代金融市场交易体系,拥有良好的金融基础设施和风控体系,必将在助力区域经济的发展过程中，凸显其地位和重要性。

法兰克福建设国际金融中心的历史和经验表明，从国内金融中心过渡到国际金融中心的过程中，三个因素起到至关重要的作用：一是把握国际经济金融格局变革机遇，明确国际金融中心定位；二是扩大市场开放、丰富金融产品、提升服务的国际性、丰富性和专业性；三是加强金融基础设施建设，完善法律环境、监管水平和人才政策。

（一）把握国际经济金融格局变革机遇，明确国际金融中心定位

1993年，法兰克福被选为欧洲中央银行所在地后，积极把握国际经济金融格局变革机遇，顺应欧洲"货币一体化"趋势，明确了欧元区国际金融中心的定位。明确的定位推动了政府资源向法兰克福倾斜，中央银行和市场监管机构总部落地法兰克福吸引了大批政策敏感度高、信息需求强烈的金融机构在法兰克福设立区域总部。

后金融危机时代，全球经济金融格局变革暗潮涌动，把握机遇将上海建设成为国际金融中心是大势所趋。但目前，国内经济工作会议的召开地、中国人民银行总部、银保监会和证监会总部均位于北京，四大国有金融机构总部均设立在北京，国际金融组织也倾向于将中国地区总部或代表处设立在北京。虽然在沪国际金融机构占比超过30%，但是其市场参与度较低，上海外资银行资产规模占比仅为10%。国际金融机构参与度较低导致竞争的不充分，遏制了金融服务的创新和升级。

借鉴法兰克福经验，立足中央将上海打造为国际金融中心的定位，切实传达建设国际金融中心的意愿和决心，推动金融决策机构和监管机构落户上海，帮助实现金融机构总部向上海转移。

（二）扩大市场开放、丰富金融产品、提升服务的国际性、丰富性和专业性

法兰克福从国内金融中心升级成为国际金融中心，受惠于欧元作为区域单一货币及国际性货币的优势，也受惠于法兰克福金融市场的开放属性。欧元国际化水平高、使用范围广、使用场景丰富；欧元相关产品在流动性、丰富性、自由度等方面均处于世界领先地位。此外，法兰克福跨国金融机构总部林立，有利于发挥战略协同作用，帮助推动业务拓展、影响力传播和服务水平提升。各金融机构立足法兰克福，积极研究、宣传欧元产品，使市场及时、深入理解欧元市场变化，强化了投资者对欧元的信心，助力了法兰克福国际金融市场的繁荣。

开放不足成为上海进一步向国际金融中心发展的制约因素之一，造成目前国际影响力较弱。从本质上说，人民币国际化程度不高，金融市场准入受限，境内、外资本流通渠道尚不完善。

借鉴国际金融中心建设经验，上海需借力中央对于金融市场开放举措的具体实施，着力扩大市场开放，吸引国际一流金融机构将区域总部设在上海，打造上海成为连接"两个市场"的中心，提升金融服务的国际性和专业性。同时，应致力于拓宽人民币的使用范围，丰富人民币的使用场景，提升人民币及相关产品的交易流动性和自由度，吸引国际投资者参与。通过金融产品及服务的国际化推动上海国际金融中心的建设。

（三）加强金融基础设施建设，优化法律环境、提升监管水平和完善人才政策

近年来，上海的国际化水平突飞猛进，但与各主要国际金融中心相比，仍存在一定差距。首先，金融法律环境还需进一步完善、国际金融法律专业人才缺乏造成服务能力相对较低、涉外金融争议仲裁及涉外金融案件应对水平亟待提高。其次，金融监管机构众多，缺乏有效的协调机制。我国现行的银保监会和证监会分业监管体制有别于德国单一的监管体制，金融控股公司对应多头监管模式成为其面临的挑战。最后，从上海金融人才总量上看，约占全市从业人员总额的

3%。显然，金融从业人员数量与上海国际金融中心快速发展的需求不匹配。在现有的金融从业人员中，在传统商业银行供职的人员占比较高，投资银行、科技金融、互联网金融人才数量极其有限。从人才储备来看，具有国际视野和背景、通晓国际金融法律和国际会计准则的人力不足，将影响上海作为国际金融中心的核心竞争力。

相较上海，法兰克福同纽约、伦敦、巴黎等国际金融中心在法律环境、监管规则、监管水平上具有相似性，交流磋商机制完善，文化认同感强，市场互动频繁，市场联动效果好。同时，法兰克福积极宣传文化包容理念，优化户籍政策，吸引各国金融人才落户法兰克福，共同打造国际金融中心。

上海已具有较为完善的金融市场体系和较高的国际化水平，借力国家上海国际金融中心的定位和开放在岸市场的政策空间，以现代金融科学和技术为基础和引导，建设"金融自由港"，充分发挥国际化优势，必将使"东方明珠"璀璨夺目。

专题 5：
东京国际金融中心发展的启示和借鉴

东京拥有约1400万人口，2018年东京的GDP总量约10220亿美元，仅次于纽约（10300亿美元），位居世界第二、亚洲第一。东京都内聚集了2749家资本金超过10亿日元的大企业，约占日本的46%。东京还作为国际商务中心聚集了超过2300家外资企业，占全国的76%，载入财富世界500强的企业总公司数量位居世界前列。

日本于第二次世界大战后迅速崛起，东京在其中扮演了重要角色，而金融作为经济的润滑剂，又在其中扮演了更重要的角色，日本倾全国之力将各种资源都聚集于此，东京在20世纪80~90年代成为显赫的全球性国际金融中心有其必然性。但除了天时、地利、人和之外，东京成为国际金融中心的发展历史还有值得我们思考之处，在上海构建国际金融中心的过程中可以参考和借鉴。

一、东京金融中心的发展、主要特色及优势

东京金融市场创始于19世纪，20世纪战后历经利率市场化改革、汇率市场化改革和"大爆炸式"金融改革后，日本已建立起一套完整的现代金融市场体系，包括货币市场、外汇市场、股票市场、债券市场、金融衍生品市场等均与国际通行制度规则接轨，交易产品涵盖国际通行的主要金融工具。

（一）金融业概况

1. 金融业在国民经济中的地位

日本金融业在日本经济中的占比为5%~6%的水平，不过2008年国际金融危机后有所下降。东京在日本国民经济中的占比为18%~19%。而金融业在东京国民经济中的占比高达10%以上，高于日本全国金融业5%左右的水平，说明金融业在东京是一个相当重要的产业，也反映了东京作为金融中心在日本全国的地位。

2. 金融从业人员数量和占比

东京金融保险从业人员在35万~45万人的水平，在劳动力人口中的占比为8%左右。在其最辉煌时期，占比达到10%左右，这与金融业占国民经济的比重大体相当。

（二）金融业规模

1. 日本金融业规模

在日本，间接金融长期占据主导地位，银行是金融市场的主力。银行业在金融体系中的地位突出、拥有绝对的话语权。

日本的银行按营业地域、营业性质等因素可以区分为都市银行、地方银行、第二地方银行、信托银行、长期信用银行、外资银行、信用金库和信用组合、农林系统金融机构等不同的形态，都市银行主要覆盖中心城市、大中型企业和海外业务等，而地方银行和第二地方银行则利用灵活多变和扎根当地的特点，重点服务中小城市、中小型企业或小微企业业务。在日本的银行体系中，都市银行起到中流砥柱的决定性作用。日本国内银行和外资银行总资产规模超过900万亿日元，接近GDP的两倍，国内银行的贷款规模与GDP相当。

2. 日本货币市场

我们以短期拆借市场余额、国债回购交易额、离岸市场规模等指标来衡量日本货币市场活跃状况。

20世纪90年代高峰期短期拆借市场余额为45万亿日元，占贷款规模的10%左右，是较为庞大的市场。90年代后期迅速滑落，但如今也保持着约20万亿日元的余额规模，交易量之大可见一斑。日本国债回购市场的余额规模高峰时期达到接近40万亿日元的水平。日本票据市场交易活跃，20世纪80年代末至90年代初交易额高达4000万亿日元的水平，而且东京占比接近85%，无疑凸显了其金融中心的地位。日本离岸市场也是货币市场的重要组成部分，其设立于1986年，与国内市场分离，在国际金融交易领域享受一定的优惠。近年来日本离岸市场规模逐年明显上升，离岸账户资产余额约100万亿日元。

3. 日本资本市场

日本的股票市场主要包括东京证券交易所、大阪证券交易所、名古屋证券交易所和JASDAQ证券交易所等。其中，东京证券交易所是日本最大的综合证券交易所，不但在成交金额方面占绝对主导地位，而且交易产品涵盖股票、债券、ETF、REITs、期货、期权交易等多种品类。其股票市场分为第一板市场、第二板市场和母板市场，第一板是其主要市场，活跃度高，成交集中。截至2020年年末，包括第一板市场、第二板市场和母板市场在内的东京证券交易所总市值700万亿日元左右，超过日本名义GDP的规模。

在20世纪八九十年代股市疯狂时期的换手率并不高，反而是进入2005年之后换手积极，到2008年曾高达203%，说明资金在股市中相对活跃。金融危机后换手率有所下降，但到目前为止仍能维持122%的年度换手水平，较八九十年代要高出一倍多。

从有可比数据的1998年以后来看，从融资金额来看，2009年的峰值曾达到6万亿日元，此后逐年缩减，维持在2万亿日元左右。从融资方式来看，IPO是最普遍的融资方式，但权证和股票期权融资家数是最多的。

东交所的债券融资规模要明显优于股票融资规模，保持在8万亿日元的水平，1998年亚洲金融危机之前曾高达14万亿日元出头的高峰。从融资方式来看，普通债国内发行是最普遍的方式。

东交所主要的金融衍生品有股指期货、国债期货、股指期权、个股期权、国债期货期权等。其中，国债期货以及与其相关联的国债期货期权在衍生品市场上占据绝对优势。

4. 日本债券市场

日本资本市场中的主力即债券市场与股票市场相比，市场发达程度高，较具特色。日本的债券品种很多，包括国债、地方政府债券、政府担保债券、财投机构债券、金融债券、武士债券、公司债券、资产支持债券、可转换债券以及私募债券等，投资者涵盖所有参与拆借市场的金融机构及投资信托、债券经纪商、互助协会、各类公司、国内外居民等。

日本国债发行从20世纪70年代末期起步，到2000年之后飞速发展、发行量和规模急速扩张，而且丝毫没有减速迹象。到目前为止，年发行额维持在800万亿日元左右的规模，余额接近1000万亿日元，较其股票市场市值要高出近一倍。主要原因是从20世纪90年代开始日本政府实施了积极的财政政策，持续扩大政府投资，从而使得日本政府发行的国债规模不断扩张，由此日本债券市场也逐渐发展成为仅次于美国的全球第二大债券市场，其经验值得借鉴。

日本债券的交易场所包括店头市场和交易所市场等，交易方式包括现券买卖、回购、债券借贷和带选择权交易等。从1989年5月开始，伴随"大爆炸式"金融自由化改革，日本债券卖空交易解禁，债券借贷交易随之推出，当前交易相对活跃，交易产品以隔夜和有抵押品交易为主。

5. 日本保险市场

日本产险业在20世纪90年代末期腾飞，步入2000年以后继续发展，但2008年国际金融危机对其影响较大；日本寿险业明显受制于日本人口老龄化的影响，自90年代后期就步入下降通道。但是，虽然日本老龄化问题在20世纪90年代后日益严重，但寿险公司却仍层出不穷，寿险公司家数明显超越产险公司是在2000年之后。

6. 日本外汇市场

日本的外汇市场在全球的地位很高，自1998年4月修订版《外汇及外国贸易法》实施后，日本所有的金融机构、企业和个人均可以自由买卖外汇，不再强制要求伴随实际购汇需求，有力促进了日本外汇市场的进一步活跃和发展。日本的外汇交易主要集中在东京，特别是日本放开外汇管制后，东京外汇市场交易体量逐年扩张，目前与纽约、伦敦外汇市场共同构成全球三大国际性外汇市场。外汇市场交易额的两个峰值分别出现在1990年和1998年，两次危机虽然抑制了部分外资的涌入，但危机的影响有限，外汇市场的活跃度一度维持在平衡水平。

（三）金融业的国际化状况

1. 银行业国际化程度

日本的外资银行总资产规模在1998年顶峰时期不过60万亿日元的规模，在日本银行业中的占比不足8%。2008年国际金融危机后外资银行撤离的脚步很坚决，目前外资银行总资产规模在36万亿日元左右，占比不到4%。这显示出外资银行在当地金融业中扮演的角色并不重要。从贷款规模来看，外资银行贷款规模在顶峰时的1990年达到11万亿日元，在日本银行业整体中的占比仅有2.5%，目前这两个数据分别下降到5万亿日元和1.1%。这充分说明东京作为国际金融中心，外资在其中起到的作用非常弱。

2. 股票市场国际化程度

在东交所上市的外国公司数1990年达到峰值时也仅有125家，而同一时期第一板上市公司总数为1191家。20世纪90年代后随着日本泡沫经济的破灭，外国公司纷纷离开东京，上市公司数一直在减少，到目前为止只有12家，而东交所第一板上市公司当前却高达1858家。这充分说明东交所对外国公司的吸引力随着其国际金融中心地位的下降而迅速削弱。

3. 债券市场国际化程度

与股票市场相比，债券市场却是另外一番景象。一是相比股市，外国人对债市的兴趣要高得多，无论是日本在国际市场上发行债券还是外国在日本市场发行债券，20世纪90年代以来都维持在3万亿~4万亿日元的规模，说明国际投资者对其债券市场的认可度较高。二是日本在国际市场发行债券的规模从90年代之后有一个明显的下降，只维持在3万亿日元的水平，没有太大增长，但外国在日本市场上发行债券的规模却在2000年后步入稳步增长的通道，虽然两者的规模相当，但后者增长趋势明显。这也从一个侧面很好地印证了日本债券市场发展强劲的事实。

二、上海成为国际金融中心的主要差距及东京的启示

（一）经济是最关键的基础，而金融业必须超常规发展

东京之所以能够成长为国际金融中心，与东京的雄厚经济基础和巨大经济体量密不可分。东京在日本全国GDP中的占比维持在15%~20%，且近年来经济和人口向东京集聚的效应还在逐渐增强，这为东京成为国际金融中心夯实了经济基础。与此同时，东京及周边区域是日本最为活跃和重要的经济带和工业中心，即便近年来东京国际金融中心的地位有所衰落，东京的庞大经济体量仍对东京保持全球重要经济中心地位起到重要作用。

上海的金融业在GDP中的占比较高，为上海建造国际金融中心构建了一个好的基础。上海在当前的格局下必须从经济和金融两方面入手，才能为打造国际金融中心提供强有力的基础。而金融的提升尤为迫切，一是国际金融中心的构建必须以发达的金融业为基本条件；二是全国金融业都在蓬勃发展的背景下，上海要显示比较优势就要以更

快的速度发展,不要错失良机。当前上海发展金融业的举措必须是大力度超常规的,这样才能巩固上海现有的在全国金融业中的地位,才能进一步增强金融业在全国乃至全球的竞争力。要确立金融业发展的重点地位、方向,将其突出到战略高度才行。

在大力度发展金融业的同时也要警惕经济的"空心化"、金融泡沫的过度化风险。20世纪八九十年代东京繁盛时期,日本一味维持宽松的流动性和错失金融改革良机,最终导致经济"空心化"的教训是深刻的。如果没有实体经济的支撑,再强大的金融也只是空架子。

(二)打破政策制约、充分放开管制要及早及时

从东京的发展历程可以看到,垄断的金融体系在一定时期起到了合理的作用,例如在百废待兴的第二次世界大战结束后,采取"护送船团"式的垄断金融方式造就了日本经济的快速腾飞。但过度的垄断造就的只是日本银行业的强大,形成了战后日本所谓"银行不倒"的神话,但却阻碍了优胜劣汰,降低了市场对落后主体的出清作用,影响总体经济运行效率。

从日本经验来看,必须适时果断推行金融市场改革,限制垄断的扩大,一旦错过时机将事倍功半。虽然在泡沫后期日本已意识到金融改革的紧迫性和必要性而加速推进改革,但垄断造成的僵局已经积重难返,日本版的"金融大爆炸"改革也难以看到根本性改革效力。

虽然日本版的"金融大爆炸"改革没有取得预期的成效,但其理念值得上海借鉴。首先,市场化理念以及促进行业和跨国竞争的举措值得学习。其次,应在推行金融市场化改革的同时照顾弱势群体利益和需求。最后,要不断提高监管的透明度,并加强与市场主体的对话,明确说明部分领域暂时不便放松管制的原因。

(三)充分利用人才优势

东京之所以成为国际金融中心,人才优势形成重要支撑。广义东

京圈人口约3800万，占日本总人口的三分之一，东京是全球规模最大的都会区，也是亚洲最重要的世界级城市。日本的资本金在50亿日元以上的公司有90%都集中在东京。坐落在东京的大学占日本全国大学总数的三分之一，在这些大学就读的学生则占全国大学生总数的一半以上。虽然日本总体人口在减少，但由于人口向东京的集聚效应还在不断增强，东京的人口总体仍保持增长态势。

据联合国经济社会局的报告，上海拥有的人口数量在当前和2030年都排在全球第三位。上海有多所高校，而且周边城市也可以产生类似东京都市圈的人才集聚效应，上海并不缺乏足够的人才储备，如何将人才优势发挥出来才是上海持续发展重要和紧迫的问题。

（四）确立金融业的发展重点，不平均发力

最值得借鉴的是东京发展债券市场和金融衍生品市场的经验。虽然东京债券市场的繁荣与日本政府的大规模财政扩张政策密切相关，但一级市场的大规模发行还必须依赖二级市场的活跃的交易流通，东京债券市场的不断发展受益于日本政府对债券市场实施的一系列自由化改革。例如1977年金融机构获准在二级市场出售国债；缩短此前规定的银行出售政府债券前必须持有的期限限制；银行可通过网点柜台向个人代理销售国债；不断探索丰富政府发行债券的期限结构；市场化的发行利率和发行条件；国债价格的自由浮动机制等。1989年5月伴随"大爆炸式"自由化改革，日本债券卖空交易解禁，进一步提升交易活跃度，目前交易产品以隔夜和有抵押品交易为主。东京在发展衍生品市场方面也有很好的经验值得上海借鉴。东京成立新的东京金融交易所来拓展衍生品市场，而不是完全依赖原有的证券交易所，从而赶上了全球金融衍生品大发展的好时代。东京借助发达的债券市场和金融衍生品市场减慢了其国际金融中心下滑的速度，这两个市场的发展功不可没。

对上海的启示是，不能对所有金融领域平均发力，而是要根据优势来重点突破。例如，借助上海自贸区开展混业经营改革、离岸人民币业务试点，以此为试点和突破口推动金融业的自由化和市场化，提高上海金融业的规模和竞争力。

（五）对外开放的同时也要对内开放，并鼓励金融业并购

与东京作为国际金融中心不相称的是，外资在当地的占比和活跃度并不高。虽然日本政府采取一系列自由化改革措施，从制度上放松了外资进入日本市场的限制，但受文化和经营习惯等的影响，现实中外资深度介入当地市场仍面临较大障碍。即便如此，东京依然成长为国际金融中心，其中的重要因素之一是通过一系列市场自由化改革释放了国内市场主体的活力，使其充分参与到交易当中，促进了东京金融市场的不断繁荣和发展。

从巅峰沉落后的东京之所以能够在2008年国际金融危机后重新站起来，依靠的就是国内资本的力量。日本版的"金融大爆炸"虽然来得晚了一些，但对国内资本的活跃却产生了激发作用。第一，活跃资本市场，加速资本流动。随着证券交易成本的下降，国民有了更多运用金融资产的自由，外汇管制撤销后资本可以自由流出国外，也提高了资本的利用效率。第二，资本的活跃还全面加剧国内外各种金融机构的竞争。各种金融、证券机构在价格水平、服务质量以及信息提供等方面展开了激烈竞争。僵化的金融企业在金融地产泡沫破灭后的压力下无法适应而倒闭，大规模并购重组带来竞争力和抵御风险能力、经营效率的提升。

对上海的启示：一是推动大型商业银行通过并购重组，培育国际化的大银行；二是减少政策障碍，提供更多的自由空间，减少政府干预，促进商业银行间并购重组；三是适时开展混业并购，放松或解除银行、证券和保险的分业限制。

三、东京国际金融中心地位减弱的原因

（一）日本经济发展背景

第二次世界大战后，从1945年开始日本用了十年时间恢复经济，此后随着朝鲜战争爆发，日本成为美军军需和后勤服务基地，进一步促进了日本工矿业发展。日本大力引进外国技术，更新设备，在钢铁、电力、造船、石油化工、汽车、家用电器等行业新建了一大批新兴企业，日本进入"重工业"阶段。1955—1972年是日本经济高速增长时期，年均增长9.7%，快速缩小了日本与欧美各国的差距。1965年10月至1970年6月，日本经济持续出现了57个月的繁荣，平均经济增长率达到11%。

然而，1973年和1979年爆发的两次石油危机导致国际油价上涨，引发日本国内物价飞涨，日本经济陷入滞胀，迫使日本不得不对国内经济金融业进行改革，以振兴经济。一方面，日本加大国内投资力度，对原有产业结构进行大规模调整；另一方面，在20世纪70年代后期至80年代中期推动了以利率自由化、金融机构业务自由化和金融国际化为标志的金融自由化改革。通过一系列改革，政府大规模放宽了对外汇、银行业、资本市场和货币市场的管制，对东京金融市场的发展奠定了基础。

（二）日元升值的影响

1985年的广场协议之后，日元升值如脱缰之马，美元兑日元汇率由1美元兑250日元变成1美元兑80日元，一方面日本经济在日元升值过程中受到沉重打击，另一方面日元升值效应驱动资本对日本某些或大多经济领域造成过热的情况，也为日后经济泡沫埋下了隐患。

为了应对日元升值带来的负面影响，日本政府大胆采取了宽松的货币政策，持续降低官定利率，截至1987年2月，已降至历史最低值的2.5%，而且日本将此利率维持到1989年5月，时间长达27个月。但实际上日本经济从1986年就已经恢复增长，在超低利率条件下，巨量资金

被投向房地产市场和股票市场，并吸引热钱不断涌入，导致价格呈螺旋式上升。1989年底顶峰时的日本股市市值达到611万亿日元，是当年日本GDP的1.5倍。1987年经济为上升阶段，市场本已处于投机盛行时期，但日本政府和央行未能在维护汇率稳定和防止经济过热以及保障海外资产价值等方面采取有效而正确的应对措施，最终对低息和积极财政政策的放任酿成了泡沫经济的不断膨胀。

（三）紧缩的货币政策来得太快

1989年日本经济已全面步入泡沫之中，从5月开始，日本银行开始通过提高官定利率抑制泡沫的膨胀。从1989年5月至1990年8月，官定利率从2.5%一路连续上调至6%，同时央行要求金融机构严控对不动产相关的新增贷款，到1991年银行实际已停止向不动产行业的新增贷款发放。从1992年开始征收土地持有税，进一步打击了对土地的投机。日本被迫过急、过快紧缩信贷，导致实体经济和虚拟经济的泡沫迅速破裂，从此日本经济陷入了长期低迷、不景气的状态。尤其是日本的银行业遭受了股价和地价暴跌的双重打击，背负了大量的不良债权，陷入了严重的经营危机。此外，1998年和1999年日本经济出现了自高速增长期和泡沫期及其破灭以来首次连续两年的负增长，由此，全球500强中的外资银行开始撤离东京或缩小业务规模的动向。外资银行的撤离，很大程度上表明东京国际金融中心地位的下降。

（四）新的改革措施也不能完全扭转其衰落格局

日本从1996年开始效仿英国研究金融改革，并于1997年推出被称为日本版"金融大爆炸"的金融改革方案，把自由、公正和全球化作为总指导原则，内容涉及扩大投资者和融资者品种选择、提高中介机构的服务质量、建立便利的交易市场以及制定可信赖的、高度透明、公正的框架和规则四个方面。此次改革修改了现行法律如《银行法》《外汇法》《证券法》《保险法》等，并制定了新法如《金融服务法》《投资者信用保护法》，撤销了有关行业管制条例，如分业限制、长短期资金业务限制、外汇交易限制等。

日本的这次金融大改革是在日本经济泡沫破裂、实体经济和虚拟经济同时受到严重打击之后，为了拯救日本经济，重新提高国际经济金融地位的一次补救。但是，由于原来的经济泡沫过于巨大，泡沫的破裂已经给日本经济带来无法挽救的创伤。所以，这次金融大改革只能是一次日本经济的反弹，无法扭转日本经济实力的衰退，更不能够让东京回到往日国际金融中心的辉煌。

四、在亚太地区，东京国际金融中心不如新加坡有影响力的原因

虽然日本的GDP在全球排名第三，但其金融市场国际竞争力指数却只排名第16位（据World Economic Forum）。东京在全球国际金融中心中的排名不及纽约、伦敦、香港、新加坡和上海，仅排名第六（据Z/Y Group）。作为国际金融中心，东京排名的下滑或有以下因素。

一是日本税率过高。香港和新加坡的法人税率分别为16.5%和17%，个人所得税最高税率中国香港为17%、新加坡为20%。而且个人的投资让渡收益和分红不用缴税，法人的投资让渡收益原则上也不用缴税。而日本的实际有效税率为30.62%，个人所得税最高税率为45%。而且，原则上让渡收益和分红均须缴税。日本的高税率导致在东京开展金融业的成本高昂，直接导致金融法人及金融人才流失。

二是金融从业人员收入水平相对较低。过去30年，虽然东京金融机构从业人员的收入水平有了相当大幅度的提升，但相对其他国际金融中心收入水平明显较低。由于日本社会文化普遍崇尚均富，最高管理层与普通从业人员的收入水平差距较其他发达国家较小，限制了金融行业高管的薪酬水平。

三是英语普及程度相对劣势。虽然日本国民的受教育程度普遍较高，但不可否认的是，英语在日本的普及程度以及金融从业人员的总体英语水平相对较低，这也限制了东京作为国际金融中心的发展。

专题6：
新加坡沙箱监管模式的启示与借鉴

新加坡金融管理局自2016年以来陆续推出金融科技监管沙箱和快捷沙箱制度，对促进市场创新活力和探索优化金融科技创新监管机制方面进行了有益的探索。尽管申请和入箱企业数量较少，但其顶层规划、监管理念、制度流程设计、消费者保护机制和具体运行经验等，对于我国完善市场基础设施和促进金融科技创新及防控风险方面具有一定的参考意义。主要启示包括：明确金融科技监管主体和监管边界、完善消费者保护机制，加强国际交流合作、探索突出区域特色的主题沙箱等。

一、政策背景

近年来，由于海事航运等传统优势领域的市场环境低迷以及全球数字经济加快发展的趋势，新加坡政府提出将发展金融科技作为推动国际金融中心发展的重要支撑和动力，规划并实施一系列金融科技发展策略。其中设立监管沙箱是新加坡推动国际金融科技中心建设的关键举措之一。

1. 加强顶层设计规划。早在2015年，新加坡金融管理局（以下简称金管局）便提出了打造智慧金融中心的目标，将数字和移动支付、身份验证和生物识别、区块链、云计算、大数据、人工智能、应用程序接口、先进传感和网络安全作为重点发展领域。2017年金融业转型蓝图中，金管局正式提出从人才、身份验证、付款、数据管理、应用研究及创新平台六个方面推动新加坡金融科技中心建设，措施包括加大监管引导和支持、建立完善金融科技生态、打造领先的金融科技投融资中心、提升底层技术研发等。

2. 主动调整监管框架。为适应和推动金融科技发展，新加坡金管局积极调整监管框架，包括：简化支付等领域创新的监管流程；明确安全云计算的特定准则；完善监管组织架构，通过设立金融科技和创新团队、成立金融科技署，专项管理金融科技相关业务；积极采用监管沙箱和快速监管沙箱。

3. 建立面向区域和全球市场的开放包容性创新机制。受限于新加坡本地的市场纵深和规模，新加坡定位于成为区域及全球金融科技中心，欢迎来自世界各地及各领域的金融科技企业和金融机构，以新加坡为孵化器和试验田，开发面向区域和全球市场的创新产品服务和业务模式。在该导向下，新加坡金管局持续加强与其他金融科技中心的合作，为跨区域试验和推广夯实基础。

截至2020年末，新加坡金管局已与近30个国家和地区的金融监管机构签署了近40项金融科技合作协议。同时，设立金融科技国际咨询专家委员会，并联合多国监管机构成立国际金融创新网络（GFIF）、与IFC合作建立东盟国际金融创新网络（AFIN），探索类似跨境监管沙箱的模式，允许创新公司在多个司法管辖区内试点测试创新金融产品或业务模型。

二、运作机制

1. 监管理念

优化金融创新监管，提升竞争力。新加坡金管局的监管理念可概括为"四位一体"模式，即不缺位、不越位、及时到位、持续在位。具体来看，一是确保市场创新活动始终受到适合其发展阶段的监管，维护经济金融安全；二是确保监管始终不能领先于创新，避免遏制创新活力；三是坚持实质性和适配性原则，确保在创新活动产生显著风险时，受到及时的监管约束，强调监管行动必须和相关创新活动所构成的风险成比例；四是强调监管的专业性和与时俱进能力。监管具有多重角色，既要鼓励创新，又要时刻防范创新带来的潜在重大风险。因此，在为市场创新提供充分支持的同时，新加坡金管局也将自身置于市场创新前沿，深入参与创新项目的全流程环节，把握新科技脉搏并研判潜在风险，从而提出更具前瞻性和务实性的监管政策以及持续优化市场基础设施。科学完善的监管理念已成为新加坡打造金融科技创新核心竞争力的关键。

推行基于业务种类的差异化监管。针对金融科技创新所面临的新型风险，例如大数据分析的网络隐私安全风险、数字货币或移动支付的身份验证风险、网络金融募资平台的欺诈风险等，并不适合与传统金融行业采取完全一致的监管方式。因此，新加坡金管局在金融科技监管方面采取了与资本市场活动监管相类似的理念，即基于业务种类（activity-based）的监管模式。通过对不同类型机构和技术进行评估，在充分考虑其在金融市场应用中的优缺点与发展前景后，再慎重制定相对应的监管政策。

监管沙箱准入要求体现宽严并济。为鼓励创新活动，新加坡金管局针对监管沙箱采取了相对宽松的准入要求和监管标准，给予较大弹性空间。与此同时，坚持底线原则，绝不放松对合规反洗钱、个人信息保护等强制条款方面的要求。金管局指出，推出监管沙箱的主旨是为创新理念提供良好的发展空间，监管沙箱的目标不是完全杜绝失败，而是要确保产品和创新的实验过程不会对市场和消费者造成显著负面影响。在沙箱实验通过之后，新加坡金管局将要求该企业和产品必须完全遵守一切相关的法律法规要求，与其他企业一视同仁。

专表6-1　沙箱监管要求

强制条款	非强制条款
客户信息的保密	资产管理要求
诚实与正直的要求	董事会组成
第三方托管客户的资金资产安全	现金余额

续表

强制条款	非强制条款
反洗钱与反恐怖融资	信贷评级
	财务稳健性
	偿付能力及流动性

根据金管局的目标,在监管沙箱中,参与实验的企业和监管部门应建立良好的沟通机制,通过及时有效的沟通和交流,帮助企业清晰准确理解监管理念与要求,有利于后续产品和服务研发的稳妥合规推进。监管部门则躬身入局,及时把握市场前沿动向和各项痛点挑战,确保监管及时进行有针对性地指引管理,有效降低监管沟通和市场开发成本。

监管沙箱实行严格的消费者保护机制。新加坡监管明确提出要求入箱企业确保消费者的各项合法权益,一是确保消费者充分知晓相关事项,并充分披露相关潜在风险。二是在实验的范围、产品受众、交易额和交易量等方面进行限制。三是规定项目在实验期间必须有明确的风险控制方案,失败退出时必须偿付消费者的所有相关损失,并提供有效的清退解决方案,防止风险外溢。四是监管密切关注市场情况,对于利用新加坡监管沙箱进行虚假宣传的企业和项目进行及时公示和提醒。通过以上多种风险警示和管控措施,为监管沙箱构筑了有效的防火墙机制,明确了参与企业的风险控制责任,最大限度地保护消费者权益。

2. 评估标准

新加坡金管局提出以下准入标准和要求。

一是项目须具备创新的技术,或以创新的方式使用现有技术,区别新加坡市场内现有的产品和服务,填补市场空白。二是能切实解决现实问题,给消费者和行业带来实实在在的益处。三是须具备可推广性,包括申请人在新加坡市场广泛实施该方案的意向和能力,若项目在新加坡市场不具备推广意义或较难实现，则将鼓励该项目的负责企业考虑开发其他在新加坡市场适用的金融产品和服务，通过其他方式继续为新加坡金融发展作出贡献。四是须明确沙箱的测试场景和测试的预期效果，金管局要求沙箱参与企业必须进行充分的尽责调查，并按计划定期向新加坡金管局汇报实验项目的进展。五是明确规定沙箱实验的边际要求，确保测试在消费者权益和行业安全得到充分保证的前提下进行。六是对风险进行评估与缓释，参与企业必须充分评估风险并提出相关风险缓释建议。七是项目终止后的退出机制，无论是计划停止还是成功完成测试向市场正式推出，企业须提前准备好退出和过渡策略。

3. 申请和测试流程

新加坡监管沙箱的项目流程具体包括申请、评估和实验三个阶段。首先，在申请阶段，申请企业应当就具体项目创意向金管局提交申请材料，并与金管局沟通具体的相关细节等问题。接下来，金管局将对申请企业的相关构思和所提供的材料进行全面的可行性研究，如果审核通过，则将于21个工作日之内通知有关企业可以参与监管沙箱。其次，评估阶段，申请人可与金管局协商后对产品或服务方案进行调整并重新提交，所需时间取决于申请材料的完整性、项目的复杂性和可能涉及的监管法规要求。如果该项目在评估阶段被认为不符合监管沙箱的设立目的或未达到评价测试的标准，金管局将正式通知企业评估结果以及评判理由。在此阶段被拒绝的企业或项目在整改后仍可继续申请进行评估认证。最后，实验阶段，在此阶段企业将正式被批准进入沙箱进行业务实践，前提是须明确告知客户该项目正在进行监管沙箱的测试，进行充分的风险提示。

申请企业在监管沙箱实验期间，有权对自身的测试产品或业务进行结构性或较大的调整，但须至少提前一个月向金管局提出正式申请，同时提供调整原因和业务方案。在等到金管局的批复同意后，企业便可进行相关调整并继续参与实验测试,金管局可能会根据情况适当将该项目的实验时间延长以进一步观察评估。若最终沙箱实验得到通过,项目可在新加坡市场进行更大范围的推广和应用。

在沙箱实验过程中,新加坡金管局针对不同的申请企业有的放矢地降低相应的监管标准。例如,资产管理、国际汇款和货币兑换业务在沙箱期间可以豁免新加坡金融业争议调节中心(FIDReC)的争议解决机制要求;保险公司在沙箱期间可以豁免新加坡存款保险公司(SDIC)的"保单持有人保障计划"(Policy Owners' Protection Scheme);保险经纪公司则可以豁免RBC2等部分保险行业相关的法规要求等。

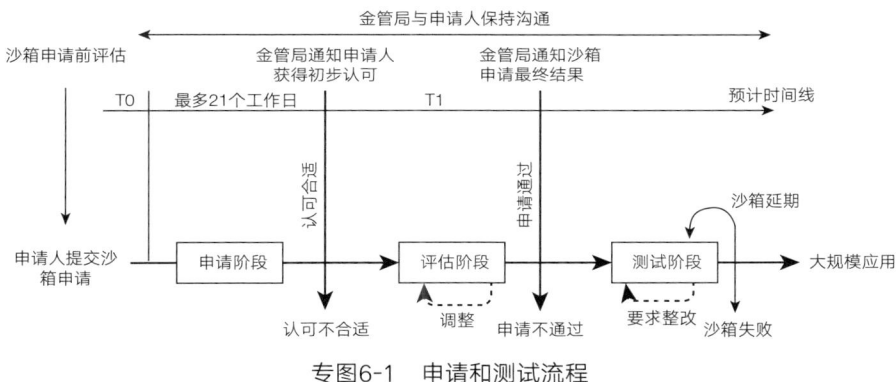

专图6-1　申请和测试流程

4. 退出机制

沙箱实验可能在五种不同的情况下停止并退出:一是在当前最新的沙箱场景下,实验项目无法达到参与企业与金管局所协商设定的预期目标。二是参与企业在沙箱监管实验期限结束时仍无法完全符合相关法律法规要求。金管局对此也给出较为宽松的要求,鼓励相关企业尽早与金管局沟通延长时限。三是金管局在测试中发现缺陷,且沙箱参与企业也认为该问题在沙箱期限内不能解决。四是参与企业在沙箱监管实验期间内违反任何必须遵守的监管政策或法规要求。五是沙箱实验参与企业自行决定退出并已通知金管局。根据新加坡金管局的规定，监管沙箱的参与企业在停止或退出实验时，必须确保已经完全履行了其在沙箱实验阶段中对客户承诺的所有的金融服务义务。

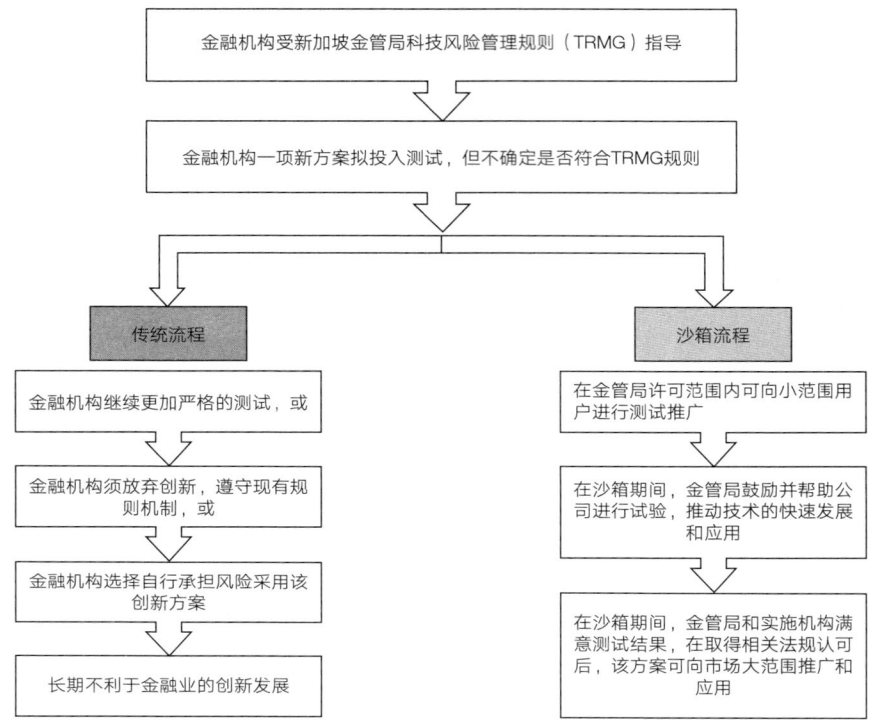

专图6-2　传统流程与监管沙箱比较

5. 快捷沙箱

2019年8月，在总结前期经验的基础上，金管局推出"金融科技快捷监管沙箱机制"（Sandbox Express），作为现行沙箱的一项补充措施，针对创新风险相对较低、业务模式相对简单的企业提供更快捷的选择。包括保险经纪服务、汇款业务以及公认的市场运营商业务三类。由于新加坡《货币兑换和汇款业务法》（Money-Changing and Remittance Businesses Act，MCRBA）已在2020年1月28日生效，替代此前《支付服务法（2019年版）》（Payment Services Act 2019，PS Act），金管局宣布于2020年1月7日起停止接受汇款业务对快捷监管沙箱的申请。

快捷沙箱针对各项业务均设定了预定义的范围和监管要求等，获准机构必须遵守所有预设的监管豁免条件、信息披露要求，并定期向金管局进行进度报告（每两个月一次；沙箱计划结束后提交终期报告）。快捷沙箱时长最多可达9个月，为企业发现和克服潜在业务与技术挑战提供充足的时间，为更好地退出沙箱计划、走向市场做好准备。同时，金管局也将有机会解决潜在的监管问题和矛盾。

快捷沙箱的申请流程较为清晰简洁。借助标准化信息披露和预设规则，快捷沙箱允许初创企业在提出申请的21天内获知审核结果，并在获批后开展产品或服务测试，但金管局不允许一家企业同时申请常规沙箱和快捷沙箱资质。对于业务模式较为复杂的申请，金管局会在收到申请后的21天内对其进行答复，并按照常规监管沙箱而非快捷沙箱的条例要求对其进行审核。此外，金管局针对所有提出申请但未被批准的企业都设立了3个月的冷静期。在此期间，金管局不会受理来自该企业的沙箱资质申请，该措施也是确保企业能够进行全方位的尽职调查，明确自己的价值定位，为后续申请做好充足准备。同时，如果获准进入沙箱的企业没有按照快捷沙箱的要求进行运作，金管局有权撤回其沙箱实验的资质。快捷沙箱的推出进一步体现了新加坡政府在金融科技监管中的大胆创新和精细化管理。

三、运行情况

根据最新可查数据，截至2019年末，监管沙箱推出以来已经为超过250家金融科技企业提供指导；截至2018年3月，金管局共收到约40份正式申请；截至2021年1月末，累计13家企业获批进入沙箱，平均每年3家。目前11家企业已完成测试，其中9家成功获得金管局牌照、2家实验失败。成功企业包括亚洲首家受监管的数字化证券交易所（iStox），新加坡首个互联网货币兑换商（Thin Margin）等。目前正在进行测试的企业仅有两家。

专表6-2　监管沙箱及快捷沙箱项目情况

序号	公司名称	成立时间	入箱时间	核心技术	公司业务	试验结果
1	PolicyPal	2016年4月	2017年3至8月	人工智能	数字保险经纪人、豁免财务顾问	成功
2	Kristal Advisor	2017年4月	2017年8月至2018年8月	人工智能	基金管理、豁免金融顾问	成功
3	Thin Margin	2016年10月	2017年11月至2018年7月	互联网+	境内货币兑换	成功
4	Transfer Friend	2014年5月	2018年1月至5月	互联网+	跨境转账	失败
5	Metlife (Lumenlab)	2015年7月	2018年7月至2019年3月	区块链	保险产品创新解决方案	成功
6	Inzsure	2016年6月	2018年11月至2019年10月末	区块链	为客户筛选全球范围内保险公司的保险方案并进行评估	失败
7	ICHX Tech	2017年12月	2019年5月至2020年1月	区块链	为数字化证券提供发行、结算、托管和二级交易等服务	成功
8	iSTOX	2017年	2019年5月至2020年2月	区块链	采用DLT技术帮助企业通过代币型证券筹集资金	成功
9	BondEvalue*	2016年	2019年10月至2020年10月	区块链	专注亚洲债券市场的电子交易所	成功
10	Propine	2017年11月	2019年11月至2021年1月	区块链	为基于区块链的数字资源提供存储解决方案	成功
11	SynOption*	2018年4月	2020年1月至12月	大数据	电子外汇期权交易平台	成功
12	HGX	不详	2020年6月至2021年4月	区块链	私募市场的投资平台，提供在数字市场上的跨境交易	进行中
13	ECXX Global*	2016年	2020年8月至2021年5月	区块链	为企业提供电子支付和数字令牌科技	进行中

注：*为快捷沙箱项目。

相比于市场各类机构对监管咨询的广泛响应，以及横向比较英国等市场情况，新加坡监管沙箱较低的申请率在一定程度上表明：通过降低监管标准将项目投入市场的监管沙箱是新加坡监管层面的保底机制。在实践中，监管更倾向于为市场建立有效的促进性监管政策，考虑不同行业和技术的特点采取基于具体"业务种类"的监管模式，并鼓励企业充分了解现行监管政策并提出相应的适应方案。同时，意向机构也普遍较为审慎，不轻易通过降低准入门槛的方式进入市场。此外根据金管局披露，申请或咨询的企业中很大部分并不需要监管豁免，因此无须进入沙箱。另外，监管沙箱的准入标准较为灵活，金管局会根据具体项目情况鼓励参与企业在金融创新和确保风险可控之间做好平衡，为监管沙箱针对不同产品或服务的具体政策保留充足的调整空间。但这也在一定程度上增加了企业理解把握监管沙箱各项要求的难度。

总结来看，新加坡沙箱监管体现了四方面的创新，一是主动提高评估的清晰度，除了明确各类申请和入箱标准外，金管局还通过举例说明其所期望的各类创新技术和经营标准，便于企业对照参考。二是适当提高监管的灵活性，通过在一定程度上放宽参与沙箱实验的企业的评估条件，制定更加具体的指导方案，并同时积极接受来自参与企业的意见反馈，为申请企业在沙箱监管期间预留充足的改进空间。三是积极提高监管机构和企业互动。在沙箱互动和交流反馈期间，金管局可及时掌握前沿信息并调整监管政策，创新企业也能尽快了解政策并按照规定改进产品和服务，最终实现金融科技创新和有效监管的相互促进。四是金管局鼓励金融科技初创公司与金融机构合作，从而使金融科技创新方案能够凭借大型金融机构的支持，在确保合规性的前提下广泛地投入市场中应用。

在监管沙箱等政策的支持推动下，凭借良好的基础设施和商业环境，新加坡已经成为东盟金融科技中心。根据新加坡科技协会的报告数据,截至2020年年末,新加坡金融科技企业数量已经超过1200家,占东盟地区金融科技企业总数的44%;占东盟地区金融科技总投资额的42%。目前全球机构在新加坡设立的金融科技创新实验室已经超过40家。

四、政策建议

1. 明确金融科技监管主体和监管边界。监管理念方面,从"居中"监管向"从旁"监管转变,从机构监管向功能监管转变,从规则导向向包容监管转变。以市场创新质效提升为目标,以优化配置资源为核心,以确保消费者权益和防范风险为底线,进一步优化监管框架。梳理目前金融科技创新的细分市场与行业特点,有针对性地制定差异化监管方案,明确各类产品、服务、技术的监管边界,提升监管政策透明度的同时强化不同领域的风险隔离。适当增加监管的弹性空间和容错空间,借鉴实质性和适配性原则,允许市场主体在一定范围内试错和纠错,营造有利于公平竞争、宽严并济的监管环境,做到监管不越位、不缺位。强化市场约束,建立有效监管协调机制,加强信息披露制度和信息共享机制平台建设。

2. 完善消费者保护机制。金融科技创新可能在短时间内突破传统的市场运作模式,带来颠覆式的影响。一旦产生显著风险,就会加快扩散蔓延,甚至可能产生系统性风险。因此在沙箱监管制度中,要着重平衡好风险与创新发展之间的关系,做实消费者权益保护。例如限制实验的范围、参与主体、参与人数、产品规模和交易频率等。同时应积极完善配套法律支持和市场基础设施建设,包括开放共享大数据征信系统、建设全国性互联网金融信用信息共享平台和风险预警平台等。

3. 加强国际交流合作,探索突出区域特色的主题沙箱。考虑到金融科技技术服务跨区域、跨国界的发展态势,建议进一步深化与全球主要监管机构的信息交换和政策对话机制，并针对全球性、区域性的课题建立合作机制，共同研究解决金融科技跨境发展中出现的新情况、新问题。例如，促进跨境贸易数字化发展的监管沙箱。同时，顺应金融科技发展的趋势和重点区域发展策略，设计针对不同场景的测试环境、突出区域特色的"主题沙箱"，因地制宜制定适合当地经济发展需要、风险可控的监管制度规则，重点选择贴近本区域金融创新需求的项目，例如在重庆、广西等地推进国际贸易陆海新通道下的数字化贸易融资创新试点，在深圳等地开展跨境支付和数字货币应用相关的试点等。在开展各地主题沙箱的同时，可考虑建立全国统一的监管沙箱试验数据库，保障金融产品服务的创新性，鼓励金融科技成果广泛推广，同时更好地防范风险。

Shanghai
Advancing Towards A Global Financial Centre

迈向
新时代全球金融中心

附录

关于国际金融中心评估的研讨会观点概要

2021年3月15日，中国银行上海国际金融中心前瞻研究课题组邀请Z/YEN公司主要负责人与中国银行研究院、中国银行伦敦分行的负责人，通过北京、上海、伦敦、新加坡、重庆五地视频连线，围绕国际金融中心的衡量和评价主题，举办了一场研讨会。研讨会上，Z/YEN公司创始人和董事长迈克尔·梅内利（Michael Mainelli）对该公司发布的全球金融中心指数（GFCI）的评估体系相关理论和方法，以及一些实证结果进行讲解，分享关于金融中心特点的看法，参与人员参与研讨，进一步厘清了对相关问题的看法和疑虑。

一、关于GFCI评估体系的基本编制方法

GFCI评估体系以城市为主体进行排名，但其中有些指标是国家层面的，有些指标是城市层面的。国家层面指标可能并不能完全反映金融中心的情况，GFCI在评估中会尽力获得城市层面的指标。虽然采用国家层面的指标来衡量美国、加拿大、中国、德国等国的金融中心有一定困难，但许多较为领先的金融中心相当于国家级别，例如新加坡、摩纳哥、英属海峡群岛等。在具体研究方法上：

• 如果一个指标是国家层面的，该国所有中心都会采用这个指标，如果有城市层面的指标，则避免采用国家层面指标；

• 如果一个指数含有国家/城市指标的多个值，则使用相关性最大的值（并注明判断相关性的方法）；

• 如果一个指标是区域级别的，则采用与该中心相关性最高的区域分数（同时注明判断相关性的方法）。

GFCI共有138个定量指标，人力资本、商业环境、基础设施、金融发展和城市综合声誉五大维度的指标数量都在20个以上。部分指标是在综合一系列指标基础上得到的，比如世界银行营商环境排名。由于统计方法的局限性，同一维度下各指标间可能存在较为严重的重复计算，易造成多重共线性等统计问题。Z/YEN公司意识到定量因素过多导致的共线性问题，因此会相应地剔除和加入一些特征指标。此外，Z/YEN公司会对模型进行一些敏感度和残差分析，以避免过度拟合问题。

部分评估指标的合理性存在一定问题。例如，部分GFCI指标与金融中心主题的关联性较弱，比如人力资本维度下的自杀率、全球顶尖旅游目的地；金融发展维度下设的伊斯兰金融发展指数；综合声誉排名下设的物价指数、FDI流入指标。另外，部分指标具有较强政治色彩，如腐败渗透指数、政府效率得分和人权自由指数等。Z/YEN公司主要基于以下原则选择指标：

• 指标是选自信誉良好的机构，应用合理的研究方法得出的；

• 指标易于获取（最好是公开信息）并定期更新；

• 每六个月收集并整理更新所有指标；

• 尽可能直接在GFCI模型中导入指标，无论是排名、衍生计算的分数、具体的值、围绕均值的分布或是围绕基准的分布。

Z/YEN公司认为：自杀率实际上是很重要的因素，一直以来在中亚和非洲地区都相当重要；关于旅游目的地，旅游业对许多金融中心至关重要，尤其是加勒比海地区等；关于政治性质，政治因素对于建设国际性质的金融中心至关重要。

除定量评估外，GFCI评估体系还包括基于问卷调查的主观定性评估。问卷选择不同的样本对象会对结果产生较大的影响。问卷调查定性指标所占权重较大，对评估结果产生的影响较大，部分城市排名在半年内就出现大幅变动。Z/YEN公司认为：主观定性评估指标的初衷是尽可能纳入更多的国际金融人群，听取他们的意见，为主观定性评估指标创建"权重"。样本选择是可能对评估结果产生剧烈影响的，Z/YEN公司在努力地维持合适的国际受访者群体。如果能够发展到10000个受访者（目前是8549个受访者），将会显著提高指数的实用性。如果受访者群体对中心未来的看法有明显变化，则可能会有非常大的起伏。尤其是在规模较小或排名较低的中心。声誉和政治对受访者群体如何看待金融中心的未来至关重要。

二、上海在全球金融中心排名上升有客观原因

2020年，上海在Z/YEN发布的全球金融中心指数排名中由第4位上升到了第3位，是一系列原因导致的结果。Z/YEN公司认为，上海排名的上升主要是基于国际受访者对上海的看法。对于任何金融中心来说，排名上下浮动都是非常常见的。上海的宣传工作一直非常好，特别是在金融科技领域，例如上海浦东新区工作局（2019年）、存托凭证（如沪伦通）、绿色金融（如第四次上海绿色金融会议）。随着中国及其金融中心的重要性与日俱增，上海在贸易方面强大的国际联系也将使上海取得更好的发展。

金融中心所在国家或地区的经济总量并不能完全决定金融中心的地位。例如，新加坡等亚洲四小龙的经济总量并不大，但它们的金融中心在全球的排名较高。在过去的15年中，上海在国际金融中心建设上的表现非常出色，随着上海已成为领先者，专业化的重要性不如覆盖所有领域并提高服务的深度。下一步可以考虑采取以下措施：

- 声誉建设，"对待来者一律平等"，不偏向于国内的竞争对手，开发一个泛亚洲投资基金的金融护照（UCITS亚洲）；
- 保持开放，例如工作签证，降低居留的难度；
- 进一步放宽资本限制和利润返还；
- 开放互联网信息和网络；
- 人民币国际化。

三、未来上海打造国际金融中心面临机遇和挑战

"一带一路"战略对上海打造国际金融中心创造了巨大的机遇。贸易是实体经济与金融的最佳结合点。进一步发展意味着可以发展与沿线其他金融中心合作的机会,例如在努尔苏丹、华沙或雅加达等地进行并购或基础设施投资交易。

上海建设国际金融中心会面临一些金融风险,如果将杠杆率保持在较低水平并将竞争保持在较高水平,风险就会很低。银行部门的杠杆是部分准备金。保险行业的杠杆需要谨慎的监管和强大的精算部门,以避免"螺旋"(每个人都在互相保险)和风险集中。在发展过程中,竞争(而不是共谋)是重要的,同时要确保不良行为被曝光。

中国目前还有多个城市意图打造国际金融中心,例如北京、深圳、广州等,需要处理好不同金融中心之间的关系。欧盟、美国和加拿大是金融中心之间合作与竞争的典范,可以促进金融的强劲发展和良好的定位。基本上,需要部署"紧密松散"的安排。建立良好的国家法规和共同的民族品牌,同时让每个中心进行创新并发展自己的专长和优势。

2020年底中国和欧盟完成《中欧全面投资协定》谈判,鉴于"公平对待所有外国投资者",这将对上海产生重大意义。其中可注意泛亚洲投资基金护照和UCITS提供的机会。

中国人民银行对CBDC(中央银行数字货币)进行的实验似乎非常出色,甚至可以帮助人民币在将来某个时候成为储备货币的首选。中央银行数字货币可通过消除当前支付系统的巨大摩擦源,促进金融科技的发展。金融科技和数字货币本身不会颠覆排名,但随着时间的推移,由于它们而产生的创新将使不参与其中的金融中心落后。

资本账户开放并不是国际金融中心的必要条件,但是会有帮助。人们喜欢在可以赚到钱的地方投资。如果有一个庞大的国内经济体,例如中国或美国,那么资本账户开放可能就不那么重要了,但不开放无疑会阻碍国际金融中心的发展。从伦敦金融中心建设的经验来看,

其对国际人士到伦敦工作有较强的吸引力。一些人到伦敦工作，并不是因为要开展英国相关的业务，甚至可能是开展和英国毫不相关的业务，但是却愿意到伦敦工作和生活。

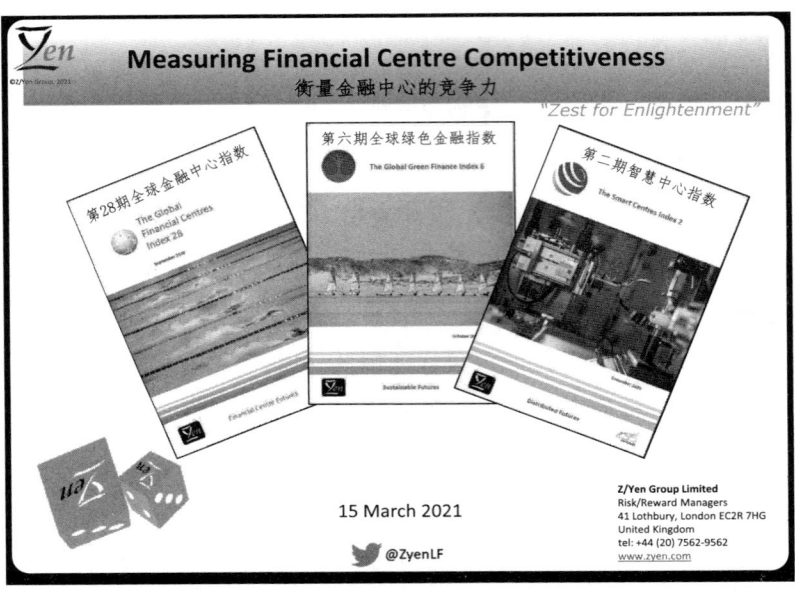

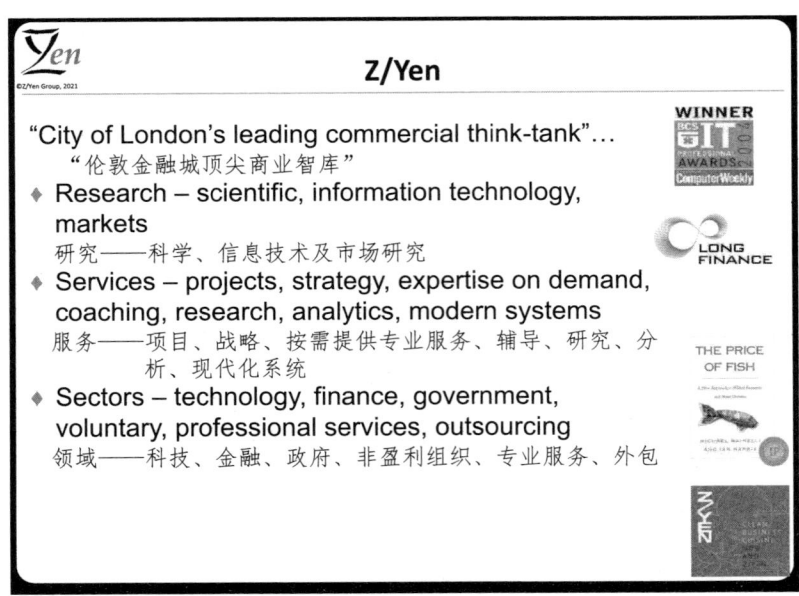

Z/Yen Group

- A commercial think-tank that spots, solves and acts
  善于发现并解决问题，同时具有行动力的商业智库
- Our name combines Zen and Yen – "a philosophical desire to succeed" – in a ratio, recognising that all decisions are trade-offs
  我们的名字由 Zen和Yen组成——"一种追求成功的哲学"——通过这个比例来认识到所有的决策都需要先权衡利弊
- We publish every six months our study of the competitiveness of financial centres around the world – the Global Financial Centres Index
  我们每半年发布一次关于全球金融中心竞争力的研究报告——全球金融中心指数
- We also publish the Global Green Finance Index and the Smart Centres Index
  我们还发布全球绿色金融指数和智慧中心指数

Z/Yen Research Z/Yen 研究

Factor Assessment Indices 因素评估指标

- Combine perception data with hard data using advanced statistical modelling
  利用先进的统计建模将感知数据与硬数据结合起来
- Individual assessments of financial centres are associated with the hard data for that centre
  将金融中心的单项评估与该中心的硬数据相关联
- We can then predict how the individual would rate other financial centres based on their profile
  我们可以预测单个金融中心如何根据其他金融中心的概况对其进行评级

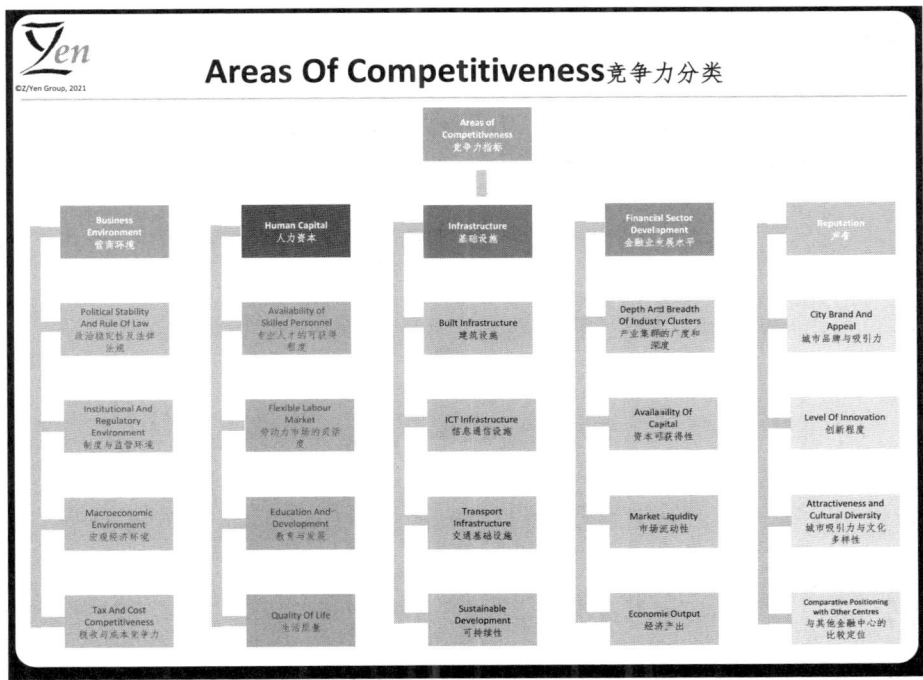

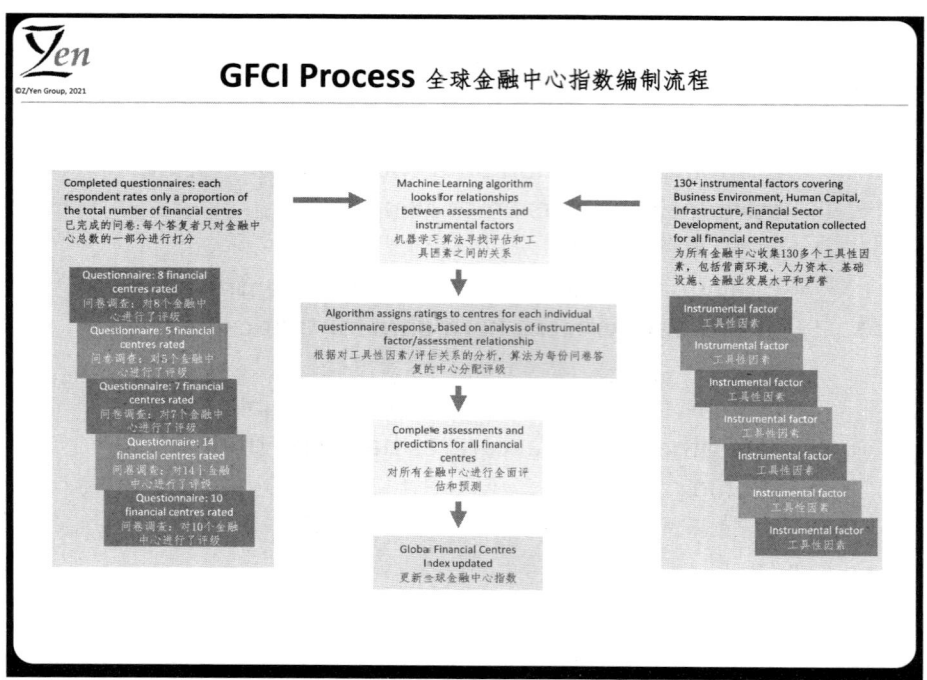

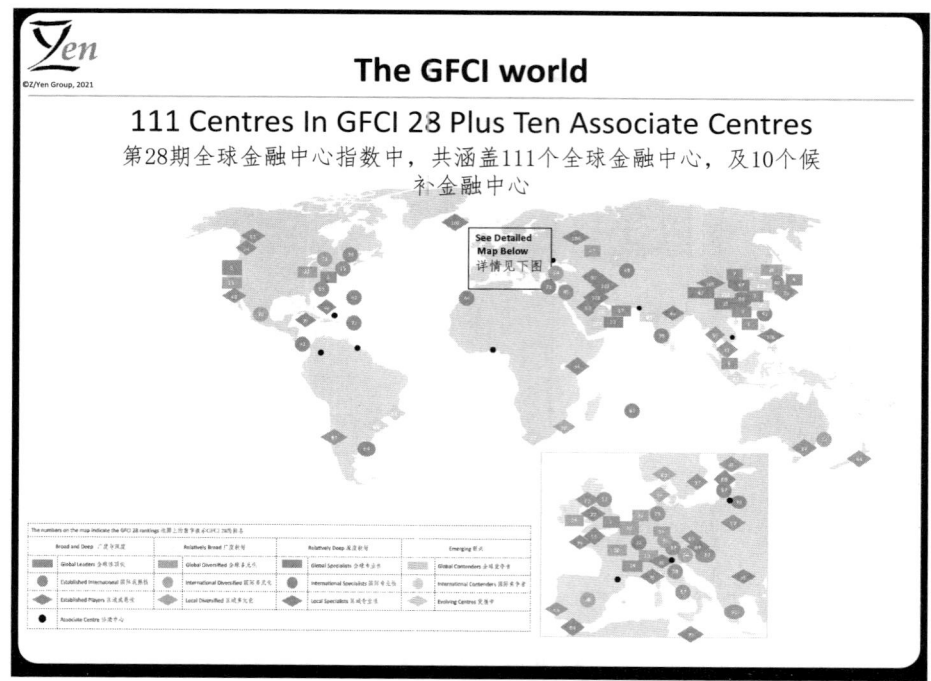

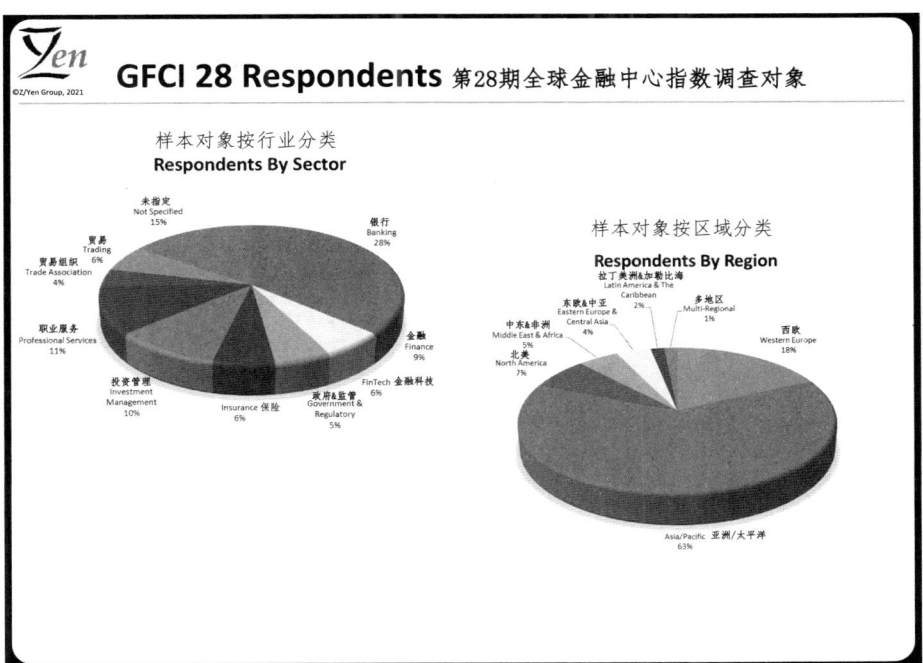

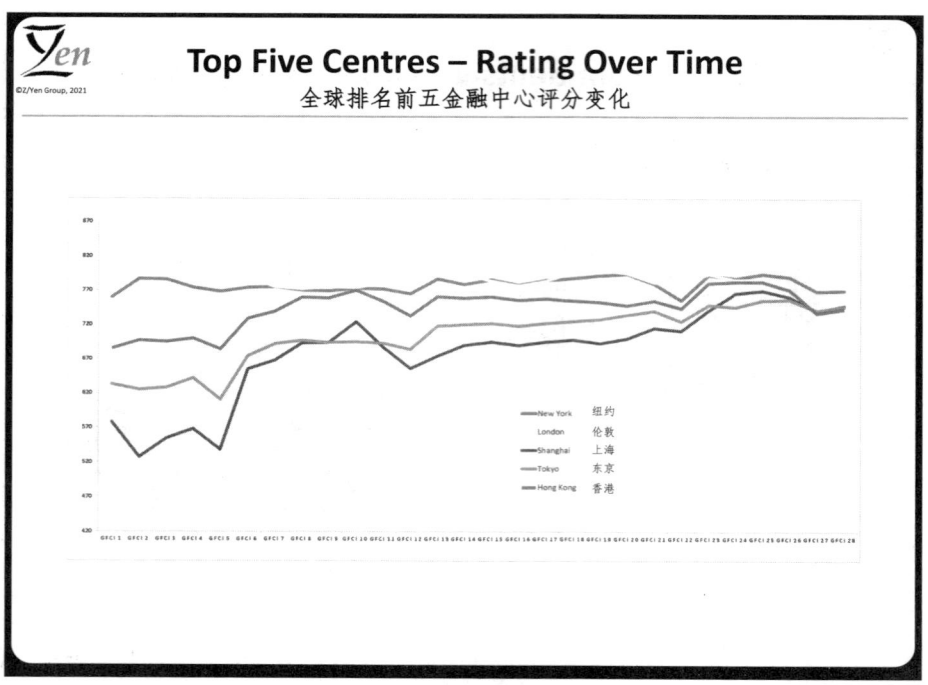

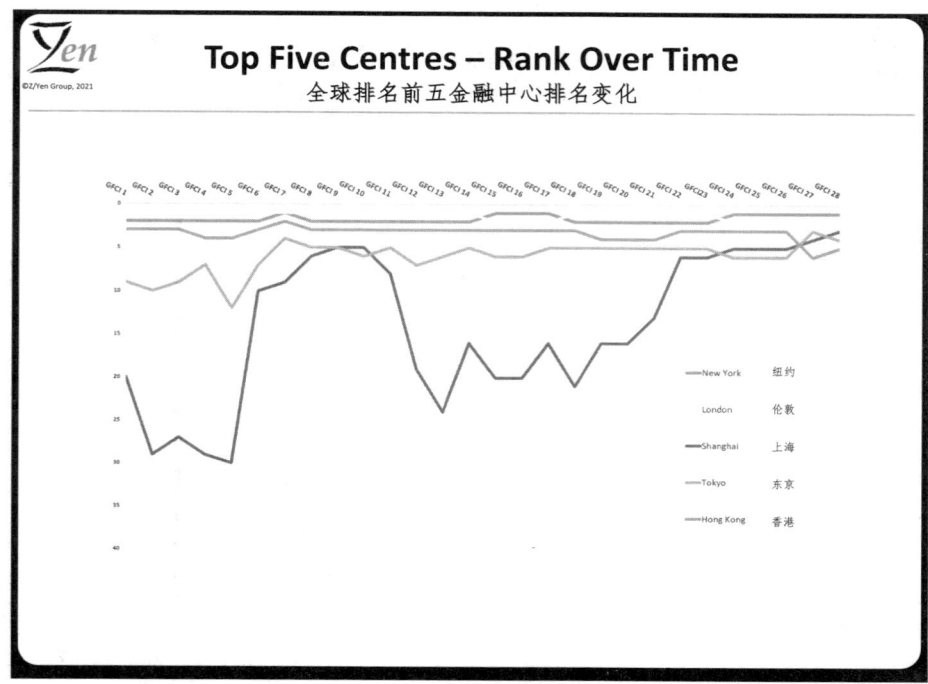

关于国际金融中心评估的研讨会观点概要 | 附 录

Chinese Centres In GFCI 28
第28期全球金融中心指数中国各金融中心排名情况

Centre 中心		GFCI 28 Rank 排名	GFCI 28 Rating 得分	GFCI 27 Rank 排名	GFCI 27 Rating 得分	Change in Rank 排名变化	Change in Rating 得分变化
Shanghai	上海	3	748	4	740	▲1	▲8
Hong Kong	香港	5	743	6	737	▲1	▲6
Beijing	北京	7	741	7	734	0	▲7
Shenzhen	深圳	9	732	11	722	▲2	▲10
Guangzhou	广州	21	710	19	714	▼2	▼4
Chengdu	成都	43	659	74	641	▲31	▲18
Qingdao	青岛	47	654	99	610	▲52	▲44
Nanjing	南京	89	550	101	608	▲12	▼58
Xi'an	西安	105	506	New	New	New	New
Tianjin	天津	108	477	100	609	▼8	▼132
Hangzhou	杭州	109	463	98	612	▼11	▼149
Dalian	大连	110	455	102	607	▼8	▼152
Wuhan	武汉	111	420	New	New	New	New

Areas Of Competitiveness
竞争力分类排名前15位金融中心

Rank 排名	Banking 银行	Investment Management 投资管理	Insurance 保险	Professional Services 专业服务	Government & Regulatory 政府监管	Finance 金融	FinTech 金融科技	Trading 贸易
1	New York 纽约	New York 纽约	Shanghai 上海	New York 纽约	New York 纽约	New York 纽约	New York 纽约	Hong Kong 香港
2	London 伦敦	London 伦敦	Beijing 北京	Luxembourg 卢森堡	London 伦敦	Shanghai 上海	Singapore 新加坡	New York 纽约
3	Shanghai 上海	Singapore 新加坡	New York 纽约	Luxembourg 卢森堡	Zurich 苏黎世	Beijing 北京	Shanghai 上海	Singapore 新加坡
4	Tokyo 东京	Hong Kong 香港	Luxembourg 卢森堡	Hong Kong 香港	Hong Kong 香港	London 伦敦	London 伦敦	London 伦敦
5	Hong Kong 香港	Shanghai 上海	London 伦敦	Singapore 新加坡	Singapore 新加坡	Hong Kong 香港	Hong Kong 香港	Shanghai 上海
6	Beijing 北京	Luxembourg 卢森堡	Hong Kong 香港	Shanghai 上海	Shanghai 上海	Tokyo 东京	San Francisco 旧金山	Frankfurt 法兰克福
7	Shen Zhen 深圳	Beijing 北京	Singapore 新加坡	Geneva 日内瓦	Luxembourg 卢森堡	Shen Zhen 深圳	Beijing 北京	Luxembourg 卢森堡
8	Guangzhou 广州	Stuttgart 斯图加特	Shen Zhen 深圳	San Francisco 旧金山	Shen Zhen 深圳	Frankfurt 法兰克福	Shen Zhen 深圳	Geneva 日内瓦
9	San Francisco 旧金山	Shen Zhen 深圳	Zurich 苏黎世	Beijing 北京	Geneva 日内瓦	Paris 巴黎	Tokyo 东京	Beijing 北京
10	Singapore 新加坡	San Francisco 旧金山	Tokyo 东京	Zurich 苏黎世	Las Angeles 洛杉矶	Las Angeles 洛杉矶	Zurich 苏黎世	Las Angeles 洛杉矶
11	Luxembourg 卢森堡	Dubai 迪拜	Paris 巴黎	Montreal 蒙特利尔	Tehran 德黑兰	Brussels 布鲁塞尔	Luxembourg 卢森堡	Tokyo 东京
12	Edinburgh 爱丁堡	Edinburgh 爱丁堡	Seoul 首尔	Tokyo 东京	Tokyo 东京	Singapore 新加坡	Chicago 芝加哥	Shen Zhen 深圳
13	Zurich 苏黎世	Washington DC 华盛顿	Frankfurt 法兰克福	Shen Zhen 深圳	San Francisco 旧金山	Edinburgh 爱丁堡	Amsterdam 阿姆斯特丹	Zurich 苏黎世
14	Paris 巴黎	Sydney 悉尼	Copenhagen 哥本哈根	Frankfurt 法兰克福	Frankfurt 法兰克福	Geneva 日内瓦	Las Angeles 洛杉矶	Chicago 芝加哥
15	Geneva 日内瓦	Liechtenstein 列支敦士登	Montreal 蒙特利尔	Toronto 多伦多	Malta 马耳他	San Francisco 旧金山	Frankfurt 法兰克福	Dubai 迪拜

Industry Sectors
行业分类指数排名前15位金融中心

Rank 排名	Banking 银行	Investment Management 投资管理	Insurance 保险	Professional Services 专业服务	Government & Regulatory 政府监管	Finance 金融	FinTech 金融科技	Trading 贸易
1	New York 纽约	New York 纽约	Shanghai 上海	New York 纽约	New York 纽约	New York 纽约	New York 纽约	Hong Kong 香港
2	London 伦敦	London 伦敦	Beijing 北京	London 伦敦	London 伦敦	Shanghai 上海	Singapore 新加坡	New York 纽约
3	Shanghai 上海	Singapore 新加坡	New York 纽约	Luxembourg 卢森堡	Zurich 苏黎世	Beijing 北京	Shanghai 上海	Singapore 新加坡
4	Tokyo 东京	Hong Kong 香港	Luxembourg 卢森堡	Hong Kong 香港	Hong Kong 香港	London 伦敦	London 伦敦	London 伦敦
5	Hong Kong 香港	Shanghai 上海	London 伦敦	Singapore 新加坡	Singapore 新加坡	Hong Kong 香港	Hong Kong 香港	Shanghai 上海
6	Beijing 北京	Luxembourg 卢森堡	Hong Kong 香港	Shanghai 上海	Shanghai 上海	Tokyo 东京	San Francisco 旧金山	Frankfurt 法兰克福
7	Shen Zhen 深圳	Beijing 北京	Singapore 新加坡	Geneva 日内瓦	Luxembourg 卢森堡	Shen Zhen 深圳	Beijing 北京	Luxembourg 卢森堡
8	Guangzhou 广州	Stuttgart 斯图加特	Shen Zhen 深圳	San Francisco 旧金山	Shen Zhen 深圳	Frankfurt 法兰克福	Shen Zhen 深圳	Geneva 日内瓦
9	San Francisco 旧金山	Shen Zhen 深圳	Zurich 苏黎世	Beijing 北京	Geneva 日内瓦	Paris 巴黎	Tokyo 东京	Beijing 北京
10	Singapore 新加坡	San Francisco 旧金山	Tokyo 东京	Zurich 苏黎世	Las Angeles 洛杉矶	Las Angeles 洛杉矶	Zurich 苏黎世	Las Angeles 洛杉矶
11	Luxembourg 卢森堡	Dubai 迪拜	Paris 巴黎	Montreal 蒙特利尔	Tehran 德黑兰	Brussels 布鲁塞尔	Luxembourg 卢森堡	Tokyo 东京
12	Edinburgh 爱丁堡	Edinburgh 爱丁堡	Seoul 首尔	Tokyo 东京	Tokyo 东京	Singapore 新加坡	Chicago 芝加哥	Shen Zhen 深圳
13	Zurich 苏黎世	Washington DC 华盛顿	Frankfurt 法兰克福	Shen Zhen 深圳	San Francisco 旧金山	Edinburgh 爱丁堡	Amsterdam 阿姆斯特丹	Zurich 苏黎世
14	Paris 巴黎	Sydney 悉尼	Copenhagen 哥本哈根	Frankfurt 法兰克福	Frankfurt 法兰克福	Geneva 日内瓦	Las Angeles 洛杉矶	Chicago 芝加哥
15	Geneva 日内瓦	Liechtenstein 列支敦士登	Montreal 蒙特利尔	Toronto 多伦多	Malta 马耳他	San Francisco 旧金山	Frankfurt 法兰克福	Dubai 迪拜

GFCI 28 FinTech Rating
金融科技排名与评级

Centre 中心		GFCI 28 FinTech Rank 金融科技排名	GFCI 28 FinTech Rating 金融科技得分	GFCI 27 FinTech Rank 金融科技排名	GFCI 27 FinTech Rating 金融科技得分	Change in Rank 排名较上期变化	Change in Rating 得分较上期变化
New York	纽约	1	735	1	735	0	0
Beijing	北京	2	725	2	729	0	▼4
Shanghai	上海	3	719	3	722	0	▼3
London	伦敦	4	716	4	719	0	▼3
Shenzhen	深圳	5	713	6	709	▲1	▲4
Hong Kong	香港	6	707	7	705	▲1	▲2
San Francisco	旧金山	7	706	9	701	▲2	▲5
Guangzhou	广州	8	701	8	702	0	▼1
Singapore	新加坡	9	698	5	714	▼4	▼16
Washington DC	华盛顿	10	696	11	697	▲1	▼1
Boston	波士顿	11	694	20	676	▲9	▲18
Los Angeles	洛杉矶	12	693	14	692	▲2	▲1
Chicago	芝加哥	13	685	15	691	▲2	▼6
Tokyo	东京	14	677	10	698	▼4	▼21
Paris	巴黎	15	674	18	678	▲3	▼4
Edinburgh	爱丁堡	16	669	26	656	▲10	▲13
Amsterdam	阿姆斯特丹	17	665	25	659	▲8	▲6
Seoul	首尔	18	661	27	655	▲9	▲6
Frankfurt	法兰克福	19	660	19	677	0	▼17
Vancouver	温哥华	20	659	New	New	New	New

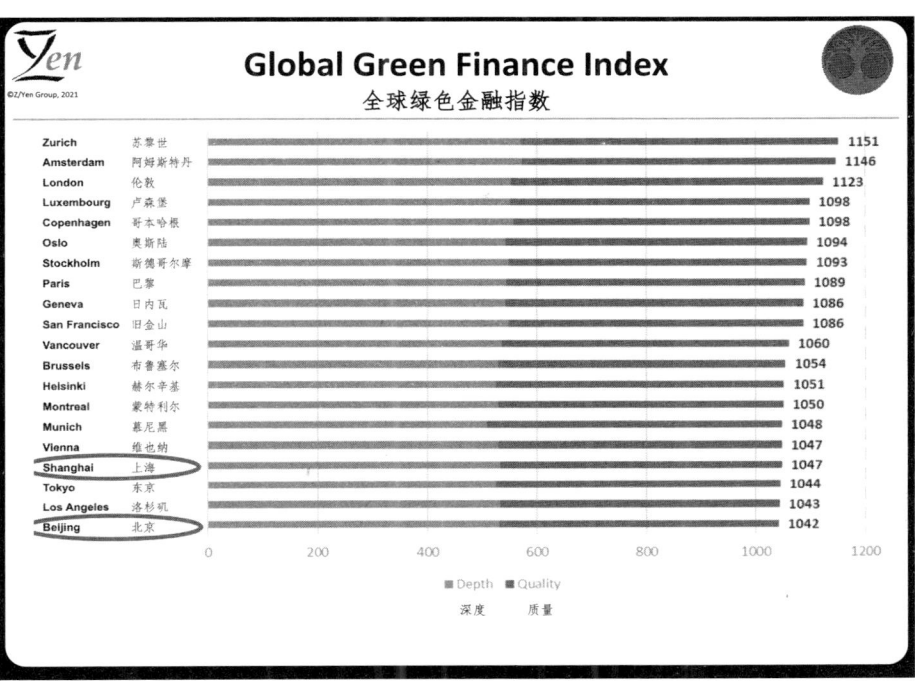

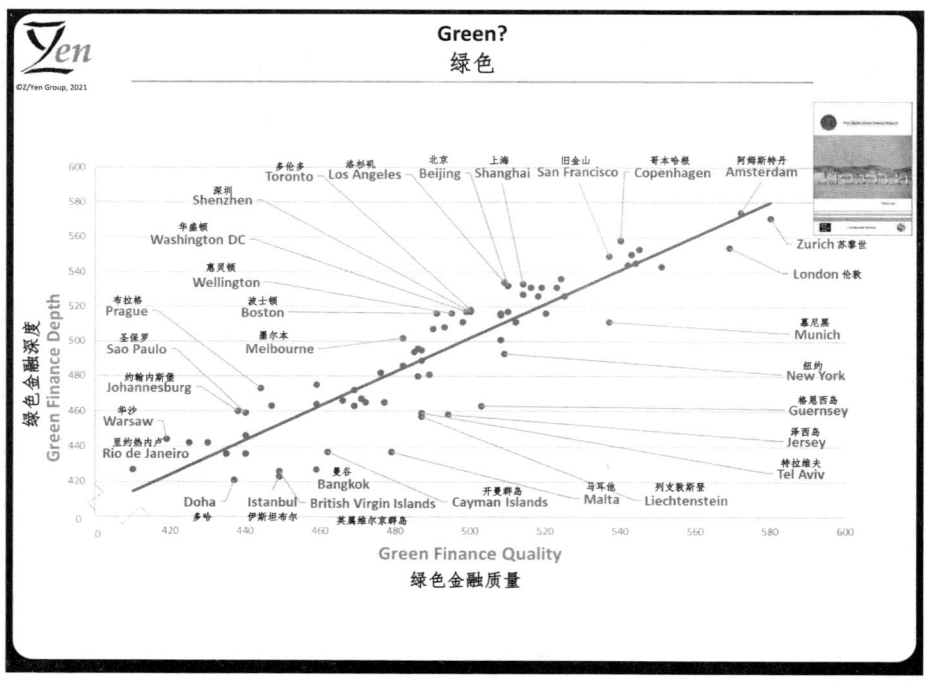

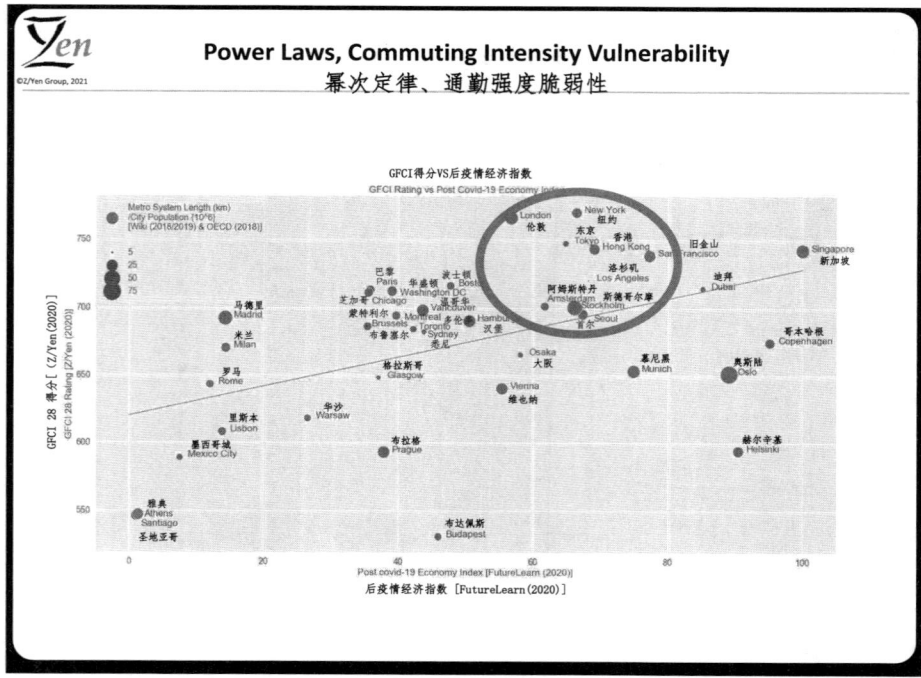

Financial Centre Features
金融中心特色

- You can't be an international centre without international people
  国际化的金融中心不能缺少国际人才
- Successful people want to live in successful cities
  成功人士更希望居住在更成功的城市
- People want to live in cosmopolitan places
  人们希望在国际大都市中生活
- Reputation is vital – and you can lose a good one overnight
  声誉至关重要，你可能会一夜之间就丢失一个好的声誉

One Piece Of Advice 建议

为了选拔的公平性，每个人都要参加同样的考核：请爬上那棵树

"Treat All Comers Fairly"
公平对待所有来者（来者平等）

后　记

上海之缘。2019年7月21日，我作为中国银行董事，率"长三角一体化发展"课题组赴长三角地区进行实地调研。期间，初识长三角一体化办公室（以下简称"长三办"，是长三角地区的三省一市的总联络协调机构）阮青主任（也是上海发改委副主任），他知道我参与过〔2009〕19号文的文件起草，当年还在《中国金融》发表了"建设与经济实力和人民币国际地位相适应的上海国际金融中心"的小文。他特地提议，希望由我牵头承担，由上海发改委组织的，与上海国际金融中心建设相关的"十四五"前瞻研究课题。回京征得单位同意后（"请总行相关部门，给予大力支持，抓紧高质量完成课题"），我接受了这次课题研究任务。这是我再度与上海结缘，让我能重温当年的初心和回顾上海金融中心十年来的足迹，更能让我再度畅想未来5年乃至更长时间内上海金融中心发展前景。

中行之力。十年前，我从央行政策研究的角度，思考上海国际金融中心发展的定位；而今天，我有幸借助中行力量，研究新时代上海金融中心建设的目标。中行，是拥有百年发展史的国际性大型商业银行，网络分布在全球60多个国家和地区，在主要国际金融中心都设有机构并开展业务，对各大国际金融中心的特点和机制都有较深的体会。中行特地组建了上海国际金融中心建设前瞻研究的课题组，既有总行和上海方面的研究主力，也有纽约、伦敦、香港、新加坡等海外机构的研究专家。从2019年11月我与上海发改委交流了基本思路和研究提纲，到2020年1月中国银行课题组同上海市发改委召开初稿交流会，课题组坚持每周一次专题讲座，一章一节地深入研究，广泛听取意见和征求建议，在不耽误本职工作和不领取任何报酬的同时，甘愿加班加点潜心研究，海外分行的专家更是不辞辛苦深夜视频参会。特别让人感动的是，春节刚过，防疫期间，课题组成员居家办公，但课题研究的不停步。自2020年初至今，课题组成员一遍又一遍地修改课题报告，有的章节甚至是重写或新添，不仅深入思考当下国内外的形势变化，而且认真研究上海全球金融中心建设过程中的机遇与挑战。正是中行课题组成员鼎力相助群策群力，课题研究才如期完成，形成较有厚度的报告。

中国之梦。正如有人说：上海金融中心宛如东方明珠，如果有一天中国经济登上巅峰，戴上了皇冠，但突然发现皇冠上缺少一颗大大的明珠，那多遗憾多缺彩啊。没有世界级的全球金融中心，中国经济发展的质量和内涵就不饱满、不完整，中国就难以真正走进世界舞台中央，人类命运共同体建设就欠缺应有光彩。未来上海建设国际金融中心应有新的目标定位，不仅要与中国经济实力和人民币地位相适应，而且要打造升级版，即从"国际金融中心"迈向"全球金融中心"，形成纽约、伦敦、上海"三足鼎立"新局面，这意味着，上海不仅是国际金融的重要参与者，而要逐步成为全球金融的共建者和主导者。这一新的目标定位是由中华民族伟大复兴的历史使命所决定，也是由百年未有之大变局的机遇与挑战所决定。纵观中外历史，唯有金融强大，才能确保大国经济行稳致远，而把上海建设成为全球金融中心是使命担当，刻不容缓。

汪小亚
2021年6月16日

参考文献

[1] 尤瑟夫·凯西斯. 资本之都——国际金融中心变迁史（1780—2009）[M]. 陈晗译, 中国人民大学出版社, 2011.

[2] 朱民. 改变未来的金融危机[M]. 中国金融出版社, 2009.

[3] 阿里·拉伊迪. 隐秘战争[M]. 法意译, 中信出版集团股份有限公司, 2019.

[4] 保罗·沃尔克, 行天丰雄. 时运变迁——世界货币、美国地位与人民币未来（修订版）[M]. 于杰译, 中信出版集团股份有限公司, 2018.

[5] 保罗·沃尔克、克里斯蒂娜·哈珀. 坚定不移——稳健的货币与好的政府[M]. 徐忠等译, 中信出版集团股份有限公司, 2019.

[6] 格雷厄姆·艾利森、罗伯特·D.布莱克威尔、阿里·温尼. 李光耀论中国与世界[M]. 蒋宗强译, 中信出版集团股份有限公司, 2013.

[7] 美国与世界经济——未来十年美国的对外经济政策[M]. C.弗雷德·伯格斯坦主编, 朱民等译, 经济科学出版社, 2005.

[8] 李俊辰. 日不落帝国金融战：伦敦金融城的前世今生[M]. 清华大学出版社, 2012.

[9] 王亚宏. 伦敦金融城的中国倒影[M]. 中国青年出版社, 2014.

[10] 方星海. 建设上海国际金融中心——分析、政策和实践. 上海人民出版社, 2013.

[11] 余永定. 最后的屏障——资本项目自由化和人民币国际化之辩.

东方出版社，2016．

［12］谢卫群．奋斗与梦想——上海国际金融中心建设叙事（1978—2020）格致出版社、上海人民出版社，2020．

［13］赵庆明．驶向彼岸——人民币从国家货币到国际货币．中国金融出版社，2018．

［14］王春新．香港经济转型与两地经济合作．南方出版传媒．广东经济出版社，2019．

［15］王春新．香港新思维——从亚洲都会到世界都会．商务印书馆（香港）有限公司，2018．

［16］郑永年．大趋势——中国下一步．人民东方出版传媒．东方出版社，2019．

［17］罗培新．世界银行营商环境评估［M］．译林出版社，2020．

［18］宋林霖．世界银行营商环境评价指标体系详析［M］．天津人民出版社，2018．

［19］徐美芳．全球竞争格局下的国际金融中心建设：上海探索与实践［M］．格致出版社、上海人民出版社，2019．

［20］孙福庆、刘亮等．转型国家的国际金融中心建设：上海国际金融中心建设的实践与经验［M］．上海社会科学院出版社，2018．

［21］安格斯·麦迪森．世界经济千年史［M］．伍晓鹰等译，北京大学出版社，2003．

［22］中国人民银行人民币国际化报告［R］．

［23］上海金融发展报告［M］．上海人民出版社，

［24］中国支付清算协会．中国支付产业年报2019［M］．中国金融出版社，2019．

［25］国际清算银行．金融市场基础设施原则［M］．2012-4．

［26］易纲．上海国际金融中心正建设成为"五个中心"［J］．中国金

融家，2020（7）.

[27] 范一飞. 中国支付产业的新变革、新转折、新跨越［J］. 支付清算文集，2019（1）.

[28] 屠光绍. 上海国际金融中心建设的战略、路径和方法［J］. 上海金融学院学报，2008（6）.

[29] 屠光绍. 改革开放与上海国际金融中心建设［J］. 中国金融，2020（11）.

[30] 汪小亚. 建设与经济实力和人民币国际地位相适应的上海国际金融中心［J］. 中国金融，2009（11）.

[31] 上海交通大学上海高级金融学院"国际金融中心课题组". 上海国际金融中心建设评估报告. 2019年2月.

[32] 张春. 资本账户开放与离岸金融中心建设［J］. 中国金融，2020（18）.

[33] 张明，孔大鹏，潘松李江. 中国金融开放的维度、次序与风险防范［J］. 新金融，2021（4）.

[34] 秦焕梅. 2020年上海基本建成国际金融中心评估与建议［N］. 科学发展，2020-2.

[35] 宗良，温彬，陆晓明. 纽约：国际金融中心建设的经验与启示［N］. 国际金融. 2013-09-15.

[36] 张琦. 跨境人民币投融资新布局［N］. 中国外汇网，2015-01.

[37] 薛广义，姜迎宇，盛艺旖，吴赟. 上海国际金融中心支付清算体系暨人民币全球清算框架研究［N］. 上海金融报. 2016-12-23.

[38] 励跃. 人民币跨境支付系统建设的下一步——更好助力中国金融业对外开放和人民币国际化进程［N］. 当代金融家. 2019-06-08.

[39] 李奇霖. 我们能从旧金山湾区借鉴到什么？［N］. 联讯证券网，2019-8-28.

[40] 王家强，熊启跃. 新冠肺炎疫情下全球银行业面临的挑战及应对策略[J]. 中国银行业. 2020（5）.

[41] 潘拥军. 论美元跨境支付系统的适用规则对我国的启示[J]. 国际经贸探索，2016，32（10）.

[42] 卓群. 全球金融基础设施发展趋势及对上海国际金融中心建设的启示[J]. 上海金融，2017（9）.

[43] 蔡达. 我国金融基础设施建设的现状、问题和对策研究[J]. 现代管理科学，2019年第1期.

[44] 陈旺，黄家炜，汪澜. 金融开放与银行风险承担的异质性研究——基于98个国家的实证分析[J]. 国际金融研究，2020（1）.

[45] 郭威，司孟慧. 新中国70年金融开放的逻辑机理与经验启示：兼论中美贸易摩擦下的开放取向[J]. 世界经济研究，2019（10）：15-26+88+134.

[46] 金鹏辉. 以自贸区金融改革推动高质量发展[J]. 中国金融，2019（20）：30-32.

[47] 董骥，李增刚. 金融开放水平、经济发展与溢出效应[J]. 财经问题研究，2019（08）：70-79.

[48] 郑国姣，杨来科，常冉. 上海自贸区新片区金融创新推进人民币国际化的路径探析[J]. 金融理论与实践，2019（07）：16-23.

[49] 李刚，高洪民. 当代国际金融中心发展的决定因素与上海的对策[J]. 世界经济研究，2020（09）：65-74+136.

[50] 孙国峰，邓婕，栾稀. 后2020时期上海国际金融中心建设的远景目标[J]. 上海金融，2019（03）：1-9.

[51] 彭红枫，肖祖沔，祝小全. 汇率市场化与资本账户开放的路径选择迈向新时代全球金融中心——上海国际金融中心建设前瞻研究[J]. 世界经济，2018，41（08）：26-50.

[52] 刘一贺. "一带一路"倡议与人民币国际化的新思路[J]. 财贸

经济，2018，39（05）：103-112.

[53] 杨荣海，石健. "三元悖论"视角下人民币加入SDR后的金融安全分析[J]. 经济学家，2020（09）：32-41.

[54] 王华庆，李良松. 人民币国际化的战略思考[J]. 中国金融，2017（19）：22-24.

[55] 张春生. 全球化视野的人民币国际化及其资本项目开放[J]. 改革，2017（07）：107-118.

[56] 余永定，肖立晟. 论人民币汇率形成机制改革的推进方向[J]. 国际金融研究，2016（11）：3-13.

[57] 中国人民银行上海总部跨境人民币业务部课题组，施琍娅. 开放环境下跨境资金流动宏观审慎管理政策框架研究——基于上海自贸区的实践思考[J]. 上海金融，2016（06）：64-73.

[58] 盛松成，刘西. 金融改革协调推进论[J]. 金融纵横，2016（01）：102.

[59] 竺彩华，李锋. 上海自贸区建设的主要成就与问题分析[J]. 亚太经济，2016（01）：107-111.

[60] 韩钰，苏庆义，白洁. 上海自贸区金融改革与开放的规则研究——阶段性评估与政策建议[J]. 国际金融研究，2020（08）：46-55.

[61] 张建鹏，黄菁. 新加坡经验对上海自贸区建设的启示[J]. 新金融，2014（03）：38-41.

[62] 李扬，殷剑峰. 开放经济的稳定性和经济自由化的次序[J]. 经济研究，2000（11）.

[63] 张发林. 全球金融治理体系的演进：美国霸权与中国方案[J]. 国际政治研究，2018（4），26-28.

[64] 盛斌，马斌. 全球金融治理改革与中国的角色[J]. 社会科学，2018（8）.

［65］谭小芬，李兴申．跨境资本流动管理与全球金融治理［J］．国际经济评论，2019．

［66］段思宇．上海冲刺国际金融中心建设陆家嘴论坛一路见证［N］．第一财经日报，2020．

［67］张璐璐．投资者法律保护与中国资本市场发展研究［D］．浙江大学（博士学位论文），2008．

［68］曾志燕．申请承认和执行外国法院民商事裁判案件审理思路研究［J］．浙江法律评价，2016（1）．

［69］覃华平．"一带一路"倡议与中国国际商事法庭［J］．中国政法大学学报，2019（1）．

［70］丁冬．金融审判竞争视野下的司法供给——迪拜国际金融中心法院建设的启示［J］．金融与法，2019（7）．

［71］蔡伟．国际商事法庭：制度比较、规则冲突与构建路径［J］．国际法研究，2018（5）．

［72］牟笛．上海建设面向全球的亚太仲裁中心的挑战与出路［J］．上海法学研究集刊，2019（17）．

［73］王徽．国际商事仲裁示范法的创设、影响及启示［J］．武大国际法评论，2019（3）．

［74］上海国际仲裁中心国际商事仲裁研究中心．上海法院仲裁司法审查的积极实践与发展展望［J］．上海法学研究集刊，2019（17）．

［75］郑联盛，孟雅婧．地方金融监管体系的发展难题与改进之策［J］．银行家，2019（6）．

［76］黄震，张夏明．监管沙盒的国际探索进展与中国引进优化研究［J］．金融监管研究，2018（4）．

［77］白士泮．新加坡如何监管金融科技［J］．中国金融，2017（23）．

［78］边卫红，单文．FinTech发展与"监管沙箱"——基于主要国家的比较分析［J］．金融监管研究，2017（7）．

[79] 秦焕梅. 2020年上海基本建成国际金融中心评估与建议[J]. 科学发展, 2020.

[80] 郑杨. 国际金融中心建设与人民币国际化[J]. 中国金融, 2019.

[81] 陈卫东, 边卫红, 郝毅, 等. 石油美元环流演变、新能源金融发展与人民币国际化研究[J]. 国际金融研究, 2020.

[82] 温信祥. 日元清算体系的特点及其对中国清算体系建设的借鉴[J]. 金融时报, 2011.

[83] 张欣园. 展望临港新片区金融改革与创新[J]. 中国外汇, 2019.

[84] 吴轶. 上海建设全球资产管理中心研究[J]. 科学发展, 2020.

[85] 陈卫东, 钟红, 边卫红, 等. 美国在岸离岸金融市场制度创新与借鉴[J]. 国际金融研究, 2015.

[86] 李迅雷. 2020年上海国际金融中心发展规划与战略研究[J]. 新金融评论, 2015.

[87] 中国银行研究院全球经济金融研究课题组. 大变局下的全球经济金融新图景——中国银行全球经济金融展望报告（2021年）[J]. 国际金融, 2020.

[88] 中国银行研究院全球银行业研究课题组. 双循环格局下银行业发展新趋势——中国银行全球银行业展望报告（2021年）[J]. 国际金融, 2020.

[89] The World Bank Group, Doing Business 2020, http://www.doingbusiness.org.

[90] Bank for International Settlements. Payment, Clearing And Settlement Systems In The Cpss Countries (Volume 1). September 2011.

[91] Bank for International Settlements. Payment, Clearing And

Settlement systems in the CPSS countries (volume 2). November 2012.

[92] Barry Eichengreen and Nachiket Shah, The Correlates of International Financial Center Status. Review of Intermational Economics, 2020(28): 62-81.

[93] Benigno, G., Optimal Capital Controls and Real Exchange Rate Policies: A Pecuniary Externality Perspective. Journal of Monetary Economics, 2016(84): 147-165.

[94] Buera, F. J. and Kaboski, J. P., The Rise of the Service Economy. American Economic Review, 2012, 102(6): 2540-2569.

[95] Chang, C.; Liu, Z. and Spiegel, M. Capital Controls and Optimal Chinese Monetary Policy. Journal of Monetary Economics, 2015(74): 1-15.

[96] Imad Moosa, Larry Li and Riley Jiang, Determinants of the Status of an International Financial Centre. The World Economy, 2016, doi:10.1111/twec.12369.

[97] Ito T., A new Financial Order in Asia: Will a RMB Bloc Emerge? Journal of International Money and Finance, 2017(74): 232-257.

[98] Singh, R. and Subramanian, C., Temporary Stabilization with Capital Controls. Economic Theory, 2008, 34(3): 545-574.

[99] Song, Z., Storesletten, K. and Zilibotti, F., Growing (with Capital Controls) Like China. MF Economic Review, 2014, 62(3): 327-370.

[100] Stein, J. C., Monetary Policy as Financial Stability Regulation. Quarterly Journal of Economics, 2012, 127(1): 57-95.

[101] World Bank. Doing Business 2020[R]. Washington, DC: World Bank: World Bank Publications, October 24, 2019.

[102] Sopnendu Mohanty, Singapore's Smart Financial Centre Vision, Nomura Journal of Asian Capital Markets, 2017 Vol.2/No.1.

［103］Lin L., Regulating Fintech: The Case of Singapore, National University of Singapore.

［104］Pei Sai Fan, Singapore approach to develop and regulate FinTech, Lee Kong Chian School of Business, Singapore Management University, Jan. 2018.

［105］Ravi Menon, Singapore FinTech Journey 2.0, Speech by Ravi Menon, Managing Director, Monetary Authority of Singapore, at Singapore FinTech Festival, 14 November 2017.

［106］Ravi Menon, Powering the Next Stage of Singapore FinTech - Speech by Mr Ravi Menon, Managing Director, MAS, at Singapore FinTech Festival the Green Shoots Series - Leading Through a Crisis: Up Close and Personal with Mr Ravi Menon, 13 August 2020.